上海君澜（无锡）律师事务所 编著

民法典
实用全书

应知应懂的
法律常识

U0625144

电子工业出版社

Publishing House of Electronics Industry
北京·BEIJING

内 容 简 介

这是一本法律知识普及读物。本书精选了316个与大众生活密切相关的法律问题，涵盖婚姻家庭、财产继承、道路交通、劳动工伤、不动产纠纷、企业经营管理等16个领域，并借助案例对这些常见的法律问题进行分析与解答，提供应对方案与维权途径。

通过阅读本书，读者能够加深对《中华人民共和国民法典》等法律法规的理解，学会运用法律知识解决生活中遇到的问题，以达到知法、懂法、守法、用法的目的。

图书在版编目（CIP）数据

生活中的民法典实用全书：应知应懂的法律常识 / 上海君澜（无锡）律师事务所编著.
— 北京：电子工业出版社，2024.3
ISBN 978-7-121-47070-7

Ⅰ.①生… Ⅱ.①上… Ⅲ.①民法—基本知识—中国 Ⅳ.①D923.04

中国国家版本馆CIP数据核字（2024）第008953号

责任编辑：王陶然
印　　刷：鸿博昊天科技有限公司
装　　订：鸿博昊天科技有限公司
出版发行：电子工业出版社
　　　　　北京市海淀区万寿路173信箱　邮编：100036
开　　本：710×1000　1/16　印张：32　字数：540千字
版　　次：2024年3月第1版
印　　次：2024年12月第4次印刷
定　　价：89.00元

凡所购买电子工业出版社图书有缺损问题，请向购买书店调换。若书店售缺，请与本社发行部联系，联系及邮购电话：（010）88254888，88258888。

质量投诉请发邮件至zlts@phei.com.cn，盗版侵权举报请发邮件至dbqq@phei.com.cn。

本书咨询联系方式：（010）68161512，meidipub@phei.com.cn。

编委会名单

编委会主任 任 华 瞿俊鹏

编委会副主任 张海迪

编 委 会 委 员（以姓氏笔画为序）

万静静	王琳灵	王祈文	王玉锦
华钦卿	华天平	陈思宇	陆佳妮
邵 聪	邵颖智	沈丹妮	沈晶莹
杨晓华	张晓晨	张宇嘉	张圆圆
范春玲	范雪松	周鹏飞	宗珂羽
郭颖达	贾 彬	钱 桦	钱 岚
徐 菲	徐 坚	徐晓静	曹 澜
黄蓓蓓	程 庆	翟肖肖	樊辰怡
薄晓波			

序 言

    《中华人民共和国民法典》（以下简称《民法典》）是一部权利宣言书，也是一部社会生活的百科全书，反映了人们在社会交往中的基本规则，涉及人们的家庭婚姻生活和市场经济活动，包含了每个人从摇篮到坟墓，从衣食住行到婚丧嫁娶的社会规范。尽管在大多数情形下人们并未意识到《民法典》的存在，《民法典》却默默地保护着人们的财产和生命安全，维护着正常的经济秩序。

    与刑法、行政法等其他部门法相比，《民法典》在我国法律体系中是地位最为重要，使用最为广泛、最为频繁的部门法。它关乎人们的切身利益和社会经济的稳定和发展。近年来，我国各级地方法院受理民商事案件的数量，充分说明了《民法典》对社会生活的影响力。比如，2020 年地方各级人民法院受理案件 3080.5 万件，其中审结一审刑事案件 111.6 万件，审结一审行政案件 26.6 万件，审结一审民商事案件 1330.6 万件（在三类案件中占比为 90.6%）[1]；2021 年地方各级人民法院受理案件 3351.6 万件，其中审结一审刑事案件 125.6 万件，审结一审行政案件 29.8 万件，审结一审民商事案件 1574.6 万件（在三类案件中占比为 91%）[2]。

    本书从婚姻家庭、财产继承、道路交通、劳动工伤、不动产纠纷、企业经营管理等方面，通过向读者展示案例，辅以简明扼要的法律解析、律师建议，解读《民法典》等法律的条款规定，内容涵盖人们在日常生活中可能出现的各

---

1 参见《中华人民共和国最高人民法院公报》2021 年第 4 期。
2 参见《中华人民共和国最高人民法院公报》2022 年第 4 期。

种法律纠纷。当你在生活中遇到法律难题时，本书能够向你提供法律指引，帮助你准确理解和把握《民法典》及相关法律规范的内容和含义。

任华律师和瞿俊鹏律师是上海君澜（无锡）律师事务所的创始人，也是我在无锡市中级人民法院工作期间的同事，我们经常一起讨论案件，他们都是非常优秀的民事法官。在我离开法院后不久，他们也相继辞去了工作多年的法院工作，开启了律师工作的新征程，创设了律师事务所并取得了不俗的业绩。愿任华律师和瞿俊鹏律师在法律服务领域大展宏图，为更多的当事人提供更优质的法律服务，为中国法律事业作出更大的贡献。

华东政法大学民商法学教授　郑云瑞

2024 年 1 月

前　言

　　《民法典》共 7 编 1260 条，各编依次为总则、物权、合同、人格权、婚姻家庭、继承、侵权责任以及附则。它是中华人民共和国成立以来第一部以"法典"命名的法律，是民商事领域的基本法，被誉为"社会生活的百科全书"。

　　《民法典》自颁布以来，深刻影响着人们生活的方方面面——小到邻里纠纷、夫妻关系，大到合同规范、土地制度，各种法条都能在《民法典》中找到依据。

　　《民法典》应用甚广，对非法律专业的人来说，却不易应用。遇到相关法律问题时，一般人很难找到相应的法条，也很难对法条有准确的理解。网络上有关《民法典》的信息、解析很多，却良莠杂陈，一般人难以辨别真伪对错。

　　鉴于此，为帮助非法律专业的人更好地使用《民法典》解决现实问题，保护自己的合法权益，我们策划了这本《生活中的民法典实用全书》。

　　它既是一本法律常识普及读物，也是一本解决生活中的法律问题的工具书。

　　说它是普及读物，是因为这本书不涉及高深的法学理论，更多的是介绍法律常识，所以它的语言是浅显的、生活化的，是能让非法律专业的人也可以读得明白的。当然，浅显的同时它也是严谨的，是经过专业律师的认真推敲、再三斟酌的。

　　事实上，我们更愿意把它定位为工具书——读者在遇到相关的法律问题时，只要通过目录检索到相应章节，就能获得问题的答案。整本书的写作与编排，正是基于这个定位。全书的 316 节内容，就是 316 个问题及其答案。这些问题，都是我们在现实生活中有可能遇到的高频热点问题，密切关乎我们每个人的幸福与权益。

现实生活复杂、多样，有很多我们在生活中经常遇到的问题，需要到《民法典》之外的其他法律中寻找答案。因此，这本书的内容以《民法典》为主，却不局限于《民法典》。比如，劳动工伤、企业经营管理、生活消费、知识产权、违法犯罪等篇中的一些问题，虽然不在《民法典》的规范之内，却因为跟我们的生活密切相关，所以本书也有论述。

为了方便读者使用，我们按照生活的逻辑，而非《民法典》各编的顺序编排本书。比如，我们注重章节与题目、题目与题目之间的关联性，将属于同一主题的题目组合在一起。举例来说，在婚姻家庭篇中，我们主要按照婚前财产纠纷、结婚、婚后财产纠纷、离婚、抚养与赡养、收养的顺序排列题目，并补充了家庭暴力、代孕等与婚姻家庭生活密切相关的热点问题，尽可能多地涵盖婚姻家庭生活的各个方面，以便于读者在遇到相应问题时进行快速检索。

愿本书能够帮助读者真正做到"知法、懂法、守法、用法"，做新时代的智慧公民。

目 录

第一章　婚姻家庭篇 ≫

1. 遭遇家庭暴力怎么办？ — 2

2. 什么情况下可以申请人身安全保护令？ — 4

3. 送出去的彩礼能收回来吗？ — 6

4. 赠送给女朋友的贵重礼物，分手后能要回来吗？ — 8

5. 未婚同居，分手后财产怎样处理？ — 9

6. 中国公民和外国人结婚时，应在哪里办理结婚登记？ — 10

7. 什么情形才可以申请撤销婚姻？ — 11

8. 夫妻忠诚协议、婚前财产协议、婚内财产协议是什么？ — 13

9. 什么是个人财产，什么是夫妻共同财产？ — 14

10. 哪些债务属于个人债务，哪些债务属于夫妻共同债务？ — 16

11. 婚前一方出钱购买的轿车，登记在另一方的名下，离婚时轿车应该归谁所有？ — 17

12. 还没离婚，妻子就要求分割夫妻共同财产，可以吗？ — 18

13. 一方婚前全款购房，婚后在房本上加上另一方的名字，房子属于夫妻共同财产吗？ — 20

14. 一方婚前贷款购房，婚后双方共同还贷，离婚时房子怎么分割？ — 21

15. 离婚冷静期到底是怎么回事？ — 22

16. 怎样办理协议离婚手续，需要什么材料？ — 24

17. 离婚协议可以请他人代签吗？ — 26

18. 协议离婚分割财产后可以反悔吗？ — 28

19. 离婚时如何收集证据？ — 29

20. 一方不同意离婚就离不了婚吗？ — 30

21. 夫妻"假离婚"买房有什么法律风险? ┃ 32

22. 什么情况下另一方不得提出离婚? ┃ 33

23. 离婚后双方能否轮流抚养孩子? ┃ 34

24. 一方出轨,离婚时必须净身出户吗? ┃ 35

25. 家庭主妇离婚时可以要求经济补偿吗? ┃ 36

26. 母亲生而不养,孩子还有义务赡养母亲吗? ┃ 38

27. 放弃继承权的子女可以不赡养父母吗? ┃ 39

28. 继父母对继子女有无抚养义务?继子女对继父母有无赡养义务? ┃ 41

29. 孙子女对祖父母有无赡养义务?祖父母对孙子女有无抚养义务? ┃ 42

30. 兄弟姐妹缺乏劳动能力,又没有生活来源,我有扶养他们的义务吗? ┃ 43

31. 妻子不愿生育,丈夫能以此为理由离婚吗? ┃ 44

32. 未婚生子,谁来养? ┃ 46

33. 抚养费的标准是什么? ┃ 47

34. 收养子女应当具备什么条件? ┃ 48

35. 单亲父母无力抚养,能不能把孩子送给别人? ┃ 50

36. 抚养亲友的子女,可以算作收养吗? ┃ 51

37. 代孕合法吗?会有哪些后果? ┃ 52

38. 丈夫在第三者身上花的钱,妻子有权要回吗? ┃ 54

39. 父母可以任意支配未成年子女的财产吗? ┃ 55

40. 我出资买的房子登记在父母名下,父母在公证遗嘱中把房子给了姐姐,
我该怎么维权? ┃ 56

41. 亲戚以方便孩子上学为由把户口落在我家,拆迁后要求平分拆迁补偿款
怎么办? ┃ 58

42. 父母离异,一方能否给未成年子女改姓?能否随意剥夺另一方的探望权? ┃ 59

第二章　财产继承篇 ▷▷

43. 胎儿是不是人? ┃ 62

44. 继承权公证怎么做? ┃ 63

45. 继承遗产必须做继承权公证吗? ┃ 64

46. 放弃继承后反悔了怎么办？ | 67

47. 本人丧失继承权后，子女可以代位继承吗？ | 68

48. 子女可以代位继承早逝的父母应该继承的财产吗？ | 69

49. 什么情况下，财产会被侄子、侄女继承？ | 70

50. 丧偶儿媳可以继承公婆的遗产吗？ | 71

51. 继承人继承遗产的份额，应当如何确定？ | 72

52. 长期被扶养的孤儿可以要求适当分得扶养人的遗产吗？ | 73

53. 在没有遗嘱的情况下，法定继承人以外的人可以分得遗产吗？ | 74

54. QQ 号、微信零钱可以作为遗产继承吗？ | 75

55. 自己的遗产，能"想给谁就给谁"吗？ | 76

56. 立遗嘱的方式有哪些？怎么立才有效？ | 78

57. 遗嘱可以剥夺法定继承人的继承权吗？ | 79

58. 不再嫁才能继承房产的遗嘱，有效吗？ | 81

59. 什么是遗产管理人制度？ | 82

60. "老无所养"怎么办？ | 84

61. 要继承遗产，债务也必须一并继承吗？ | 85

第三章　道路交通篇 ▶▶

62. 台风导致航班取消，退票是否收取手续费？ | 88

63. 飞机晚点，乘客可以改乘或者退票吗？ | 89

64. 公交车发生故障，乘客可否要求退票？ | 90

65. 醉酒后可以骑自行车吗？ | 91

66. 道路失修导致交通事故，应当由谁承担责任？ | 92

67. 私自占用道路导致交通事故，应当由谁承担责任？ | 93

68. 交通肇事逃逸后又主动投案，算不算自首？ | 94

69. 道路交通事故发生后，当事人能不能私了？ | 96

70. 发生交通事故，肇事者拒不赔偿怎么办？ | 97

71. 交通事故肇事者无力赔偿，安全保障义务人是否应赔偿？ | 98

72. 交通事故死亡的赔偿标准是什么？ | 99

73. 发生交通事故，可以要求肇事者赔偿精神损失费吗？ 100

74. 借车给没有驾驶证的人，出了事故责任在谁？ 102

75. 免费搭车时发生交通事故导致受伤，能不能要求赔偿？ 103

第四章　劳动工伤篇 ▶▶

76. 参加了职前培训，是否就等于与公司建立了劳动关系？ 106

77. 应聘时，哪些信息是劳动者有权知道的？ 107

78. 签订劳动合同时，用人单位能否向职工收取培训费？ 108

79. 单位不跟我签订劳动合同怎么办？ 109

80. 用人单位可以强行调换职工的工作岗位吗？ 110

81. 谎报学历与用人单位签订的劳动合同有效吗？ 112

82. 劳动合同中有哪些条款是无效的？ 113

83. 实习期不给工资，违法吗？ 114

84. 实习期间给公司造成了损失，实习生需要承担责任吗？ 115

85. 是否属于加班，谁说了算？ 116

86. 职工拒绝加班，用人单位能辞退他吗？ 118

87. 职工在什么情况下可以单方面与用人单位解除合同？ 120

88. 如何认定旷工？旷工多久算自动离职？ 121

89. 公司实行"末位淘汰制"合法吗？ 122

90. 用人单位可以因为职工未按要求转发公司信息至朋友圈就辞退职工吗？ 124

91. 老板以多付一个月工资为条件要求职工自己离职，职工该答应吗？ 125

92. 公司经营困难时，可以大规模裁员吗？ 127

93. 因故离职，经济补偿怎么算？ 129

94. 没有书面劳动合同时，对于报酬约定不明的，如何支付报酬？ 131

95. 公司无故拖欠职工工资，怎么办？ 132

96. 公司开具的离职证明有什么用？ 133

97. 对于兼职工作，劳动者可以随时辞职吗？ 135

98. 未成年人签订的劳动合同是否有法律效力？ 136

99. 未成年人在劳动中是否有特殊保护？ 138

100. 试用期内公司可以辞退怀孕女职工吗? | 140

101. 经期女职工可以要求单位给予特殊照顾吗? | 142

102. 自由职业者能享受工伤保险待遇吗? | 143

103. 上班路上发生交通事故,可以认定为工伤吗? | 145

104. 职业病可以认定为工伤吗? | 146

105. 猝死能认定为工伤吗? 不能认定为工伤的情形有哪些? | 147

106. 如何进行工伤鉴定? | 149

107. 没有签订书面劳动合同,能申请工伤认定吗? | 151

108. "跳槽"到外省,以前交的养老保险还算数吗? | 152

109. 职工自愿不交社保,就能免除公司的责任了吗? | 154

110. 工资里扣除了保险费,但公司并没有在社保局给职工交社保怎么办? | 155

111. 辞职后,"五险一金"怎么处理? | 157

112. 劳动仲裁的流程是怎样的? | 158

113. 伙食补贴、交通补贴等该不该计入工资、薪金申报个人所得税? | 161

第五章 不动产纠纷篇 ▶▶

114. 签订房屋租赁合同时,需要注意哪些条款? | 164

115. 出租人不能按时交付出租房屋,承租人该怎么办? | 164

116. 租房期间家电坏了,谁负责维修? | 166

117. 出租房屋设施造成他人财产受损,由出租人还是承租人承担赔偿责任? | 167

118. 二房东以转租赚取差价,合法吗? | 168

119. 房屋易主,租赁合同还有效吗? | 170

120. 租期未满,房主将房屋卖了,新房主要求搬离怎么办? | 171

121. 租赁合同期满未续约,出租人抬价未果要求腾房是否属于侵权? | 172

122. 一房卖给两人,谁能取得所有权? | 173

123. 只有不动产权证书上写了名字的人才是业主吗? | 174

124. 不动产权证书记载的事项与不动产登记簿记载的事项不一致时,以哪个为准? | 176

125. 购房人所购商品房尚未交付就被法院查封,怎么办? | 177

126. 底层住户需要交纳电梯费吗? | 179

127. 老旧居民小区改造需要收费吗？怎么收费？ ┃ 180

128. 邻居擅自拆除承重墙，可以要求对方恢复原状吗？ ┃ 182

129. 居民小区的业主有权优先租购小区车位吗？ ┃ 183

130. 居民小区的业主共同决定的事项有哪些？如何共同决定？ ┃ 185

131. 自家房子"住改商"，需要哪些人或者机构同意批准？ ┃ 186

132. 居民小区的停车位收入、电梯及楼房外墙的广告收入，归谁所有？ ┃ 188

133. 邻居噪声扰民，如何维权？ ┃ 189

134. 邻居私搭乱建影响他人生活，如何维权？ ┃ 191

135. 邻居堵住了常用通道，如何维权？ ┃ 192

136. 管道渗水导致邻居财产受损，是否需要赔偿？ ┃ 193

137. 共有住房的按份共有和共同共有的区别是什么？ ┃ 194

138. 房屋七十年产权到期后该怎么办？ ┃ 195

139. 城市子女能不能买卖和继承父母在农村宅基地上建造的房屋？ ┃ 196

140. 产权、所有权和居住权的定义都是什么？它们之间的关系是怎么样的？ ┃ 197

141. 不能按时拿到不动产权证书，可以要求开发商承担违约责任吗？ ┃ 199

142. 购房人因故未能办理贷款，可以要求开发商退还首付款吗？ ┃ 201

143. 房屋出现质量问题可以退房吗？可以要求开发商修复并赔偿吗？ ┃ 202

144. 签订商品房认购书需要承担什么责任？ ┃ 204

145. 购买网络司法拍卖的房子应当注意什么？ ┃ 205

146. 对物业公司的服务不满意，就可以拒绝支付物业费吗？ ┃ 206

147. 非法出租土地用于非农业建设，应当如何处罚？ ┃ 208

148. 农村集体土地被征收，会有哪些补偿？ ┃ 209

149. 父母的承包地能否作为遗产继承？ ┃ 211

150. 欠债人的唯一住房会被法院强制执行吗？ ┃ 212

第六章　企业经营管理篇 ▶▶

151. 朋友出钱让我注册公司再转让给他，有什么法律风险？ ┃ 216

152. 口头的合伙协议有没有法律效力？ ┃ 217

153. 个人独资企业、合伙企业、有限责任公司、股份有限公司有什么区别？ ┃ 218

154. 以 1 元人民币的价格转让股权，违法吗? | 220

155. 我跟朋友聊聊公司的事，怎么就成泄露商业秘密了? | 222

156. 不正当竞争需要承担哪些法律责任? | 223

157. 股东把公司资金转到个人账户，存在哪些法律风险? | 225

158. 公司申请破产的流程是什么? | 227

第七章 人身权利篇 ▶▶

159. 村委会有权限制公民的人身自由吗? | 230

160. 在网上被人辱骂，如何处理? | 231

161. 前男友恶意诽谤、纠缠不休，怎么办? | 232

162. 未经职工同意，公司可以使用其肖像进行业务宣传吗? | 234

163. 什么样的行为可以算作职场性骚扰? | 236

164. 遭遇职场性骚扰，如何保全证据，维护权益? | 238

165. 夫妻之间未经允许可以查看对方手机吗? | 241

166. 未成年人可以变更自己的姓名吗? | 242

167. AI 时代，怎么保护个人信息? | 243

168. 丈夫能强迫妻子做全职太太吗? | 245

169. 妻子中止妊娠是否侵犯丈夫的生育权? | 246

170. 网名可以随便起吗? | 247

171. 酒店里发现微型摄像头，如何维权? | 249

172. 进大楼就得登记身份证号码，算不算侵犯我的隐私权? | 251

173. 在小区内张贴判决书，是否侵犯个人隐私? | 253

174. 招聘信息明确规定"只限男性"，合法吗? | 254

175. 接受义务教育仅仅是公民的权利吗? | 256

176. 公民享有言论自由权，就可以在网上随便乱说吗? | 257

第八章 合同纠纷篇 ▶▶

177. 订立合同可以采用哪些形式? | 260

178. 订立合同时，签名、盖章和按指印，哪个效力更大？ 261

179. 在什么情况下签订的合同属于无效合同？ 262

180. 合同中哪些免责条款无效？ 264

181. 赠与合同能任意撤销吗？ 266

182. 我的账号被网站无故封禁，怎么办？ 268

183. 网上购物被取消订单，如何维权？ 269

184. 买房时开发商在宣传广告中作出的承诺没有兑现，是否构成违约？ 270

185. 快递物品丢失，能否向快递公司索赔？赔偿上限是多少？ 272

186. 老人受骗签订了不平等合同，怎么办？ 274

187. 企业濒临破产，可以要求中止履行合同吗？ 276

188. 承运人非因不可抗力导致送货迟延，供货方是否也要担责？ 277

189. 当事人都存在违约情况怎么办？ 278

190. 因第三人的原因造成违约，需要承担违约责任吗？ 280

191. 供电公司断电给用户造成经济损失，用户只能自认倒霉吗？ 281

192. 农民工能越过包工头直接向建筑公司索要劳动报酬吗？ 282

193. 发包人违约，承包人能否解除施工合同？ 284

194. 花钱托人找工作被骗，钱还能追回来吗？ 287

195. 招标人不同意确定中标人，能拒绝签订合同吗？ 288

196. 小区的物业服务人都有哪些职责？ 289

第九章　所有权纠纷篇 ▶▶

197. 在不知情的情况下购买了赃物，能否主张善意取得？ 294

198. 寄存的物品被保管人私自出售，还能要回来吗？ 296

199. 遗失物品被捡到的人卖掉，失主可以索还吗？ 298

200. 捡到钱后意图私吞结果弄丢，失主可以索赔吗？ 299

201. 遗失物品，拾得人趁机要挟怎么办？ 300

202. 悬赏找到失物后可以反悔吗？ 301

第十章　侵权责任篇 ➤➤

203. 酒后出事，同桌共同饮酒人需要承担多大责任？ | 304

204. 电梯中劝阻他人吸烟，对方猝死，怎么办？ | 305

205. 交通事故无法查清致害人，怎么办？ | 307

206. 分手了，能不能要求前男友支付精神损失费？ | 308

207. 传家宝被他人故意损坏，可以请求精神损害赔偿吗？ | 309

208. 执行工作任务致人损害，用人单位要承担责任吗？ | 311

209. 通过地铁闸机时受伤，能不能要求地铁公司赔偿？ | 312

210. 儿童在经营场所内玩耍致伤，谁应担责？ | 314

211. 孩子在委托他人看管时打伤别人，由谁承担侵权责任？ | 315

212. 孩子在学校发生意外，学校要负责吗？ | 316

213. 孩子在学校遭遇校园暴力，如何处理？ | 318

214. "知假买假"能否得到 10 倍赔偿？ | 320

215. 因产品质量有缺陷造成人身伤害，销售者要不要负责？ | 322

216. 车辆买卖未办理变更登记发生交通事故，登记车主是否承担赔偿责任？ | 324

217. 患者在什么情况下可以找医疗机构索赔？ | 325

218. 我被别人养的宠物咬伤，怎么办？ | 327

219. 宠物被车撞击致死，如何维权？ | 329

220. 游客无视警示劝阻擅自行动被动物袭击，动物园需要承担责任吗？ | 331

221. 被高空抛物砸伤，怎么索赔？ | 332

第十一章　债权债务篇 ➤➤

222. 债权人可以不经债务人同意把自己的债权转让吗？ | 336

223. 给亲戚朋友作担保，会有什么风险？ | 337

224. 为赌债所作的担保有效吗？ | 339

225. 超过保证期间，保证人还有保证责任吗？ | 340

226. 当物的担保与人的担保同时存在时，谁先承担担保责任？ | 342

227. 债务未经保证人同意而转让，保证人还要承担保证责任吗？ | 343

228. 借条未写明还款日期，借款人拒绝还款，怎么办？ ▍344

229. 跟好友借款，没有约定支付利息，还需要支付利息吗？ ▍346

230. 如何约定民间借贷的利率才合法？ ▍347

231. 用假名签的借条有效吗？ ▍349

232. 借条被撕毁，借条的复印件或者存储在原始载体（手机、相机等）中的
影印件能作为证据使用吗？ ▍350

233. 朋友找我借钱，需要其配偶在借条上签名吗？ ▍351

234. 朋友借钱不还，只有转账记录或者聊天记录，能不能申请支付令？ ▍353

235. 民间借贷纠纷的解决流程是什么？ ▍356

236. 如何办理小额贷款？ ▍357

237. 网上转账不小心转错人了，怎么办？ ▍358

238. 父亲必须偿还儿子欠下的债务吗？ ▍360

239. 收到了法院传票，怎么办？ ▍361

240. 网贷被骗了，怎么办？ ▍363

241. 如何对付集资诈骗、高利贷？ ▍365

第十二章　生活消费篇 ≫

242. 什么叫侵害消费者权益？ ▍370

243. 订金、定金和违约金分别是什么？ ▍372

244. 什么情况下，买家可以要求无条件退货？ ▍374

245. 买家要求退货，退货的快递费由谁承担？ ▍376

246. 什么样的条款属于"霸王条款"？ ▍377

247. 特价商品概不退换，是否属于"霸王条款"？ ▍378

248. 贵重物品在经营场所的存物处丢失，经营者应该原价赔偿吗？ ▍380

249. 怀疑消费者盗窃，商场工作人员能否对其进行搜身、搜包、扣押？ ▍381

250. 网上购物，卖家不发货也不退款，怎么办？ ▍383

251. 商家附赠的商品有质量问题，消费者可以索赔吗？ ▍384

252. 商家广告欺诈消费者，消费者如何依法索赔？ ▍385

253. 商家在搞促销活动时附加隐含条件，消费者如何维权？ ▍387

254. 餐厅设置最低消费金额，合法吗？ | 388

255. 餐厅收取服务费、纸筷费、开瓶费、包厢费是否合法？ | 389

256. 乘坐客车时行李丢失，应当向谁主张赔偿？ | 390

257. 托运的行李丢失或者毁损，由谁赔偿？ | 392

258. 旅行社安排游客购物的行为是否合法？ | 393

259. 旅行社承诺的内容没兑现，怎么办？ | 394

260. 孩子中途退园，幼儿园应当退还保教费吗？ | 396

261. 手机的三包凭证丢失，还能得到三包服务吗？ | 397

262. 快递物品丢失，找谁索赔？ | 398

263. 银行能拒收现金吗？ | 399

264. 别人捡了我的身份证做坏事，我该怎么办？ | 400

265. 打官司时，QQ、微信聊天记录能否作为证据使用？ | 402

第十三章　知识产权篇 ▶▶

266. 怎么界定职务作品？ | 406

267. 我写的文章被别人盗用，该怎么维权？侵权人需要负什么法律责任？ | 407

268. 商标被抢注了，怎么办？ | 411

269. 专利产品被他人仿冒侵权，可以请求惩罚性赔偿吗？ | 412

第十四章　违法犯罪篇 ▶▶

270. 老年人违法犯罪，法律会适当宽宥吗？ | 416

271. 精神病人犯罪可以不坐牢吗？ | 417

272. 一个人是不是精神病人，谁说了算？ | 418

273. 被判处无期徒刑，是要坐一辈子牢吗？ | 420

274. 被判死刑后一般多久执行？ | 421

275. 什么是危害公共安全罪？ | 423

276. 什么是信用卡诈骗罪？ | 424

277. 骗保要承担什么法律责任？ | 426

278. 信用卡套现有什么风险？ 429

279. 拐卖妇女、儿童罪的量刑标准是什么？ 430

280. 生父母、继父母虐待子女，需要承担什么法律责任？ 432

281. 儿童遭受猥亵、性侵，该怎么办？ 434

282. 出售非法窃取的信息，需要承担什么法律责任？ 435

283. 参与网上刷单有什么风险？ 437

284. 网恋对象多次跟我要钱，而后失去联系，这些钱还能追回吗？ 439

285. 职工私自挪用公款，犯了什么罪？ 440

286. 以举报对方违法为条件讨要合法欠款，属于违法行为吗？ 441

287. 妨害公务罪是如何认定的？ 442

288. 什么是寻衅滋事？ 444

289. 什么是取保候审？ 445

290. 被污蔑盗窃，如何自证清白？ 446

291. 派出所的权力有多大？ 448

292. 高铁霸座可能会受到什么惩罚？ 449

293. 网络暴力会构成犯罪吗？ 451

第十五章　总则篇 》》

294. 卖家隐瞒重要信息，导致买家买到凶宅怎么办？ 454

295. 《民法典》中的绿色原则是什么？ 455

296. 无民事行为能力人、限制民事行为能力人的人身安全和合法权益，
    由谁来守护？ 456

297. 什么情况下应当撤销监护人资格？ 457

298. 宣告自然人死亡，有什么法律后果？ 459

299. 拜佛求神属于宗教信仰吗？ 461

300. 多次到非信访接待部门进行非正常上访，是在行使公民权利吗？ 462

301. 网友帮我炒股，承诺损失归他，现在亏损了，他不认账怎么办？ 464

302. 委托朋友买彩票中奖了，朋友可以把奖金据为己有吗？ 466

303. 怎么鉴定正当防卫和防卫过当？ 467

304. 因见义勇为而受伤，由谁承担民事责任？ ┃ 469

305. 受助人死亡，救助人要承担赔偿责任吗？ ┃ 471

306. 欠钱不还，找不到人，想要起诉对方需要满足什么条件？ ┃ 472

307. 民事诉讼有时效吗？ ┃ 473

308. 哪些情形会使诉讼时效中断？ ┃ 475

309. 什么样的请求不受诉讼时效的限制？ ┃ 476

310. 遭受过性侵的未成年人，年满 18 周岁后能否提起诉讼？ ┃ 477

第十六章　与国家机关打交道 »

311. 什么情况下，可以拒绝警察配合调查的要求？ ┃ 480

312. 遇到警察查证件，没带身份证怎么办？ ┃ 481

313. 行政处罚的一般程序是怎样的？ ┃ 482

314. 妨碍交警执法，可能会受到什么处罚？ ┃ 484

315. 不服法院判决，可以拒收判决书吗？ ┃ 485

316. 如何申请法律援助？申请法律援助需要满足哪些条件？ ┃ 487

第一章

婚姻家庭篇

1. 遭遇家庭暴力怎么办？

张某与李某经人介绍后相恋并登记结婚，但婚后张某经常遭到李某的殴打。不久，张某怀孕了。由于对李某忍无可忍，张某准备拿起法律武器保护自己以及腹中的胎儿，但她不知道该去哪里寻求保护。

▌法律解析

家庭暴力，是指家庭成员之间发生的身体或者精神上的伤害行为，比如冻饿、殴打、限制人身自由、辱骂、威胁、跟踪、骚扰、经济控制等。由于家庭成员之间具有紧密的亲属关系和利益关系，所以家庭暴力具有一定的隐蔽性，受害人往往会因为家庭成员的胁迫或者出于羞耻心理而不敢声张。

张某这样的情况在现实生活中并不罕见——长期遭受家庭暴力，忍无可忍的时候却不知道该去哪里寻求保护。因为不知道申请保护程序怎么走，担心保护程序复杂，保护到来之前自己再次受到伤害，有的受害人只好选择忍气吞声。

其实，这个问题很容易处理。遭受家庭暴力后，受害人本人及其法定代理人、近亲属可以第一时间向加害人或者受害人的工作单位求助，也可以向公安机关、居民委员会、村民委员会、妇女联合会等单位求助。接到求助后，相关单位应当尽快给予帮助、处理。

如果受害人是未成年人、残疾人、老年人、孕期或者哺乳期的妇女、重病患者，相关单位应当予以特殊保护。例如，未成年人的监护人实施家庭暴力，严重侵害未成年人合法权益的，未成年人所在居民委员会、村民委员会、民政部门等有关单位可以向法院申请依法撤销其监护人资格，另行指定监护人。

除了上述途径，根据《中华人民共和国反家庭暴力法》（以下简称《反家庭暴力法》）的规定，遭受家庭暴力或者面临家庭暴力的现实危险的当事人，可以向法院申请人身安全保护令。当事人是无民事行为能力人[1]、限制民事行为能力

---

[1] 无民事行为能力人包括：未满 8 周岁的未成年人，不能辨认自己行为的 8 周岁以上的未成年人，以及不能辨认自己行为的成年人。

人[1]，或者因受到强制、威吓等无法申请人身安全保护令的，其近亲属、公安机关、妇女联合会、居民委员会、村民委员会、救助管理机构可以代为申请。

法条链接

《反家庭暴力法》

第五条第三款 未成年人、老年人、残疾人、孕期和哺乳期的妇女、重病患者遭受家庭暴力的，应当给予特殊保护。

第十三条 家庭暴力受害人及其法定代理人、近亲属可以向加害人或者受害人所在单位、居民委员会、村民委员会、妇女联合会等单位投诉、反映或者求助。有关单位接到家庭暴力投诉、反映或者求助后，应当给予帮助、处理。

家庭暴力受害人及其法定代理人、近亲属也可以向公安机关报案或者依法向人民法院起诉。

单位、个人发现正在发生的家庭暴力行为，有权及时劝阻。

第十五条第一款 公安机关接到家庭暴力报案后应当及时出警，制止家庭暴力，按照有关规定调查取证，协助受害人就医、鉴定伤情。

第二十三条 当事人因遭受家庭暴力或者面临家庭暴力的现实危险，向人民法院申请人身安全保护令的，人民法院应当受理。

当事人是无民事行为能力人、限制民事行为能力人，或者因受到强制、威吓等原因无法申请人身安全保护令的，其近亲属、公安机关、妇女联合会、居民委员会、村民委员会、救助管理机构可以代为申请。

《最高人民法院关于办理人身安全保护令案件适用法律若干问题的规定》（法释〔2022〕17号）

第三条 家庭成员之间以冻饿或者经常性侮辱、诽谤、威胁、跟踪、骚扰等方式实施的身体或者精神侵害行为，应当认定为反家庭暴力法第二条规定的"家庭暴力"。

---

1 限制民事行为能力人包括：8周岁以上的未成年人和不能完全辨认自己行为的成年人。

2. 什么情况下可以申请人身安全保护令？

第 1 节中张某的情况，满足申请人身安全保护令的条件吗？

▌法律解析

我们在上一节中说过，遭受家庭暴力后，受害人有多种选择，其中一种选择就是向法院申请人身安全保护令，申请条件为：

（1）申请人是受害人；

（2）申请人有明确的保护请求；

（3）申请人有明确的证据表明自己曾遭受家庭暴力，或者正在面临家庭暴力威胁。

以上所说的证据，可以是伤照、报警证明、证人证言、社会机构的相关记录，也可以是加害人保证书，加害人带有威胁性内容的、能够证明申请人遭受家庭暴力或者面临家庭暴力现实危险的其他证据，比如短信、电话录音等。[1] 法院受理申请后，应当在七十二小时内作出是否批准的裁定；情况紧急的，应当在二十四小时内作出裁定。

人身安全保护令自作出之日起生效，有效期不超过六个月。人身安全保护令失效前，法院可以根据申请人的申请撤销、变更或者延长。

此外，自 2022 年 8 月 1 日起，向法院申请人身安全保护令不需要先提起离婚诉讼或者其他诉讼，也不需要在申请人身安全保护令后一定期限内提起离婚等诉讼。这意味着，人身安全保护令的申请与作出无须依托于任何诉讼而独立存在。人身安全保护制度的根本目的在于及时制止家庭暴力，受害人无须待民事诉讼时机成熟时一并提起，以确保受害人在第一时间得到司法救济。[2]

---

1 可参考《最高人民法院关于办理人身安全保护令案件适用法律若干问题的规定》第六条所列的相关证据。

2 郝晓萌.以案说法"升级版"人身安全保护令有哪些看点 [J]. 民主与法制，2022，32：52.

法条链接

《反家庭暴力法》

第二十七条　作出人身安全保护令，应当具备下列条件：

（一）有明确的被申请人；

（二）有具体的请求；

（三）有遭受家庭暴力或者面临家庭暴力现实危险的情形。

第二十八条　人民法院受理申请后，应当在七十二小时内作出人身安全保护令或者驳回申请；情况紧急的，应当在二十四小时内作出。

第二十九条　人身安全保护令可以包括下列措施：

（一）禁止被申请人实施家庭暴力；

（二）禁止被申请人骚扰、跟踪、接触申请人及其相关近亲属；

（三）责令被申请人迁出申请人住所；

（四）保护申请人人身安全的其他措施。

第三十条　人身安全保护令的有效期不超过六个月，自作出之日起生效。人身安全保护令失效前，人民法院可以根据申请人的申请撤销、变更或者延长。

第三十二条　人民法院作出人身安全保护令后，应当送达申请人、被申请人、公安机关以及居民委员会、村民委员会等有关组织。人身安全保护令由人民法院执行，公安机关以及居民委员会、村民委员会等应当协助执行。

《最高人民法院关于办理人身安全保护令案件适用法律若干问题的规定》

第一条　当事人因遭受家庭暴力或者面临家庭暴力的现实危险，依照反家庭暴力法向人民法院申请人身安全保护令的，人民法院应当受理。

向人民法院申请人身安全保护令，不以提起离婚等民事诉讼为条件。

第六条　人身安全保护令案件中，人民法院根据相关证据，认为申请人遭受家庭暴力或者面临家庭暴力现实危险的事实存在较大可能性的，可以依法作出人身安全保护令。

前款所称"相关证据"包括：

（一）当事人的陈述；

（二）公安机关出具的家庭暴力告诫书、行政处罚决定书；

（三）公安机关的出警记录、讯问笔录、询问笔录、接警记录、报警回执等；

（四）被申请人曾出具的悔过书或者保证书等；

（五）记录家庭暴力发生或者解决过程等的视听资料；

（六）被申请人与申请人或者其近亲属之间的电话录音、短信、即时通讯信息、电子邮件等；

（七）医疗机构的诊疗记录；

（八）申请人或者被申请人所在单位、民政部门、居民委员会、村民委员会、妇女联合会、残疾人联合会、未成年人保护组织、依法设立的老年人组织、救助管理机构、反家暴社会公益机构等单位收到投诉、反映或者求助的记录；

（九）未成年子女提供的与其年龄、智力相适应的证言或者亲友、邻居等其他证人证言；

（十）伤情鉴定意见；

（十一）其他能够证明申请人遭受家庭暴力或者面临家庭暴力现实危险的证据。

第十条 反家庭暴力法第二十九条第四项规定的"保护申请人人身安全的其他措施"可以包括下列措施：

（一）禁止被申请人以电话、短信、即时通讯工具、电子邮件等方式侮辱、诽谤、威胁申请人及其相关近亲属；

（二）禁止被申请人在申请人及其相关近亲属的住所、学校、工作单位等经常出入场所的一定范围内从事可能影响申请人及其相关近亲属正常生活、学习、工作的活动。

3. 送出去的彩礼能收回来吗？

吴先生与陶女士通过相亲认识，都觉得对方条件不错，再加上双方父母特别满意，于是订了婚。订婚后，吴先生向陶女士支付了彩礼 10 万元。但婚后不久，陶女士觉得两人在生活习惯和性格上不合，没有办法继续生活下去，就向吴先生提出离婚，遭到吴先生的拒绝后，她向法院提起离婚诉讼。最终，吴先生同意离婚，但要求陶女士全额退还 10 万元彩礼。

吴先生送出去的彩礼，能收回来吗？

法律解析

从表面上看，彩礼是男方赠送给女方的，属于法律上的自愿赠与行为，但赠送彩礼与一般的赠与行为不同。它属于以结婚为目的的有条件赠与，条件达成，赠与才算成立。基于此，我国法律规定了三种需要返还彩礼的情形。至于返还多少，由法院根据具体情况酌情认定。

通俗地说，这三种情形包括：

（1）没有进行婚姻登记；

（2）登记了，但没有在一起生活；

（3）彩礼提供方因彩礼过重而生活困难。

第一种和第二种情形含有"骗婚"的意思，第三种情形意味着彩礼过高的不正当性。如果当事人在第二种和第三种情形下要求返还彩礼，必须以离婚为前提，不然夫妻还是一体，彩礼要回来只是换了一个口袋，法院一般不会予以支持。

本案中，吴先生已经与陶女士办理了结婚登记手续，并共同生活了一段时间，也没有因为提供彩礼而生活困难（依靠个人财产和离婚时分得的财产无法维持当地基本生活水平），不符合返还彩礼的情形，所以他要求女方全额退还彩礼的请求，法院不予支持。

法条链接

《最高人民法院关于适用〈中华人民共和国民法典〉婚姻家庭编的解释（一）》（法释〔2020〕22 号，以下简称《民法典婚姻家庭编司法解释（一）》）

第五条　当事人请求返还按照习俗给付的彩礼的，如果查明属于以下情形，人民法院应当予以支持：

（一）双方未办理结婚登记手续；

（二）双方办理结婚登记手续但确未共同生活；

（三）婚前给付并导致给付人生活困难。

适用前款第二项、第三项的规定，应当以双方离婚为条件。

4. 赠送给女朋友的贵重礼物，分手后能要回来吗？

乔先生为与王小姐确立恋爱关系，在追求期间向王小姐赠送了不少奢侈品，以求其欢心。相恋一段时间后，两人因琐事产生矛盾，最终分手。乔先生伤心郁闷之余，要求王小姐将此前自己赠送的奢侈品统统返还。王小姐不同意，觉得乔先生太过小气。一气之下，乔先生将王小姐诉至法院，并提交了相关转账记录、消费记录，要求法院判决王小姐全额返还。

法律解析

从法律上来说，乔先生送给王小姐奢侈品是一种赠与行为，即一方自愿把自己的财物无偿地交给另一方，另一方予以接受。在现实生活中，男女朋友中的一方为维护感情而向另一方进行赠与的情形是非常普遍的。只要这种赠与是正常的，受赠方就不需要返还。但如果是一方以欺诈手段使另一方在违背真实意思的情况下赠送大量财物，那么受赠方需要返还财物。

法条链接

《民法典》

第一百四十八条　一方以欺诈手段，使对方在违背真实意思的情况下实施的民事法律行为，受欺诈方有权请求人民法院或者仲裁机构予以撤销。

第六百五十八条　赠与人在赠与财产的权利转移之前可以撤销赠与。

经过公证的赠与合同或者依法不得撤销的具有救灾、扶贫、助残等公益、道德义务性质的赠与合同，不适用前款规定。

《民法典婚姻家庭编司法解释（一）》

第五条　当事人请求返还按照习俗给付的彩礼的，如果查明属于以下情形，人民法院应当予以支持：

（一）双方未办理结婚登记手续；

（二）双方办理结婚登记手续但确未共同生活；

（三）婚前给付并导致给付人生活困难。

适用前款第二项、第三项的规定，应当以双方离婚为条件。

5. 未婚同居，分手后财产怎样处理?

宋先生与李女士经人介绍后恋爱，在某小区购买了一套商品房，购房款各出一半。房屋装修完毕，两人在此共同居住，却没有到民政部门登记结婚。一年多后，宋先生与李女士发生矛盾，就分手后财产分割事宜进行协商。

未婚同居，分手后财产怎样处理?

▎法律解析

在婚姻法不完善的年代，宋先生和李女士的这种关系可以被认定为事实婚姻，但现在已经没有事实婚姻这一说法了，即他们无论同居多久，都不会构成事实婚姻，只能被认定为同居关系。

在未婚同居情况下，双方分手后处理财产时，有约定的按照约定执行，没有约定的，同居期间的共同收入和其他财产，应当按照一般共有财产处理；当事人同居前，一方赠送给另一方的财物，应当按照赠与处理。也就是说，宋先生与李女士在同居期间共同购置的房产，分手时按当时的出资比例分割即可。

▎法条链接

《民法典》

第二百九十八条　按份共有人对共有的不动产或者动产按照其份额享有所

有权。

第二百九十九条 共同共有人对共有的不动产或者动产共同享有所有权。

第三百零八条 共有人对共有的不动产或者动产没有约定为按份共有或者共同共有，或者约定不明确的，除共有人具有家庭关系等外，视为按份共有。

第三百零九条 按份共有人对共有的不动产或者动产享有的份额，没有约定或者约定不明确的，按照出资额确定；不能确定出资额的，视为等额享有。

6. 中国公民和外国人结婚时，应在哪里办理结婚登记?

随着中外交流越来越频繁，许多中国公民选择与外国人结为夫妻，共度美好人生。中国公民张某与韩国公民李某经人介绍后相恋并准备结婚，但是两人不知道该去哪里办理结婚登记。

▌法律解析

目前，"结婚适用婚姻缔结地法律"是世界各国的通行做法。也就是说，缔结婚姻的当事人想在哪里办理结婚手续，就按照哪个国家的婚姻法律办理。

本案中，如果张某与李某想在中国办理结婚登记，张某需要出具本人的户口簿、身份证、本人无配偶以及与李某没有直系血亲关系和三代以内旁系血亲关系的签字声明。李某需要出具本人的有效护照或者其他有效的国际旅行证件，韩国公证机构、中国驻韩使馆或者韩国驻华使馆认证的本人无配偶的证明。

另外需要说明的是，李某与张某结婚，并不意味着李某可以得到中华人民共和国外国人永久居留身份证。一般情况下，李某只能定期办理中华人民共和国外国人居留许可。

▌法条链接

《民法典》

第一千零四十九条 要求结婚的男女双方应当亲自到婚姻登记机关申请结

婚登记。符合本法规定的，予以登记，发给结婚证。完成结婚登记，即确立婚姻关系。未办理结婚登记的，应当补办登记。

《中华人民共和国涉外民事关系法律适用法》

第二十一条 结婚条件，适用当事人共同经常居所地法律；没有共同经常居所地的，适用共同国籍国法律；没有共同国籍，在一方当事人经常居所地或者国籍国缔结婚姻的，适用婚姻缔结地法律。

第二十二条 结婚手续，符合婚姻缔结地法律、一方当事人经常居所地法律或者国籍国法律的，均为有效。

《婚姻登记条例》

第四条 内地居民结婚，男女双方应当共同到一方当事人常住户口所在地的婚姻登记机关办理结婚登记。

中国公民同外国人在中国内地结婚的，内地居民同香港居民、澳门居民、台湾居民、华侨在中国内地结婚的，男女双方应当共同到内地居民常住户口所在地的婚姻登记机关办理结婚登记。

7. 什么情形才可以申请撤销婚姻？

钱某、赵某经人介绍相恋，一年多后，两人领了结婚证。然而，婚后钱某无意中看到了赵某的病历，病历显示赵某患有开放性肺结核，且很难治愈。钱某对此感到非常气愤，马上给自己的律师朋友打电话说，要跟赵某离婚，但律师朋友告诉他，他的婚姻是可撤销婚姻，与其申请离婚，不如申请撤销婚姻。

可撤销婚姻是什么？申请撤销婚姻和离婚有什么区别？什么情况下可以申请撤销婚姻呢？

▎法律解析

可撤销婚姻，是指一方或者双方都有申请撤销婚姻的权利，婚姻撤销后双方不具有法律上的夫妻关系。根据《民法典》的规定，可以申请撤销的婚姻有两种：一种是被胁迫结婚；另一种是一方患有重大疾病，但在婚前没有如实告知另一方。无论是哪一种情况，当事人都应当在知道可撤销事由后一年内向法院提出撤销婚姻的申请。

需要说明的是，这里所说的重大疾病，并不是一般意义上的重大疾病，而是法律上认为不应当结婚的疾病，比如梅毒、淋病、艾滋病、开放性肺结核等。因此，像钱某遇到的这种情况，是可以申请撤销婚姻的。

在这里，顺便给大家介绍一下无效婚姻。无效婚姻与可撤销婚姻不同，它是一种违法婚姻，是指婚姻因缺乏成立的实质要件而没有法律效力。根据《民法典》的规定，在三种情况下婚姻无效：重婚、有禁止结婚的亲属关系以及未到法定婚龄。

无效婚姻和可撤销婚姻的共同点是，当它们发生时，当事人在法律上等于没有结过婚，查不到婚史。离婚则是结了再离，可以查到婚史。

法条链接

《民法典》

第一千零五十一条 有下列情形之一的，婚姻无效：

（一）重婚；

（二）有禁止结婚的亲属关系；

（三）未到法定婚龄。

第一千零五十二条 因胁迫结婚的，受胁迫的一方可以向人民法院请求撤销婚姻。

请求撤销婚姻的，应当自胁迫行为终止之日起一年内提出。

被非法限制人身自由的当事人请求撤销婚姻的，应当自恢复人身自由之日起一年内提出。

第一千零五十三条 一方患有重大疾病的，应当在结婚登记前如实告知另一方；不如实告知的，另一方可以向人民法院请求撤销婚姻。

请求撤销婚姻的，应当自知道或者应当知道撤销事由之日起一年内提出。

8. 夫妻忠诚协议、婚前财产协议、婚内财产协议是什么？

某街道最近计划进行一次《民法典》婚姻家庭编知识普法讲座，拟邀请小蒋的导师主讲。为此，导师给小蒋布置了相关任务，让她准备一些与夫妻忠诚协议、婚前财产协议、婚内财产协议有关的材料。光听名字，小蒋就一头雾水：夫妻忠诚协议、婚前财产协议、婚内财产协议究竟是什么？

▌法律解析

夫妻忠诚协议，是指夫妻在结婚前或者结婚后为保证双方在婚姻关系存续期间不违反忠诚义务，以书面形式约定违约金或者赔偿金责任的协议。这种协议通常只在道德领域有效，夫妻双方应当自觉履行。

在订立夫妻忠诚协议时，建议夫妻双方明确约定彼此的权责、离婚时的赔偿金额和分割方案。如果只使用"出轨""净身出户"之类模糊的用语，这种协议在法律上一般是无效的。

婚前财产协议、婚内财产协议，来源于夫妻约定财产制，是指夫妻在结婚前或者结婚后，以契约形式约定婚前财产与婚后各自收入的归属、管理、使用、处分、收益及债务清偿、婚姻解除时财产清算等事项，并排除法定夫妻财产制[1]适用的协议。

婚前财产协议和婚内财产协议对于约定婚前财产、减少婚后财产争议有着积极的意义。此类协议没有固定的格式，其具体内容由夫妻双方自由约定，但是并非所有协议都能如预想一般发挥效用。比如，夫妻中的一方是在受到胁迫或者欺诈等情形下订立的协议，此时受害方有权请求法院予以撤销；又如，协议的内容明显违反法律强制性规定，当然就不具有法律效力。

---

1 法定夫妻财产制，是指在夫妻对婚后财产归属没有做出约定的情况下根据法律规定确定夫妻财产归属的制度。

▌法条链接

《民法典》

第一千零四十三条 家庭应当树立优良家风，弘扬家庭美德，重视家庭文明建设。

夫妻应当互相忠实，互相尊重，互相关爱；家庭成员应当敬老爱幼，互相帮助，维护平等、和睦、文明的婚姻家庭关系。

第一千零六十五条 男女双方可以约定婚姻关系存续期间所得的财产以及婚前财产归各自所有、共同所有或者部分各自所有、部分共同所有。约定应当采用书面形式。没有约定或者约定不明确的，适用本法第一千零六十二条、第一千零六十三条的规定。

夫妻对婚姻关系存续期间所得的财产以及婚前财产的约定，对双方具有法律约束力。

夫妻对婚姻关系存续期间所得的财产约定归各自所有，夫或者妻一方对外所负的债务，相对人知道该约定的，以夫或者妻一方的个人财产清偿。

9. 什么是个人财产，什么是夫妻共同财产？

刘先生与梅女士经过多年"爱情长跑"后登记结婚，但婚后经常为家庭琐事争吵。两人共同生活一年多后，决定协议离婚。在商议财产分割事宜时，两人却纠缠不清，不知道什么是个人财产，什么是夫妻共同财产。

▌法律解析

什么是个人财产，什么是夫妻共同财产，《民法典》第一千零六十二条和第一千零六十三条有详细说明。

简单来说，夫妻共同财产可以分为两类：一是婚后夫妻双方取得的财产；二是婚前个人财产在婚后产生的经营、投资收益，比如股票、基金等收益。

婚后取得但依然属于个人的财产可以分为三类：一是具有强烈人身属性的

财产，比如衣服、奖牌、奖杯等；二是具有补偿属性的专属性财产，比如工伤赔偿等；三是个人财产的附属物，主要指婚前财产的天然孳息或者自然增值。

看到这里，有的人可能会问：刚才不是说婚前个人财产在婚后产生的经营、投资收益是夫妻共同财产吗？怎么这里又说婚前财产的天然孳息或者自然增值，依然属于个人财产呢？

其实，婚前个人财产在婚后产生的经营、投资收益，与婚前财产的天然孳息或者自然增值，是两个不同的概念。它们的区别在于：获得前者需要付出体力、脑力劳动，比如炒股、选基金等；获得后者则什么也不用做，"躺平"就能赚钱，比如婚前在城郊购买了一座农家院，后来因拆迁而获得拆迁款等。

▌法条链接

《民法典》

第一千零六十二条 夫妻在婚姻关系存续期间所得的下列财产，为夫妻的共同财产，归夫妻共同所有：

（一）工资、奖金、劳务报酬；

（二）生产、经营、投资的收益；

（三）知识产权的收益；

（四）继承或者受赠的财产，但是本法第一千零六十三条第三项规定的除外；

（五）其他应当归共同所有的财产。

夫妻对共同财产，有平等的处理权。

第一千零六十三条 下列财产为夫妻一方的个人财产：

（一）一方的婚前财产；

（二）一方因受到人身损害获得的赔偿或者补偿；

（三）遗嘱或者赠与合同中确定只归一方的财产；

（四）一方专用的生活用品；

（五）其他应当归一方的财产。

10. 哪些债务属于个人债务，哪些债务属于夫妻共同债务？

周先生与王女士为了购房，曾在婚前共同向亲戚借款 30 万元。婚后，周先生因投资需要以个人名义向朋友借款 15 万元。2023 年 7 月，周先生与王女士决定离婚。

以上哪些债务属于个人债务，哪些债务属于夫妻共同债务呢？

▌法律解析

根据《民法典》第一千零六十四条的规定，夫妻共同债务有三种：

（1）夫妻双方共同签名或者夫妻一方事后追认等共同意思表示所负的债务，比如夫妻都在借款合同上签了字，或者债务发生后，另一方以电话、短信、微信等形式对债权人作出愿意承担债务的意思表示。

（2）夫妻一方在婚姻关系存续期间以个人名义为家庭日常生活需要所负的债务，比如正常的衣食住行、子女教育、医疗保障等维系家庭正常生活所必需的开支。

（3）夫妻一方在婚姻关系存续期间以个人名义超出家庭日常生活需要所负的债务，应当认定为个人债务，但债权人能够证明该债务用于夫妻共同生活、共同生产经营或者基于夫妻双方共同意思表示的除外。

本案中，周先生与王女士因购房向亲戚借款 30 万元，属于为家庭日常生活需要所负的债务，为夫妻共同债务。周先生因投资需要向朋友借的 15 万元是夫妻共同债务还是个人债务，要看周先生投资的是否为夫妻共同经营的事业，或者是否基于双方共同意思表示。如果这笔借款投资的不是夫妻共同经营的事业，且不存在双方共同签名或者一方事后追认等共同意思表示，则这 15 万元不是夫妻共同债务，而是周先生的个人债务。

律师建议，夫妻双方可通过签订婚前、婚内财产协议，避免夫妻财产混同、背负意外的夫妻共同债务等情况发生。尤其是当夫妻二人都是公司股东时，更应该提前签订好财产协议，以规避风险。

法条链接

《民法典》

第一千零六十四条 夫妻双方共同签名或者夫妻一方事后追认等共同意思表示所负的债务，以及夫妻一方在婚姻关系存续期间以个人名义为家庭日常生活需要所负的债务，属于夫妻共同债务。

夫妻一方在婚姻关系存续期间以个人名义超出家庭日常生活需要所负的债务，不属于夫妻共同债务；但是，债权人能够证明该债务用于夫妻共同生活、共同生产经营或者基于夫妻双方共同意思表示的除外。

第一千零六十五条 男女双方可以约定婚姻关系存续期间所得的财产以及婚前财产归各自所有、共同所有或者部分各自所有、部分共同所有。约定应当采用书面形式。没有约定或者约定不明确的，适用本法第一千零六十二条、第一千零六十三条的规定。

夫妻对婚姻关系存续期间所得的财产以及婚前财产的约定，对双方具有法律约束力。

夫妻对婚姻关系存续期间所得的财产约定归各自所有，夫或者妻一方对外所负的债务，相对人知道该约定的，以夫或者妻一方的个人财产清偿。

11. 婚前一方出钱购买的轿车，登记在另一方的名下，离婚时轿车应该归谁所有？

2019 年 12 月 10 日，项先生与郑女士登记结婚。结婚前三天，他们前往 4S 店购买了一辆北京现代轿车。购车过程中，项先生通过汽车销售公司的 POS 机刷卡，向商家全款支付了购车款 15 万元，并缴纳了保险费 5600 元，轿车登记在郑女士名下。婚后，双方时常为生活琐事吵架。2022 年 6 月，项先生与郑女士决定离婚，但双方对轿车的归属权有争议，无法达成一致。

婚前一方出钱购买的轿车，登记在另一方的名下，离婚时轿车应该归谁所有？

▌法律解析

　　划分某种财产是否属于夫妻共同财产的一个基本原则，就是看财产是在婚前获得的，还是在婚后获得的。郑女士是在婚前得到轿车的，那么从原则上来说，轿车属于她的婚前财产。尽管买车的钱是项先生的，但轿车登记在郑女士名下，这在法律上一般被视为项先生对她的赠与，即使是在婚后，轿车也是郑女士的个人财产，离婚时项先生无权进行分割。

▌法条链接

《民法典》

第一千零六十三条　下列财产为夫妻一方的个人财产：

（一）一方的婚前财产；

（二）一方因受到人身损害获得的赔偿或者补偿；

（三）遗嘱或者赠与合同中确定只归一方的财产；

（四）一方专用的生活用品；

（五）其他应当归一方的财产。

《民法典婚姻家庭编司法解释（一）》

第三十一条　民法典第一千零六十三条规定为夫妻一方的个人财产，不因婚姻关系的延续而转化为夫妻共同财产。但当事人另有约定的除外。

12. 还没离婚，妻子就要求分割夫妻共同财产，可以吗？

　　黄女士与徐先生于 2018 年结婚，2020 年 6 月生下一子。但不久，两人摩擦不断，夫妻关系陷入僵局。2021 年 3 月，徐先生向法院起诉离婚，考虑到孩子还小等因素，经法院主持调解，夫妻和好。2021 年 8 月，黄女士发现徐先生在慢慢转移其婚内购置的相关财产，震惊之余她咨询了律师，以徐先生转移、挥霍夫妻共同财产为由，要求法院在婚内分割双方的共同财产。

法律解析

在婚姻关系存续期间，夫妻一方请求分割共同财产的，法院一般不予支持，但如果一方有严重损害夫妻共同财产的行为，比如隐藏、转移、变卖、毁损、挥霍夫妻共同财产或者伪造夫妻共同债务等，受害人可以在婚姻关系存续期间请求法院分割共同财产。此外，如果一方负有法定扶养义务的人（如其父母）患重大疾病需要医治，另一方不同意支付相关医疗费用，夫妻一方也可以在婚姻关系存续期间请求法院分割共同财产。

本案中，黄女士与徐先生仍处于婚姻关系存续期间，在一般意义上并不满足分割夫妻共同财产的前提条件，但徐先生的行为已经极大地损害了夫妻共同的财产利益，在这种情况下，法院应当对黄女士予以保护，同意其分割夫妻共同财产的请求。

法条链接

《民法典》

第一千零六十六条 婚姻关系存续期间，有下列情形之一的，夫妻一方可以向人民法院请求分割共同财产：

（一）一方有隐藏、转移、变卖、毁损、挥霍夫妻共同财产或者伪造夫妻共同债务等严重损害夫妻共同财产利益的行为；

（二）一方负有法定扶养义务的人患重大疾病需要医治，另一方不同意支付相关医疗费用。

《中华人民共和国妇女权益保障法》（以下简称《妇女权益保障法》）

第六十七条 离婚诉讼期间，夫妻一方申请查询登记在对方名下财产状况且确因客观原因不能自行收集的，人民法院应当进行调查取证，有关部门和单位应当予以协助。

离婚诉讼期间，夫妻双方均有向人民法院申报全部夫妻共同财产的义务。一方隐藏、转移、变卖、损毁、挥霍夫妻共同财产，或者伪造夫妻共同债务企图侵占另一方财产的，在离婚分割夫妻共同财产时，对该方可以少分或者不分财产。

13. 一方婚前全款购房，婚后在房本上加上另一方的名字，房子属于夫妻共同财产吗？

2020 年，华小姐通过相亲认识了经济条件不错的王先生。确立恋爱关系后，华小姐向对方提出条件：如果结婚，必须在房本上加上她的名字，否则免谈。王先生应允后两人顺利结婚，并办理了房屋所有权的变更登记手续。但因为婚前缺乏了解，婚后两人逐渐产生嫌隙，不久便以离婚收场。诉讼中，华小姐要求法院依法分割房子，王先生则抗辩说房子是其婚前全款购入的，不应视为夫妻共同财产。

▎法律解析

夫妻一方在婚前或者婚姻关系存续期间，将个人的不动产赠与另一方，或者约定为按份共有、共同共有的，属于夫妻财产赠与约定。但如果赠与人在办理物权转移登记前改变想法，赠与是可以撤销的。在这种情况下，没有办理转移登记的不动产当然不能算作夫妻共同财产。

本案中，王先生允诺在房本上加上华小姐的名字，也实际履行了物权变更登记。此时，赠与已经完成并具有法律效力，如果没有特殊情形是无法撤销的。所以，华小姐提出分割房子的要求于法有据，法院应予支持。虽然房子是王先生婚前全款购买的，但这并不影响对夫妻共同财产的认定。

▎法条链接

《民法典》

第六百五十八条 赠与人在赠与财产的权利转移之前可以撤销赠与。

经过公证的赠与合同或者依法不得撤销的具有救灾、扶贫、助残等公益、道德义务性质的赠与合同，不适用前款规定。

14. 一方婚前贷款购房，婚后双方共同还贷，
离婚时房子怎么分割？

2012 年 5 月，张某以个人名义贷款购买了一套商品房，首付款 30 万元由他个人支付，房产也登记在他的名下。2017 年 10 月，他与王某结婚，婚后夫妻共同还贷。五年后，两人因感情不和决定协议离婚，但关于房产分割事宜始终无法达成一致。

一方婚前贷款购房，婚后双方共同还贷，离婚时房子到底应该怎么分割呢？

▌法律解析

对于这种情况，如果双方经协商无法达成一致意见，法院一般会将房子判给房屋产权登记一方，即张某所有，未来的房贷由张某自行承担。但因为婚姻关系存续期间，王某也有过还贷行为，所以张某需要根据共同还贷数额以及房屋涨价的部分，给予王某相应的补偿。

▌法条链接

《民法典婚姻家庭编司法解释（一）》

第七十六条 双方对夫妻共同财产中的房屋价值及归属无法达成协议时，人民法院按以下情形分别处理：

（一）双方均主张房屋所有权并且同意竞价取得的，应当准许；

（二）一方主张房屋所有权的，由评估机构按市场价格对房屋作出评估，取得房屋所有权的一方应当给予另一方相应的补偿；

（三）双方均不主张房屋所有权的，根据当事人的申请拍卖、变卖房屋，就所得价款进行分割。

第七十八条 夫妻一方婚前签订不动产买卖合同，以个人财产支付首付款

并在银行贷款，婚后用夫妻共同财产还贷，不动产登记于首付款支付方名下的，离婚时该不动产由双方协议处理。

依前款规定不能达成协议的，人民法院可以判决该不动产归登记一方，尚未归还的贷款为不动产登记一方的个人债务。双方婚后共同还贷支付的款项及其相对应财产增值部分，离婚时应根据民法典第一千零八十七条第一款规定的原则，由不动产登记一方对另一方进行补偿。

15. 离婚冷静期到底是怎么回事？

2022 年 3 月，徐先生与姜女士登记结婚。婚后，两人时常为一些鸡毛蒜皮的小事争吵。某天下班后，两人再次吵起来，第二天一早两人就到民政局申请离婚。填写了离婚申请书后，他们被告知离婚有三十天冷静期，三十天后若还是坚持离婚，再一起过来领取离婚证。在冷静期内，经过朋友的开解、双方的沟通，夫妻俩的情绪逐渐平静下来，离婚的心思也淡了。第十七天，徐先生到民政局撤销了离婚申请。

法律解析

通俗地说，离婚冷静期是指夫妻离婚时，婚姻登记机关强制要求双方暂时冷静，考虑清楚后再决定是否继续离婚，冷静的时间一般为三十天。在此期间，任何一方如果不想离婚，都可以到婚姻登记机关撤销离婚申请。三十天后，双方如果坚持离婚，必须在三十天内亲自到婚姻登记机关领取离婚证，否则就被视为撤销离婚申请。

相关数据显示，中国的离婚率呈现上升趋势。虽然人们离婚的原因有很多，但不乏轻率离婚、冲动离婚的情况。自《民法典》正式施行以来，离婚冷静期的设置备受关注，有人赞成，也有人提出疑问。我们相信，随着时代的进步，《民法典》会越来越完善。但在目前的《民法典》框架下，我们想给走协议离婚程序，处于离婚冷静期的夫妻提个醒，尤其是夫妻关系中的弱势方，在离婚冷静期内必须注意以下几个问题：

第一，冷静期内的财产管理。从理论上来说，在离婚冷静期内，夫妻财产依然是共同财产，在此期间，如果在收入上占据优势的一方隐匿财产或者转移财产，这对收入上的弱势方将会非常不利。

第二，冷静次数。目前的《民法典》对冷静次数并没有限制，如果一方屡屡撤销离婚申请，或者冷静期过后拒绝到婚姻登记机关领取离婚证，另一方的处境就会非常被动。

第三，冷静期内的威胁、要挟。举个例子，张三以子女的抚养权为条件，要挟李四少分家产，否则就撤销离婚申请，或者冷静期到期后拒绝领取离婚证，在这样的情况下，李四就难以保护自己的财产分配权。

第四，冷静期内夫妻双方依然可以代表对方行使权利。比如，一方需要做手术，另一方依然能作为家属代表签字。

当然，现实中存在的问题是很多的，这里我们仅列举出几个主要问题。可能有人会问：照你这么说，这婚不是没法离了吗？不是这样的，如果担心离婚冷静期内发生非常难缠的情况，还可以选择没有离婚冷静期这一道程序的诉讼离婚。不过，即便是诉讼离婚，调解也是必要的程序，有时候也会出现久调不决的问题。针对这一情况，《民法典》在原《中华人民共和国婚姻法》五项调解无效情形外，增加了"经人民法院判决不准离婚后，双方又分居满一年，一方再次提起离婚诉讼的，应当准予离婚"这一情形。

律师建议，夫妻双方离婚时应当慎重考虑，如果觉得感情还有修复的余地，可以在离婚冷静期内慎重思考，避免冲动离婚。如果觉得感情确实无法修复，离婚冷静期内还可能发生棘手的问题，可以走诉讼离婚这条路。为了加快诉讼速度，提起诉讼的一方应当积极收集证据，聘请专业离婚律师；若经济困难，可以向法律援助机构申请法律援助。

法条链接

《民法典》

第一千零七十六条 夫妻双方自愿离婚的，应当签订书面离婚协议，并亲自到婚姻登记机关申请离婚登记。

离婚协议应当载明双方自愿离婚的意思表示和对子女抚养、财产以及债务处理等事项协商一致的意见。

第一千零七十七条 自婚姻登记机关收到离婚登记申请之日起三十日内，任何一方不愿意离婚的，可以向婚姻登记机关撤回离婚登记申请。

前款规定期限届满后三十日内，双方应当亲自到婚姻登记机关申请发给离婚证；未申请的，视为撤回离婚登记申请。

第一千零七十九条 夫妻一方要求离婚的，可以由有关组织进行调解或者直接向人民法院提起离婚诉讼。

人民法院审理离婚案件，应当进行调解；如果感情确已破裂，调解无效的，应当准予离婚。

有下列情形之一，调解无效的，应当准予离婚：

（一）重婚或者与他人同居；

（二）实施家庭暴力或者虐待、遗弃家庭成员；

（三）有赌博、吸毒等恶习屡教不改；

（四）因感情不和分居满二年；

（五）其他导致夫妻感情破裂的情形。

一方被宣告失踪，另一方提起离婚诉讼的，应当准予离婚。

经人民法院判决不准离婚后，双方又分居满一年，一方再次提起离婚诉讼的，应当准予离婚。

16. 怎样办理协议离婚手续，需要什么材料？

吴女士今年 53 岁，高中毕业后便一个人离开家乡到北京打工，24 岁时与王先生结婚，不久后生下一女。眼看着女儿从毕业到工作，再到有了自己的小家庭，吴女士觉得心中一块大石放下，希望自己能够与感情早已淡薄的丈夫离婚，开始新的生活。

吴女士想要知道，她该怎么办理协议离婚手续，又需要准备什么材料？

法律解析

《民法典》施行后，我国的协议离婚登记程序包括以下五个步骤。

1. 申请

自愿离婚的夫妻，应当签订书面离婚协议，共同到有管辖权的婚姻登记机关提出申请，并提供内地婚姻登记机关或者中国驻外使（领）馆颁发的结婚证、符合《婚姻登记工作规范》第二十九条至第三十五条规定的有效身份证件、在婚姻登记机关现场填写的《离婚登记申请书》。

2. 受理

婚姻登记员对当事人提交的材料初审无误后，发给《离婚登记申请受理回执单》。不符合离婚登记申请条件的，不予受理。当事人要求出具《不予受理离婚登记申请告知书》的，应当出具。

如果夫妻中任一人丢失结婚证，当事人应当书面声明遗失，婚姻登记员可以根据另一本结婚证受理离婚登记申请；如果两本结婚证都丢失，当事人应当书面声明结婚证遗失，并提供加盖查档专用章的结婚登记档案复印件。

3. 冷静期

自婚姻登记机关向当事人发放《离婚登记申请受理回执单》之日起三十天内，任何一方不愿意离婚的，可以持本人有效身份证件和《离婚登记申请受理回执单》（遗失的可不提供，但需书面说明情况），向受理离婚登记申请的婚姻登记机关撤回离婚登记申请，并亲自填写《撤回离婚登记申请书》。经婚姻登记机关核实无误后，发给《撤回离婚登记申请确认单》。自离婚冷静期届满后三十天内，双方未共同到婚姻登记机关申请发给离婚证的，视为撤回离婚登记申请。

4. 审查

自离婚冷静期届满后三十天内（期间届满的最后一日是节假日的，以节假日后的第一日为期限届满的日期），双方当事人应当持相关证明和材料共同到婚姻登记机关申请发给离婚证。婚姻登记机关进行审查，对不符合离婚登记条件的，不予办理。当事人要求出具《不予办理离婚登记告知书》的，应当出具。

5. 登记（发证）

婚姻登记机关审查符合规定的，予以登记，发给离婚证。

法条链接

《民法典》

第一千零七十六条 夫妻双方自愿离婚的，应当签订书面离婚协议，并亲自到婚姻登记机关申请离婚登记。

离婚协议应当载明双方自愿离婚的意思表示和对子女抚养、财产以及债务处理等事项协商一致的意见。

第一千零七十七条 自婚姻登记机关收到离婚登记申请之日起三十日内，任何一方不愿意离婚的，可以向婚姻登记机关撤回离婚登记申请。

前款规定期限届满后三十日内，双方应当亲自到婚姻登记机关申请发给离婚证；未申请的，视为撤回离婚登记申请。

第一千零七十八条 婚姻登记机关查明双方确实是自愿离婚，并已经对子女抚养、财产以及债务处理等事项协商一致的，予以登记，发给离婚证。

第一千零八十条 完成离婚登记，或者离婚判决书、调解书生效，即解除婚姻关系。

17. 离婚协议可以请他人代签吗？

小王和小赵于大学校园里相识相恋，毕业后登记结婚。但婚后因婆媳关系紧张、双方性格不合，致使夫妻关系越发疏远。经协商一致，两人决定协议离婚，共同至民政局签订离婚协议并办理离婚手续。但签订离婚协议当天，小王到场时却只见到了丈夫的朋友小张。小张解释说，小赵有事出差了，所以委托他来代签离婚协议。

离婚协议可以请他人代签吗？

法律解析

不可以。离婚协议必须由夫妻双方本人亲自签订，他人不得代签，否则离婚协议不具有法律效力。这是因为，离婚是具有强烈人身属性的法律行为，只能由夫妻双方本人在具有完全民事行为能力时进行，不允许委托他人代为办理。

法条链接

《民法典》

第一千零七十六条第一款 夫妻双方自愿离婚的，应当签订书面离婚协议，并亲自到婚姻登记机关申请离婚登记。

《婚姻登记条例》

第十条第一款 内地居民自愿离婚的，男女双方应当共同到一方当事人常住户口所在地的婚姻登记机关办理离婚登记。

第十一条 办理离婚登记的内地居民应当出具下列证件和证明材料：

（一）本人的户口簿、身份证；

（二）本人的结婚证；

（三）双方当事人共同签署的离婚协议书。

办理离婚登记的香港居民、澳门居民、台湾居民、华侨、外国人除应当出具前款第（二）项、第（三）项规定的证件、证明材料外，香港居民、澳门居民、台湾居民还应当出具本人的有效通行证、身份证，华侨、外国人还应当出具本人的有效护照或者其他有效国际旅行证件。

离婚协议书应当载明双方当事人自愿离婚的意思表示以及对子女抚养、财产及债务处理等事项协商一致的意见。

第十二条 办理离婚登记的当事人有下列情形之一的，婚姻登记机关不予受理：

（一）未达成离婚协议的；

（二）属于无民事行为能力人或者限制民事行为能力人的；

（三）其结婚登记不是在中国内地办理的。

第十三条 婚姻登记机关应当对离婚登记当事人出具的证件、证明材料进行审查并询问相关情况。对当事人确属自愿离婚，并已对子女抚养、财产、债务等问题达成一致处理意见的，应当当场予以登记，发给离婚证。

18. 协议离婚分割财产后可以反悔吗？

经过两年的"拉锯战"，王先生与沈女士终于就孩子的抚养、财产分割等问题达成一致，签订了离婚协议，办理了离婚手续，终结了长达十年的婚姻。离婚后，王先生却越想越不是滋味，觉得这些年来自己辛苦打拼、父母不断资助，好不容易攒下的家业，却被沈女士分了一半，太亏了。于是他向法院提起诉讼，想重新分割夫妻共同财产。

法院会支持他的请求吗？

法律解析

夫妻双方协议离婚并就财产进行了分割之后，如果一方反悔，是可以请求撤销财产分割协议的。但请求是一回事，法院是否支持是另外一回事。如果签订离婚协议时存在欺诈、胁迫等情形，法院可以依法撤销财产分割协议，反之则不然。

本案中，王先生与沈女士是自愿签订离婚协议的，不存在欺诈、胁迫等情形，即离婚协议能够体现双方的真实意思表示。所以，王先生再怎么觉得吃亏，法院也不会支持他的请求。

法条链接

《民法典》

第一千零七十六条　夫妻双方自愿离婚的，应当签订书面离婚协议，并亲自到婚姻登记机关申请离婚登记。

离婚协议应当载明双方自愿离婚的意思表示和对子女抚养、财产以及债务处理等事项协商一致的意见。

《民法典婚姻家庭编司法解释（一）》

第七十条　夫妻双方协议离婚后就财产分割问题反悔，请求撤销财产分割协议的，人民法院应当受理。

人民法院审理后，未发现订立财产分割协议时存在欺诈、胁迫等情形的，应当依法驳回当事人的诉讼请求。

19. 离婚时如何收集证据？

孙先生和吴女士于 2016 年结婚。婚后不久，因为经济问题，两人时常发生口角。2017 年初，孙先生独自去北京发展。事业很快就有了起色，于是孙先生在北京成立了一家经营仓储业务的公司，而吴女士依然留在老家。虽然家庭经济条件变好了，但夫妻二人的感情越来越淡。孙先生在异地另有新欢，渐渐地一两年也不回一次家，吴女士也有了别的追求者。2021 年，吴女士以夫妻感情不和、分居两年为由，向法院提请诉讼离婚，但被法院驳回，原因是证据不足。

这种情况下，吴女士该怎么收集证据呢？

▎法律解析

《民法典》第一千零七十九条规定了几种应当准予离婚的情形，因感情不和而分居满两年，就是其中之一。

很多人认为分居满两年就可以自动离婚，这种看法其实是错误的，因为分居满两年的前提是感情不和，如果单纯是因为工作原因而分居满两年，比如异地工作或者海外工作，就不能构成法定的离婚条件。对于本案中吴女士面临的问题，她可以从五个方面收集证据，证明夫妻感情已经破裂：

（1）孙先生在北京的居住证或居住登记；

（2）孙先生在北京的房屋租赁合同，水电、物业缴费单据，证明他在北京长期居住；

（3）双方在沟通过程中，可以证明夫妻感情破裂的通信记录；

（4）对他们的分居事实比较了解的同事、朋友、邻居等的证人证言；

（5）双方签订的分居协议。

法条链接

《民法典》

第一千零七十九条第三款 有下列情形之一，调解无效的，应当准予离婚：

（一）重婚或者与他人同居；

（二）实施家庭暴力或者虐待、遗弃家庭成员；

（三）有赌博、吸毒等恶习屡教不改；

（四）因感情不和分居满二年；

（五）其他导致夫妻感情破裂的情形。

20. 一方不同意离婚就离不了婚吗?

石先生与杨女士经朋友介绍认识，不久便登记结婚。但由于婚前缺乏对彼此的了解，婚后双方才发现"三观不合"，经常为家庭琐事争吵。石先生遂向法院起诉离婚，但杨女士坚决不同意离婚。第一次开庭审理后，法院判决不准离婚。

杨女士不同意离婚，石先生是不是就离不了婚了？

法律解析

我国相关法律明确规定婚姻自由——结婚自由，离婚也自由。离婚主要有两种方法：一种是协议离婚，适用于夫妻双方就离婚事宜达成协议的情况；另一种是诉讼离婚，适用于夫妻双方无法就离婚事宜达成协议的情况。如果选择诉讼离婚，原告应当在被告居住超过一年的所在地法院起诉，如果被告下落不明或者被监禁一年以上，可以在原告所在地法院起诉。法院是否判决离婚，虽然需要看当事人的态度，但更重要的依据是夫妻感情是否真的已经破裂。

《民法典》第一千零七十九条规定了几种应该被判决离婚的情况，如果当事人能拿出相应的证据，明确证明夫妻感情已经破裂，那么第一次起诉时，法院就会判决离婚；相反，如果无法提供明确的证据，二次起诉，甚至三次起诉也是有可能的。在这样的情况下，法院是否判决离婚，就取决于当事人的态度以及法官如何认定事实。不过，只要离婚的念头是坚定的，即使其中一方不同意，也是可以离婚的，只是时间早晚的问题。

按照现在法院通行的做法，夫妻离婚第一次提起诉讼时，如果一方不同意离婚，法院的判决一般是不准离婚；六个月过后第二次提起诉讼时，法院往往会判决离婚。这种做法之所以通行，是因为法律人有一个基本共识——夫妻肯定是到了感情无法维系的时候才一再闹离婚的，但凡感情还有修复的可能，没有人会一再起诉。在这样的情况下，如果还不判决离婚，对当事人来说就是一种巨大的折磨。当然，三次起诉、四次起诉的情况并不是没有，但这样的案件罕见，且非常复杂，普通的离婚案件到不了这么复杂的程度。

▌法条链接

《民法典》

第一千零七十九条 夫妻一方要求离婚的，可以由有关组织进行调解或者直接向人民法院提起离婚诉讼。

人民法院审理离婚案件，应当进行调解；如果感情确已破裂，调解无效的，应当准予离婚。

有下列情形之一，调解无效的，应当准予离婚：

（一）重婚或者与他人同居；

（二）实施家庭暴力或者虐待、遗弃家庭成员；

（三）有赌博、吸毒等恶习屡教不改；

（四）因感情不和分居满二年；

（五）其他导致夫妻感情破裂的情形。

一方被宣告失踪，另一方提起离婚诉讼的，应当准予离婚。

经人民法院判决不准离婚后，双方又分居满一年，一方再次提起离婚诉讼的，应当准予离婚。

21. 夫妻"假离婚"买房有什么法律风险?

2016 年,杨先生和赵女士想买二套房。为避开二套房首付五成的政策,少支付两成的首付款,两人办理了离婚手续。财产分割协议约定小轿车归杨先生所有,房子归赵女士所有。然而,房子过户到赵女士名下后,她却拒绝承认双方是为了买房子而"假离婚"的,提出双方是因感情破裂而离婚的,也不同意杨先生享有房子一半产权。无奈之下,杨先生到法院起诉,要求撤销与赵女士"假离婚"时签订的财产分割协议。

法院会支持杨先生的要求吗?

▌法律解析

首先,明确地告诉大家,法律上并没有"假离婚"这一说法,只要夫妻双方领了离婚证,在法律上就是正式解除了婚姻关系。

本案中,法院是否会支持杨先生的要求,取决于他是否有其他证据能证明其对房子享有一半产权。如果证据明确,法院就有可能支持他的要求,否则他就只能自认倒霉。

律师建议,"假离婚"买房属于欺诈行为,因此取得的按揭贷款购房资格不受法律保护。在相关法律法规还不完善的时候,有个别人钻空子,用"假离婚"的方法买到了二套房,但现在这么做已经行不通了。

▌法条链接

《民法典》

第一百四十八条 一方以欺诈手段,使对方在违背真实意思的情况下实施的民事法律行为,受欺诈方有权请求人民法院或者仲裁机构予以撤销。

第一千零八十条 完成离婚登记,或者离婚判决书、调解书生效,即解除婚姻关系。

22. 什么情况下另一方不得提出离婚？

老白是一名长途货运司机，李女士为某棉织厂工人。两人结婚一年后，李女士怀孕。但就在她怀孕期间，老白有了一段婚外情。李女士知道后如雷击顶，苦苦劝说老白回归家庭。老白非但不听，还向法院起诉要求离婚，但法院的判决是不准离婚。

为什么法院会这样判决呢？

▌法律解析

法院这样判决，是因为法律有明文规定，即女方在怀孕期间、分娩后一年内或者终止妊娠后六个月内，男方不得提出离婚，因为女方在这三个阶段内的身体和心理状况很脆弱，需要特殊照顾。不过，在此期间，如果提出离婚的是女方，法院则可以按照常规情况受理案件。

除此之外，还有两种情况，当事人不得提出离婚。

第一种情况是，经法院判决不准离婚和调解和好的离婚案、原告撤诉或者按撤诉处理的离婚案，如果没有新情况、新理由，原告在六个月内又起诉的，法院不予受理。在现实生活中，这种情况比较常见。很多人离婚并不是深思熟虑后的决定，而是一时冲动，法律规定六个月内不能再次起诉，实际上就是为了给当事人充分考虑的时间。换句话说，诉讼离婚程序里的这六个月，相当于协议离婚里的三十天冷静期。

第二种情况是，现役军人的配偶不得提出离婚，除非征得军人同意，但军人一方有重大过错的除外。

▌法条链接

《民法典》

第一千零八十一条 现役军人的配偶要求离婚，应当征得军人同意，但是军人一方有重大过错的除外。

第一千零八十二条 女方在怀孕期间、分娩后一年内或者终止妊娠后六个月内，男方不得提出离婚；但是，女方提出离婚或者人民法院认为确有必要受理男方离婚请求的除外。

《中华人民共和国民事诉讼法》（以下简称《民事诉讼法》[1]）

第一百二十七条 人民法院对下列起诉，分别情形，予以处理：

…………

（七）判决不准离婚和调解和好的离婚案件，判决、调解维持收养关系的案件，没有新情况、新理由，原告在六个月内又起诉的，不予受理。

23. 离婚后双方能否轮流抚养孩子？

李先生与洪女士于 2008 年 12 月登记结婚，次年 12 月生下儿子小明。2022 年 1 月，洪女士向法院提起离婚诉讼，法院判决双方不准离婚；六个月后，洪女士再次诉请判令离婚，并请求得到儿子的抚养权。小明很难过，他不想父母离婚，两人都对他一样好，一旦离婚自己就只能跟着一方生活了。有时候他会想：要是自己能被父母轮流抚养就好了。

▎**法律解析**

在处理离婚案件时，我国法院遵从"最有利于未成年子女"的原则。一般情况下，未成年子女应随父亲或者母亲一方生活，但也可以根据实际情况作出合理变更。

本案中，小明已满八周岁，他的真实意愿应当受到尊重。如果与父母轮流

1　2023 年 9 月 1 日，中华人民共和国第十四届全国人民代表大会常务委员会第五次会议审议通过了《全国人民代表大会常务委员会关于修改〈中华人民共和国民事诉讼法〉的决定》，自 2024 年 1 月 1 日起施行。

生活，不会因为生活环境、学习环境的改变而影响他的健康成长，法院也能以调解的形式让李先生与洪女士达成抚养协议，轮流抚养小明，最大限度地缓解离婚时夫妻双方的矛盾，保护未成年人健康成长。

法条链接

《民法典》

第一千零八十四条 父母与子女间的关系，不因父母离婚而消除。离婚后，子女无论由父或者母直接抚养，仍是父母双方的子女。

离婚后，父母对于子女仍有抚养、教育、保护的权利和义务。

离婚后，不满两周岁的子女，以由母亲直接抚养为原则。已满两周岁的子女，父母双方对抚养问题协议不成的，由人民法院根据双方的具体情况，按照最有利于未成年子女的原则判决。子女已满八周岁的，应当尊重其真实意愿。

《民法典婚姻家庭编司法解释（一）》

第四十八条 在有利于保护子女利益的前提下，父母双方协议轮流直接抚养子女的，人民法院应予支持。

24. 一方出轨，离婚时必须净身出户吗？

郑先生和方女士于 2018 年结婚。经过几年打拼，他们购买了一套住房和一辆小轿车。2021 年，方女士发现郑先生行动有点反常，调查之后发现郑先生与王某有同居关系，郑先生也承认了。对此，方女士十分生气，要求离婚，但郑先生不愿意，苦苦哀求方女士再给他一次机会，并保证和王某断绝关系。然而，没过多久，方女士发现郑先生仍与王某同居，就坚决要求离婚，并要求郑先生因出轨过错净身出户。

郑先生出轨，离婚时必须净身出户吗？

▌法律解析

从法律上说，出轨是指夫妻中的一方违反了忠诚义务，与婚外第三人发生了不正当男女关系。

出轨行为是不是必然会导致净身出户呢？答案是不一定。法律上并没有净身出户的概念。因出轨行为而导致婚姻破裂的，法院分割财产时的总原则是适当倾斜，照顾无过错方，无过错方也有权请求损害赔偿，但倾斜幅度一般不会很大。在现实生活中，出轨受害者总是想办法搜集过错方的出轨证据，甚至不惜花重金请人做调查，希望在离婚时多分夫妻共同财产，但这样做其实没有太大的作用。当然，出轨方自愿净身出户，并且在离婚协议中做了明确说明的情况除外。

▌法条链接

《民法典》

第一千零八十七条第一款　离婚时，夫妻的共同财产由双方协议处理；协议不成的，由人民法院根据财产的具体情况，按照照顾子女、女方和无过错方权益的原则判决。

第一千零九十一条　有下列情形之一，导致离婚的，无过错方有权请求损害赔偿：

（一）重婚；

（二）与他人同居；

（三）实施家庭暴力；

（四）虐待、遗弃家庭成员；

（五）有其他重大过错。

25. 家庭主妇离婚时可以要求经济补偿吗？

小琴与丈夫结婚后，随着丈夫的公司日益红火，小琴的收入显得越发"微不足道"。女儿出生后，家务大量增加，丈夫便让小琴辞职在家做起了家庭主妇。从此，送孩子上学，买菜做饭，打扫卫生，哄孩子睡觉，等丈夫回家，就成了小琴每天的日常安排。但在结婚后的第十年，丈夫突然提出离婚，打破了小琴家庭主妇的安稳生活。小琴想在离婚分割财产时为自己争得一份公平，因为她觉得自己做家庭主妇亦付出很多，应该得到经济补偿。

她的要求能否得到法院支持呢？

▌法律解析

家庭主妇想在离婚分割财产时让丈夫对自己所付出的家务劳动进行补偿，这样的请求一般会得到法院支持。家是双方的，家务自然应当由夫妻双方共同分担。小琴以家庭主妇身份包揽了所有家务，实际上是担起了两个人的责任。这种劳动虽然没有换取直接的货币报酬，但其价值不可否认。在离婚分割财产时，为丈夫承担的那一份责任应该得到相应的补偿。无论夫妻双方婚后实行法定财产制还是分别财产制，家务贡献者都可以主张离婚经济补偿。

法院在确定离婚经济补偿数额时主要考虑的因素包括：双方婚后共同生活的时间、女方在家务劳动中具体付出的情况、男方个人的经济收入、当地一般的生活水平等。对夫妻共同财产进行分割，主要是对现存的有形财产的价值进行分割，因此家庭主妇在财产分割方面属于被动的一方。为了保障家庭主妇的无形财产价值，《民法典》规定了夫妻中负担较多家庭义务的一方，有权在离婚时请求经济补偿。需要注意的是，经济补偿应当从承担支付义务的一方的个人财产或者分得的共同财产中支取，而不是在夫妻共同财产分割前先行扣除经济补偿再分割夫妻共同财产。

家庭生活具有封闭性，外人一般很难知晓家庭内部夫妻双方究竟谁付出的家务劳动更多。即使从事了更多的家务劳动，当事人也不会刻意保留相关证据。这就导致在离婚诉讼中，当事人很难拿出证据证明自己是家务劳动付出较多的一方。

律师建议，作为家庭主妇，在日常生活中应注意保留和收集相关的家务劳动的证据，比如保存好日常的朋友圈记录和聊天记录。这样万一发生婚变，自己就能在离婚诉讼时拿出更多的证据，证明自身因抚育子女、照料老人、协助另一方工作等负担了较多义务。

█ 法条链接

《民法典》

第一千零八十八条　夫妻一方因抚育子女、照料老年人、协助另一方工作等负担较多义务的，离婚时有权向另一方请求补偿，另一方应当给予补偿。具体办法由双方协议；协议不成的，由人民法院判决。

26. 母亲生而不养，孩子还有义务赡养母亲吗？

王女士有三个儿子，由于小儿子在当时属于超生，所以其在1岁时被送养。现在，王女士的老伴因病去世了，两个儿子又因生意失败，生活陷入拮据，因此，王女士想求被送养的小儿子赡养自己。王女士打听到，小儿子今年35岁，年薪55万元，完全有能力赡养自己，但她多次尝试联系小儿子，对方均拒绝接听电话。

小儿子能因为王女士生而不养，而拒绝赡养她吗？

█ 法律解析

《民法典》第一千一百零五条第一款规定："收养应当向县级以上人民政府民政部门登记。收养关系自登记之日起成立。"第一千一百一十一条规定："自收养关系成立之日起，养父母与养子女间的权利义务关系，适用本法关于父母子女关系的规定；养子女与养父母的近亲属间的权利义务关系，适用本法关于子女与父母的近亲属关系的规定。养子女与生父母及其他近亲属间的权利义务关系，因收养关系的成立而消除。"

可见，如果收养人一方办理了正式的收养手续，那么在法律上小儿子与亲生父母之间就不存在法律上的父母子女关系了，即亲生父母无须再抚养小儿子，小儿子也不再有赡养亲生父母的义务。但是，如果收养人没有办理正式的收养手续，即使亲生父母没有抚养过小儿子，小儿子仍然有赡养亲生父母的义务。

法条链接

《民法典》

第一千零六十七条 父母不履行抚养义务的，未成年子女或者不能独立生活的成年子女，有要求父母给付抚养费的权利。

成年子女不履行赡养义务的，缺乏劳动能力或者生活困难的父母，有要求成年子女给付赡养费的权利。

第一千一百零五条 收养应当向县级以上人民政府民政部门登记。收养关系自登记之日起成立。

收养查找不到生父母的未成年人的，办理登记的民政部门应当在登记前予以公告。

收养关系当事人愿意签订收养协议的，可以签订收养协议。

收养关系当事人各方或者一方要求办理收养公证的，应当办理收养公证。

县级以上人民政府民政部门应当依法进行收养评估。

第一千一百一十一条 自收养关系成立之日起，养父母与养子女间的权利义务关系，适用本法关于父母子女关系的规定；养子女与养父母的近亲属间的权利义务关系，适用本法关于子女与父母的近亲属关系的规定。

养子女与生父母以及其他近亲属间的权利义务关系，因收养关系的成立而消除。

27. 放弃继承权的子女可以不赡养父母吗?

陈某的母亲在陈某幼年时与其父亲协议离婚，后又各自再婚组建了新家庭。陈某跟着父亲生活，但父亲对其疏于照顾，一直将陈某托付给爷爷奶奶照看。除了每月按时将母亲给的抚养费送过去，父子间几乎没有交流。

陈某自小刻苦学习，成绩优异，顺利考入北京一所一流大学学习。大学毕业后，陈某工作繁忙长期在外，从不与父亲联系，直到父亲患病，要求陈某为其出钱出力。陈某没有时间也没有意愿照顾父亲，于是决定放弃继承权，认为这样就不必履行赡养义务了。

子女放弃继承权，就可以不赡养父母吗？

▌法律解析

子女赡养父母是我国的传统美德之一，也是我国法律所规定的义务之一，而且这种法定义务是无条件的。子女对父母的赡养，也并不以父母履行了对子女的抚养教育义务为前提。

《民法典》继承编相关条款规定，一般情况下，子女为第一顺序继承人，享有继承遗产的权利。继承权作为一项民事权利，完全可以放弃，但是其与履行赡养义务没有必然联系，不能以此为由免除法定的赡养义务。也就是说，有无继承权并不能作为确定赡养义务的法律依据，赡养义务人也不应当以放弃继承权为借口拒绝或者逃避履行赡养义务。更何况，放弃继承的表示，一般只能在被继承人死亡后、继承开始前作出才具有法律效力。也就是说，父母还在世时，是不存在放弃继承权一说的。如果继承人不履行应尽的赡养义务，遗弃或者虐待被继承人情节严重等，则可能因此丧失继承权。

陈某的父亲虽然没有尽到完善的抚养义务，但这不影响他要求陈某履行赡养义务。陈某也不能以放弃继承权为由，拒绝履行赡养义务。

▌法条链接

《民法典》

第二十六条 父母对未成年子女负有抚养、教育和保护的义务。

成年子女对父母负有赡养、扶助和保护的义务。

第一千零六十七条 父母不履行抚养义务的，未成年子女或者不能独立生活的成年子女，有要求父母给付抚养费的权利。

成年子女不履行赡养义务的，缺乏劳动能力或者生活困难的父母，有要求成年子女给付赡养费的权利。

第一千一百二十七条 遗产按照下列顺序继承：

（一）第一顺序：配偶、子女、父母；

（二）第二顺序：兄弟姐妹、祖父母、外祖父母。

继承开始后，由第一顺序继承人继承，第二顺序继承人不继承；没有第一顺序继承人继承的，由第二顺序继承人继承。

本编所称子女，包括婚生子女、非婚生子女、养子女和有扶养关系的继子女。

本编所称父母，包括生父母、养父母和有扶养关系的继父母。

本编所称兄弟姐妹，包括同父母的兄弟姐妹、同父异母或者同母异父的兄弟姐妹、养兄弟姐妹、有扶养关系的继兄弟姐妹。

《中华人民共和国老年人权益保障法》

第十九条 赡养人不得以放弃继承权或者其他理由，拒绝履行赡养义务。

赡养人不履行赡养义务，老年人有要求赡养人付给赡养费等权利。

赡养人不得要求老年人承担力不能及的劳动。

28. 继父母对继子女有无抚养义务？继子女对继父母有无赡养义务？

杜女士的丈夫因病去世，留下一儿子李某。后杜女士与朱某相识并登记结婚，李某也随同两人一起生活。李某高中毕业后，在家庭资助下买了一辆卡车跑运输，赚的钱大部分交给了家里。2018年，杜女士因车祸死亡。之后，李某仍与朱某一起生活。2020年，70岁的朱某生病住院，而李某因忙于工作没有时间照顾他，朱某只好请亲戚帮忙照顾自己。朱某出院后，经常和李某因琐事争吵。2021年初，两人因为赡养问题再次争吵，朱某一气之下，声称与李某断绝关系，让李某搬出去。

李某是否有义务赡养朱某呢？

▌法律解析

李某自幼随同杜女士与朱某共同生活，赚的钱大部分都交给了家里，故李某和朱某之间形成了抚养教育关系。按照法律规定，继父母与继子女一旦形成了拟制血亲的父母子女关系，就同父母子女关系有相同的法律约束力，不因生父母先于继父母死亡而消除。因此，李某对朱某具有赡养义务，也就是继子女对继父母具有赡养义务。同样，继父母对继子女也具有抚养义务。

法条链接

《民法典》

第一千零七十一条　非婚生子女享有与婚生子女同等的权利，任何组织或者个人不得加以危害和歧视。

不直接抚养非婚生子女的生父或者生母，应当负担未成年子女或者不能独立生活的成年子女的抚养费。

第一千零七十二条　继父母与继子女间，不得虐待或者歧视。

继父或者继母和受其抚养教育的继子女间的权利义务关系，适用本法关于父母子女关系的规定。

29. 孙子女对祖父母有无赡养义务？祖父母对孙子女有无抚养义务？

老李夫妇是城市近郊的农民，有一个儿子。儿子和儿媳一直生活在城里，育有一女李某。老李60岁时，儿子因病去世，老两口白发人送黑发人。如今，老李夫妇年近八旬，地里的活儿干不动了，老太太还有糖尿病，他们的基本生活都无法保障。无奈之下，老李和25岁已经工作的孙女李某商量，问她能否每月适当地给点生活费。

李某从小生活在城里，跟爷爷奶奶的感情并不深。父亲去世后，她基本就没怎么看望过两位老人。所以，对于老李提出的要求，她当即拒绝，认为自己不是老人的子女，也并非由老人抚养长大，所以在法律上没有义务对老人尽赡养责任。

▊ 法律解析

孙子女、外孙子女赡养祖父母、外祖父母有两个前提条件：第一，有负担能力；第二，祖父母、外祖父母的子女已经死亡或者无力赡养。

本案中，李某已经成年且参加工作，具有一定的负担能力；老李夫妇唯一的儿子也已经死亡。因此，李某对老李夫妇的赡养是一项法定义务，不能因为老李夫妇未曾抚养过她就拒绝。

同样，祖父母、外祖父母抚养孙子女、外孙子女也有一定的前提条件：第一，有负担能力；第二，孙子女、外孙子女的父母已经死亡或者无力抚养；第三，孙子女、外孙子女未成年。

▊ 法条链接

《民法典》

第一千零七十四条 有负担能力的祖父母、外祖父母，对于父母已经死亡或者父母无力抚养的未成年孙子女、外孙子女，有抚养的义务。

有负担能力的孙子女、外孙子女，对于子女已经死亡或者子女无力赡养的祖父母、外祖父母，有赡养的义务。

30. 兄弟姐妹缺乏劳动能力，又没有生活来源，我有扶养他们的义务吗？

孙女士的父母意外身故，未获得任何赔偿及补贴，也没有留下可供支配的遗产，只留有一未成年女儿孙某某。孙女士工作稳定，有独立的经济来源，祖父母、外祖父母也早于其父母去世。在居民委员会的帮助下，孙某某找到了孙女士，要求她扶养自己至年满18周岁。

孙某某可以这么做吗？

▌法律解析

对父母已经死亡或者父母无力抚养的未成年弟、妹，有负担能力的成年兄、姐，是有扶养义务的。由兄、姐扶养长大的有负担能力的弟、妹，对缺乏劳动能力又缺乏生活来源的兄、姐，也有扶养的义务。

所以，孙女士有义务将妹妹孙某某扶养至成年。当然，即使没有法律上的扶养、抚养、赡养的义务，在对方有困难而我们有能力的情况下，也提倡我们给予一定的支持和帮助。

抚养、扶养、赡养，这三个词在前文多次出现，它们的概念可能比较容易混淆。在这里，我们来简单解释一下：抚养，是长辈对晚辈的抚育和教养；扶养有广义与狭义之分，广义上的扶养泛指特定亲属之间存在的经济上的供养、生活上的辅助照顾，包括长辈对晚辈的抚养、平辈之间的扶养和晚辈对长辈的赡养三种具体形态，而狭义的扶养则专指平辈之间，尤其是夫妻之间在物质和精神上的支持、照顾；赡养，是晚辈在物质和精神上对长辈的照顾和帮助。我国《民法典》一般按不同主体的相互关系对抚养、扶养、赡养分别加以规定，其中的"扶养"是狭义的；而《中华人民共和国刑法》（以下简称《刑法》）等法律规范中的"扶养"是广义的。

▌法条链接

《民法典》

第一千零七十五条　有负担能力的兄、姐，对于父母已经死亡或者父母无力抚养的未成年弟、妹，有扶养的义务。

由兄、姐扶养长大的有负担能力的弟、妹，对于缺乏劳动能力又缺乏生活来源的兄、姐，有扶养的义务。

31. 妻子不愿生育，丈夫能以此为理由离婚吗？

王女士32岁，已经与何先生结婚五年。王女士是丁克一族，婚前便将自己决定一辈子不生孩子的想法向爱人做了说明。何先生虽感遗憾，但还是向王女士求婚，承诺尊重她的选择。然而，何先生的父母抱孙心切，动摇了何先生做丁克的决心，夫妻间渐渐产生矛盾。

2023 年 4 月，何先生以王女士不愿意生孩子为由要求离婚，王女士觉得何先生婚前曾经答应过自己做丁克的条件，不应再以此为由提出离婚，因而不同意离婚。

法律解析

生育权是一项基本的人权，我国的许多法律法规对公民享有的生育权都做了具体规定。公民有选择是否生育的权利，也有选择何时生育的权利，夫妻一方不得以任何理由限制配偶的生育权。但因为男女生理条件的不同，在生育这件事上所付出的不同，所以，生育权更为注重的是对女性的保护。

换句话说，女性完全享有生育或者不生育的权利，男方的生育权必须建立在双方一致同意生育的基础上。倘若女方不同意生育，男方可以选择离婚，但只能以妻子不愿生育而导致夫妻感情破裂为由，而不能将妻子不愿生育作为离婚的原因。

法条链接

《民法典》

第一千零七十九条第三款 有下列情形之一，调解无效的，应当准予离婚：

（一）重婚或者与他人同居；

（二）实施家庭暴力或者虐待、遗弃家庭成员；

（三）有赌博、吸毒等恶习屡教不改；

（四）因感情不和分居满二年；

（五）其他导致夫妻感情破裂的情形。

《民法典婚姻家庭编司法解释（一）》

第二十三条 夫以妻擅自中止妊娠侵犯其生育权为由请求损害赔偿的，人民法院不予支持；夫妻双方因是否生育发生纠纷，致使感情确已破裂，一方请求离婚的，人民法院经调解无效，应依照民法典第一千零七十九条第三款第五项的规定处理。

32. 未婚生子，谁来养？

严小姐年轻漂亮，追求者甚众，外表英俊、家境优渥的方先生最终俘获其芳心。几个月后，严小姐发现自己意外怀孕，马上把消息告诉了方先生，但方先生不想承担责任，希望她去医院做流产。严小姐不愿意，双方僵持不下，就此分手。之后，严小姐独自生下了女儿嘟嘟。随着孩子逐渐长大，所花费用越来越多，严小姐无力承担。无奈之下，她去找方先生，要求他直接抚养已经 5 岁的女儿。

▎法律解析

我国法律明确规定，对于婚生子女与非婚生子女，父母作为法定监护人都应尽到抚养义务，不能推诿。当事人因非婚生子女的抚养问题诉至法院的，法院将比照离婚后子女抚养问题的处理方式，以"最有利于未成年子女"为原则，结合父母双方的抚养能力、抚养条件等具体情况，确定孩子由谁抚养。

本案中，嘟嘟已满两周岁，其母亲严小姐的经济收入不高，客观上不具备抚养条件；其父亲方先生家境优渥，能够为嘟嘟提供良好的成长环境及教育环境。如果严小姐未能与方先生就嘟嘟的抚养问题达成一致意见，法院将基于前述情况，充分考虑后判决嘟嘟的抚养权归属。换句话说，嘟嘟由严小姐或者方先生哪一方来抚养都可以，但是必须有利于她的身心健康，且能最大限度地保障她的合法权益。

▎法条链接

《民法典》

第一千零八十四条　父母与子女间的关系，不因父母离婚而消除。离婚后，子女无论由父或者母直接抚养，仍是父母双方的子女。

离婚后，父母对于子女仍有抚养、教育、保护的权利和义务。

离婚后，不满两周岁的子女，以由母亲直接抚养为原则。已满两周岁的子女，父母双方对抚养问题协议不成的，由人民法院根据双方的具体情况，按照最有利于未成年子女的原则判决。子女已满八周岁的，应当尊重其真实意愿。

《民法典婚姻家庭编司法解释（一）》

第四十四条　离婚案件涉及未成年子女抚养的，对不满两周岁的子女，按照民法典第一千零八十四条第三款规定的原则处理。母亲有下列情形之一，父亲请求直接抚养的，人民法院应予支持：

（一）患有久治不愈的传染性疾病或者其他严重疾病，子女不宜与其共同生活；

（二）有抚养条件不尽抚养义务，而父亲要求子女随其生活；

（三）因其他原因，子女确不宜随母亲生活。

33. 抚养费的标准是什么？

钱先生与赵女士结婚三年，育有一女。现夫妻二人感情不和，准备离婚，约定女儿由赵女士抚养。赵女士遂向钱先生索要高额抚养费。对此，钱先生有权拒绝吗？

法律解析

法律所称的"抚养费"，包括子女生活费、教育费、医疗费等。关于子女抚养费的数额，主要考虑三个方面：子女的实际需要、父母双方的负担能力、当地的实际生活水平。

离婚后，不和子女一起生活的父或者母一方，应当根据收入状况给付抚养费。一般情况下，有固定收入的，抚养费数目可按其月总收入的百分之二十至三十的比例给付；负担两个以上子女抚养费的，比例可适当提高，但一般不得超过月总收入的百分之五十。无固定收入的，抚养费的数额根据其当年总收入或者同行业平均收入参照以上比例给付。因此，赵女士向钱先生索要高额抚养费，钱先生有权拒绝。

▌法条链接

《民法典》

第一千零八十五条 离婚后，子女由一方直接抚养的，另一方应当负担部分或者全部抚养费。负担费用的多少和期限的长短，由双方协议；协议不成的，由人民法院判决。

前款规定的协议或者判决，不妨碍子女在必要时向父母任何一方提出超过协议或者判决原定数额的合理要求。

《民法典婚姻家庭编司法解释（一）》

第四十九条 抚养费的数额，可以根据子女的实际需要、父母双方的负担能力和当地的实际生活水平确定。

有固定收入的，抚养费一般可以按其月总收入的百分之二十至三十的比例给付。负担两个以上子女抚养费的，比例可以适当提高，但一般不得超过月总收入的百分之五十。

无固定收入的，抚养费的数额可以依据当年总收入或者同行业平均收入，参照上述比例确定。

有特殊情况的，可以适当提高或者降低上述比例。

34. 收养子女应当具备什么条件？

丁先生和李女士结婚多年，两人家境良好，但一直未能生育自己的孩子。某日上班途中，李女士听到了孩子的哭声。循着哭声，她在垃圾箱边上看到了一名弃婴，赶紧抱起孩子并报警处理。李女士在等待警察到来的过程中，忽然想到，自己这么多年也没有生育孩子，是否可以收养她呢？如果可以，自己是否具备收养条件呢?

法律解析

自然人收养子女的规定散见于《民法典》之中,这些规定主要可分为收养人的主体条件以及特定收养情况下的特定要求,比如对收养子女的人数要求、夫妻共同收养的限制、无配偶者收养异性子女的限制等。

本案中,李女士与丁先生结婚多年没有孩子,且家境良好,如果他们各方面都符合《民法典》对收养人的规定,那么李女士在征得丈夫同意、该婴孩亦被确认为弃婴的情况下,是可以办理相关手续,收养该弃婴的。

我国的收养采用登记制度,收养关系自登记之日起成立。收养人应当向收养登记机关申请登记,提交的材料主要包括:

(1)收养人的居民户口簿和居民身份证;

(2)由收养人所在单位或者村民委员会、居民委员会出具的本人婚姻状况和抚养教育被收养人的能力等情况的证明,以及收养人出具的子女情况声明;

(3)县级以上医疗机构出具的收养人未患有在医学上认为不应当收养子女的疾病的身体健康检查证明。

法条链接

《民法典》

第一千零九十八条 收养人应当同时具备下列条件:

(一)无子女或者只有一名子女;

(二)有抚养、教育和保护被收养人的能力;

(三)未患有在医学上认为不应当收养子女的疾病;

(四)无不利于被收养人健康成长的违法犯罪记录;

(五)年满三十周岁。

第一千一百条 无子女的收养人可以收养两名子女;有子女的收养人只能收养一名子女。

收养孤儿、残疾未成年人或者儿童福利机构抚养的查找不到生父母的未成年人，可以不受前款和本法第一千零九十八条第一项规定的限制。

第一千一百零一条　有配偶者收养子女，应当夫妻共同收养。

第一千一百零二条　无配偶者收养异性子女的，收养人与被收养人的年龄应当相差四十周岁以上。

第一千一百零五条　收养应当向县级以上人民政府民政部门登记。收养关系自登记之日起成立。

收养查找不到生父母的未成年人的，办理登记的民政部门应当在登记前予以公告。

收养关系当事人愿意签订收养协议的，可以签订收养协议。

收养关系当事人各方或者一方要求办理收养公证的，应当办理收养公证。

县级以上人民政府民政部门应当依法进行收养评估。

35. 单亲父母无力抚养，能不能把孩子送给别人？

张女士婚后不久，丈夫就突遇意外死亡。由于经营情况不好，公司大规模裁员，张女士无奈下岗，收入极不稳定。眼见自己将无力抚养孩子，张女士遂产生了将孩子送养的想法。此前，她本想请公公婆婆代为抚养儿子，但他们再三推脱；老家的姑妈也拒绝帮忙抚养。无奈之下，张女士便趁着天黑将儿子放在了当地社会福利院的门口，希望儿子能被收养。第二天一早，小男孩被社会福利院的工作人员发现并抱走，张女士目睹后离去。

▌法律解析

父母或者单亲父母如果因经济或者其他原因，无力承担抚养义务时，可以将子女送由自己的亲属、朋友抚养，此举符合法律规定。

本案中，张女士的丈夫因意外死亡，张女士一人无力抚养儿子，其公公婆婆有优先抚养的权利，但他们没有表达出抚养意愿。而后，张女士想将儿子让由自己的姑妈抚养，也遭到拒绝。在此过程中，张女士送养的行为并没有违反相关规定。

那么，张女士最后选择将儿子悄悄放在社会福利院门口的行为，是否构成遗弃罪呢？根据《刑法》的规定，要构成遗弃罪，必须具有"负有扶养义务而拒绝扶养"的情节，并达到"情节恶劣"的程度。张女士在客观上确实不具备抚养条件，虽有抚养义务但并非恶意抛弃、拒绝抚养。而且，她将儿子放在了当地正规的社会福利院门口，并在一旁观察儿子是否会被收养，可见她并不是故意遗弃，而是出于无奈的选择。

综上所述，张女士并不构成我国刑法意义上的遗弃罪。其实，除了把孩子送到社会福利院，张女士还可以向民政局、红十字会或者其他慈善机构求助。

▎法条链接

《民法典》

第一千一百零七条　孤儿或者生父母无力抚养的子女，可以由生父母的亲属、朋友抚养；抚养人与被抚养人的关系不适用本章规定。

《刑法》

第二百六十一条　【遗弃罪】对于年老、年幼、患病或者其他没有独立生活能力的人，负有扶养义务而拒绝扶养，情节恶劣的，处五年以下有期徒刑、拘役或者管制。

36. 抚养亲友的子女，可以算作收养吗？

周某某 6 岁，双亲去世，他的爷爷奶奶也没有稳定的收入，无法抚养其长大。周某某父亲的战友丁先生得知此事，感念其和周某某父亲之间的兄弟之情，抚养了周某某，将他接至身边，供他上学读书，并保障他有良好的生活环境。但丁先生没有办理收养手续，可以算作收养吗？

▎法律解析

根据《民法典》的相关规定，孤儿或者生父母无力抚养的子女，可以由生父母的亲属、朋友抚养。也就是说，丁先生抚养周某某是合法的，但在这种情形下，丁先生与周某某之间属于抚养与被抚养的关系，不属于法律规定的收养关系。所以，双方不具有法律上的亲属关系，丁先生年老后，周某某也没有法定的赡养义务。

周某某目前6岁，父母早亡，符合可以被收养的情形。如果丁先生也符合《民法典》第一千零九十八条规定的收养人条件，且周某某的监护人（周某某的爷爷、奶奶）同意送养，丁先生可以办理收养手续。办理收养手续后，丁先生与周某某就构成养父母与养子女关系。

▎法条链接

《民法典》

第一千一百零七条 孤儿或者生父母无力抚养的子女，可以由生父母的亲属、朋友抚养；抚养人与被抚养人的关系不适用本章规定。

37. 代孕合法吗？会有哪些后果？

郑先生身家过亿，与妻子育有两个女儿。但他对生儿子非常执着，遂萌生请人代孕的念头，并通过网络与熊女士达成代孕协议，约定由熊女士提供代孕服务，不得私自中止，否则就属于违约。双方还谈妥代孕费用共计50万元，由郑先生在协议签订后一次性支付。后熊女士接受试管授精成功怀孕，郑先生请人为其鉴定婴儿性别，得知熊女士怀的是双胞胎女儿后，郑先生要求代孕机构及熊女士将自己此前支付的50万元全额返还。为此，双方发生争议。

▎法律解析

代孕在我国是不合法的。目前，我国对代孕做出明确规定的仅有一部卫生部（现卫生健康委）于2001年发布施行的《人类辅助生殖技术管理办法》。而且，该办法中的相关规定主要针对的是违法实施代孕技术的医疗机构。郑先生和熊女士在法律尚无明文规定的情况下进行代孕，并不能依此进行处罚。如果双方是在允许代孕的其他国家或者地区实施的前述行为，就更难认定其违法性并追究相关责任，而只能在道德层面予以谴责。

然而，根据《民法典》的相关规定，郑先生与熊女士缔结的合同违反了公序良俗[1]，应当判定为无效。在双方发生争议并起诉至法院的情况下，代孕者不能根据合同找求孕者要报酬，求孕者也不能据此要到孩子的抚养权。也就是说，熊女士应当返还郑先生先前支付的代孕费用。当然，若法院判决孩子的抚养权归属于熊女士，熊女士可能不会被要求全额返还 50 万元，因为郑先生要对熊女士实施代孕行为所受的身体损害进行适当补偿，也应当支付孩子的抚养费用。

法条链接

《民法典》

第八条 民事主体从事民事活动，不得违反法律，不得违背公序良俗。

第一百五十三条 违反法律、行政法规的强制性规定的民事法律行为无效。但是，该强制性规定不导致该民事法律行为无效的除外。

违背公序良俗的民事法律行为无效。

第一百五十七条 民事法律行为无效、被撤销或者确定不发生效力后，行为人因该行为取得的财产，应当予以返还；不能返还或者没有必要返还的，应当折价补偿。有过错的一方应当赔偿对方由此所受到的损失；各方都有过错的，应当各自承担相应的责任。法律另有规定的，依照其规定。

《人类辅助生殖技术管理办法》

第三条 人类辅助生殖技术的应用应当在医疗机构中进行，以医疗为目的，并符合国家计划生育政策、伦理原则和有关法律规定。

禁止以任何形式买卖配子、合子、胚胎。医疗机构和医务人员不得实施任

---

1 公序良俗是"公共秩序"和"善良风俗"的简写。我国《民法典》第八条明文规定："民事主体从事民事活动，不得违反法律，不得违背公序良俗。"该规定正式确定了公序良俗原则，其作用主要是填补法律漏洞，克服法律的局限性。

何形式的代孕技术。

第二十二条　开展人类辅助生殖技术的医疗机构违反本办法，有下列行为之一的，由省、自治区、直辖市人民政府卫生行政部门给予警告、3万元以下罚款，并给予有关责任人行政处分；构成犯罪的，依法追究刑事责任：

（一）买卖配子、合子、胚胎的；

（二）实施代孕技术的；

（三）使用不具有《人类精子库批准证书》机构提供的精子的；

（四）擅自进行性别选择的；

（五）实施人类辅助生殖技术档案不健全的；

（六）经指定技术评估机构检查技术质量不合格的；

（七）其他违反本办法规定的行为。

38. 丈夫在第三者身上花的钱，妻子有权要回吗？

甄女士与贾先生是旁人眼中的恩爱夫妻。近几年，贾先生因工作需要经常在异地，与甄女士常年分居。在一次休假中，甄女士偶然发现丈夫在工作地竟然有婚外情，并且在第三者身上花费了好几十万元。她质问贾先生时，因证据确凿，贾先生也承认自己犯了错误。甄女士认为，贾先生在她不知情的情况下处分夫妻共同财产，损害了她的合法权益，第三者应当将贾先生这些年为其花费的几十万元尽数返还，遂将第三者诉至法院。

▌法律解析

根据《民法典》的规定，违背公序良俗的民事法律行为无效。行为人因该行为消耗的财产，应当予以返还；不能返还或者没有返还必要的，应当折价补偿。

本案中，贾先生为维系婚外情，擅自挥霍与甄女士的夫妻共同财产，且数额较大，已严重侵害了甄女士的合法权益。他对第三者作出的赠与行为，因为违反了公序良俗，自然也归于无效。所以，只要甄女士能充分证明贾先生存在婚外情并基于此进行大额赠与的事实，其诉讼请求便能得到法院的支持。

那么，第三者应该返还多少金额呢？根据法律规定，婚姻关系存续期间，夫妻对于共同财产共同共有，任意一方均享有完整的不分份额的所有权。因此，赠与行为无效的效力，应及于贾先生所赠的全部财产。

法条链接

《民法典》

第八条 民事主体从事民事活动，不得违反法律，不得违背公序良俗。

第一百五十三条 违反法律、行政法规的强制性规定的民事法律行为无效。但是，该强制性规定不导致该民事法律行为无效的除外。

违背公序良俗的民事法律行为无效。

39. 父母可以任意支配未成年子女的财产吗？

2016 年，周某和方某结婚，不久后生下儿子方小五。2022 年，方小五 5 岁，其爷爷将一套房产赠与方小五，登记在方小五的名下。方某欲抵押该套房产，借款用于方某自己控股的公司的经营。

作为监护人，他可以抵押儿子方小五的房产吗？

法律解析

对未成年人和成年被监护人的监护，均要遵循最有利于被监护人的原则，即监护人在保护被监护人的人身权利、财产权利及其他合法权益的过程中，要综合各方面因素进行权衡，选择最有利于被监护人的方案，采取最有利于被监护人的措施，使被监护人的利益最大化。

从法律上来说，监护人不可以任意支配子女的财产，没有随意动用子女财产的权利。子女的财产应该由子女自己支配，父母只能为维护子女的利益合理使用子女的财产。比如，父母为了子女上学、治病等动用子女的财产，这就属于"为维护子女的利益合理使用子女的财产"。也就是说，父母动用子女的财产，应当具备一定的合理性。本案中，方某是为了获得贷款而抵押方小五的房产，并不是为了方小五的利益，其行为缺乏合理性。

日常生活中不乏父母抵押、出售未成年子女房产的情形，司法实践中对此认定不一。由于房产价值一般较高、抵押等行为风险性较大，所以目前原则上会认为这种行为不是为了未成年人的利益考虑，父母的代理行为无效，除非父母有充分的证据证明其抵押、出售未成年子女的房产是为维护子女的利益而实施的，或是属于纯获利行为。所以，若方小五的房产被方某抵押，但方某未如期归还借款，房产的抵押权人起诉要求实现抵押权，法院可能会不予支持。

如果监护人严重侵犯了未成年子女的财产权，子女可以申请撤销其监护人的监护资格，也可以要求监护人赔偿损失。

▌法条链接

《民法典》

第三十五条第一款　监护人应当按照最有利于被监护人的原则履行监护职责。监护人除为维护被监护人利益外，不得处分被监护人的财产。

40. 我出资买的房子登记在父母名下，父母在公证
　　遗嘱中把房子给了姐姐，我该怎么维权？

林女士大学毕业后辛苦工作，终于事业小成，出资 200 万元买了一套房产，借名登记在父母名下。如今，父母相继过世，林女士意外发现他们留下了一份公证遗嘱。原来，林女士有一位亲姐姐，从小便被送养，父母想要补偿这个女儿，便在遗嘱中将这套由林女士出资购买的房产赠给其姐。林女士有点郁闷：早知道会这样，自己就不会将房产登记在父母名下了。面对这种情况，她该怎么办？

法律解析

本案有一个非常重要的关键点，即林女士买的房子仅仅是借名登记在父母名下，父母并不是该套房产真正的所有权人。虽然林女士的姐姐有公证遗嘱，但如果林女士有证据证明其将房屋所有权登记在父母名下的真实意思仅是借名登记，并无赠与的意思，那么该不动产应当认定为林女士的财产，而非其父母的财产。此时，林女士的姐姐也就无法通过公证遗嘱继承该套房产。

从理论上来说，林女士需要提供包括公证遗嘱、出资凭证以及能够证实其是房屋实际控制人的相关证据，比如林女士对房屋的装修、维护及占有、使用情况，对不动产权证书[1]及相关税费票据、收据的持有情况，以证明她才是房屋的实际控制人。当然，在审判实务中，法官会综合考量很多因素，结合双方当事人提供的证据作出裁判。

现实生活中，像林女士这样因"借名买房"导致借名人（实际出资的购房人）与出名人（房屋登记名义人）就房屋所有权产生争议的情况不少。而且出名人往往是借名人的亲友，碍于情面一般不会签订书面的借名买房协议。这就导致出现争议时（如房屋被出名人擅自出售、出名人拒绝协助办理房屋所有权转移登记等），借名人不仅要付出大量的时间和金钱成本，还要面临相应的不利后果。

律师建议，如有必要借名买房，借名人应当与出名人签订书面的借名买房协议，约定好双方的权利和义务。如果无法签订协议，也应当保存双方关于借名买房口头协议的相关证据，比如录音、录像、短信或者微信聊天记录等。此外，借名人还应保存好购房出资凭证及其他能够证明自己是房屋实际控制人的证据。

需要提醒大家的是，借名买房是存在很大风险的。比如，如果借名人是因不具备购房资格借名买房的，那么其过户请求不会被法院支持；如果借名人无法提供证据证明自己是房屋实际控制人，那么其既不能申请确权，也不能申请

---

1 不动产权证书，也称"不动产权属证书"。我们常说的"房本"，指的就是它。不动产权证书由自然资源部统一制定样式、统一监制、统一编号规则，是权利人享有不动产物权的证明。

过户，出资只能按借款处理。

法条链接

《民法典》

第二百零九条第一款 不动产物权的设立、变更、转让和消灭，经依法登记，发生效力；未经登记，不发生效力，但是法律另有规定的除外。

第四百六十九条 当事人订立合同，可以采用书面形式、口头形式或者其他形式。

书面形式是合同书、信件、电报、电传、传真等可以有形地表现所载内容的形式。

以电子数据交换、电子邮件等方式能够有形地表现所载内容，并可以随时调取查用的数据电文，视为书面形式。

41. 亲戚以方便孩子上学为由把户口落在我家，拆迁后要求平分拆迁补偿款怎么办？

王先生家小区是某重点小学所属的学区，王先生的妹妹王女士为了自己的孩子可以上重点学校，就在孩子出生后把孩子的户口落户到了王先生家。后王先生家因旧城区改造，房屋被拆迁，王女士得知此事后上门讨要拆迁款。

王女士是否可以分得拆迁款？

法律解析

我国不动产采用的是登记制度。如果房屋登记在本人名下，且不存在其他的财产权属争议，对于房屋拆迁产生的房屋拆迁补偿款，应当由原房屋所有权人所有。户口仅是公安机关为维持社会秩序，保护公民的权力和利益，方便社会管理而设置的行政管理方法，并不影响房屋所有权的归属。所以，即使王女士把孩子的户口登记在了王先生家，她也无权得到拆迁款。

法条链接

《民法典》

第二百零九条第一款　不动产物权的设立、变更、转让和消灭，经依法登记，发生效力；未经登记，不发生效力，但是法律另有规定的除外。

第二百一十条　不动产登记，由不动产所在地的登记机构办理。

国家对不动产实行统一登记制度。统一登记的范围、登记机构和登记办法，由法律、行政法规规定。

第二百一十四条　不动产物权的设立、变更、转让和消灭，依照法律规定应当登记的，自记载于不动产登记簿时发生效力。

《中华人民共和国户口登记条例》（以下简称《户口登记条例》）

第三条第一款　户口登记工作，由各级公安机关主管。

42. 父母离异，一方能否给未成年子女改姓？能否随意剥夺另一方的探望权？

吴女士和王先生因感情不和协议离婚。双方约定，家产归王先生所有，儿子由吴女士抚养，抚养费自理，男方不得探望儿子。离婚后，吴女士去公安机关给儿子改姓为吴。王先生外出打工期间知道儿子改姓后，托亲友向吴女士转达了自己想看儿子的想法，并抗议吴女士给儿子改姓，但这些要求都遭到了吴女士的严厉拒绝。

离婚后，一方能否给孩子改姓？能否随意剥夺另一方的探望权？

法律解析

根据《民法典》的相关规定，父母离异，如果一方要给未成年子女改姓，须经双方协商一致确定，任何一方没有擅自变更孩子姓名的权利。因此，对于擅自更改孩子姓氏而引发纠纷的，法院很可能会责令恢复原姓氏。

《公安部关于父母离婚后子女姓名变更有关问题的批复》（公治〔2002〕74号）规定，如果离婚双方未经协商或者协商未达成一致，一方私下给子女改姓，公安机关可以拒绝受理；如果一方因向公安机关隐瞒离婚事实而变更子女姓名，另一方知情后要求恢复子女原姓，但双方协商不成，公安机关应予以恢复。也就是说，王先生在未知情的情况下发现儿子被改了姓，可以要求恢复儿子的姓氏。那么，他要求探望儿子的问题该怎么处理呢？

父母与子女之间的关系，不因父母离婚而消除。父母离婚后，子女无论由谁直接抚养，仍是父母双方的子女。不直接抚养子女的父或者母，有探望子女的权利，另一方有协助的义务。尽管王先生与吴女士离婚时，约定了男方不能再看望儿子，但这剥夺了王先生依法应享有的权利，该项约定应为无效条款。

法条链接

《民法典》

第一千零一十二条　自然人享有姓名权，有权依法决定、使用、变更或者许可他人使用自己的姓名，但是不得违背公序良俗。

第一千零一十五条　自然人应当随父姓或者母姓，但是有下列情形之一的，可以在父姓和母姓之外选取姓氏：

（一）选取其他直系长辈血亲的姓氏；

（二）因由法定扶养人以外的人扶养而选取扶养人姓氏；

（三）有不违背公序良俗的其他正当理由。

少数民族自然人的姓氏可以遵从本民族的文化传统和风俗习惯。

《公安部关于父母离婚后子女姓名变更有关问题的批复》

根据最高人民法院《关于变更子女姓氏问题的复函》（〔81〕法民字第11号）的有关精神，对于离婚双方未经协商或协商未达成一致意见而其中一方要求变更子女姓名的，公安机关可以拒绝受理；对一方因向公安机关隐瞒离婚事实，而取得子女姓名变更的，若另一方要求恢复子女原姓名且离婚双方协商不成，公安机关应予恢复。

第二章

财产继承篇

43. 胎儿是不是人？

王先生 25 岁时与梁女士结婚，并育有一子。婚后，夫妻共同打拼，在生意上取得了巨大成功。50 岁时，王先生出轨，与吴某同居，吴某强烈要求和他结婚，但始终未获允许。吴某心怀怨恨，觊觎王先生的巨额财产，先后为他生育五个孩子。王先生 60 岁时，她又怀孕了，但胎儿尚未出生，王先生就因突发性疾病身亡，未留遗嘱。

吴某腹中的胎儿能继承王先生的遗产吗？

▌法律解析

吴某腹中的胎儿能不能继承王先生的遗产，取决于胎儿是不是"人"。这里所说的"人"，并非生物学概念，而是法律意义上是否具有民事权利能力的自然人。一般情况下，自然人的民事权利能力始于出生，胎儿尚未与母体分离，不是独立的自然人，但为了保护胎儿的利益，在遗产继承等特定情形下视为具有民事权利能力。也就是说，吴某腹中的胎儿如果顺利出生，也可以继承王先生的遗产。

虽然吴某和王先生没有夫妻名分，但婚生子女和非婚生子女具有同等继承权。有遗嘱的，继承人可按照遗嘱取得确定的份额；无遗嘱的，按法定继承取得相应的遗产份额。

▌法条链接

《民法典》

第十三条　自然人从出生时起到死亡时止，具有民事权利能力，依法享有民事权利，承担民事义务。

第十六条　涉及遗产继承、接受赠与等胎儿利益保护的，胎儿视为具有民事权利能力。但是，胎儿娩出时为死体的，其民事权利能力自始不存在。

第一千零七十一条第一款 非婚生子女享有与婚生子女同等的权利，任何组织或者个人不得加以危害和歧视。

第一千一百五十五条 遗产分割时，应当保留胎儿的继承份额。胎儿娩出时是死体的，保留的份额按照法定继承办理。

《最高人民法院关于适用〈中华人民共和国民法典〉继承编的解释（一）》（法释〔2020〕23 号，以下简称《民法典继承编司法解释（一）》）

第三十一条 应当为胎儿保留的遗产份额没有保留的，应从继承人所继承的遗产中扣回。

为胎儿保留的遗产份额，如胎儿出生后死亡的，由其继承人继承；如胎儿娩出时是死体的，由被继承人的继承人继承。

44. 继承权公证怎么做？

赵先生的父母均为孤儿（亦无其他亲属），婚后仅育有赵先生一个孩子。赵先生的母亲在他未成年时就去世了，现其父亲也因年老离世，留下一套房产，但未留遗嘱。

赵先生应该如何取得父亲留下的房产？

法律解析

由于赵先生的父亲未留下遗嘱，根据《民法典》第一千一百二十三条的规定，赵先生适用法定继承，而且他是第一顺序法定继承人，也是唯一的继承人。不过，赵先生在办理房产登记之前，需要先进行继承权公证，确认自己的继承人身份和继承份额。

如果只有赵先生一位继承人，赵先生只要携带身份证、房屋所有权证、父亲的死亡证明、户口簿、结婚证、出生证、独生子女证等证件，前往房屋所在地的公证处办理继承权公证即可。

如果有多位继承人，则需要所有继承人协商一致，一同前往公证处办理继承权公证。若继承人之间无法就遗产分配问题达成一致，公证处是无法出具继承权公证书的。此时，可以通过诉讼方式解决。

▌法条链接

《民法典》

第一千一百二十三条 继承开始后，按照法定继承办理；有遗嘱的，按照遗嘱继承或者遗赠办理；有遗赠扶养协议的，按照协议办理。

45. 继承遗产必须做继承权公证吗？

2022 年 3 月，孙某去世，生前没有留下遗嘱，其遗产包括一套房产、一笔银行存款及若干公司股权、基金等理财产品。孙某的父母先于孙某去世，孙某的继承人有妻子李某及一儿一女（子女均已成年）。现各继承人就遗产分配问题达成一致，但都不太了解应该如何取得遗产。

▌法律解析

由于孙某没有遗嘱，适用法定继承，他的妻子、儿女为其遗产的继承人。孙某的遗产包括房产、银行存款、公司股权和基金等理财产品，但并非每种遗产都需要办理继承权公证。

1. 针对房产

一般而言，不动产登记中心均要求继承人有生效的法律文书或者公证书等材料才能办理继承的房产过户。关于这个问题，前面已经讲过，此处不再多说。

2. 针对银行存款

根据《中国银保监会办公厅 中国人民银行办公厅关于简化提取已故存款人小额存款相关事宜的通知》（银保监办发〔2021〕18 号）的规定，1 万元以下的银行存款，可以依照银行要求提供相关证明材料取出，并不需要生效的法律文书或者公证书等材料。因此，继承人取出 1 万元以下的银行存款不需要进行继承权公证；取出 1 万元以上的银行存款则需要进行继承权公证。当然，这都是在各继承人就遗产分配问题达成一致的情况下。如果继承人之间对遗产分配有争议，就需要由人民法院进行审理和判决。银行网点会根据人民法院的判决书、裁定书或者调解书为法定继承人办理相关的过户手续。

3. 针对公司股权

如果孙某所在公司的公司章程里没有做特殊规定，其继承人可以继承股东资格；但如果公司章程另有规定，则应按照相关规定办理相应手续，无须进行继承权公证。

4. 针对基金

基金资产继承属于非交易过户。非交易过户是指符合法律规定和程序的因继承、赠与、财产分割或者法院判决等原因而发生的股票、基金、无纸化国债等记名证券的股权（或债权）变更。继承人需要进行继承权公证，以便办理账号过户。

法条链接

《民法典》

第一千一百二十三条　继承开始后，按照法定继承办理；有遗嘱的，按照遗嘱继承或者遗赠办理；有遗赠扶养协议的，按照协议办理。

《中华人民共和国公司法》[1]（以下简称《公司法》）

第九十条　自然人股东死亡后，其合法继承人可以继承股东资格；但是，公司章程另有规定的除外。

《证券非交易过户业务实施细则（适用于继承、捐赠等情形）》（中国结算发〔2023〕28 号）

第一条　为进一步规范继承、捐赠、依法进行的财产分割、法人终止、私

---

[1] 《中华人民共和国公司法》已由中华人民共和国第十四届全国人民代表大会常务委员会第七次会议于 2023 年 12 月 29 日修订通过，自 2024 年 7 月 1 日起施行。

募资产管理等情形涉及的证券非交易过户业务，保护投资者合法权益，根据《证券法》《公司法》《证券登记结算管理办法》《证券期货经营机构私募资产管理业务管理办法》等法律法规、部门规章的规定，以及中国证券登记结算有限责任公司（以下称本公司）《证券登记规则》等有关业务规则，制定本细则。

第五条　继承所涉证券过户的，申请办理过户业务时需提交以下材料：

（一）过户业务申请；

（二）被继承人有效死亡证明；

（三）证券权属证明文件（任意一项）：

1. 通过人民法院确认证券权属的，需提交人民法院出具的生效法律文书；

2. 通过人民调解委员会达成调解协议的，需提交调解协议和人民法院出具的确认文书；

3. 通过公证机构公证的，需提交确认证券权属变更的公证文书；

4. 本公司认可的其他证明文件。

（四）过入方有效身份证明文件；

（五）本公司要求的其他材料。

《中国银保监会办公厅 中国人民银行办公厅关于简化提取已故存款人小额存款相关事宜的通知》

一、符合条件的已故存款人的继承人，向银行业金融机构申请提取已故存款人的小额存款，银行业金融机构应当按照本通知规定办理，不再适用《中国人民银行关于执行〈储蓄管理条例〉的若干规定》（银发〔1993〕7号）以及《中国人民银行 最高人民法院 最高人民检察院 公安部 司法部关于查询、停止支付和没收个人在银行的存款以及存款人死亡后的存款过户或支付手续的联合通知》（〔80〕银储字第18号）关于提取已故存款人存款须经公证的规定。

二、适用本通知规定办理已故存款人小额存款提取业务应当同时符合下列条件：

（一）已故存款人在同一法人银行业金融机构的账户余额合计不超过1万元人民币（或等值外币，不含未结利息）；

（二）提取申请人为已故存款人的配偶、子女、父母，或者公证遗嘱指定的继承人、受遗赠人；

（三）提取申请人同意一次性提取已故存款人存款及利息，并在提取后注销已故存款人账户。

银行业金融机构可以上调本条第（一）项规定的账户限额，但最高不超过5万元人民币（或等值外币，不含未结利息）。

外币存款按照提取当天国家外汇管理局公布的汇率中间价折算。

46. 放弃继承后反悔了怎么办？

熊某晚年丧偶，有两个儿子熊英、熊俊。熊某平日里节衣缩食，生活十分节俭；熊英自营一家小公司，经济条件不错；熊俊在工地做工，勉强糊口。某日，熊某突然病亡。熊英对熊俊说："咱爸生前没什么财产，就这套破房子值20万元。咱们是自家兄弟，你写个放弃继承的说明，我给你15万元现金。我条件比你好，你多得一些。"

熊俊很感动，当即签订了放弃继承的文书，熊英如约给了他15万元现金。但不久后，熊俊听闻父亲多年前在市里买了一套商品房（此时房产均未过户），于是去找熊英，要求重新分配。兄弟俩为此争执不下，诉至法院。

熊俊能要回本该由他继承的遗产吗？

▌法律解析

一般来说，只要能得到其他继承人的一致同意，放弃继承权的继承人是可以反悔的，但时间必须在遗产处理之前。因为遗产一旦处理，就意味着继承结束，法律如果再行支持反悔，将使遗产处理问题长期处于不稳定状态，不利于遗产的利用和效益发挥，也将使遗产分割后已经稳定的社会经济关系受到影响。

本案中，熊某在市里购买的商品房以及熊某的住房都还没有过户，遗产分割并未结束，所以熊俊可以对放弃继承反悔。但就熊俊面临的情况而言，最好的解决途径就是诉诸法律，由法院查明放弃继承权的人是否存在受欺骗、胁迫、并非自己的真实意思表示等情形，根据是否存在可据恢复的正当理由加以裁决。熊俊在不知道父亲真实遗产数额的情况下被熊英欺骗，继而作出了放弃继承的错误意思表示，而且遗产此时尚未分割，其恢复继承权的请求法院应予支持。

法条链接

《民法典》

第一千一百二十四条第一款　继承开始后，继承人放弃继承的，应当在遗产处理前，以书面形式作出放弃继承的表示；没有表示的，视为接受继承。

《民法典继承编司法解释（一）》

第三十五条　继承人放弃继承的意思表示，应当在继承开始后、遗产分割前作出。遗产分割后表示放弃的不再是继承权，而是所有权。

第三十六条　遗产处理前或者在诉讼进行中，继承人对放弃继承反悔的，由人民法院根据其提出的具体理由，决定是否承认。遗产处理后，继承人对放弃继承反悔的，不予承认。

47. 本人丧失继承权后，子女可以代位继承吗？

贾某是某公司老板，有三个儿子贾大、贾中、贾小。贾大、贾小各育有一女，贾中育有一子贾微。为独享父亲财产，贾中雇凶谋杀另外两个兄弟，造成贾大重伤，贾小死亡。后贾中畏罪自杀。贾某见骨肉相残，紧跟着悲痛而亡。贾微欲代位继承爷爷贾某的遗产，但伯伯贾大不同意，并诉至法院，经判决确认贾中丧失继承权。此时，贾微还能否代位继承贾某的遗产？

法律解析

代位继承人的代位继承权来自被代位继承人，如果被代位继承人基于法定事由丧失继承权，则连带引起代位继承权的消灭。

本案中，贾中为争夺父亲贾某的财产而杀害其他继承人，被法院确认丧失了继承权，导致其子贾微无法代位继承贾某的巨额遗产，可谓搬起石头砸了自己的脚。

需要注意的是，只有法院才能确认继承人丧失继承权，其他任何单位和个人都无权确认。

法条链接

《民法典》

第一千一百二十五条　继承人有下列行为之一的，丧失继承权：

（一）故意杀害被继承人；

（二）为争夺遗产而杀害其他继承人；

（三）遗弃被继承人，或者虐待被继承人情节严重；

（四）伪造、篡改、隐匿或者销毁遗嘱，情节严重；

（五）以欺诈、胁迫手段迫使或者妨碍被继承人设立、变更或者撤回遗嘱，情节严重。

继承人有前款第三项至第五项行为，确有悔改表现，被继承人表示宽恕或者事后在遗嘱中将其列为继承人的，该继承人不丧失继承权。

受遗赠人有本条第一款规定行为的，丧失受遗赠权。

《民法典继承编司法解释（一）》

第五条　在遗产继承中，继承人之间因是否丧失继承权发生纠纷，向人民法院提起诉讼的，由人民法院依据民法典第一千一百二十五条的规定，判决确认其是否丧失继承权。

第十七条　继承人丧失继承权的，其晚辈直系血亲不得代位继承。如该代位继承人缺乏劳动能力又没有生活来源，或者对被继承人尽赡养义务较多的，可以适当分给遗产。

48. 子女可以代位继承早逝的父母应该继承的财产吗？

刘某的父亲早逝，一直由母亲独自抚养。高中毕业后，刘某的爷爷去世，不久后，奶奶也因病去世，两人都未留有遗嘱。丧礼过后，大伯和姑姑却悄然分掉了老人的遗产。刘某认为自己可以代位继承爷爷奶奶的遗产，遂起诉至法院。

法院会支持刘某的诉求吗？

法律解析

代位继承的子女，只要其父母未丧失继承权，且具有有权继承的份额，子女是可以代位继承的。

本案中，两位老人未留有遗嘱，其遗产应按照法定继承顺序由刘某的父亲、大伯和姑姑三人继承。由于刘某的父亲先于两位老人去世，刘某作为老人的直系血亲，可以代位继承其父有权从老人那里继承的遗产份额。

法条链接

《民法典》

第一千一百二十八条　被继承人的子女先于被继承人死亡的，由被继承人的子女的直系晚辈血亲代位继承。

被继承人的兄弟姐妹先于被继承人死亡的，由被继承人的兄弟姐妹的子女代位继承。

代位继承人一般只能继承被代位继承人有权继承的遗产份额。

49. 什么情况下，财产会被侄子、侄女继承？

蒋某乃当地富商，父母在其幼年时双双去世。大学毕业后，蒋某将全部精力都放在生意上，既没有结婚，也没有子女。其亲人除了祖母，只有大哥一家。平日里，他非常疼爱大哥的两个儿子。某日，蒋某和大哥不幸遭遇车祸身亡，两人都未曾立下遗嘱，其中蒋某留下遗产1亿元。

这1亿元该由谁继承呢？

法律解析

正常情况下，如果被继承人没有子女，或者在有子女的情况下也想将侄子、侄女作为继承人，通过立遗嘱的方式就可以做到。

如果没有立遗嘱，遗产则要按照法定继承的规则进行继承。法定继承的第一顺序为配偶、子女、父母；第二顺序为兄弟姐妹、祖父母、外祖父母。在这样的情况下，每个继承人的继承权是平等的，但第一顺序优先于第二顺序，只要第一顺序还有人健在，就直接阻却了第二顺序的继承。换句话说，只有当第一顺序继承人全部死亡，且没有被继承人的子女的直系晚辈血亲代位继承的情况下，继承才会进入第二顺序，被继承人的兄弟姐妹的子女，才能够代位继承被继承人的遗产。

由于蒋某没有第一顺序继承人，所以直接进入第二顺序继承，祖母为继承人之一；蒋某的大哥也已经过世，此时应由大哥的两个儿子代位继承。因此，蒋某的1亿元将由祖母、两个侄子继承。

▍法条链接

《民法典》

第一千一百二十八条第二款　被继承人的兄弟姐妹先于被继承人死亡的，由被继承人的兄弟姐妹的子女代位继承。

50. 丧偶儿媳可以继承公婆的遗产吗？

钱某的配偶早亡，有一个儿子小钱。小钱工作后，与杨某结婚，但婚后不久，小钱就意外身亡了，两人也没有孩子。一年后，杨某改嫁。钱某独自一人居住，与杨某几乎无往来。多年后钱某病重住院，杨某听闻后立刻前往悉心照顾，三日后钱某病亡。杨某声称自己有权继承钱某的遗产，法律会支持吗？

▍法律解析

当前，居家养老仍是我国养老的主要方式。为了鼓励丧偶儿媳或者丧偶女婿承担赡养公婆或者岳父母的义务，使老人安度晚年，法律规定丧偶儿媳对公婆、丧偶女婿对岳父母尽了主要赡养义务的，作为第一顺序继承人。

本案中，杨某虽为丧偶儿媳，但平时并未照料公公，也没有提供经济、劳务等方面的扶助。在钱某病危时，她虽有短暂照顾行为，但难以认定尽了主要赡养义务。因此，她对钱某的遗产没有继承权。

▍法条链接

《民法典》

第一千一百二十九条　丧偶儿媳对公婆，丧偶女婿对岳父母，尽了主要赡养义务的，作为第一顺序继承人。

《民法典继承编司法解释（一）》

第十九条　对被继承人生活提供了主要经济来源，或者在劳务等方面给予了主要扶助的，应当认定其尽了主要赡养义务或主要扶养义务。

51. 继承人继承遗产的份额，应当如何确定？

王老夫妇育有王甲、王乙、王丙三个儿子，三人均已成年。王甲患有先天性遗传疾病，长期瘫痪在床，依赖王老夫妇照顾。老两口的生活起居、疾病就诊陪护等，由王乙与其妻孙某照顾。王丙系某企业老总，名下拥有较多资产，但常年对王老夫妇不闻不问。后王老夫妇去世，但并未立下遗嘱，仅留有三间房屋。

王甲、王乙、王丙是均分三间房屋吗？

▍法律解析

王老夫妇未留下遗嘱，适用法定继承。王甲系法律规定的生活有特殊困难又缺乏劳动能力的继承人，因此在分配遗产时，应当予以照顾。王乙系对被继承人尽了主要扶养义务的继承人，分配遗产时，可以多分。王丙是有扶养能力和有扶养条件的继承人，但不尽扶养义务，分配遗产时，应当不分或者少分。

法条链接

《民法典》

第一千一百三十条 同一顺序继承人继承遗产的份额，一般应当均等。

对生活有特殊困难又缺乏劳动能力的继承人，分配遗产时，应当予以照顾。

对被继承人尽了主要扶养义务或者与被继承人共同生活的继承人，分配遗产时，可以多分。

有扶养能力和有扶养条件的继承人，不尽扶养义务的，分配遗产时，应当不分或者少分。

继承人协商同意的，也可以不均等。

52. 长期被扶养的孤儿可以要求适当分得扶养人的遗产吗？

刘某生前扶养了一名孤儿小鹏，其日常生活费用及教育费用均由刘某承担。刘某去世后，他的继承人无一再向小鹏提供生活、教育费用，小鹏的生活瞬间陷入困境。

此时，小鹏该怎么办？

法律解析

我国法律基于死后扶养的思想，为了避免继承人以外的受扶养人因为扶养人的去世而生活境况恶化，允许其适当分得扶养人的遗产。这样的规定，体现了发挥遗产扶养功能的原则。因此，小鹏可以向法院提起诉讼，请求分得刘某适当的遗产。

《民法典》不再保留原《中华人民共和国继承法》（以下简称《继承法》）第十四条中"缺乏劳动能力又没有生活来源"这一限定条件，以更好地保障依靠被继承人扶养的人的利益。

法条链接

《民法典》

第一千一百三十一条　对继承人以外的依靠被继承人扶养的人，或者继承人以外的对被继承人扶养较多的人，可以分给适当的遗产。

《民法典继承编司法解释（一）》

第二十条　依照民法典第一千一百三十一条规定可以分给适当遗产的人，分给他们遗产时，按具体情况可以多于或者少于继承人。

第二十一条　依照民法典第一千一百三十一条规定可以分给适当遗产的人，在其依法取得被继承人遗产的权利受到侵犯时，本人有权以独立的诉讼主体资格向人民法院提起诉讼。

53. 在没有遗嘱的情况下，法定继承人以外的人可以分得遗产吗？

徐某与胡某是夫妻，双方未生育子女，且双方父母都已在多年前去世。胡某于 2018 年去世，名下银行存款由徐某继承。徐某于 2021 年去世，生前未留有遗嘱。他有两个兄弟：徐武（2016 年死亡，无子女）、徐默。

胡斌系胡某之弟，胡某去世后，他一直照顾徐某，并为徐某办理住院以及丧葬事宜；徐默则常年对徐某不闻不问，在他生病和去世时也没有到场。

徐某去世后，留下一笔遗产。徐默要求继承全部遗产，胡斌表示自己尽到了照顾徐某的责任，要求继承部分遗产。

法律解析

徐某生前未立遗嘱，也没有遗赠抚养协议，所以本案适用法定继承。由于徐某没有第一顺序继承人，应由第二顺序继承人继承。虽然第二顺序继承人只有徐默，但这并不意味着徐默可以继承所有遗产。

《民法典》中关于老年人扶养的含义是广泛的，并不仅限于财物供养、劳务扶助，还包括精神上的陪伴与抚慰。胡斌虽然属于法定继承人以外的人，但其对徐某的照顾时间长达数年，关心徐某的生活，也给了徐某精神上的陪伴和抚慰。因此，他作为继承人以外唯一对被继承人扶养较多的人，可以分得适当的遗产。这也是社会提倡和发扬照顾孤独老人的良好社会风气的体现。

▋法条链接

《民法典》

第一千一百三十一条 对继承人以外的依靠被继承人扶养的人，或者继承人以外的对被继承人扶养较多的人，可以分给适当的遗产。

54. QQ 号、微信零钱可以作为遗产继承吗？

王乙与妻子姜某用王乙的 QQ 空间保留两人婚恋期间的大量照片、邮件。平时，两人使用微信联络，王乙的微信中有较大金额零钱（合法收入）。后来，王乙意外去世，未留下遗嘱，其父母已先于他去世，法定继承人除姜某以外并无他人。

王乙的 QQ 号及微信零钱应该如何处理？

▋法律解析

QQ 号一般不作为遗产处理。有的人认为 QQ 号是一种虚拟财产，这种看法其实是错误的。虚拟财产应当具备财产的三大属性，即可支配性、价值和使用价值。大多数 QQ 号只是普通号，并不具备价值[1]，无法用货币衡量，因此不是虚拟财产。

目前，我国还没有将 QQ 号纳入遗产范围的法律法规，也没有相关的司法

---

1 价值是商品的一个重要性质，代表该商品在交换中能够得到其他商品的多少。价值通常通过货币来衡量，成为价格。

解释。根据《QQ 号码规则》第二条[1]、第 8.2 条[2] 的规定，QQ 号无法通过继承遗产的方式获得。

因此，从财产属性、国家法律法规、《QQ 号码规则》三方面来看，QQ 号不能作为遗产继承。其他社交账号通常也是如此。但如果王乙生前将 QQ 密码告知姜某，法律亦不禁止姜某使用王乙的 QQ 号。

微信零钱则不一样，因为它符合虚拟财产的定义，所以可以作为遗产被继承。

法条链接

《民法典》

第一百二十七条 法律对数据、网络虚拟财产的保护有规定的，依照其规定。

第一千一百二十二条 遗产是自然人死亡时遗留的个人合法财产。

依照法律规定或者根据其性质不得继承的遗产，不得继承。

55. 自己的遗产，能"想给谁就给谁"吗？

钟父与钟母婚后育有一子钟慕，钟慕与梁某婚后育有一女钟念。2021 年 11 月，钟慕因交通事故离世，当时钟父、钟母、梁某、钟念（未成年）均在世。

办理完钟慕的后事，大家在整理钟慕的遗物时发现，钟慕在家人不知情的情况下订立了遗嘱。遗嘱提及，钟慕与韩某育有非婚生子钟慈。钟慕共有三套房产（两套为婚前个人财产、一套为婚后夫妻共同财产）、宅基地使用权（婚前

---

1 《QQ 号码规则》第二条："QQ 号码是腾讯按照本规则授权注册用户用于登录、使用腾讯的软件或服务的数字标识，其所有权属于腾讯。"

2 《QQ 号码规则》第 8.2 条："腾讯根据本规则对 QQ 号码的使用授权，仅限于初始申请注册人。未经腾讯许可，初始申请注册人不得赠与、借用、租用、转让或售卖 QQ 号码或者以其他方式许可其他主体使用 QQ 号码。非初始申请注册人不得通过受赠、继承、承租、受让或者其他任何方式使用 QQ 号码。"

个人财产）、某矿区采矿权（婚前个人财产）、300 万元银行存款（婚后夫妻共同财产）、价值 200 万元的基金产品（婚前个人财产）。钟慕在遗嘱中写明，由韩某继承其婚前个人财产，其余财产均由法定继承人继承。此外，钟慕还在生前为自己购买了一份以女儿钟念为受益人的意外险。

看到遗嘱，全家都生气了：那么大一笔财产，怎么能说给韩某就给韩某呢？

法律解析

表面上看，钟慕在遗嘱中提到的财产都是自己的，想给谁就给谁，但事情没有这么简单，因为有些财产是不能继承的。

根据相关法律法规，宅基地使用权、矿区采矿权无法被直接继承。因为宅基地使用权具有专属性，只能由特定的民事当事人享有，如果钟慕生前在宅基地上建有房屋，则房屋连同宅基地使用权可以一同被继承，否则无法被继承。同理，钟慕的继承人只有向主管部门申请并经批准，才可获得某矿区的采矿权。

根据《中华人民共和国保险法》（以下简称《保险法》）的相关规定，钟慕在生前为自己购买的以女儿钟念为受益人的意外险，并不是钟慕的遗产。因此，意外险的保险金所有人为钟念。

钟慕虽立有遗嘱，约定由韩某继承其婚前个人财产，但韩某并非钟慕的法定继承人，所以该条遗嘱属于遗赠。前文提到过，办理房产过户时，需要继承人持生效的法律文书或者继承权公证书，所以韩某过户其房产需要经过公证或者诉讼，如果进入诉讼程序，法院一般会以钟慕的遗赠违反公序良俗为由，驳回韩某的诉讼请求。

法条链接

《民法典》

第一千一百二十二条 遗产是自然人死亡时遗留的个人合法财产。

依照法律规定或者根据其性质不得继承的遗产，不得继承。

第一千一百三十三条 自然人可以依照本法规定立遗嘱处分个人财产，并可以指定遗嘱执行人。

自然人可以立遗嘱将个人财产指定由法定继承人中的一人或者数人继承。

自然人可以立遗嘱将个人财产赠与国家、集体或者法定继承人以外的组织、个人。

自然人可以依法设立遗嘱信托。

56. 立遗嘱的方式有哪些？怎么立才有效？

年迈的曾女士身患绝症，为避免其子女因遗产产生纠纷，她计划就自己名下的财产立下遗嘱，可她不知道遗嘱该怎么立。

▌法律解析

《民法典》规定了多种遗嘱形式，有自书遗嘱、代书遗嘱、打印遗嘱、录音录像遗嘱、口头遗嘱、公证遗嘱等。其中，最为常见的是自书遗嘱。这种遗嘱必须由遗嘱人亲笔书写并签名，注明年、月、日。涂改、增删的部分，应由遗嘱人亲笔签名确认。

其他形式的遗嘱均要求有两个以上见证人在场。书面形式的，比如代书遗嘱，由遗嘱人、见证人签名，注明年、月、日（打印遗嘱需每一页都签名）。非书面形式的，比如录音录像遗嘱，也需表明遗嘱人、见证人姓名及年、月、日。此外，遗嘱人、见证人应当是完全民事行为能力人，且见证人应当是与继承人、受遗赠人无利害关系的人（继承人、受遗赠人本人不能作为见证人）。

总之，无论是哪一种形式的遗嘱，都必须满足法律规定，否则就会面临遗嘱无效的风险。比如，有证据证明遗嘱人在立遗嘱时不是完全民事行为能力人，遗嘱不是遗嘱人的真实意思或者见证人的身份不符合要求等，都可能会导致遗嘱无效。

法条链接

《民法典》

第一千一百三十四条　自书遗嘱由遗嘱人亲笔书写，签名，注明年、月、日。

第一千一百三十五条　代书遗嘱应当有两个以上见证人在场见证，由其中一人代书，并由遗嘱人、代书人和其他见证人签名，注明年、月、日。

第一千一百三十六条　打印遗嘱应当有两个以上见证人在场见证。遗嘱人和见证人应当在遗嘱每一页签名，注明年、月、日。

第一千一百三十七条　以录音录像形式立的遗嘱，应当有两个以上见证人在场见证。遗嘱人和见证人应当在录音录像中记录其姓名或者肖像，以及年、月、日。

第一千一百三十八条　遗嘱人在危急情况下，可以立口头遗嘱。口头遗嘱应当有两个以上见证人在场见证。危急情况消除后，遗嘱人能够以书面或者录音录像形式立遗嘱的，所立的口头遗嘱无效。

第一千一百三十九条　公证遗嘱由遗嘱人经公证机构办理。

第一千一百四十条　下列人员不能作为遗嘱见证人：

（一）无民事行为能力人、限制民事行为能力人以及其他不具有见证能力的人；

（二）继承人、受遗赠人；

（三）与继承人、受遗赠人有利害关系的人。

57. 遗嘱可以剥夺法定继承人的继承权吗？

杜某有两个亲生子女杜康、杜鹃，一个养子杜平。杜某的配偶过世时，杜康、杜鹃均已成家。杜康在外地工作，一年只回来一次。杜鹃在本地工作，平时照顾杜某。临终时，杜某立下遗嘱，写明全部遗产由杜鹃继承。此时，杜平尚在读高中，他和杜康能继承遗产吗？

法律解析

遗产的继承方式主要有法定继承、遗嘱继承、遗赠、遗赠扶养协议。这四种继承方式从效力的优先级来看，遗赠扶养协议优先，遗嘱继承或者遗赠次之，法定继承最后。

继承法领域有一个普遍遵守的重要原则，即遗嘱自由。但遗嘱自由有一定的限制，不是绝对的——遗嘱应当为缺乏劳动能力又没有生活来源的继承人保留必要的遗产份额；如果没有为其保留必要的份额，法院会直接从遗产总额中扣减一定的遗产交予这类继承人，剩余的部分才能按照遗嘱进行分配。

本案中，杜某的养子杜平还在读高中，缺乏劳动能力，也没有生活来源，应当为其保留必要的遗产份额。其余的部分，才能按照遗嘱进行分配，剥夺杜康的继承权，由杜鹃全部继承。

法条链接

《民法典》

第一千一百二十三条 继承开始后，按照法定继承办理；有遗嘱的，按照遗嘱继承或者遗赠办理；有遗赠扶养协议的，按照协议办理。

第一千一百四十一条 遗嘱应当为缺乏劳动能力又没有生活来源的继承人保留必要的遗产份额。

《民法典继承编司法解释（一）》

第二十五条 遗嘱人未保留缺乏劳动能力又没有生活来源的继承人的遗产份额，遗产处理时，应当为该继承人留下必要的遗产，所剩余的部分，才可参照遗嘱确定的分配原则处理。

继承人是否缺乏劳动能力又没有生活来源，应当按遗嘱生效时该继承人的具体情况确定。

58. 不再嫁才能继承房产的遗嘱，有效吗？

胡颂的父母早逝，与秦某婚后育有一子胡范。胡范未满周岁时，胡颂因病去世，留有三间婚前自建房屋。胡颂患病住院期间立有遗嘱。为使秦某专心照顾胡范，胡颂在遗嘱中写明由秦某继承三间房屋，但如果秦某再嫁，则由侄子胡辙继承其中一间房屋。

胡范3岁时，秦某与楚某结婚。胡辙得知消息后，将秦某起诉至法院，要求继承叔叔胡颂的一间房屋。

▌法律解析

我国法律并不禁止在遗嘱中附加条件，且继承人没有正当理由不能拒绝履行相应的义务，但增加附加条件的难度很大，至少它得满足两个要件：一是意思表示真实，二是附加条件有实现的可能性。

我们说增加附加条件难，就是难在附加条件实现的可能性很难界定。比如，遗嘱人在附加条件中说，继承人得到财产的条件是给自己养老送终，问题是养老送终没有明确的标准，是不是管吃喝就是养老，管后事就是送终？这都是难以说清楚的问题。再比如，遗嘱人在附加条件中说，为家里出力多的可以得到大部分财产，但也应该给出力少的部分补偿，问题是给多少才算补偿，出力多少又怎么断定？

在某些情况下，因为不了解法律，遗嘱人的附加条件和法律甚至是相悖的。本案中的胡颂就是如此。他以约束秦某的婚姻自由为条件，而约束秦某的婚姻自由，有违宪法和法律规定。因此，秦某有正当理由拒绝履行该义务，胡辙的请求不能被法院支持。

法条链接

《中华人民共和国宪法》（以下简称《宪法》）

第四十九条第四款　禁止破坏婚姻自由，禁止虐待老人、妇女和儿童。

《民法典》

第一千零四十六条　结婚应当男女双方完全自愿，禁止任何一方对另一方加以强迫，禁止任何组织或者个人加以干涉。

第一千一百四十四条　遗嘱继承或者遗赠附有义务的，继承人或者受遗赠人应当履行义务。没有正当理由不履行义务的，经利害关系人或者有关组织请求，人民法院可以取消其接受附义务部分遗产的权利。

59. 什么是遗产管理人制度？

蒋总是某上市公司的法定代表人和股东。他和前妻育有两个儿子，皆已成年；和第二任妻子结婚后，未再生育子女。他名下的财产种类繁多，包括上市公司股票、银行存款、多处房产、车辆、大额保险等。

蒋总曾立下遗嘱，对自己的家业作出安排，并指定欧律师作为其遗产管理人，在其去世后对遗产进行管理和分配。但他具体遗留下多少财产、财产怎么分配，他的家人全都不清楚，但都有意见：虽说家庭情况复杂，但大家毕竟是家里人，怎么能把遗产交给一个外人管理呢？

法律解析

遗产管理人制度，是指在继承开始后遗产交付前，有关主体依据法律规定或者有关机关的指定，以维护遗产价值和遗产权利人合法利益为宗旨，对被继承人的遗产实施管理、清算的制度。遗产管理人是对死者的财产进行妥善保存和管理分配的人。[1]

遗产管理人的主要职责是负责执行被继承人的遗嘱，将遗产分配给继承人，并配合各继承人办理相关手续。遗产管理人的服务是有偿的——有权根据法律规定取得报酬，其责任也是沉重的——如果对遗产管理不当造成继承人损害的，需要承担民事责任。

本案中，蒋总指定欧律师作为其遗产管理人，是考虑到自己的家庭成员结构复杂。事实上，这也是一些人引入遗产管理人的原因。蒋总的家人对欧律师不满，主要是因为对欧律师缺乏了解。这个问题其实比较容易解决，大家可以共同推举一个遗产管理人，如果协商不成，可以向法院申请指定遗产管理人。

比较特殊的是，在债务人死亡，且没有继承人或者继承人放弃继承的情况下，债权人可以根据《民法典》的规定，以利害关系人的身份向法院申请指定遗产管理人，由其分配债务人遗产，维护债权人的利益。

法条链接

《民法典》

第一千一百四十五条 继承开始后，遗嘱执行人为遗产管理人；没有遗嘱执行人的，继承人应当及时推选遗产管理人；继承人未推选的，由继承人共同担任遗产管理人；没有继承人或者继承人均放弃继承的，由被继承人生前住所地的民政部门或者村民委员会担任遗产管理人。

第一千一百四十六条 对遗产管理人的确定有争议的，利害关系人可以向人民法院申请指定遗产管理人。

第一千一百四十七条 遗产管理人应当履行下列职责：

（一）清理遗产并制作遗产清单；

（二）向继承人报告遗产情况；

（三）采取必要措施防止遗产毁损、灭失；

（四）处理被继承人的债权债务；

---

1 最高人民法院民法典贯彻实施工作领导小组. 中华人民共和国民法典婚姻家庭编继承编理解与适用 [M]. 北京：人民法院出版社，2020：616.

（五）按照遗嘱或者依照法律规定分割遗产；

（六）实施与管理遗产有关的其他必要行为。

第一千一百四十八条 遗产管理人应当依法履行职责，因故意或者重大过失造成继承人、受遗赠人、债权人损害的，应当承担民事责任。

第一千一百四十九条 遗产管理人可以依照法律规定或者按照约定获得报酬。

《民事诉讼法》

第一百九十四条 对遗产管理人的确定有争议，利害关系人申请指定遗产管理人的，向被继承人死亡时住所地或者主要遗产所在地基层人民法院提出。

申请书应当写明被继承人死亡的时间、申请事由和具体请求，并附有被继承人死亡的相关证据。

第一百九十五条 人民法院受理申请后，应当审查核实，并按照有利于遗产管理的原则，判决指定遗产管理人。

第一百九十六条 被指定的遗产管理人死亡、终止、丧失民事行为能力或者存在其他无法继续履行遗产管理职责情形的，人民法院可以根据利害关系人或者本人的申请另行指定遗产管理人。

第一百九十七条 遗产管理人违反遗产管理职责，严重侵害继承人、受遗赠人或者债权人合法权益的，人民法院可以根据利害关系人的申请，撤销其遗产管理人资格，并依法指定新的遗产管理人。

60. "老无所养"怎么办？

季老妻子早逝、儿子早夭，孤身一人生活。

2016 年，季老因身体不适摔倒在小区门口，同小区的刘先生出手相助。得知季老无人照料，刘先生主动担负起照顾老人的责任。2018 年，季老瘫痪，见刘先生仍不离不弃，遂与他签订了遗赠扶养协议，约定刘先生为其养老送终后，将获得其名下价值人民币 400 万元的一套房产。当时，季老还乘坐轮椅前往公证处，以书面形式确定刘先生为自己的监护人。

2021 年，季老去世，没有留下遗嘱。刘先生可以凭遗赠扶养协议继承季老的遗产吗？

法律解析

季老属于孤寡老人，与刘先生签订遗赠扶养协议是保障其老有所养的一种方式。因为季老未留下遗嘱，所以其遗产的继承应当以遗赠扶养协议为准。但刘先生能否得到遗产，还要看他能否拿出证据证明自己严格遵守了与季老签订的协议，比如邻居的证词、照顾季老的生活或者支付医疗费用的证明等。

法条链接

《民法典》

第一千一百二十三条　继承开始后，按照法定继承办理；有遗嘱的，按照遗嘱继承或者遗赠办理；有遗赠扶养协议的，按照协议办理。

第一千一百五十八条　自然人可以与继承人以外的组织或者个人签订遗赠扶养协议。按照协议，该组织或者个人承担该自然人生养死葬的义务，享有受遗赠的权利。

61. 要继承遗产，债务也必须一并继承吗？

老郭与韩某结婚后，生下儿子小郭。老郭个人共拥有房产、存款、股权等价值 5000 万元的财产。某日，老郭突发急性心肌梗死过世，韩某放弃继承权，由已成年的小郭继承老郭全部遗产。半个月后，老郭的债权人找到小郭，拿出一张 6000 万元的欠条，要求小郭替他父亲偿还债务。小郭则称，父亲的债务与自己无关，不予理睬。

小郭的主张会得到法律支持吗？

▎法律解析

"欠债还钱，天经地义"，合法的债务也会受到法律的保护。但人们常说的"父债子偿"，并不符合现代法治精神。这是不是意味着小郭不需要替老郭还债呢？

答案是否定的。虽然法律没有规定"父债子偿"，但如果子女继承了父母的遗产，是需要在所继承遗产范围内对父母的债务承担清偿责任的。因此，只要老郭那6000万元的债务是真实、合法的，小郭就要在其已经继承的5000万元遗产范围内清偿这笔债务。超过5000万元的部分，小郭没有偿还义务，要不要还全凭自己的意愿。如果小郭放弃继承老郭的遗产，那么根据《民法典》的规定，老郭那6000万元的债务，小郭不承担清偿责任。

所以，继承人要继承被继承人的遗产，也需要将被继承人的债务一并继承。

▎法条链接

《民法典》

第一千一百六十一条　继承人以所得遗产实际价值为限清偿被继承人依法应当缴纳的税款和债务。超过遗产实际价值部分，继承人自愿偿还的不在此限。

继承人放弃继承的，对被继承人依法应当缴纳的税款和债务可以不负清偿责任。

第三章

道路交通篇

62. 台风导致航班取消，退票是否收取手续费？

范某计划中秋节与家人一同前往云南旅游，通过机票订购平台购买了往返机票。可在出行前一天，范某收到平台发送的短信。短信称因受台风影响，他预订的航班被取消了。范某无奈，只能办理退票。在此情况下，航空公司能收取退票手续费吗？

法律解析

台风的影响是无法预见、无法避免且客观上无法克服的，属于法定不可抗力事由。乘客订购机票后即与航空公司形成了客运合同关系，航空公司因台风取消航班虽为违约，但因不可抗力免责。退票手续费本质上是违约金，若乘客随意退票造成违约，航空公司可以依约收取手续费。

本案中，航空公司因台风取消了航班，范某无奈之下退票，并非自愿退票，无任何违约行为，所以航空公司不应收取退票手续费。

法条链接

《民法典》

第五百七十七条　当事人一方不履行合同义务或者履行合同义务不符合约定的，应当承担继续履行、采取补救措施或者赔偿损失等违约责任。

第五百九十条　当事人一方因不可抗力不能履行合同的，根据不可抗力的影响，部分或者全部免除责任，但是法律另有规定的除外。因不可抗力不能履行合同的，应当及时通知对方，以减轻可能给对方造成的损失，并应当在合理期限内提供证明。

当事人延迟履行后发生不可抗力的，不免除其违约责任。

《公共航空运输旅客服务管理规定》

第二十五条　旅客非自愿退票的，承运人或者其航空销售代理人不得收取退票费。

63. 飞机晚点，乘客可以改乘或者退票吗？

郑某因出差购买了航空公司某航班机票，抵达机场后得知，因天气原因航班将延误至6小时后起飞。此时，郑某可以改乘或者退票吗？

法律解析

旅客购买了机票，即代表航空旅客运输合同成立，航空公司有义务按照机票所示的时间、班次、座位号，将旅客安全运送到目的地。如果出现飞机晚点的情况，即使这不是航空公司造成的，航空公司也应当履行一定的责任，比如及时告知旅客、采取必要的安置措施、安排改乘或者退票。此时，选择权在旅客手中，旅客可以退票，也可以改乘。此外，由于航空公司原因导致旅客不得不改乘或者退票的，航空公司不得收取客票变更手续费。

法条链接

《民法典》

第八百一十四条　客运合同自承运人向旅客出具客票时成立，但是当事人另有约定或者另有交易习惯的除外。

第八百二十条　承运人应当按照有效客票记载的时间、班次和座位号运输旅客。承运人迟延运输或者有其他不能正常运输情形的，应当及时告知和提醒旅客，采取必要的安置措施，并根据旅客的要求安排改乘其他班次或者退票；由此造成旅客损失的，承运人应当承担赔偿责任，但是不可归责于承运人的除外。

《公共航空运输旅客服务管理规定》

第二十四条第一款　由于承运人原因导致旅客非自愿变更客票的，承运人或者其航空销售代理人应当在有可利用座位或者被签转承运人同意的情况下，为旅客办理改期或者签转，不得向旅客收取客票变更费。

64. 公交车发生故障，乘客可否要求退票？

陆某花费 2 元打算从火车站乘坐城市公交至大学城下车，但途中公交车突发故障，无法运行。这种情况下陆某可以要求退票吗？

▎法律解析

乘客购票乘坐公交车，双方即建立了客运服务合同关系，承运人有义务将乘客安全、及时送达目的地。承运人迟延运输或者有其他不能正常运输情形的，应当根据乘客的要求安排改乘其他班次或者退票。因此，陆某可以要求退票。

▎法条链接

《民法典》

第八百二十条　承运人应当按照有效客票记载的时间、班次和座位号运输旅客。承运人迟延运输或者有其他不能正常运输情形的，应当及时告知和提醒旅客，采取必要的安置措施，并根据旅客的要求安排改乘其他班次或者退票；由此造成旅客损失的，承运人应当承担赔偿责任，但是不可归责于承运人的除外。

《中华人民共和国道路运输条例》

第十八条　班线客运经营者取得道路运输经营许可证后，应当向公众连续提供运输服务，不得擅自暂停、终止或者转让班线运输。

65. 醉酒后可以骑自行车吗？

韩某在醉酒后骑自行车回家途中，遇某市政工程有限公司在小区附近施工，被除尘雾炮机喷出的水雾洒在脸上，随后倒地，同时碰撞前方正常行走的行人李某。经诊断，李某锁骨、肋骨骨折，被评定为十级伤残。

醉酒后可以骑自行车吗？如果发生事故，需要承担什么责任？

法律解析

醉酒后骑自行车，肯定会影响到行驶的稳定性，以及对道路情况的识别能力。如果发生交通事故，难免要承担部分责任，甚至全部责任。

本案中，市政工程有限公司的施工对韩某的行驶产生了一定的影响，但其只有轻微过错；韩某醉酒后骑车的违法行为是导致事故发生的主要原因，他需要承担事故的主要责任。

律师建议，酒后不驾车，包括自行车。

法条链接

《中华人民共和国道路交通安全法实施条例》

第七十二条　在道路上驾驶自行车、三轮车、电动自行车、残疾人机动轮椅车应当遵守下列规定：

…………

（三）不得醉酒驾驶；

…………

66. 道路失修导致交通事故，应当由谁承担责任？

2019年6月，张某在未取得机动车驾驶证的情况下，驾驶电动三轮车（经鉴定属机动车）搭载王某在道路上行驶。行驶过程中，电动三轮车遇车道内凸起物后翻车，造成王某重伤。王某被送至医院后经抢救无效死亡。

本起交通事故的责任应该由谁来承担呢？

▌法律解析

交通事故发生后，公安机关交通管理部门应根据当事人的行为对发生交通事故所起的作用以及过错的严重程度，确定当事人的责任。

本案中，张某在未取得机动车驾驶证的情况下，用电动三轮车搭载他人，驾驶过程中也没有注意到路面凸起，未尽到安全驾驶的义务，对事故的发生需要承担一定的责任。王某在乘坐过程中未采取任何安全措施，没有按规定佩戴安全帽，对事故的发生也需要承担一定的责任。事故路段凸起不平，与本次交通事故的发生具有关联性，公共道路管理部门未尽到全面的安全防护和警示义务，对事故的发生也是有责任的。因此，张某、王某和公共道路管理部门均应承担相应的责任。

律师建议，即使是因道路失修造成的交通事故，当事人也会因未尽到安全注意义务而承担一定的责任，所以我们在出行时一定要谨慎行车，保证安全驾驶。

▌法条链接

《中华人民共和国道路交通安全法》（以下简称《道路交通安全法》）

第十九条第一款　驾驶机动车，应当依法取得机动车驾驶证。

第二十二条第一款　机动车驾驶人应当遵守道路交通安全法律、法规的规定，按照操作规范安全驾驶、文明驾驶。

《最高人民法院关于审理道路交通事故损害赔偿案件适用法律若干问题的解释》(法释〔2020〕17号)

第七条第一款　因道路管理维护缺陷导致机动车发生交通事故造成损害，当事人请求道路管理者承担相应赔偿责任的，人民法院应予支持。但道路管理者能够证明已经依照法律、法规、规章的规定，或者按照国家标准、行业标准、地方标准的要求尽到安全防护、警示等管理维护义务的除外。

67. 私自占用道路导致交通事故，应当由谁承担责任?

万某在驾驶摩托车回家途中，撞到公路边的黄沙堆后倒地，车辆损坏，万某腿部、肘部受伤。事后交警查明，占用道路的黄沙是姚某为建房所堆放的。

本起交通事故中，万某的损失该由谁来承担赔偿责任呢?

▌法律解析

根据相关法律的规定，私自占用公共道路导致交通事故并致人损害的，占用人应当承担侵权责任;公共道路管理部门未尽到清理、防护、警示等义务，也应当承担相应的责任。

本案中，姚某未经公共道路管理部门许可，私自占用公共道路堆放黄沙;公共道路管理部门疏于监管，未尽到清理义务，致万某损害。这属于二人以上分别实施侵权行为造成同一损害，应按责任大小各自承担相应的责任。

律师建议，任何单位和个人不得私自占用公共道路，一旦酿成事故，就要承担赔偿责任。

▌法条链接

《民法典》

第一千一百六十五条　行为人因过错侵害他人民事权益造成损害的，应当承担侵权责任。

依照法律规定推定行为人有过错，其不能证明自己没有过错的，应当承担侵权责任。

第一千一百七十一条　二人以上分别实施侵权行为造成同一损害，每个人的侵权行为都足以造成全部损害的，行为人承担连带责任。

第一千一百七十二条　二人以上分别实施侵权行为造成同一损害，能够确定责任大小的，各自承担相应的责任；难以确定责任大小的，平均承担责任。

第一千二百五十六条　在公共道路上堆放、倾倒、遗撒妨碍通行的物品造成他人损害的，由行为人承担侵权责任。公共道路管理人不能证明已经尽到清理、防护、警示等义务的，应当承担相应的责任。

《道路交通安全法》

第三十一条　未经许可，任何单位和个人不得占用道路从事非交通活动。

68. 交通肇事逃逸后又主动投案，算不算自首？

2020年12月某日夜间，曾某驾驶小型客车沿某省道行驶至某处时，因疏于观察，与正在路边行走的潘某、蒲某发生碰撞，致潘某受伤、蒲某死亡。事故发生后，曾某驾车逃逸。交警队经调查认定曾某负事故的全部责任。次日，曾某主动向公安机关投案，如实供述所犯罪行。

曾某的行为算不算自首呢？

▎法律解析

自首需要满足两个构成要件：一是自动投案，主动将自己置于司法机关的控制之下；二是如实供述自己的罪行，交代犯罪事实。

本案中，曾某交通肇事致一人受伤、一人死亡，负事故全部责任，且肇事后逃逸，已构成交通肇事罪。但他在肇事逃逸后自动投案，且如实供述自己的罪行，符合自首的构成要件，应当认定为自首。

法条链接

《刑法》

第六十七条第一款 【自首】犯罪以后自动投案，如实供述自己的罪行的，是自首。对于自首的犯罪分子，可以从轻或者减轻处罚。其中，犯罪较轻的，可以免除处罚。

第一百三十三条 【交通肇事罪】违反交通运输管理法规，因而发生重大事故，致人重伤、死亡或者使公私财产遭受重大损失的，处三年以下有期徒刑或者拘役；交通运输肇事后逃逸或者有其他特别恶劣情节的，处三年以上七年以下有期徒刑；因逃逸致人死亡的，处七年以上有期徒刑。

《最高人民法院关于审理交通肇事刑事案件具体应用法律若干问题的解释》（法释〔2000〕33号）

第一条 从事交通运输人员或者非交通运输人员，违反交通运输管理法规发生重大交通事故，在分清事故责任的基础上，对于构成犯罪的，依照刑法第一百三十三条的规定定罪处罚。

第二条 交通肇事具有下列情形之一的，处三年以下有期徒刑或者拘役：

（一）死亡一人或者重伤三人以上，负事故全部或者主要责任的；

（二）死亡三人以上，负事故同等责任的；

（三）造成公共财产或者他人财产直接损失，负事故全部或者主要责任，无能力赔偿数额在三十万元以上的。

交通肇事致一人以上重伤，负事故全部或者主要责任，并具有下列情形之一的，以交通肇事罪定罪处罚：

（一）酒后、吸食毒品后驾驶机动车辆的；

（二）无驾驶资格驾驶机动车辆的；

（三）明知是安全装置不全或者安全机件失灵的机动车辆而驾驶的；

（四）明知是无牌证或者已报废的机动车辆而驾驶的；

（五）严重超载驾驶的；

（六）为逃避法律追究逃离事故现场的。

第三条 "交通运输肇事后逃逸"，是指行为人具有本解释第二条第一款规定和第二款第（一）至（五）项规定的情形之一，在发生交通事故后，为逃避法律追究而逃跑的行为。

69. 道路交通事故发生后，当事人能不能私了？

王某驾驶小轿车行驶至事发路口，与骑电动车的吴某相撞，致吴某手臂与胸部擦伤。王某怕事故处理起来太麻烦，就与吴某协商私了，拟一次性赔偿吴某 5000 元。

吴某应该答应王某私了吗？

▌法律解析

交通事故发生后，如果没有造成人身伤亡，且当事人对事实和成因都没有争议，可以自行协商处理损害赔偿事宜。但如果发生了人身伤亡，就应当及时报警处理，并固定证据，为后续索赔提供依据。

本案中，王某与吴某的交通事故显然不属于后者，但也很难说它属于前者，因为吴某的伤情难以确定。在有些交通事故中，伤者当时觉得只是受了轻伤，与肇事者私了后，伤情却发生了恶化，但因为没有及时报警处理，也没有保留证据，再想索赔就会困难重重。因此，对于这一类交通事故，律师建议不要私了。

▌法条链接

《民法典》

第一千一百六十五条第一款　行为人因过错侵害他人民事权益造成损害的，应当承担侵权责任。

第一千一百七十九条　侵害他人造成人身损害的，应当赔偿医疗费、护理费、交通费、营养费、住院伙食补助费等为治疗和康复支出的合理费用，以及因误工减少的收入。造成残疾的，还应当赔偿辅助器具费和残疾赔偿金；造成死亡的，还应当赔偿丧葬费和死亡赔偿金。

《道路交通安全法》

第七十条第二款 在道路上发生交通事故，未造成人身伤亡，当事人对事实及成因无争议的，可以即行撤离现场，恢复交通，自行协商处理损害赔偿事宜；不即行撤离现场的，应当迅速报告执勤的交通警察或者公安机关交通管理部门。

70. 发生交通事故，肇事者拒不赔偿怎么办？

刘某驾驶的小型轿车行驶至路口时，与李某驾驶的正在等信号灯的小型轿车发生追尾，致两车受损、李某受伤。经交警部门认定，刘某承担事故的全部责任，李某不承担事故责任。事发后，李某多次向刘某要求赔偿车辆及人身损失，刘某却拒不赔偿。

▌法律解析

交通事故发生后，如果肇事者拒绝赔偿，受害人可以将肇事者及其车辆的保险公司作为共同被告诉至法院。如果只有车辆损失，没有人员伤亡，受害人可以直接向肇事车辆投保的保险公司请求赔偿，并将向责任方索赔的权利转让给自己投保的保险公司。

本案中，李某可以直接向刘某轿车的承保保险公司请求赔偿车辆损失，也可以就车损和人身损失一并起诉，要求刘某及其轿车的承保保险公司共同承担赔偿责任。

▌法条链接

《保险法》

第十四条 保险合同成立后，投保人按照约定交付保险费，保险人按照约定的时间开始承担保险责任。

第六十条第一款 因第三者对保险标的的损害而造成保险事故的，保险人自向被保险人赔偿保险金之日起，在赔偿金额范围内代位行使被保险人对第三者请求赔偿的权利。

第六十五条第二款 责任保险的被保险人给第三者造成损害，被保险人对第三者应负的赔偿责任确定的，根据被保险人的请求，保险人应当直接向该第三者赔偿保险金。被保险人怠于请求的，第三者有权就其应获赔偿部分直接向保险人请求赔偿保险金。

《最高人民法院关于适用〈中华人民共和国保险法〉若干问题的解释（四）》（法释〔2020〕18号）

第十五条 被保险人对第三者应负的赔偿责任确定后，被保险人不履行赔偿责任，且第三者以保险人为被告或者以保险人与被保险人为共同被告提起诉讼时，被保险人尚未向保险人提出直接向第三者赔偿保险金的请求的，可以认定为属于保险法第六十五条第二款规定的"被保险人怠于请求"的情形。

71. 交通事故肇事者无力赔偿，安全保障义务人是否应赔偿？

孔某在某小区建设工地中负责水电施工，工地曾张贴通知："禁止私家车进入施工现场。"某日晚8点，孔某酒后驾驶私家车在工地施工道路上行驶时，将前方步行的宋某（工地施工人员）撞倒致死。事发后，孔某无力承担宋某的人身损害赔偿责任，且未购买机动车第三者责任险。

宋某的损失可以让工地管理者赔偿吗？

▌法律解析

宋某的损失应当由孔某承担，但作为安全保障义务人的工地，没有尽到安全保障义务，疏于管理工地生产秩序，为孔某酒驾造成严重后果提供了条件，也应当承担相应的补充责任。在孔某无力承担赔偿责任的情况下，工地管理者应当承担相应的补充赔偿责任，事后可向孔某追偿。

法条链接

《民法典》

第一千一百六十五条第一款 行为人因过错侵害他人民事权益造成损害的，应当承担侵权责任。

第一千一百九十八条 宾馆、商场、银行、车站、机场、体育场馆、娱乐场所等经营场所、公共场所的经营者、管理者或者群众性活动的组织者，未尽到安全保障义务，造成他人损害的，应当承担侵权责任。

因第三人的行为造成他人损害的，由第三人承担侵权责任；经营者、管理者或者组织者未尽到安全保障义务的，承担相应的补充责任。经营者、管理者或者组织者承担补充责任后，可以向第三人追偿。

72. 交通事故死亡的赔偿标准是什么？

袁某62岁，A省农村户口。袁某随女儿居住于A省某县城，以经营早餐摊为业，后因交通事故死亡。肇事者承担全部责任，袁某无责任。

袁某的死亡赔偿金标准是什么？

法律解析

根据相关规定，死亡赔偿金按照受诉法院所在地上一年度城镇居民人均可支配收入标准，按二十年计算；六十周岁以上的，年龄每增加一岁减少一年；七十五周岁以上的，按五年计算。

本案中，袁某62岁，按照赔偿标准，应计算为18年。因此，袁某的死亡赔偿金为A省上一年度城镇居民人均可支配收入乘以18。

▎法条链接

《民法典》

第一千一百七十九条　侵害他人造成人身损害的，应当赔偿医疗费、护理费、交通费、营养费、住院伙食补助费等为治疗和康复支出的合理费用，以及因误工减少的收入。造成残疾的，还应当赔偿辅助器具费和残疾赔偿金；造成死亡的，还应当赔偿丧葬费和死亡赔偿金。

《最高人民法院关于审理人身损害赔偿案件适用法律若干问题的解释》（法释〔2022〕14号）

第十五条　死亡赔偿金按照受诉法院所在地上一年度城镇居民人均可支配收入标准，按二十年计算。但六十周岁以上的，年龄每增加一岁减少一年；七十五周岁以上的，按五年计算。

73. 发生交通事故，可以要求肇事者赔偿精神损失费吗？

董某驾驶轻型普通货车行驶至十字路口右转弯时，与同向直行的王甲驾驶的摩托车（搭载王乙）相撞，致两车受损，王甲、王乙受伤。经交警部门认定，董某负事故的全部责任。事后，王乙因脾脏摘除被评定为八级伤残。

王乙可以要求董某赔偿精神损失费吗？

▎法律解析

根据《民法典》的相关规定，被侵权人如果受到严重精神损害，有权请求精神损害赔偿。法律对"严重精神损害"没有明确规定，但一般采用容忍限度理论，即精神损害超出一般自然人的容忍限度，即为严重。如果确定被侵权人受到了严重的精神损害，法院会根据具体情况酌定精神损害赔偿的数额。

本案中，王乙因交通事故受伤致残，脾脏摘除，其日常工作和生活将受到影响，应当认定为受到了严重精神损害，可以向肇事者要求赔偿精神损失费。

法条链接

《民法典》

第一千一百八十三条第一款 侵害自然人人身权益造成严重精神损害的，被侵权人有权请求精神损害赔偿。

《道路交通安全法》

第七十六条第一款 机动车发生交通事故造成人身伤亡、财产损失的，由保险公司在机动车第三者责任强制保险责任限额范围内予以赔偿；不足的部分，按照下列规定承担赔偿责任：

（一）机动车之间发生交通事故的，由有过错的一方承担赔偿责任；双方都有过错的，按照各自过错的比例分担责任。

　　…………

《最高人民法院关于审理道路交通事故损害赔偿案件适用法律若干问题的解释》

第十一条第一款 道路交通安全法第七十六条规定的"人身伤亡"，是指机动车发生交通事故侵害被侵权人的生命权、身体权、健康权等人身权益所造成的损害，包括民法典第一千一百七十九条和第一千一百八十三条规定的各项损害。

《最高人民法院关于确定民事侵权精神损害赔偿责任若干问题的解释》（法释〔2020〕17号）

第五条 精神损害的赔偿数额根据以下因素确定：

（一）侵权人的过错程度，但是法律另有规定的除外；

（二）侵权行为的目的、方式、场合等具体情节；

（三）侵权行为所造成的后果；

（四）侵权人的获利情况；

（五）侵权人承担责任的经济能力；

（六）受理诉讼法院所在地的平均生活水平。

74. 借车给没有驾驶证的人，出了事故责任在谁？

孙某在未取得机动车驾驶证的情况下，向朋友胡某（对孙某未取得机动车驾驶证一事知情）借来一辆小型轿车。在道路上行驶时，孙某不慎与驾驶两轮电动自行车正常行驶的石某发生碰撞，造成两车车身部分受损、石某受伤。

本起交通事故该由谁承担责任呢？

▌法律解析

前文中我们说过，交通事故发生后，应当根据当事人的行为对发生交通事故所起的作用以及过错的严重程度，确定当事人的责任。

本案中，孙某在未取得机动车驾驶证的情况下驾驶汽车，对事故的发生具有过错，应当承担赔偿责任；胡某明知孙某未取得机动车驾驶证，仍将车交由他驾驶，客观上具有违法性，主观上具有过错，也应当承担相应的赔偿责任；石某无过失，不承担任何责任。所以，本起交通事故应当由孙某和胡某共同承担赔偿责任。

律师建议，借车给他人前应当核实他人是否有驾驶资格，以免发生事故后担责。

▌法条链接

《民法典》

第一千二百零九条　因租赁、借用等情形机动车所有人、管理人与使用人不是同一人时，发生交通事故造成损害，属于该机动车一方责任的，由机动车使用人承担赔偿责任；机动车所有人、管理人对损害的发生有过错的，承担相应的赔偿责任。

《最高人民法院关于审理道路交通事故损害赔偿案件适用法律若干问题的

解释》

第一条 机动车发生交通事故造成损害，机动车所有人或者管理人有下列情形之一，人民法院应当认定其对损害的发生有过错，并适用民法典第一千二百零九条的规定确定其相应的赔偿责任：

············

（二）知道或者应当知道驾驶人无驾驶资格或者未取得相应驾驶资格的；

············

75. 免费搭车时发生交通事故导致受伤，能不能要求赔偿？

康某驾驶小型轿车回家途中，因雨天路滑、操作不当，致车辆侧翻，造成车辆损坏、搭便车的杨某（康某同事）受伤。经交警部门认定，康某负事故的全部责任。

对此，杨某可以向康某要求赔偿吗？

▌法律解析

免费搭乘汽车，双方即形成好意同乘关系。在这样的前提下发生交通事故，机动车驾驶人需不需要对无偿搭乘人承担赔偿责任呢？这要分情况来看：

（1）如果驾驶人在交通事故中完全无过错，则不需要对搭乘人承担赔偿责任，事故造成的损失由肇事者承担。

（2）如果驾驶人对事故负有一定责任，则需要对搭乘人承担赔偿责任。这是因为尽管允许他人免费搭乘是无偿的好意施惠行为，但驾驶人对搭乘人的人身安全仍负有注意义务。不过，从尊重社会公序良俗和弘扬社会公平正义的角度出发，应适当减轻驾驶人的赔偿责任。

（3）如果驾驶人有故意或者重大过失，则不能减轻其对搭乘人的赔偿责任。

本案中，孙某对事故负全部责任，应当对杨某的人身损失承担赔偿责任，但应适当减轻。

▎法条链接

《民法典》

第一千一百六十五条第一款　行为人因过错侵害他人民事权益造成损害的，应当承担侵权责任。

第一千二百一十七条　非营运机动车发生交通事故造成无偿搭乘人损害，属于该机动车一方责任的，应当减轻其赔偿责任，但是机动车使用人有故意或者重大过失的除外。

第四章

劳动工伤篇

76. 参加了职前培训，是否就等于与公司建立了劳动关系？

2018 年 9 月，赵某到某橡塑公司求职，与该公司签订了职前培训协议。协议约定培训期三个月，培训期内公司不可安排赵某从事生产劳动，双方不存在劳动关系，公司可以不发放工资，但可根据赵某的学习情况给予生活补贴，培训期满经考核合格后方可签订劳动合同。然而，培训期间，赵某在公司安排下独立从事了检验工作，公司每月按工作量为其结算了工资。

这种情况下，双方是否建立了劳动关系呢？

▍法律解析

用人单位对新职工进行培训的目的，是满足生产经营需要，使职工的能力匹配岗位需求。换句话说，培训本身就是公司业务经营的一部分。在培训期间，职工接受了公司的培训安排，体现的是双方之间的使用从属、组织从属关系。所以，一般情况下，职工接受职前培训就等于与公司建立了劳动关系。

如果双方在培训前签订协议，约定培训期间不存在劳动关系，培训期满考核合格后方可签订劳动合同，那么在培训期间，公司就不能安排职工从事任何生产劳动，也不能要求职工接受公司的劳动管理，否则就视为与职工建立了劳动关系。

本案中，虽然赵某与橡塑公司约定在培训期满考核合格前不存在劳动关系，但在培训期间赵某接受了橡塑公司的劳动管理，并根据公司安排提供了劳动，橡塑公司也向他支付了劳动报酬，所以应当认定双方建立了劳动关系。

▍法条链接

《中华人民共和国劳动合同法》（以下简称《劳动合同法》）

第七条　用人单位自用工之日起即与劳动者建立劳动关系。用人单位应当建立职工名册备查。

77. 应聘时，哪些信息是劳动者有权知道的？

小李去某家具公司应聘木工的岗位。面试时，小李向该公司的人事部门询问木工岗位的职业危害，以及公司为该岗位劳动者提供的劳动保护措施。公司人事部门的答复是：木工岗位没有任何职业危害，不需要劳动保护措施。小李觉得公司没有告诉自己实情，但又不知道应聘时自己是否有权要求公司如实告知这些信息。

法律解析

根据《劳动合同法》的规定，工作内容、工作条件、工作地点、职业危害、安全生产状况、劳动报酬，以及劳动者要求了解的其他情况，比如工作时间、假期、劳动合同期限、培训计划等，都是劳动者有权知道的。用人单位在招用劳动者时，应当如实告知劳动者这些信息。

本案中，小李向家具公司询问木工岗位的职业危害，以及公司为该岗位劳动者提供的劳动保护措施，是合理合法的要求，家具公司应当如实告知，拒绝告知实情属于违法行为。

律师建议，劳动者在与用人单位签订劳动合同前，最好先把关于单位和工作情况的问题都问清楚，确认没有问题之后再签字，以免日后发生纠纷。

法条链接

《劳动合同法》

第八条　用人单位招用劳动者时，应当如实告知劳动者工作内容、工作条件、工作地点、职业危害、安全生产状况、劳动报酬，以及劳动者要求了解的其他情况；用人单位有权了解劳动者与劳动合同直接相关的基本情况，劳动者应当如实说明。

《中华人民共和国职业病防治法》

第三十三条　用人单位与劳动者订立劳动合同（含聘用合同，下同）时，应当将工作过程中可能产生的职业病危害及其后果、职业病防护措施和待遇等如实告知劳动者，并在劳动合同中写明，不得隐瞒或者欺骗。

劳动者在已订立劳动合同期间因工作岗位或者工作内容变更，从事与所订立劳动合同中未告知的存在职业病危害的作业时，用人单位应当依照前款规定，向劳动者履行如实告知的义务，并协商变更原劳动合同相关条款。

用人单位违反前两款规定的，劳动者有权拒绝从事存在职业病危害的作业，用人单位不得因此解除与劳动者所订立的劳动合同。

78. 签订劳动合同时，用人单位能否向职工收取培训费？

张某通过人才市场招聘到某机械制造公司从事车床操作工作。双方签订劳动合同后，公司以需要交纳培训费为由向张某收取了 1000 元。

用人单位能这样做吗？

▌法律解析

根据《劳动合同法》的规定，用人单位招用劳动者时，不得要求劳动者提供担保或者以其他名义向劳动者收取财物。因此，机械制造公司对张某收取培训费的行为是违法的，张某有权向公司拿回这 1000 元。

▌法条链接

《中华人民共和国劳动法》（以下简称《劳动法》）

第六十八条第一款　用人单位应当建立职业培训制度，按照国家规定提取和使用职业培训经费，根据本单位实际，有计划地对劳动者进行职业培训。

《劳动合同法》

第九条 用人单位招用劳动者，不得扣押劳动者的居民身份证和其他证件，不得要求劳动者提供担保或者以其他名义向劳动者收取财物。

79. 单位不跟我签订劳动合同怎么办？

鲁某于 2019 年 6 月 1 日进入某物资有限公司工作，约定试用期一个月。试用期满后，鲁某多次要求签订劳动合同，公司均以各种理由拖延。直到 2020 年底，双方仍未签订劳动合同。

鲁某该怎么办呢？

▌法律解析

根据《劳动合同法》的规定，建立劳动关系，应当订立书面劳动合同。已建立劳动关系，未同时订立劳动合同的，应当自用工之日起一个月内订立书面劳动合同；超过一个月不满一年未与劳动者订立书面合同的，用人单位应当向劳动者每月支付二倍的工资；满一年不与劳动者订立书面合同的，视为用人单位与劳动者已订立无固定期限劳动合同[1]。

本案中，物资有限公司拖延签订劳动合同的行为是违法的。鲁某可以依法要求公司支付给他从 2019 年 7 月 1 日至 2020 年 5 月 31 日的二倍工资。而且，从 2020 年 6 月 1 日起，鲁某可以视公司已经与他订立了无固定期限劳动合同。鲁某可以要求公司补签劳动合同，即使公司不肯补签，鲁某也依法享有与签订了书面合同的劳动者相同的权利。如果公司拒不依法履行这些责任，鲁某可以向劳动监察部门举报或者申请劳动仲裁。

---

1 无固定期限劳动合同，是指用人单位与劳动者约定无确定终止时间的劳动合同。

法条链接

《劳动合同法》

第十条 建立劳动关系，应当订立书面劳动合同。

已建立劳动关系，未同时订立书面劳动合同的，应当自用工之日起一个月内订立书面劳动合同。

用人单位与劳动者在用工前订立劳动合同的，劳动关系自用工之日起建立。

第十四条第三款 用人单位自用工之日起满一年不与劳动者订立书面劳动合同的，视为用人单位与劳动者已订立无固定期限劳动合同。

第八十二条 用人单位自用工之日起超过一个月不满一年未与劳动者订立书面劳动合同的，应当向劳动者每月支付二倍的工资。

用人单位违反本法规定不与劳动者订立无固定期限劳动合同的，自应当订立无固定期限劳动合同之日起向劳动者每月支付二倍的工资。

80. 用人单位可以强行调换职工的工作岗位吗？

肖某于 2019 年入职某汽车有限公司，其工作内容是为汽车贴膜。2020 年 8 月，公司下发了职工岗位变动通知书，通知肖某调岗，要求他从涂装车间调至总装车间，其工作内容发生改变，且工资待遇有大幅度下降。肖某明确表示自己不同意调岗，并拒绝到新岗位工作。公司再次对肖某下达调岗通知，并强调让他自通知下发之日起三日内到总装车间报到，否则视同"自动离职"。

公司可以这样做吗？

法律解析

根据《劳动合同法》的规定，在未经协商一致的前提下，劳动合同的任何一方均无权单方变更劳动合同约定的内容，而工作内容是劳动合同的重要内容之一。虽然调整工作岗位是用人单位行使管理权的一种方式，但是这种权利的行使应当在合理合法的范围内。

如果因客观情况确实需要劳动者调岗，用人单位应当有事实依据和规章制度依据，且不得侵犯劳动者的合法权益。一般来说，调岗应当是公司的生产经营需要或者因劳动者个人能力、工作态度等因素导致的。调岗前后工资待遇应当持平，且调岗后不应增加劳动者的劳动成本。此外，调岗不应具有侮辱性和惩罚性。

就本案而言，首先，在肖某的工作内容会发生变化的情况下，公司调岗必须与肖某协商一致，否则无权单方变更劳动合同；其次，调岗后肖某的工资待遇有大幅度下降，这样的调岗不具备合理性。所以，公司不能强行调换肖某的工作岗位。

▎法条链接

《劳动合同法》

第十七条 劳动合同应当具备以下条款：

（一）用人单位的名称、住所和法定代表人或者主要负责人；

（二）劳动者的姓名、住址和居民身份证或者其他有效身份证件号码；

（三）劳动合同期限；

（四）工作内容和工作地点；

（五）工作时间和休息休假；

（六）劳动报酬；

（七）社会保险；

（八）劳动保护、劳动条件和职业危害防护；

（九）法律、法规规定应当纳入劳动合同的其他事项。

劳动合同除前款规定的必备条款外，用人单位与劳动者可以约定试用期、培训、保守秘密、补充保险和福利待遇等其他事项。

第二十九条 用人单位与劳动者应当按照劳动合同的约定，全面履行各自的义务。

第三十五条 用人单位与劳动者协商一致，可以变更劳动合同约定的内容。变更劳动合同，应当采用书面形式。

变更后的劳动合同文本由用人单位和劳动者各执一份。

81. 谎报学历与用人单位签订的劳动合同有效吗?

小梁求职时谎称自己是研究生学历,已取得工商管理硕士学位,后被上海某进出口贸易公司录取为部门经理,并签订了劳动合同。一个月后,公司发现小梁的学历是他谎报的,据此与小梁解除了劳动合同。

小梁同意离职,但他认为与公司签订的劳动合同是有效的,离职应该得到补偿。小梁的要求合法吗?

▌法律解析

根据《劳动合同法》的规定,劳动者谎报学历,没有履行法律规定的如实告知义务,致使用人单位在违背真实意思的情况下与其订立劳动合同,该劳动合同无效,用人单位可以依法解除劳动合同。

此外,由于小梁谎报学历的行为直接侵害了公司的合法权益,所以他想得到离职补偿的要求也是不合法的。但对于小梁已经付出的劳动,公司应当给予相应的报酬。换句话说,只有由于用人单位原因导致订立无效的劳动合同,给劳动者造成损害的情况下,用人单位才需要赔偿劳动者因合同无效所造成的经济损失。

一般来说,劳动者在应聘时应当如实告知的信息包括:

(1)劳动者的基本信息,比如年龄、文化程度、联系方式等;

(2)劳动者的身体状况,比如是否患有不适宜从事该岗位的疾病、是否患有传染病等;

(3)劳动者的专业知识和职业技能;

(4)劳动者的工作经历及工作业绩;

(5)劳动者的就业现状。

律师建议,劳动者在与用人单位签订劳动合同时,要遵守诚实信用原则,提供真实的信息,否则可能会因为违法导致劳动合同无效,一旦发生纠纷,自己的权益也无法得到保障。

法条链接

《劳动合同法》

第二十六条 下列劳动合同无效或者部分无效：

（一）以欺诈、胁迫的手段或者乘人之危，使对方在违背真实意思的情况下订立或者变更劳动合同的；

（二）用人单位免除自己的法定责任、排除劳动者权利的；

（三）违反法律、行政法规强制性规定的。

对劳动合同的无效或者部分无效有争议的，由劳动争议仲裁机构或者人民法院确认。

第二十八条 劳动合同被确认无效，劳动者已付出劳动的，用人单位应当向劳动者支付劳动报酬。劳动报酬的数额，参照本单位相同或者相近岗位劳动者的劳动报酬确定。

《最高人民法院关于审理劳动争议案件适用法律问题的解释（一）》（法释〔2020〕26号）

第四十一条 劳动合同被确认为无效，劳动者已付出劳动的，用人单位应当按照劳动合同法第二十八条、第四十六条、第四十七条的规定向劳动者支付劳动报酬和经济补偿。

由于用人单位原因订立无效劳动合同，给劳动者造成损害的，用人单位应当赔偿劳动者因合同无效所造成的经济损失。

82. 劳动合同中有哪些条款是无效的？

2019年12月，李某到一家保安公司工作，并与保安公司签订了书面劳动合同。合同约定："乙方（李某）在充分了解各项保险的相关规定，清楚其在社会保险上的权利义务以及不交保险可能存在的风险的情况下，自动放弃甲方为其缴纳社会保险及住房公积金等一切保险，承诺由本人自行缴纳。因乙方（李某）放弃单位为其缴纳社会保险的权利又未自行缴纳社会保险造成的医疗费、丧葬费、抚恤金等一切经济损失，由乙方（李某）自行负责，甲方不负任何赔偿责任……"

以上条款是否有效？

法律解析

哪种情况下劳动合同无效或者部分无效，这在《劳动合同法》第二十六条中有明确规定。

本案中，保安公司与李某在劳动合同中约定单位无须为李某缴纳社保，但为劳动者缴纳社保是用人单位的法定义务，所以以上条款属于用人单位免除自己的法定责任、排除劳动者权利，应当被认定为无效。

法条链接

《劳动合同法》

第二十六条　下列劳动合同无效或者部分无效：

（一）以欺诈、胁迫的手段或者乘人之危，使对方在违背真实意思的情况下订立或者变更劳动合同的；

（二）用人单位免除自己的法定责任、排除劳动者权利的；

（三）违反法律、行政法规强制性规定的。

对劳动合同的无效或者部分无效有争议的，由劳动争议仲裁机构或者人民法院确认。

第二十七条　劳动合同部分无效，不影响其他部分效力的，其他部分仍然有效。

83. 实习期不给工资，违法吗？

在校大学生小丽到某设计公司应聘实习设计师。双方在实习协议中约定实习期为三个月，但没有约定实习工资，小丽也没好意思开口询问工资具体是多少。实习期内，小丽按时上下班，并认真完成了公司分配的工作，但在实习期结束后，她没有拿到任何报酬。小丽向人事部门询问，得到的答复是公司不支付实习工资。

公司这样做违法吗？

▌法律解析

根据相关法律的规定，实习生与用人单位不形成劳动关系，用人单位无须按照最低工资标准为其支付劳动报酬。一些用人单位会支付给实习生一定的报酬，但就其性质而言，是一种补贴或者补助。如果实习生没有与用人单位签订劳动合同且未约定报酬，则用人单位可以不支付实习工资；如果双方约定了报酬，则用人单位应当按照约定支付实习工资。

本案中，由于小丽与公司签订的实习协议未约定实习工资，所以公司可以不支付实习工资。

律师建议，实习生在与用人单位签订实习协议时，最好明确实习工资金额、实习期限等，确定这些内容后再签订协议，以免白白付出劳动。

▌法条链接

《关于贯彻执行〈中华人民共和国劳动法〉若干问题的意见》

12. 在校生利用业余时间勤工助学，不视为就业，未建立劳动关系，可以不签订劳动合同。

84. 实习期间给公司造成了损失，实习生需要承担责任吗？

某高校学生小周利用暑假期间勤工俭学，去某公司财务部做实习生。双方约定实习工资1500元，没有签订实习协议。一天，公司会计有事走不开，就安排小周把6万元现金送至B公司。小周欣然答应并乘坐公交车去B公司，不料途中这6万元被小偷偷走，报警后依然没有追回。现公司要求小周赔偿这

6 万元的损失。

小周需要赔偿公司的损失吗?

法律解析

学生在实习期间与接受实习生的单位在法律上不属于劳动合同关系,对于在何种情形下实习生需要承担损害赔偿责任,法律法规未予以规定。参照相关法律法规中对一般劳动者与用人单位发生类似情况时的处理规定,一般劳动者对于用人单位的赔偿责任,应当以双方签订的劳动合同和公司的规章制度为准。

本案中,小周所在公司的规章制度并未规定这种情形应该如何处理,小周也没有与公司签订书面的实习协议,且小周对于该损失的发生并不存在故意或者重大过失,所以小周不需要赔偿公司的损失。

法条链接

《工资支付暂行规定》

第十六条 因劳动者本人原因给用人单位造成经济损失的,用人单位可按照劳动合同的约定要求其赔偿经济损失。经济损失的赔偿,可从劳动者本人的工资中扣除。但每月扣除的部分不得超过劳动者当月工资的 20%。若扣除后的剩余工资部分低于当地月最低工资标准,则按最低工资标准支付。

85. 是否属于加班,谁说了算?

周先生是某公司的技术工作人员。因工作需要,周先生经常在下班后继续工作。他认为这属于加班,公司应该向他支付加班费。但公司称职工加班应填写加班申请表并获得批准,否则不能算加班,因此拒绝向周先生支付加班费。

周先生的行为是否属于加班?算不算加班,谁说了算?

法律解析

加班，是指用人单位由于生产经营需要，经与工会和劳动者协商后，安排劳动者在法律法规规定的工作时间以外从事工作。也就是说，加班是建立在用人单位与劳动者协商基础上的，用人单位不能强迫劳动者加班，劳动者也无权单方面决定加班。

根据《劳动法》的相关规定，我国实行劳动者每日工作时间不超过八小时、平均每周工作时间不超过四十四小时的工时制度。用人单位应当保证劳动者每周至少休息一日。如果用人单位因生产特点不能实行上述工作时间，经劳动行政部门批准，也可以实行其他工作和休息办法。

实践中，加班一般分为两种情况：第一，用人单位安排劳动者加班；第二，劳动者自愿加班。我国法律法规主要针对第一种情况进行规范，即限制用人单位未经劳动者同意强行要求其加班。如果劳动者是因用人单位安排，在法定标准工作时间以外从事与工作相关事务的，就可以被认定为加班。此时，用人单位应当严格按照法律法规的规定向劳动者支付加班费。

但无论是用人单位安排劳动者加班还是劳动者自愿加班，如果用人单位有合理合法的加班审批制度，那么用人单位和劳动者都应当遵照执行。

本案中，公司有明确的加班审批制度，即需要填写加班申请表并获得批准。这样的规定并未违反法律禁止性规定，合法有效，对公司和周先生均有约束力。但周先生没有走公司的加班审批程序，自行延长工作时间，所以即便他能够拿出相应的证据证明自己存在超时工作的情况，也无济于事。只要公司不存在恶意，周先生要求公司支付加班费的请求就得不到法院的支持。

律师建议，劳动者确实需要加班的，应当按照用人单位的规定，走加班审批程序，这样在主张加班费时就能够有充分的依据；若用人单位对加班没有明确、完善的审批制度，安排劳动者加班却未支付加班费，劳动者应当注意保留考勤记录、工作邮件、相关聊天记录等证据，以便向用人单位主张自己的权益。

法条链接

《劳动法》

第三十六条 国家实行劳动者每日工作时间不超过八小时、平均每周工作时间不超过四十四小时的工时制度。

第四十一条 用人单位由于生产经营需要，经与工会和劳动者协商后可以延长工作时间，一般每日不得超过一小时；因特殊原因需要延长工作时间的，在保障劳动者身体健康的条件下延长工作时间每日不得超过三小时，但是每月不得超过三十六小时。

第四十四条 有下列情形之一的，用人单位应当按照下列标准支付高于劳动者正常工作时间工资的工资报酬：

（一）安排劳动者延长工作时间的，支付不低于工资的百分之一百五十的工资报酬；

（二）休息日安排劳动者工作又不能安排补休的，支付不低于工资的百分之二百的工资报酬；

（三）法定休假日安排劳动者工作的，支付不低于工资的百分之三百的工资报酬。

《劳动合同法》

第三十一条 用人单位应当严格执行劳动定额标准，不得强迫或者变相强迫劳动者加班。用人单位安排加班的，应当按照国家有关规定向劳动者支付加班费。

86. 职工拒绝加班，用人单位能辞退他吗？

吕先生在某制造公司从事车间零件装配工作。由于公司业绩非常好，生产计划排班饱和，吕先生所在的岗位基本上每天都要加班到晚上十点，可吕先生家里的老人、小孩都需要他照顾。加班一段时间后，吕先生不得已向车间主管提出要正常时间上下班，但主管直言："不加班，你就等着被辞退吧。"

公司这样做合法吗?

法律解析

休息权是宪法赋予劳动者的权利,任何人都不能剥夺。一般情况下,公司安排加班需要与职工协商,职工有权选择加班或者不加班。只有在职工自愿的情况下,公司才可以安排加班;如果职工不同意,公司无权强行要求其加班,更不能因此将其辞退。

本案中,制造公司要求吕先生加班,显然没有事先与吕先生协商并获得他的同意。在这种情况下,吕先生有权拒绝加班。如果公司因此辞退他,属于违反《劳动合同法》解除劳动合同,应当依照《劳动合同法》第四十七条规定的经济补偿标准的二倍向吕先生支付赔偿金。

律师建议,用人单位需要延长工作时间的,应当与工会和职工协商后执行。即使职工拒绝加班,用人单位也不能因此处罚或者辞退职工。

法条链接

《宪法》

第四十三条 中华人民共和国劳动者有休息的权利。

国家发展劳动者休息和休养的设施,规定职工的工作时间和休假制度。

《劳动法》

第四十一条 用人单位由于生产经营需要,经与工会和劳动者协商后可以延长工作时间,一般每日不得超过一小时;因特殊原因需要延长工作时间的,在保障劳动者身体健康的条件下延长工作时间每日不得超过三小时,但是每月不得超过三十六小时。

第四十二条 有下列情形之一的,延长工作时间不受本法第四十一条规定的限制:

(一)发生自然灾害、事故或者因其他原因,威胁劳动者生命健康和财产安全,需要紧急处理的;

（二）生产设备、交通运输线路、公共设施发生故障，影响生产和公众利益，必须及时抢修的；

（三）法律、行政法规规定的其他情形。

第四十三条　用人单位不得违反本法规定延长劳动者的工作时间。

《劳动合同法》

第八十七条　用人单位违反本法规定解除或者终止劳动合同的，应当依照本法第四十七条规定的经济补偿标准的二倍向劳动者支付赔偿金。

87. 职工在什么情况下可以单方面与用人单位解除合同？

丁某就职于江苏省某食品公司。2018 年，她因为分娩，按照公司规定休了98 天产假。回到工作岗位后，丁某了解到，根据《江苏省女职工劳动保护特别规定》第十二条的规定，自己应休产假128 天，遂提交继续休假申请，但是公司没有批准。于是，她单方面要求与公司解除劳动合同，并要求得到赔偿。

▌法律解析

根据《劳动合同法》第三十八条的规定，职工在多种情况下，可以单方面与公司解除劳动合同，丁某遇到的情况就是其中之一。虽然她就职的公司规定产假为98 天，但公司规定不得与《江苏省女职工劳动保护特别规定》相抵触。也就是说，公司损害了丁某的正当权益，她不但可以单方面与该公司解除劳动合同，还可以主张经济补偿。

▌法条链接

《劳动合同法》

第三十八条　用人单位有下列情形之一的，劳动者可以解除劳动合同：

（一）未按照劳动合同约定提供劳动保护或者劳动条件的；

（二）未及时足额支付劳动报酬的；

（三）未依法为劳动者缴纳社会保险费的；

（四）用人单位的规章制度违反法律、法规的规定，损害劳动者权益的；

（五）因本法第二十六条第一款规定的情形致使劳动合同无效的；

（六）法律、行政法规规定劳动者可以解除劳动合同的其他情形。

用人单位以暴力、威胁或者非法限制人身自由的手段强迫劳动者劳动的，或者用人单位违章指挥、强令冒险作业危及劳动者人身安全的，劳动者可以立即解除劳动合同，不需事先告知用人单位。

第四十六条 有下列情形之一的，用人单位应当向劳动者支付经济补偿：

（一）劳动者依照本法第三十八条规定解除劳动合同的；

…………

88. 如何认定旷工？旷工多久算自动离职？

杨先生在某公司从事仓库管理工作。最近，杨先生一直既不向公司请假也不出勤，公司人事部门打电话询问原因，杨先生只口头回复家中有事。现今，杨先生已经连续半个月没有出勤了。

杨先生是否已经构成了旷工？公司能辞退他吗？

▎法律解析

旷工，是指职工在正常工作日不请假或者请假未批准的缺勤行为。法律没有具体规定如何认定旷工，用人单位可以制定具体的规章制度，约定适合自己单位的旷工认定标准。所以，对于如何认定旷工，每个用人单位的标准可能并不一致。

那么旷工多久算自动离职呢？根据《劳动合同法》的规定，如果职工严重违反用人单位的规章制度，比如旷工达到公司管理制度规定的旷工认定标准，用人单位可以解除劳动合同，但需要给该职工下发解除劳动合同的通知。在正式解除劳动合同之前，双方订立的劳动合同仍然有效，不存在所谓的"自动离职"。

因此，本案中的杨先生是否达到旷工的标准，要根据其公司的规章制度来判断。但无论他是否达到了旷工的标准，都不会自动离职。

法条链接

《劳动合同法》

第三十九条 劳动者有下列情形之一的，用人单位可以解除劳动合同：

（一）在试用期间被证明不符合录用条件的；

（二）严重违反用人单位的规章制度的；

（三）严重失职，营私舞弊，给用人单位造成重大损害的；

（四）劳动者同时与其他用人单位建立劳动关系，对完成本单位的工作任务造成严重影响，或者经用人单位提出，拒不改正的；

（五）因本法第二十六条第一款第一项规定的情形致使劳动合同无效的；

（六）被依法追究刑事责任的。

89. 公司实行"末位淘汰制"合法吗？

小田在一家公司做业务员。公司每个月都要对业务员的业务量进行排名，小田因为连续两个月排名垫底，被公司一纸通知解除了劳动合同，没有任何补偿或者赔偿。对此，小田觉得很委屈。

公司实行"末位淘汰制"合法吗？

法律解析

定期对职工进行绩效考核并排名是公司常见的管理制度，对此法律并不禁止。但如果公司根据绩效考核的排名结果直接单方解除排名末位职工的劳动合同，则属于违法行为。

《劳动合同法》与"末位淘汰制"最接近的规定是第四十条第（二）项，即劳动者不能胜任工作，经过培训或者调整工作岗位，仍不能胜任工作的，用人单位提前三十日以书面形式通知劳动者本人或者额外支付劳动者一个月工资后，可以解除劳动合同。

本案中，公司考核排名末位并不等同于法律上的"不能胜任工作"。即便小田被认定为不能胜任工作，公司也需要先对其进行培训或者调岗；若小田在培训或者调岗后仍不能胜任工作，公司才可以与其解除劳动合同。否则，公司便属于违法解除劳动合同，小田有权申请劳动仲裁，要求公司继续履行劳动合同或者依照《劳动合同法》第四十七条规定的经济补偿标准的二倍支付赔偿金。

法条链接

《劳动合同法》

第四十条 有下列情形之一的，用人单位提前三十日以书面形式通知劳动者本人或者额外支付劳动者一个月工资后，可以解除劳动合同：

（一）劳动者患病或者非因工负伤，在规定的医疗期满后不能从事原工作，也不能从事由用人单位另行安排的工作的；

（二）劳动者不能胜任工作，经过培训或者调整工作岗位，仍不能胜任工作的；

（三）劳动合同订立时所依据的客观情况发生重大变化，致使劳动合同无法履行，经用人单位与劳动者协商，未能就变更劳动合同内容达成协议的。

第四十七条 经济补偿按劳动者在本单位工作的年限，每满一年支付一个月工资的标准向劳动者支付。六个月以上不满一年的，按一年计算；不满六个月的，向劳动者支付半个月工资的经济补偿。

劳动者月工资高于用人单位所在直辖市、设区的市级人民政府公布的本地区上年度职工月平均工资三倍的，向其支付经济补偿的标准按职工月平均工资三倍的数额支付，向其支付经济补偿的年限最高不超过十二年。

本条所称月工资是指劳动者在劳动合同解除或者终止前十二个月的平均工资。

第四十八条 用人单位违反本法规定解除或者终止劳动合同，劳动者要求继续履行劳动合同的，用人单位应当继续履行；劳动者不要求继续履行劳动合同或者劳动合同已经不能继续履行的，用人单位应当依照本法第八十七条规定支付赔偿金。

第八十七条　用人单位违反本法规定解除或者终止劳动合同的，应当依照本法第四十七条规定的经济补偿标准的二倍向劳动者支付赔偿金。

90. 用人单位可以因为职工未按要求转发公司信息至朋友圈就辞退职工吗？

琪琪是某百货公司的化妆品销售人员。国庆节期间商场大促，公司临时发通知，要求所有销售人员每日在微信朋友圈发送促销信息。因为公司发通知当天琪琪家里有事，没有上班，不知道公司要求发送朋友圈的事情。公司领导随后发了微信和短信提醒她完成任务，但由于琪琪正在处理家事没有查看手机，所以没有回复领导信息，也没有发送朋友圈。第二天，琪琪被公司辞退。

公司这样做合法吗？琪琪应该如何维权？

▌法律解析

现实中，确实存在公司强制要求职工群发消息、转发广告至朋友圈等情形，有些公司还会因为职工没有按时完成上述任务就将其辞退。一般来说，职工的微信、朋友圈等属于职工的个人隐私和私人空间，职工个人拥有支配权。公司强制职工群发消息、转发广告至朋友圈等属于侵犯个人隐私、干扰私人空间的行为。这样的规章制度本身不具有合法性和合理性。

如果用人单位在劳动合同履行期间发现劳动者违纪违法，可以按照双方依法签订的劳动合同的约定和国家法律的规定，根据劳动者的事实行为，遵循法定程序办理解除劳动合同的手续，否则就属于违法解除劳动合同。违法解除劳动合同的，劳动者可以要求公司恢复劳动关系或者支付赔偿金。

本案中，琪琪没有发送朋友圈是有原因的，且劳动合同和公司规章制度都没有相关规定，所以公司将其辞退属于违法解除劳动合同。琪琪可以通过申请劳动仲裁，维护自己的合法权益。

律师建议，如果公司确实有业务宣传的需要，可以为职工配备企业微信、飞书等专门的工作联系账号，不可以强制要求职工用个人微信等私人账号进行业务宣传。职工面对公司的不合理要求有拒绝的权利，若公司据此辞退职工，属于违法解除劳动合同，职工有权主张违法解除劳动合同的赔偿金。

法条链接

《劳动合同法》

第三十九条 劳动者有下列情形之一的，用人单位可以解除劳动合同：

（一）在试用期间被证明不符合录用条件的；

（二）严重违反用人单位的规章制度的；

（三）严重失职，营私舞弊，给用人单位造成重大损害的；

（四）劳动者同时与其他用人单位建立劳动关系，对完成本单位的工作任务造成严重影响，或者经用人单位提出，拒不改正的；

（五）因本法第二十六条第一款第一项规定的情形致使劳动合同无效的；

（六）被依法追究刑事责任的。

第四十八条 用人单位违反本法规定解除或者终止劳动合同，劳动者要求继续履行劳动合同的，用人单位应当继续履行；劳动者不要求继续履行劳动合同或者劳动合同已经不能继续履行的，用人单位应当依照本法第八十七条规定支付赔偿金。

91. 老板以多付一个月工资为条件要求职工自己离职，职工该答应吗？

贾先生在某公司从事销售工作已有三年时间。最近，公司业绩不佳，老板对贾先生说，如果贾先生愿意自己申请离职，公司会额外付他一个月的工资。贾先生不知道接受这样的条件是否对自己有利。

法律解析

《劳动合同法》规定，劳动者没有过错，但由于伤病不能工作、不能胜任工作，或者劳动合同订立时所依据的客观情况发生重大变化，致使合同无法履行，用人单位可以提前三十日以书面形式通知劳动者本人，或者额外支付劳动者一个月工资后解除劳动合同，但应当向劳动者支付经济补偿。如果用人单位违反规定解除劳动合同，则要支付劳动者二倍经济补偿标准的赔偿金。

本案中，贾先生在工作过程中并无过错，根据《劳动合同法》的规定，公司本应付给他至少三个月工资的经济补偿，老板却以多付一个月工资为条件要求他自己申请离职，这样的条件明显是对他不利的。

律师建议，劳动者无意离职时，如果用人单位要求解除劳动合同却不肯支付经济补偿，劳动者可以通过法律手段维护自己的利益，比如向用人单位所在地或者实际工作地劳动仲裁委员会申请劳动仲裁，主张相关经济补偿或者赔偿金。

法条链接

《劳动合同法》

第四十条　有下列情形之一的，用人单位提前三十日以书面形式通知劳动者本人或者额外支付劳动者一个月工资后，可以解除劳动合同：

（一）劳动者患病或者非因工负伤，在规定的医疗期满后不能从事原工作，也不能从事由用人单位另行安排的工作的；

（二）劳动者不能胜任工作，经过培训或者调整工作岗位，仍不能胜任工作的；

（三）劳动合同订立时所依据的客观情况发生重大变化，致使劳动合同无法履行，经用人单位与劳动者协商，未能就变更劳动合同内容达成协议的。

第四十六条　有下列情形之一的，用人单位应当向劳动者支付经济补偿：

…………

（三）用人单位依照本法第四十条规定解除劳动合同的；

…………

第四十七条第一款 经济补偿按劳动者在本单位工作的年限，每满一年支付一个月工资的标准向劳动者支付。六个月以上不满一年的，按一年计算；不满六个月的，向劳动者支付半个月工资的经济补偿。

第八十七条 用人单位违反本法规定解除或者终止劳动合同的，应当依照本法第四十七条规定的经济补偿标准的二倍向劳动者支付赔偿金。

92. 公司经营困难时，可以大规模裁员吗？

某新材料公司自 2018 年 8 月成立以来一直处于亏损状态，到 2020 年，公司经营出现严重困难。于是，公司在 2020 年 5 月向工会提交了裁员方案，拟裁减职工三十人。经工会同意后，该公司又向所在地的劳动保障监察大队提交了备案材料，并于 2020 年 7 月向被裁减人员发放了解除劳动合同通知书。

公司这样做合法吗？

▎法律解析

根据《劳动合同法》的规定，如果公司生产经营出现严重困难，需要裁减人员二十人以上或者裁减不足二十人但占企业职工总数百分之十以上，可以在严格履行法定义务后实施裁员。公司应当提前三十日向工会或者全体职工说明情况，听取工会或者职工意见后，向劳动行政部门报告裁减人员方案，然后与被裁减人员解除劳动合同，并支付经济补偿。

本案中的新材料公司因为生产经营发生严重困难决定裁员三十人，符合裁员的法定情形。在裁员之前，该公司按照法律规定提前向工会说明了情况、听取了意见，并向劳动行政部门报告了裁减人员方案。因此，该公司可以实施裁员。需要注意的是，根据《劳动合同法》第四十二条的规定，并不是任何职工都可以成为公司裁员的对象，且公司在裁员时需要依法向被裁减人员支付经济补偿。

法条链接

《劳动合同法》

第四十一条 有下列情形之一，需要裁减人员二十人以上或者裁减不足二十人但占企业职工总数百分之十以上的，用人单位提前三十日向工会或者全体职工说明情况，听取工会或者职工的意见后，裁减人员方案经向劳动行政部门报告，可以裁减人员：

（一）依照企业破产法规定进行重整的；

（二）生产经营发生严重困难的；

（三）企业转产、重大技术革新或者经营方式调整，经变更劳动合同后，仍需裁减人员的；

（四）其他因劳动合同订立时所依据的客观经济情况发生重大变化，致使劳动合同无法履行的。

裁减人员时，应当优先留用下列人员：

（一）与本单位订立较长期限的固定期限劳动合同的；

（二）与本单位订立无固定期限劳动合同的；

（三）家庭无其他就业人员，有需要扶养的老人或者未成年人的。

用人单位依照本条第一款规定裁减人员，在六个月内重新招用人员的，应当通知被裁减的人员，并在同等条件下优先招用被裁减的人员。

第四十二条 劳动者有下列情形之一的，用人单位不得依照本法第四十条、第四十一条的规定解除劳动合同：

（一）从事接触职业病危害作业的劳动者未进行离岗前职业健康检查，或者疑似职业病病人在诊断或者医学观察期间的；

（二）在本单位患职业病或者因工负伤并被确认丧失或者部分丧失劳动能力的；

（三）患病或者非因工负伤，在规定的医疗期内的；

（四）女职工在孕期、产期、哺乳期的；

（五）在本单位连续工作满十五年，且距法定退休年龄不足五年的；

（六）法律、行政法规规定的其他情形。

第四十六条 有下列情形之一的，用人单位应当向劳动者支付经济补偿：

……………

（四）用人单位依照本法第四十一条第一款规定解除劳动合同的；
…………

93. 因故离职，经济补偿怎么算？

　　包女士大学毕业后入职一家公司并工作了五年。最近，公司进行战略重组，即将搬迁至其他城市。包女士不愿意跟着公司到其他城市工作，于是公司让她自己提出离职。包女士不同意公司的做法，认为公司应该向她支付经济补偿。

　　公司应该向包女士支付多少经济补偿呢？

▍法律解析

　　根据《劳动合同法》的相关规定，劳动合同订立时所依据的客观情况发生重大变化，致使劳动合同无法履行，经用人单位与劳动者协商，未能就变更劳动合同内容达成协议的，用人单位提前三十日以书面形式通知劳动者本人或者额外支付劳动者一个月工资后，可以解除劳动合同，并支付经济补偿。

　　何为"客观情况发生重大变化"呢？从实践来看，客观情况发生重大变化是指用人单位发生转产、搬迁至很远的地方、技术改造、兼并、分立、被上级主管部门撤销等致使劳动合同无法履行或者无法完全履行的情况。

　　经济补偿按劳动者在本单位工作的年限，每满一年支付一个月工资的标准向劳动者支付。六个月以上不满一年的，按一年计算；不满六个月的，向劳动者支付半个月工资的经济补偿。

　　这里的"月工资"，是指劳动者在劳动合同解除或者终止前十二个月的平均工资。但劳动者月工资高于用人单位所在直辖市、设区的市级人民政府公布的本地区上年度职工月平均工资三倍的，向其支付经济补偿的标准按职工月平均工资三倍的数额支付，向其支付经济补偿的年限最高不超过十二年。

　　本案中，包女士的公司搬迁至其他城市，属于劳动合同订立时所依据的客观情况发生重大变化。现在包女士不同意变更劳动合同，公司如果想要与她解除劳动合同，需要依照法定程序提前三十日以书面形式通知她本人或者额外支付她一个月工资，并且向她支付经济补偿。由于包女士已经在公司工作了五年，按照法律规定，公司应当向她支付五个月工资的经济补偿。

法条链接

《劳动合同法》

第四十条　有下列情形之一的，用人单位提前三十日以书面形式通知劳动者本人或者额外支付劳动者一个月工资后，可以解除劳动合同：

（一）劳动者患病或者非因工负伤，在规定的医疗期满后不能从事原工作，也不能从事由用人单位另行安排的工作的；

（二）劳动者不能胜任工作，经过培训或者调整工作岗位，仍不能胜任工作的；

（三）劳动合同订立时所依据的客观情况发生重大变化，致使劳动合同无法履行，经用人单位与劳动者协商，未能就变更劳动合同内容达成协议的。

第四十六条　有下列情形之一的，用人单位应当向劳动者支付经济补偿：

…………

（三）用人单位依照本法第四十条规定解除劳动合同的；

…………

第四十七条　经济补偿按劳动者在本单位工作的年限，每满一年支付一个月工资的标准向劳动者支付。六个月以上不满一年的，按一年计算；不满六个月的，向劳动者支付半个月工资的经济补偿。

劳动者月工资高于用人单位所在直辖市、设区的市级人民政府公布的本地区上年度职工月平均工资三倍的，向其支付经济补偿的标准按职工月平均工资三倍的数额支付，向其支付经济补偿的年限最高不超过十二年。

本条所称月工资是指劳动者在劳动合同解除或者终止前十二个月的平均工资。

94. 没有书面劳动合同时，对于报酬约定不明的，如何支付报酬？

2019 年 5 月 7 日，小李入职某医疗器械公司，职位为财务经理。双方未签订书面劳动合同，也未明确约定工资数额。小李工作非常努力，但连续三个月公司每月只按当地月最低工资标准给他发工资。小李找公司理论，但公司认为工资数额未明确约定，按当地月最低工资标准发工资并无不妥。

公司可以这样给小李支付报酬吗？

▎法律解析

既没有跟用人单位签订书面劳动合同，也没有明确约定工资数额就工作，现实中有这样的情况吗？答案是"有"。《劳动合同法》对此有专门规定。这样的情况可以适用集体合同；没有集体合同或者集体合同未规定的，实行同工同酬。同工同酬，是指用人单位对从事相同工作、付出等量劳动且取得相同劳绩的劳动者，应当支付同等的劳动报酬。

本案中的小李可以先查看公司的集体合同，如果没有集体合同或者有集体合同但其中没有规定工资数额的，小李可以用同工同酬来确定自己的工资数额。如果公司没有按照这个标准向他支付工资，就是违法，小李可以向劳动监察部门投诉或者向劳动仲裁委员会申请劳动仲裁。与此同时，由于公司迟迟不与小李签订书面劳动合同，根据《劳动合同法》的相关规定，公司自用工之日起超过一个月不满一年未与劳动者订立书面劳动合同的，应当向劳动者每月支付二倍的工资。

▎法条链接

《劳动法》

第四十六条　工资分配应当遵循按劳分配原则，实行同工同酬。

工资水平在经济发展的基础上逐步提高。国家对工资总量实行宏观调控。

《劳动合同法》

第十一条　用人单位未在用工的同时订立书面劳动合同，与劳动者约定的劳动报酬不明确的，新招用的劳动者的劳动报酬按照集体合同规定的标准执行；没有集体合同或者集体合同未规定的，实行同工同酬。

第八十二条第一款　用人单位自用工之日起超过一个月不满一年未与劳动者订立书面劳动合同的，应当向劳动者每月支付二倍的工资。

95. 公司无故拖欠职工工资，怎么办？

张某是一家汽修公司的职工。最近，公司以经营困难为借口，不给职工发工资。张某一共工作了四个月，却只拿到了前两个月的工资，他应该如何维权？

▌法律解析

拖欠工资是《劳动法》中明令禁止的违法行为。张某想要维权，最好先与用人单位进行协商，因为协商是解决问题最简单、快捷的方式。如果协商解决不成，张某可以向劳动监察部门举报、投诉，12333 是全国统一的劳动保障咨询投诉电话。

如果对举报、投诉的结果不满意，张某还可以向当地劳动仲裁委员会申请劳动仲裁。需要注意的是，张某应当在劳动争议发生之日起一年内向劳动仲裁委员会提出书面申请。如果未在仲裁时效内主张权利，也未及时申请劳动仲裁，则会丧失胜诉权，此后只能与对方协商。仲裁结果下达后，若对仲裁裁决不服，张某可以在拿到仲裁书后十五天之内到法院起诉；若对仲裁裁决无异议，裁决生效后，用人单位不执行的，张某可以向法院申请强制执行。

法条链接

《劳动法》

第五十条 工资应当以货币形式按月支付给劳动者本人。不得克扣或者无故拖欠劳动者的工资。

《劳动合同法》

第八十五条 用人单位有下列情形之一的，由劳动行政部门责令限期支付劳动报酬、加班费或者经济补偿；劳动报酬低于当地最低工资标准的，应当支付其差额部分；逾期不支付的，责令用人单位按应付金额百分之五十以上百分之一百以下的标准向劳动者加付赔偿金：

（一）未按照劳动合同的约定或者国家规定及时足额支付劳动者劳动报酬的；

（二）低于当地最低工资标准支付劳动者工资的；

（三）安排加班不支付加班费的；

（四）解除或者终止劳动合同，未依照本法规定向劳动者支付经济补偿的。

《中华人民共和国劳动争议调解仲裁法》（以下简称《劳动争议调解仲裁法》）

第二十七条第一款 劳动争议申请仲裁的时效期间为一年。仲裁时效期间从当事人知道或者应当知道其权利被侵害之日起计算。

96. 公司开具的离职证明有什么用？

黎小姐已经在某公司工作了三年，近来她越发觉得公司的经营理念和企业文化并不适合自己，于是向公司提出离职。黎小姐认为，只要办理完工作交接，拿到自己应得的报酬之后就算离职了。黎小姐经人事程序离职后，公司向她开具了离职证明。黎小姐不知道离职证明有什么用，对她之后的就业有什么影响。

▌法律解析

离职证明是用人单位与劳动者解除劳动关系的书面证明，也是用人单位与劳动者解除劳动关系后应当出具的一份书面材料。离职证明的作用在于：

（1）证明用人单位与劳动者已经解除劳动关系；

（2）证明劳动者按照正常手续办理离职；

（3）证明劳动者是自由人，可以申请失业保险金或者应聘新的职位；

（4）劳动者可以凭借离职证明转移人事关系、社保关系、公积金等；

（5）劳动者创业可以凭离职证明和失业证享受优惠政策。

本案中，黎小姐的离职证明是她与前一家公司劳动关系结束的凭证。有此证明，黎小姐可以安心进入新公司工作；若发生劳资纠纷，黎小姐可以将其作为重要凭证。

律师建议，离职证明对于劳动者而言是一份重要的书面证明，劳动者在离职时应当要求用人单位出具离职证明，并妥善保管、备份。

▌法条链接

《劳动法》

第九十九条　用人单位招用尚未解除劳动合同的劳动者，对原用人单位造成经济损失的，该用人单位应当依法承担连带赔偿责任。

《劳动合同法》

第五十条　用人单位应当在解除或者终止劳动合同时出具解除或者终止劳动合同的证明，并在十五日内为劳动者办理档案和社会保险关系转移手续。

劳动者应当按照双方约定，办理工作交接。用人单位依照本法有关规定应当向劳动者支付经济补偿的，在办结工作交接时支付。

用人单位对已经解除或者终止的劳动合同的文本，至少保存二年备查。

《中华人民共和国劳动合同法实施条例》

第二十四条　用人单位出具的解除、终止劳动合同的证明，应当写明劳动合同期限、解除或者终止劳动合同的日期、工作岗位、在本单位的工作年限。

97. 对于兼职工作，劳动者可以随时辞职吗？

小王是某互联网公司的工程师，爱好烘焙，周末休息时在一家餐厅从事兼职工作，每周末工作八小时，按小时计酬。最近小王的本职工作很辛苦，每天都要加班到很晚，周末从事兼职工作后明显感到体力不支，于是向餐厅提出辞职。餐厅告诉小王，辞职需要提前说，现在人手紧张，他必须等到餐厅招聘到新职工才能离职，否则就要赔偿餐厅的损失。

餐厅的要求合法吗？

法律解析

根据《劳动合同法》的规定，非全日制用工是指以小时计酬为主，平均每日工作时间不超过四小时、每周工作时间累计不超过二十四小时的用工形式。非全日制用工形式的劳动者有权随时通知用人单位终止用工，不需要承担责任。同样，用人单位也有权随时通知劳动者终止非全日制用工，且不需要向劳动者支付经济补偿。

本案中，小王每周末在餐厅工作八小时，且接受餐厅的劳动管理，双方建立的是非全日制劳动关系。作为非全日制用工的劳动者，小王有权随时通知餐厅终止用工，不需要赔偿餐厅的损失。

需要注意的是，并不是所有的兼职都构成劳动关系。实务中也有部分兼职工作是由公司与职工签订劳务协议来约定双方的权利和义务的，或者仅达成口头约定而未签订任何书面协议的。在此情况下，判断双方建立的是劳动关系还是劳务关系，需要结合职工的工作时长、是否接受公司的劳动管理、双方是否构成身份上的隶属关系等综合判断。如果是劳务关系，则受普通民事法律规范调整；如果是劳动关系，则受劳动法律规范调整。

律师建议，作为非全日制用工劳动者，应该了解关于非全日制用工的法律法规，以保护自己的合法权益；建议与用人单位签订书面合同，明确双方的法律关系性质、权利和义务。

法条链接

《劳动合同法》

第六十八条 非全日制用工，是指以小时计酬为主，劳动者在同一用人单位一般平均每日工作时间不超过四小时，每周工作时间累计不超过二十四小时的用工形式。

第六十九条 非全日制用工双方当事人可以订立口头协议。

从事非全日制用工的劳动者可以与一个或者一个以上用人单位订立劳动合同；但是，后订立的劳动合同不得影响先订立的劳动合同的履行。

第七十条 非全日制用工双方当事人不得约定试用期。

第七十一条 非全日制用工双方当事人任何一方都可以随时通知对方终止用工。终止用工，用人单位不向劳动者支付经济补偿。

第七十二条 非全日制用工小时计酬标准不得低于用人单位所在地人民政府规定的最低小时工资标准。

非全日制用工劳动报酬结算支付周期最长不得超过十五日。

《关于非全日制用工若干问题的意见》（劳社部发〔2003〕12号）

四、关于非全日制用工的劳动争议处理

13. 从事非全日制工作的劳动者与用人单位因履行劳动合同引发的劳动争议，按照国家劳动争议处理规定执行。

98. 未成年人签订的劳动合同是否有法律效力？

小伍今年15岁，初中毕业后未能考上理想的高中，于是决定外出打工。她经人介绍，来到某化妆品公司从事打包、贴标签等工作。公司与小伍签订了劳动合同，约定每月工资2000元，但事后该公司却以经济困难为由一直拖欠小伍的工资。

作为未成年人，小伍与公司签订的劳动合同是否具有法律效力？小伍能不能依据劳动合同申请劳动仲裁呢？

法律解析

《劳动法》明确禁止用人单位招用未满十六周岁的未成年人，违反法律强制性规定的合同是没有法律效力的。

本案中，小伍进入化妆品公司工作时尚未年满十六周岁，所以她与公司签订的劳动合同没有法律效力，她也不能依据劳动合同申请劳动仲裁。根据《劳动合同法》第二十八条的规定，虽然劳动合同是无效的，但小伍已经完成了公司安排的工作，所以公司仍然需要依法向小伍支付相应的劳动报酬，否则小伍可以对公司提起民事诉讼。

法条链接

《劳动法》

第十五条 禁止用人单位招用未满十六周岁的未成年人。

文艺、体育和特种工艺单位招用未满十六周岁的未成年人，必须遵守国家有关规定，并保障其接受义务教育的权利。

第九十四条 用人单位非法招用未满十六周岁的未成年人的，由劳动行政部门责令改正，处以罚款；情节严重的，由市场监督管理部门吊销营业执照。

《劳动合同法》

第二十八条 劳动合同被确认无效，劳动者已付出劳动的，用人单位应当向劳动者支付劳动报酬。劳动报酬的数额，参照本单位相同或者相近岗位劳动者的劳动报酬确定。

99. 未成年人在劳动中是否有特殊保护?

2016 年,小元 16 岁,没上完高中便辍学离开家乡来到外地打工,并与一家煤矿厂签订了为期三年的劳动合同。一开始,领导安排小元做后勤保障工作,但由于工作任务重,领导就安排小元下煤井与工人一起挖煤,且经常加班。一周后,小元向领导表示,自己是未成年人,体力上实在无法承担这么重的工作,请求做回后勤保障工作,但被领导严词拒绝。

对于小元的请求,领导能拒绝吗? 小元又该如何维护自己的权益?

▌法律解析

为维护未成年人的合法权益,保护其在生产劳动中的安全和健康,我国《劳动法》规定,对未成年工实行特殊劳动保护,要求用人单位不得安排未成年工从事矿山井下、有毒有害、国家规定的第四级体力劳动强度的劳动和其他禁忌从事的劳动,同时要求用人单位对未成年工定期进行健康检查。

这里的"未成年工",是指年满十六周岁未满十八周岁的劳动者。由于其正处在身体生长、发育时期,在体力、抵抗力、耐力上与成年人相比都有较大差距,所以对未成年工,首先要保护其安全和健康,其次才是尽劳动义务。

《中华人民共和国未成年人保护法》(以下简称《未成年人保护法》)同样规定,招用已满十六周岁未成年人的单位和个人应当执行国家在工种、劳动时间、劳动强度和保护措施等方面的规定,不得安排其从事过重、有毒、有害等危害未成年人身心健康的劳动或者危险作业。

本案中,小元属于未成年工,依法享有法律规定的特殊劳动保护待遇。领导强制安排他下煤井进行高劳动强度的工作,已经严重违反了相关法律法规的规定。小元可以向当地的劳动监察部门投诉,维护自己的权益。

需要强调的是,我国法律严禁用人单位招用童工。童工是指未满十六周岁,与用人单位或者个人发生劳动关系,从事有经济收入的劳动或者个体劳动的少年、儿童。但是,并非所有未满十六周岁的未成年人都不得参加劳动。文艺、体育和特种工艺单位可以招用未满十六周岁的未成年人，但必须遵守国家有关规定，并保障其接受义务教育的权利。

法条链接

《劳动法》

第十五条 禁止用人单位招用未满十六周岁的未成年人。

文艺、体育和特种工艺单位招用未满十六周岁的未成年人，必须遵守国家有关规定，并保障其接受义务教育的权利。

第五十八条 国家对女职工和未成年工实行特殊劳动保护。

未成年工是指年满十六周岁未满十八周岁的劳动者。

第六十四条 不得安排未成年工从事矿山井下、有毒有害、国家规定的第四级体力劳动强度的劳动和其他禁忌从事的劳动。

第六十五条 用人单位应当对未成年工定期进行健康检查。

《未成年人保护法》

第六十一条 任何组织或者个人不得招用未满十六周岁未成年人，国家另有规定的除外。

营业性娱乐场所、酒吧、互联网上网服务营业场所等不适宜未成年人活动的场所不得招用已满十六周岁的未成年人。

招用已满十六周岁未成年人的单位和个人应当执行国家在工种、劳动时间、劳动强度和保护措施等方面的规定，不得安排其从事过重、有毒、有害等危害未成年人身心健康的劳动或者危险作业。

任何组织或者个人不得组织未成年人进行危害其身心健康的表演等活动。经未成年人的父母或者其他监护人同意，未成年人参与演出、节目制作等活动，活动组织方应当根据国家有关规定，保障未成年人合法权益。

《未成年工特殊保护规定》

第三条 用人单位不得安排未成年工从事以下范围的劳动：

（一）《生产性粉尘作业危害程度分级》国家标准中第一级以上的接尘作业；

（二）《有毒作业分级》国家标准中第一级以上的有毒作业；

（三）《高处作业分级》国家标准中第二级以上的高处作业；

（四）《冷水作业分级》国家标准中第二级以上的冷水作业；

（五）《高温作业分级》国家标准中第三级以上的高温作业；

（六）《低温作业分级》国家标准中第三级以上的低温作业；

（七）《体力劳动强度分级》国家标准中第四级体力劳动强度的作业；

（八）矿山井下及矿山地面采石作业；

（九）森林业中的伐木、流放及守林作业；

（十）工作场所接触放射性物质的作业；

（十一）有易燃易爆、化学性烧伤和热烧伤等危险性大的作业；

（十二）地质勘探和资源勘探的野外作业；

（十三）潜水、涵洞、涵道作业和海拔三千米以上的高原作业（不包括世居高原者）；

（十四）连续负重每小时在六次以上并每次超过二十公斤，间断负重每次超过二十五公斤的作业；

（十五）使用凿岩机、捣固机、气镐、气铲、铆钉机、电锤的作业；

（十六）工作中需要长时间保持低头、弯腰、上举、下蹲等强迫体位和动作频率每分钟大于五十次的流水线作业；

（十七）锅炉司炉。

第六条　用人单位应按下列要求对未成年工定期进行健康检查：

（一）安排工作岗位之前；

（二）工作满一年；

（三）年满十八周岁，距前一次的体检时间已超过半年。

100. 试用期内公司可以辞退怀孕女职工吗？

陈小姐应聘进入某公司，试用期为三个月。距离转正还有一个月时，陈小姐发现自己怀孕了。她主动向公司告知自己的情况，希望能就这个问题进行沟通。但公司在得知陈小姐的情况之后，直接辞退了她。对此，陈小姐感到委屈与不满，认为公司的做法不当。

试用期内公司可以辞退怀孕的陈小姐吗？

法律解析

试用期是劳动合同期限的一个特殊阶段。在这个阶段里，用人单位享有在证明劳动者不符合录用条件时单方解除劳动合同的权利。除此之外，用人单位不再享有任何特权，其解除与劳动者的劳动合同必须符合《劳动法》的有关规定。因此，在试用期中，对处在怀孕期、产期、哺乳期的女职工，除非用人单位能够证明对方不符合录用条件，否则不能与之解除劳动合同。

本案中，公司想要与陈小姐解除劳动合同，需要有证据证明陈小姐确实不符合录用条件，而不能只因为陈小姐怀孕了，就将其辞退。

律师建议，试用期内怀孕遭公司辞退，劳动者可以向劳动行政部门投诉，通过法律手段维护自己的合法权益。

法条链接

《劳动法》

第二十九条 劳动者有下列情形之一的，用人单位不得依据本法第二十六条、第二十七条的规定解除劳动合同：

（一）患职业病或者因工负伤并被确认丧失或者部分丧失劳动能力的；

（二）患病或者负伤，在规定的医疗期内的；

（三）女职工在孕期、产期、哺乳期内的；

（四）法律、行政法规规定的其他情形。

《劳动合同法》

第二十一条 在试用期中，除劳动者有本法第三十九条和第四十条第一项、第二项规定的情形外，用人单位不得解除劳动合同。用人单位在试用期解除劳动合同的，应当向劳动者说明理由。

第四十条 有下列情形之一的，用人单位提前三十日以书面形式通知劳动者本人或者额外支付劳动者一个月工资后，可以解除劳动合同：

（一）劳动者患病或者非因工负伤，在规定的医疗期满后不能从事原工作，也不能从事由用人单位另行安排的工作的；

（二）劳动者不能胜任工作，经过培训或者调整工作岗位，仍不能胜任工作的；

（三）劳动合同订立时所依据的客观情况发生重大变化，致使劳动合同无法履行，经用人单位与劳动者协商，未能就变更劳动合同内容达成协议的。

第四十二条　劳动者有下列情形之一的，用人单位不得依照本法第四十条、第四十一条的规定解除劳动合同：

（一）从事接触职业病危害作业的劳动者未进行离岗前职业健康检查，或者疑似职业病病人在诊断或者医学观察期间的；

（二）在本单位患职业病或者因工负伤并被确认丧失或者部分丧失劳动能力的；

（三）患病或者非因工负伤，在规定的医疗期内的；

（四）女职工在孕期、产期、哺乳期的；

（五）在本单位连续工作满十五年，且距法定退休年龄不足五年的；

（六）法律、行政法规规定的其他情形。

101. 经期女职工可以要求单位给予特殊照顾吗?

莉莉是一名操作工人。某日，莉莉正处于月经期间，公司领导却让其去冷水中清洗机床。由于当时正值冬季，清洗机床十分寒冷，莉莉拒绝了领导提出的工作安排，领导因此扣了她的工资。

领导这样做合法吗? 经期女职工可以要求单位给予特殊照顾吗?

▎法律解析

对女职工月经期的保护，是女职工"四期"（经期、孕期、产期及哺乳期）保护的重要组成部分。《劳动法》明确规定女职工在经期内单位应当给予特殊照顾，不得安排女职工在经期从事高处、低温、冷水作业和国家规定的第三级体力劳动强度的劳动。

所以，本案中的公司领导安排莉莉在经期从事冷水作业是违法的，莉莉有权拒绝，领导也不能因此处罚她。

法条链接

《劳动法》

第六十条 不得安排女职工在经期从事高处、低温、冷水作业和国家规定的第三级体力劳动强度的劳动。

《女职工劳动保护特别规定》

附录

二、女职工在经期禁忌从事的劳动范围：

（一）冷水作业分级标准中规定的第二级、第三级、第四级冷水作业；

（二）低温作业分级标准中规定的第二级、第三级、第四级低温作业；

（三）体力劳动强度分级标准中规定的第三级、第四级体力劳动强度的作业；

（四）高处作业分级标准中规定的第三级、第四级高处作业。

《妇女权益保障法》

第四十七条 用人单位应当根据妇女的特点，依法保护妇女在工作和劳动时的安全、健康以及休息的权利。

妇女在经期、孕期、产期、哺乳期受特殊保护。

102. 自由职业者能享受工伤保险待遇吗？

孙先生是一名自由职业者，经营着一个早餐摊位，每月自己缴纳养老保险费和医疗保险费。某天，孙先生在摊位上做早餐时被烫伤，去医院看病花费了

3000元，他想去社保局申请工伤认定。

孙先生作为自由职业者，能享受工伤保险待遇吗？

▌法律解析

根据《工伤保险条例》的规定，用人单位应当按时缴纳工伤保险费，职工个人不缴纳工伤保险费。也就是说，工伤保险费只能由企业或者雇主来缴纳，而自由职业者不是任何单位的职工或者雇工，不在国家工伤保险的保障范围之内。

本案中，孙先生作为一名早餐摊主，没有与任何用人单位签订劳动合同，虽然自行缴纳了养老保险费和医疗保险费，但由于没有单位为其缴纳工伤保险费，所以他不能认定工伤，也不能享受工伤保险待遇。

律师建议，自由职业者可以通过购买人身意外险等商业保险，减轻自身发生意外伤害时带来的经济压力。

▌法条链接

《工伤保险条例》

第二条 中华人民共和国境内的企业、事业单位、社会团体、民办非企业单位、基金会、律师事务所、会计师事务所等组织和有雇工的个体工商户（以下称用人单位）应当依照本条例规定参加工伤保险，为本单位全部职工或者雇工（以下称职工）缴纳工伤保险费。

中华人民共和国境内的企业、事业单位、社会团体、民办非企业单位、基金会、律师事务所、会计师事务所等组织的职工和个体工商户的雇工，均有依照本条例的规定享受工伤保险待遇的权利。

第十条第一款 用人单位应当按时缴纳工伤保险费。职工个人不缴纳工伤保险费。

103. 上班路上发生交通事故，可以认定为工伤吗？

小徐每天骑电动车上下班。某天上班途中，小徐在车道正常行驶，迎面被一辆小汽车撞倒，造成其头部、手肘及小腿受伤。小徐报警后，交警最终认定小汽车的车主对这起交通事故负全部责任，需要赔偿小徐的全部损失。随后，小徐前往医院进行住院治疗。

小徐的情况可以认定为工伤吗？

法律解析

根据《工伤保险条例》的规定，职工在上下班途中受到非本人主要责任的交通事故或者城市轨道交通、客运轮渡、火车事故伤害的，应当认定为工伤。反之，如果职工在交通事故中承担主要责任（如闯红灯、逆行等），那么即使本人受到人身伤害，也不能认定为工伤。

本案中，小徐在此次交通事故中正常行驶，不存在违反交通法规的情形，经交警判定不承担任何事故责任，所以小徐受到的伤害可以认定为工伤。若小徐在行驶过程中是因自己闯红灯导致交通事故发生的，且被交警判定为负主要责任，就不能认定为工伤。

法条链接

《工伤保险条例》

第十四条 职工有下列情形之一的，应当认定为工伤：

（一）在工作时间和工作场所内，因工作原因受到事故伤害的；

（二）工作时间前后在工作场所内，从事与工作有关的预备性或者收尾性工作受到事故伤害的；

（三）在工作时间和工作场所内，因履行工作职责受到暴力等意外伤害的；

（四）患职业病的；

（五）因工外出期间，由于工作原因受到伤害或者发生事故下落不明的；

（六）在上下班途中，受到非本人主要责任的交通事故或者城市轨道交通、客运轮渡、火车事故伤害的；

（七）法律、行政法规规定应当认定为工伤的其他情形。

《最高人民法院关于审理工伤保险行政案件若干问题的规定》（法释〔2014〕9号）

第六条　对社会保险行政部门认定下列情形为"上下班途中"的，人民法院应予支持：

（一）在合理时间内往返于工作地与住所地、经常居住地、单位宿舍的合理路线的上下班途中；

（二）在合理时间内往返于工作地与配偶、父母、子女居住地的合理路线的上下班途中；

（三）从事属于日常工作生活所需要的活动，且在合理时间和合理路线的上下班途中；

（四）在合理时间内其他合理路线的上下班途中。

104. 职业病可以认定为工伤吗？

杨先生从事电焊工作五年。在 2023 年的职业健康检查中，杨先生被查出患有电焊工尘肺职业病。

职业病可以认定为工伤吗？

▌法律解析

《工伤保险条例》明确规定，职业病应当认定为工伤。劳动者得了职业病，可以要求单位进行职业病鉴定。在疑似职业病病人诊断或者医学观察期间，用人单位不得解除或者终止与其订立的劳动合同，其在诊断或者医学观察期间的费用，应当由用人单位承担。

本案中，杨先生在职业健康检查中被诊断出患有职业病，可以申请工伤认定，认定后即可享受工伤保险待遇。

▍法条链接

《劳动法》

第七十三条　劳动者在下列情形下，依法享受社会保险待遇：

（一）退休；

（二）患病、负伤；

（三）因工伤残或者患职业病；

（四）失业；

（五）生育。

劳动者死亡后，其遗属依法享受遗属津贴。

劳动者享受社会保险待遇的条件和标准由法律、法规规定。

劳动者享受的社会保险金必须按时足额支付。

《中华人民共和国社会保险法》（以下简称《社会保险法》）

第三十六条　职工因工作原因受到事故伤害或者患职业病，且经工伤认定的，享受工伤保险待遇；其中，经劳动能力鉴定丧失劳动能力的，享受伤残待遇。

工伤认定和劳动能力鉴定应当简捷、方便。

105. 猝死能认定为工伤吗？不能认定为工伤的情形有哪些？

小李是一家公司的操作工，某天在工作期间因心脏病发作而猝死。公司认为小李猝死是自身原因导致的，而不是工作原因导致的，公司不应承担任何责任；小李的家属则认为小李的猝死属于工伤。

猝死能认定为工伤吗？不能认定为工伤的情形有哪些？

法律解析

根据《工伤保险条例》的规定，除工作原因导致的事故伤害可以认定为工伤外，以下三种情形可以视同工伤：

（1）在工作期间和工作岗位，突发疾病死亡或者在 48 小时内经抢救无效死亡的；

（2）在抢险救灾等维护国家、公共利益活动中受到伤害的；

（3）职工原在军队服役，因战、因公负伤致残，已取得革命伤残军人证，到用人单位后旧伤复发的。

但职工有故意犯罪、醉酒或者吸毒、自残或者自杀情形的，不得认定为工伤或者视同工伤。

本案中，小李在工作期间突发疾病死亡，且没有不得认定工伤的情形，属于上述第一种可以视同工伤的情形，所以其猝死可以认定为工伤，公司应当为他申报工伤。如果公司拒绝申报，小李的亲属可以进行申报。

法条链接

《工伤保险条例》

第十五条　职工有下列情形之一的，视同工伤：

（一）在工作时间和工作岗位，突发疾病死亡或者在 48 小时之内经抢救无效死亡的；

（二）在抢险救灾等维护国家利益、公共利益活动中受到伤害的；

（三）职工原在军队服役，因战、因公负伤致残，已取得革命伤残军人证，到用人单位后旧伤复发的。

职工有前款第（一）项、第（二）项情形的，按照本条例的有关规定享受工伤保险待遇；职工有前款第（三）项情形的，按照本条例的有关规定享受除一次性伤残补助金以外的工伤保险待遇。

第十六条　职工符合本条例第十四条、第十五条的规定，但是有下列情形之一的，不得认定为工伤或者视同工伤：

（一）故意犯罪的；

（二）醉酒或者吸毒的；

（三）自残或者自杀的。

106. 如何进行工伤鉴定？

某天夜班期间，小张不慎被机器切断手指。受伤后，公司把他送往医院救治并支付了医疗费。小张出院后，向公司索赔工伤损失，公司则要求小张先进行工伤鉴定。

▍法律解析

工伤鉴定与工伤认定是不同的概念。职工先要进行工伤认定，然后在认定为工伤的基础上，在医疗终结或者医疗期满之后进行劳动能力鉴定。鉴定完成后，职工即可享受工伤应有的待遇和救济。工伤鉴定的具体步骤如下。

1. 提出工伤认定申请

职工发生事故伤害，属于工伤范围的，所在单位应当自事故伤害发生之日起 30 日内，向统筹地区社会保险行政部门提出工伤认定申请。如果用人单位没有提出，工伤职工或者其近亲属、工会组织可以在 1 年内提出。

2. 进行劳动能力鉴定

工伤认定完毕，经治疗伤情相对稳定后存在残疾、影响劳动能力的，工伤职工应当进行劳动能力鉴定，以确定工伤待遇的具体标准。

劳动能力鉴定由用人单位、工伤职工或者其近亲属向设区的市级劳动能力鉴定委员会提出申请，申请人不分先后顺序。申请鉴定的单位或者个人对设区的市级劳动能力鉴定委员会作出的鉴定结论不服的，可以在收到该鉴定结论之日起 15 日内向省、自治区、直辖市劳动能力鉴定委员会提出再次鉴定申请。省、自治区、直辖市劳动能力鉴定委员会作出的劳动能力鉴定结论为最终结论。

3. 获得工伤保险待遇

职工经认定为工伤，劳动能力鉴定委员会已经进行劳动能力鉴定后，用人单位将根据鉴定结果为受伤职工办理工伤保险待遇核准手续。

本案中，小张可以要求公司为他提出工伤认定申请，待工伤认定完毕且伤情稳定后，再向市劳动能力鉴定委员会申请劳动能力鉴定，然后根据鉴定结果享受工伤保险待遇。

律师建议，劳动者在单位受伤后的索赔依据是工伤认定结果和劳动能力鉴定结论，所以劳动者受伤后应当积极与单位沟通，由单位申请工伤认定及劳动能力鉴定；若单位不予理会，劳动者也可以自行申请或由近亲属、工会组织代为申请。

▌ 法条链接

《工伤保险条例》

第十七条 职工发生事故伤害或者按照职业病防治法规定被诊断、鉴定为职业病，所在单位应当自事故伤害发生之日或者被诊断、鉴定为职业病之日起30日内，向统筹地区社会保险行政部门提出工伤认定申请。遇有特殊情况，经报社会保险行政部门同意，申请时限可以适当延长。

用人单位未按前款规定提出工伤认定申请的，工伤职工或者其近亲属、工会组织在事故伤害发生之日或者被诊断、鉴定为职业病之日起1年内，可以直接向用人单位所在地统筹地区社会保险行政部门提出工伤认定申请。

按照本条第一款规定应当由省级社会保险行政部门进行工伤认定的事项，根据属地原则由用人单位所在地的设区的市级社会保险行政部门办理。

用人单位未在本条第一款规定的时限内提交工伤认定申请，在此期间发生符合本条例规定的工伤待遇等有关费用由该用人单位负担。

第二十一条 职工发生工伤，经治疗伤情相对稳定后存在残疾、影响劳动能力的，应当进行劳动能力鉴定。

第二十二条第一款 劳动能力鉴定是指劳动功能障碍程度和生活自理障碍程度的等级鉴定。

第二十三条 劳动能力鉴定由用人单位、工伤职工或者其近亲属向设区的市级劳动能力鉴定委员会提出申请，并提供工伤认定决定和职工工伤医疗的有关资料。

第二十五条 设区的市级劳动能力鉴定委员会收到劳动能力鉴定申请后，

应当从其建立的医疗卫生专家库中随机抽取 3 名或者 5 名相关专家组成专家组，由专家组提出鉴定意见。设区的市级劳动能力鉴定委员会根据专家组的鉴定意见作出工伤职工劳动能力鉴定结论；必要时，可以委托具备资格的医疗机构协助进行有关的诊断。

设区的市级劳动能力鉴定委员会应当自收到劳动能力鉴定申请之日起 60 日内作出劳动能力鉴定结论，必要时，作出劳动能力鉴定结论的期限可以延长 30 日。劳动能力鉴定结论应当及时送达申请鉴定的单位和个人。

第二十六条 申请鉴定的单位或者个人对设区的市级劳动能力鉴定委员会作出的鉴定结论不服的，可以在收到该鉴定结论之日起 15 日内向省、自治区、直辖市劳动能力鉴定委员会提出再次鉴定申请。省、自治区、直辖市劳动能力鉴定委员会作出的劳动能力鉴定结论为最终结论。

107. 没有签订书面劳动合同，能申请工伤认定吗？

吴某在某陶瓷有限公司从事搬运工作，但他没有与公司签订书面劳动合同，公司也没有给他购买工伤保险。一天，吴某在仓库搬运瓷砖时被瓷砖砸伤，经诊断为左胫腓骨骨折。

在这种情况下，吴某能申请工伤认定吗？

法律解析

根据《工伤保险条例》的规定，提出工伤认定申请需要提交与用人单位存在劳动关系的证明材料。这个证明材料一般指的是劳动合同，但在未签订劳动合同的情况下，其他能够证明与用人单位存在劳动关系的凭证也可以作为申请材料提交，比如用人单位发放的服务证、工作证等能够证明身份的证件，工资支付凭证或者记录，其他劳动者的证言等。

本案中，如果吴某能够提供上述证明材料，即证明他与公司之间存在事实上的劳动关系，并提交工伤认定申请表、医疗诊断证明，就能申请工伤认定。

法条链接

《工伤保险条例》

第十八条 提出工伤认定申请应当提交下列材料：

（一）工伤认定申请表；

（二）与用人单位存在劳动关系（包括事实劳动关系）的证明材料；

（三）医疗诊断证明或者职业病诊断证明书（或者职业病诊断鉴定书）。

工伤认定申请表应当包括事故发生的时间、地点、原因以及职工伤害程度等基本情况。

工伤认定申请人提供材料不完整的，社会保险行政部门应当一次性书面告知工伤认定申请人需要补正的全部材料。申请人按照书面告知要求补正材料后，社会保险行政部门应当受理。

《关于确立劳动关系有关事项的通知》（劳社部发〔2005〕12号）

二、用人单位未与劳动者签订劳动合同，认定双方存在劳动关系时可参照下列凭证：

（一）工资支付凭证或记录（职工工资发放花名册）、缴纳各项社会保险费的记录；

（二）用人单位向劳动者发放的"工作证"、"服务证"等能够证明身份的证件；

（三）劳动者填写的用人单位招工招聘"登记表"、"报名表"等招用记录；

（四）考勤记录；

（五）其他劳动者的证言等。

其中，（一）、（三）、（四）项的有关凭证由用人单位负举证责任。

108. "跳槽"到外省，以前交的养老保险还算数吗？

张某在A省某公司做工程师，薪酬待遇还算不错。近日，有家猎头公司联系他，说B省的一家公司想要高薪聘请他。张某有意更换工作，但他有一个疑问：如果"跳槽"到外省，以前交的养老保险是不是就不算数了？

法律解析

张某去外省就业，以前交的养老保险是不会作废的。他可以在办理相关手续后，把社保关系转移到当地，将养老保险连续起来。

根据《社会保险法》第十九条的规定，基本养老保险关系是随着本人转移的，也就是人到哪儿，社保关系就到哪儿。所以，张某的担心是多余的。只要他按照规定办理好手续，就可以将养老保险连续起来。

至于具体如何办理，不同地区的规定可能会有所不同。一般来说，参保人员跨省流动就业的，由原参保所在地社会保险经办机构开具参保缴费凭证，其基本养老保险关系应随同转移到新参保地。参保人员达到基本养老保险待遇领取条件的，其在各地的参保缴费年限合并计算，个人账户储存额（含本息）累计计算。

法条链接

《社会保险法》

第十九条 个人跨统筹地区就业的，其基本养老保险关系随本人转移，缴费年限累计计算。个人达到法定退休年龄时，基本养老金分段计算、统一支付。具体办法由国务院规定。

《城镇企业职工基本养老保险关系转移接续暂行办法》

第三条 参保人员跨省流动就业的，由原参保所在地社会保险经办机构（以下简称社保经办机构）开具参保缴费凭证，其基本养老保险关系应随同转移到新参保地。参保人员达到基本养老保险待遇领取条件的，其在各地的参保缴费年限合并计算，个人账户储存额（含本息，下同）累计计算；未达到待遇领取年龄前，不得终止基本养老保险关系并办理退保手续；其中出国定居和到香港、澳门、台湾地区定居的，按国家有关规定执行。

109. 职工自愿不交社保，就能免除公司的责任了吗？

某公司新招聘一名职工，双方签订了劳动合同。该职工称，因其并非本地人，且家庭经济困难，希望公司不要为他缴纳社会保险，将本应缴纳的社保费归入工资直接支付给他。公司担心口说无凭，便让该职工提交了"因本人家庭和经济的原因，自愿申请不交社保，一切后果自负"的承诺书。

职工自愿不交社保，就能免除公司的责任了吗？

▌法律解析

这样做是无法免除公司责任的。缴纳社会保险费对于公司和职工而言都是法定义务，双方均无权免除。即使不交社保是职工自愿的，且职工出具了承诺书，也会给公司带来诸多不利的后果，因为该承诺书违反了法律、行政法规的强制性规定而不具备法律效力，对公司及职工均没有法律约束力。

本案中，若该职工日后反悔要求公司补缴社保费，公司应当补缴；若该职工日后投诉，公司还可能受到行政处罚；由于公司未按规定缴纳社保费致使该职工无法享受的社保待遇，比如工伤保险待遇、生育津贴等，均由公司承担。不过，公司已经直接支付给职工本人的社保费用，可以要求职工返还。

律师建议，公司对于有此类要求的职工，应当做好法律解释工作，依法为其缴纳社会保险费。

▌法条链接

《劳动法》

第七十二条 社会保险基金按照保险类型确定资金来源，逐步实行社会统筹。用人单位和劳动者必须依法参加社会保险，缴纳社会保险费。

《社会保险法》

第四十一条 职工所在用人单位未依法缴纳工伤保险费，发生工伤事故的，由用人单位支付工伤保险待遇。用人单位不支付的，从工伤保险基金中先行支付。

从工伤保险基金中先行支付的工伤保险待遇应当由用人单位偿还。用人单位不偿还的，社会保险经办机构可以依照本法第六十三条的规定追偿。

110. 工资里扣除了保险费，但公司并没有在社保局给职工交社保怎么办？

俞先生在一家物流公司上班，公司发给他的工资中扣除了职工应当承担的社保费用，这一点也显示在他每月的工资条中。然而，俞先生使用 App 查询后，发现公司根本没有给他交社保。

俞先生该怎么办呢？

▌法律解析

根据《社会保险法》的规定，用人单位未按时、足额为劳动者缴纳社会保险费属于违法行为。一般来说，劳动者与用人单位就缴纳社会保险费等社会保险权利发生争议，有四种解决途径。

1. 举报、投诉

根据《劳动法》的相关规定，用人单位无故不缴纳社会保险费的，由劳动行政部门责令其限期缴纳；逾期不缴的，可以加收滞纳金。因此，劳动者可以向劳动行政部门进行举报、投诉，要求用人单位为自己补缴社保费用。

2. 调解

劳动者与用人单位协商不成或者不愿协商，又或者对劳动行政部门的处理有异议的，可以对劳动行政部门的处理决定申请行政复议，也可以向本单位劳动争议调解委员会申请调解。经调解达成协议的，应当制作调解协议书。

3. 劳动仲裁

未达成调解协议的，劳动者可以申请劳动仲裁。达成调解协议的，一方当事人若在协议约定期限内不履行调解协议，另一方当事人也可以依法申请劳动仲裁。关于劳动仲裁的流程，详见本章第 112 节。

4. 诉讼

如果对仲裁裁决不服，劳动者还可向法院提起诉讼。

本案中，俞先生可以先向劳动行政部门投诉进行维权，要求用人单位为其补缴社保费用。如果用人单位拒不履行，俞先生可进一步向劳动仲裁委员会申诉，甚至向法院提起劳动争议诉讼。除此之外，俞先生还可以依法主动提出离职并向公司索要经济补偿。

▎法条链接

《劳动法》

第一百条 用人单位无故不缴纳社会保险费的，由劳动行政部门责令其限期缴纳；逾期不缴的，可以加收滞纳金。

《劳动合同法》

第三十八条 用人单位有下列情形之一的，劳动者可以解除劳动合同：

…………

（三）未依法为劳动者缴纳社会保险费的；

…………

第四十六条 有下列情形之一的，用人单位应当向劳动者支付经济补偿：

（一）劳动者依照本法第三十八条规定解除劳动合同的；

…………

《社会保险法》

第六十三条 用人单位未按时足额缴纳社会保险费的，由社会保险费征收机构责令其限期缴纳或者补足。

用人单位逾期仍未缴纳或者补足社会保险费的，社会保险费征收机构可以向银行和其他金融机构查询其存款账户；并可以申请县级以上有关行政部门作出划拨社会保险费的决定，书面通知其开户银行或者其他金融机构划拨社会保险费。用人单位账户余额少于应当缴纳的社会保险费的，社会保险费征收机构可以要求该用人单位提供担保，签订延期缴费协议。

用人单位未足额缴纳社会保险费且未提供担保的，社会保险费征收机构可以申请人民法院扣押、查封、拍卖其价值相当于应当缴纳社会保险费的财产，以拍卖所得抵缴社会保险费。

111. 辞职后，"五险一金"怎么处理？

郑某是某广告公司的设计师，再过两个月，她与公司签订的劳动合同就到期了。郑某无意续约，准备合同到期后就回家休息一段时间，但是她不知道自己的"五险一金"该怎么处理。

▌ 法律解析

"五险一金"是指养老保险、医疗保险、工伤保险、失业保险、生育保险和住房公积金。养老保险和医疗保险有个人账户，辞职后个人可以选择的处理方式如下：

（1）停止缴费。这样做会使缴费年限中断，个人账户积累停止，但只要中断时间不长，就不会产生太大影响。

（2）个人以灵活就业的形式缴纳。这样做不会中断缴费年限，个人可分档缴纳养老保险和医疗保险，保障自己在择业期的社会保障权益。

（3）找到新的工作单位，办理社保转移手续，按原账号继续缴费。

工伤保险和生育保险没有个人账户，所以辞职后保险将自动解除。失业保险只要缴费满一年，非本人意愿中断就业，已经办理失业登记并有求职要求的劳动者，就可以领取。

住房公积金是有个人账户的，个人账户总额是由企业和个人缴纳的费用组成的。辞职后，个人账户里的钱不会消失，只要符合公积金提取规定，劳动者就可以随时申请提取，找到新工作后也可以续交，永远不会作废。

本案中，郑某可以在对"五险一金"的内容和性质进行充分了解后，权衡利弊，选择适合自己的处理方式。

▎法条链接

《劳动法》

第七十二条　社会保险基金按照保险类型确定资金来源，逐步实行社会统筹。用人单位和劳动者必须依法参加社会保险，缴纳社会保险费。

《劳动合同法》

第五十条第一款　用人单位应当在解除或者终止劳动合同时出具解除或者终止劳动合同的证明，并在十五日内为劳动者办理档案和社会保险关系转移手续。

《社会保险法》

第五十八条第二款　自愿参加社会保险的无雇工的个体工商户、未在用人单位参加社会保险的非全日制从业人员以及其他灵活就业人员，应当向社会保险经办机构申请办理社会保险登记。

第六十条第二款　无雇工的个体工商户、未在用人单位参加社会保险的非全日制从业人员以及其他灵活就业人员，可以直接向社会保险费征收机构缴纳社会保险费。

112. 劳动仲裁的流程是怎样的？

小高在某电商公司工作了两年，全年无休。他每天都要加班近两小时，但公司不支付加班费。他多次要求公司给予加班补偿，公司都没有理会他。有人建议小高去申请劳动仲裁。小高想知道，劳动仲裁的流程是怎样的。

法律解析

劳动者与用人单位发生纠纷时，可以通过劳动仲裁解决。根据《劳动争议调解仲裁法》的规定，劳动仲裁的流程如下：

（1）劳动者需要在权益被侵害之日起一年内向劳动争议仲裁委员会提交申请书。劳动争议仲裁委员会收到申请之日起五日内，认为符合受理条件的，应当受理，并通知申请人，在五日内将仲裁申请书副本送达被申请人；认为不符合受理条件的，应当书面通知申请人不予受理，并说明理由。申请人可以就该劳动争议事项向法院提起诉讼。

（2）仲裁庭在开庭五日前，会将开庭日期、地点书面通知双方当事人。当事人有正当理由的，可以在开庭三日前请求延期开庭。申请人收到书面通知，无正当理由拒不到庭或者未经仲裁庭同意中途退庭的，可以视为撤回仲裁申请。被申请人收到书面通知，无正当理由拒不到庭或者未经仲裁庭同意中途退庭的，可以缺席裁决。

（3）仲裁庭裁决劳动争议，应当自劳动争议仲裁委员会受理仲裁申请之日起四十五日内结束。案情复杂需要延期的，经劳动争议仲裁委员会主任批准，可以延期并书面通知当事人，但是延长期限不得超过十五日。

需要注意的是，在开庭前、开庭中及开庭后，劳动争议仲裁委员会都可能会根据案情需要组织双方调解，调解不成的，进行仲裁裁决。

本案中，公司安排小高加班却不支付加班工资，已经违反了《劳动法》的规定。小高可以向劳动争议仲裁委员会提交劳动仲裁申请，按照劳动争议仲裁委员会的通知参与仲裁。

有人可能会问："小高已经在公司工作了两年，而劳动争议申请仲裁的时效是一年，他还能申请劳动仲裁吗？"答案是"可以"。劳动关系存续期间因拖欠劳动报酬发生争议的，劳动者申请仲裁不受一年的仲裁时效期间的限制。但是，如果小高已经与公司解除劳动合同了，那么就必须在劳动关系终止之日起一年内申请劳动仲裁，否则就会因为超过仲裁时效而无法拿到应有的补偿。

律师建议，劳动者应当了解劳动仲裁的时效和流程，以便在必要时通过劳动仲裁维护自己的合法权益。

法条链接

《劳动争议调解仲裁法》

第二十七条　劳动争议申请仲裁的时效期间为一年。仲裁时效期间从当事人知道或者应当知道其权利被侵害之日起计算。

前款规定的仲裁时效，因当事人一方向对方当事人主张权利，或者向有关部门请求权利救济，或者对方当事人同意履行义务而中断。从中断时起，仲裁时效期间重新计算。

因不可抗力或者有其他正当理由，当事人不能在本条第一款规定的仲裁时效期间申请仲裁的，仲裁时效中止。从中止时效的原因消除之日起，仲裁时效期间继续计算。

劳动关系存续期间因拖欠劳动报酬发生争议的，劳动者申请仲裁不受本条第一款规定的仲裁时效期间的限制；但是，劳动关系终止的，应当自劳动关系终止之日起一年内提出。

第二十八条　申请人申请仲裁应当提交书面仲裁申请，并按照被申请人人数提交副本。

仲裁申请书应当载明下列事项：

（一）劳动者的姓名、性别、年龄、职业、工作单位和住所，用人单位的名称、住所和法定代表人或者主要负责人的姓名、职务；

（二）仲裁请求和所根据的事实、理由；

（三）证据和证据来源、证人姓名和住所。

书写仲裁申请确有困难的，可以口头申请，由劳动争议仲裁委员会记入笔录，并告知对方当事人。

第二十九条　劳动争议仲裁委员会收到仲裁申请之日起五日内，认为符合受理条件的，应当受理，并通知申请人；认为不符合受理条件的，应当书面通知申请人不予受理，并说明理由。对劳动争议仲裁委员会不予受理或者逾期未作出决定的，申请人可以就该劳动争议事项向人民法院提起诉讼。

第三十五条　仲裁庭应当在开庭五日前，将开庭日期、地点书面通知双方当事人。当事人有正当理由的，可以在开庭三日前请求延期开庭。是否延期，由劳动争议仲裁委员会决定。

第三十六条　申请人收到书面通知，无正当理由拒不到庭或者未经仲裁庭同意中途退庭的，可以视为撤回仲裁申请。

被申请人收到书面通知，无正当理由拒不到庭或者未经仲裁庭同意中途退庭的，可以缺席裁决。

第三十八条　当事人在仲裁过程中有权进行质证和辩论。质证和辩论终结时，首席仲裁员或者独任仲裁员应当征询当事人的最后意见。

第三十九条　当事人提供的证据经查证属实的，仲裁庭应当将其作为认定事实的根据。

劳动者无法提供由用人单位掌握管理的与仲裁请求有关的证据，仲裁庭可以要求用人单位在指定期限内提供。用人单位在指定期限内不提供的，应当承担不利后果。

第四十三条第一款　仲裁庭裁决劳动争议案件，应当自劳动争议仲裁委员会受理仲裁申请之日起四十五日内结束。案情复杂需要延期的，经劳动争议仲裁委员会主任批准，可以延期并书面通知当事人，但是延长期限不得超过十五日。逾期未作出仲裁裁决的，当事人可以就该劳动争议事项向人民法院提起诉讼。

113. 伙食补贴、交通补贴等该不该计入工资、薪金申报个人所得税？

小王所在公司的福利很好，每月都会发放伙食补贴、交通补贴等。公司为小王申报个人所得税时，会将这些补贴纳入工资总额。小王认为补贴不属于工资的一部分，申报个人所得税时应该将这些部分扣除。

补贴到底该不该计入工资申报个人所得税呢？

法律解析

根据《中华人民共和国个人所得税法实施条例》（以下简称《个人所得税法实施条例》）的规定，工资、薪金所得包含补贴。公司按照合同约定发放的补贴属于工资的组成部分，所以应该计入工资、薪金所得，进行个人所得税申报。

本案中，小王所在的公司将伙食补贴、交通补贴等纳入工资总额申报个人所得税的做法是正确的。小王要求将上述补贴扣除后再申报纳税，是对工资概念的错误理解。

▌法条链接

国家统计局《关于工资总额组成的规定》

第四条　工资总额由下列六个部分组成：

（一）计时工资；

（二）计件工资；

（三）奖金；

（四）津贴和补贴；

（五）加班加点工资；

（六）特殊情况下支付的工资。

《个人所得税法实施条例》

第六条　个人所得税法规定的各项个人所得的范围：

（一）工资、薪金所得，是指个人因任职或者受雇取得的工资、薪金、奖金、年终加薪、劳动分红、津贴、补贴以及与任职或者受雇有关的其他所得。

　……………

第五章

不动产纠纷篇

114. 签订房屋租赁合同时，需要注意哪些条款?

小何是北京某大学的应届毕业生。毕业后，他准备留在北京发展。但是，从没租过房子的他，不知道该如何避免租房被骗。他想知道，签订房屋租赁合同时，需要注意哪些条款。

▌法律解析

《民法典》第七百零四条规定，租赁合同的内容一般包括租赁物的名称、数量、用途、租赁期限、租金及其支付期限和方式、租赁物维修等条款。

除了要写明以上条款，一份完整的房屋租赁合同还应当对能否转租、能否增设或者改善租赁物，以及押金的缴纳与退还、违约情形及违约金等作出明确规定。我们在签订房屋租赁合同时，将双方的权利和义务写得越明确，后期发生纠纷的可能性就越小；即便发生纠纷，也可以将合同中载明的条款作为重要的法律依据。

▌法条链接

《民法典》

第七百零三条 租赁合同是出租人将租赁物交付承租人使用、收益，承租人支付租金的合同。

第七百零四条 租赁合同的内容一般包括租赁物的名称、数量、用途、租赁期限、租金及其支付期限和方式、租赁物维修等条款。

115. 出租人不能按时交付出租房屋，承租人该怎么办?

小郑与张先生签订了一份房屋租赁合同，合同约定租期为 2023 年 5 月 1 日至 2024 年 4 月 30 日，并约定了违约情形及违约金。但张先生由于个人原因，无法在 5 月 1 日交付房屋。

对此，小郑该怎么办呢？

法律解析

租赁双方约定的租赁时间已到，但出租人无法按时将租赁物交付承租人的，承租人可以催告出租人；出租人超过一定期限后仍未交付租赁物的，承租人有权要求解除租赁合同，并要求出租人承担相应的违约责任。

本案中，承租人小郑和出租人张先生签订了房屋租赁合同，且合同中明确约定了双方的违约情形及违约金，所以小郑可以催告张先生在合理期限内交付房屋；若张先生在催告后仍迟迟不交付房屋，小郑就可以要求解除租赁合同，并根据租赁合同的约定向张先生主张违约金。

律师建议，在签订房屋租赁合同时，双方应当约定好各自的权利和义务、违约情形及具体的违约金标准，以免发生纠纷时无法索赔。

法条链接

《民法典》

第五百六十三条 有下列情形之一的，当事人可以解除合同：

（一）因不可抗力致使不能实现合同目的；

（二）在履行期限届满前，当事人一方明确表示或者以自己的行为表明不履行主要债务；

（三）当事人一方迟延履行主要债务，经催告后在合理期限内仍未履行；

（四）当事人一方迟延履行债务或者有其他违约行为致使不能实现合同目的；

（五）法律规定的其他情形。

以持续履行的债务为内容的不定期合同，当事人可以随时解除合同，但是应当在合理期限之前通知对方。

第五百七十七条 当事人一方不履行合同义务或者履行合同义务不符合约定的，应当承担继续履行、采取补救措施或者赔偿损失等违约责任。

第五百七十八条 当事人一方明确表示或者以自己的行为表明不履行合同义务的，对方可以在履行期限届满前请求其承担违约责任。

第七百零八条 出租人应当按照约定将租赁物交付承租人，并在租赁期限内保持租赁物符合约定的用途。

116. 租房期间家电坏了，谁负责维修？

某日李女士下班后，准备在租赁的房屋内洗澡，却发现热水器坏了。对于热水器由谁维修，她和房东发生了分歧。房东认为，热水器是李女士用坏的，应该由她来修；李女士则认为，自己一直正常使用热水器，突然出故障责任不在自己，且维修租赁物是房东的义务。

坏掉的热水器，到底应该由谁负责维修呢？

法律解析

要想确定出租房屋内的家电发生故障由谁维修，我们先要判断家电发生故障的原因。如果不是由承租人的过错所致，原则上应当由出租人承担维修义务，但双方在租赁合同中另有约定的，以合同约定为准；如果是由承租人的过错所致，出租人不承担维修义务。

本案中，李女士在正常使用热水器的情况下，热水器发生故障，如果双方在租赁合同中没有约定租赁物维修义务由哪一方承担，那么坏掉的热水器应当由房东负责维修。若李女士觉得让房东来维修在时间上不方便，则可以与房东沟通后，自行维修，维修费用由房东承担。

律师建议，在签订房屋租赁合同时，双方可以对租赁物的维修义务进行约定，以免后续发生纠纷。

法条链接

《民法典》

第七百一十二条 出租人应当履行租赁物的维修义务，但是当事人另有约定的除外。

第七百一十三条 承租人在租赁物需要维修时可以请求出租人在合理期限内维修。出租人未履行维修义务的，承租人可以自行维修，维修费用由出租人负担。因维修租赁物影响承租人使用的，应当相应减少租金或者延长租期。

因承租人的过错致使租赁物需要维修的，出租人不承担前款规定的维修义务。

117. 出租房屋设施造成他人财产受损，由出租人还是承租人承担赔偿责任？

小赵在单位附近租赁了一套房屋，租期两年。居住期间，这套房屋内自来水漫溢，导致楼下邻居老李的大部分家具被浸泡损坏。老李要求小赵赔偿其损失，小赵却让他去找房东。

老李的损失究竟该由谁来承担赔偿责任呢？

法律解析

根据《民法典》的规定，出租房屋设施造成他人财产受损，由出租人还是承租人承担赔偿责任，取决于这一侵权行为是因哪一方的过错造成的。

针对本案，我们需要分情况来看：

（1）如果是承租人小赵在房屋租赁期间没有尽到妥善使用房屋及房屋内物品的义务，比如忘记关水龙头造成自来水漫溢，致使楼下邻居老李的财产受损，则承租人小赵应当承担赔偿责任。

（2）如果出租房屋内的水龙头一直有少量漏水的故障，承租人小赵发现后置之不理，既没有请求房东在合理期限内维修，也没有自行维修，导致自来水漫溢，损坏老李的财产，也应当由承租人小赵承担赔偿责任。

（3）如果房东与承租人小赵都有过错，比如房东明知房屋水龙头一直存在漏水的故障，却不维修也不提醒小赵尽快维修；小赵发现后也置之不理，最终导致自来水漫溢，损坏老李的财产。这种情况下，根据《民法典》的规定，二人以上分别实施侵权行为造成同一损害，能够确定责任大小的，各自承担相应的责任；难以确定责任大小的，平均承担责任。

（4）如果承租人小赵没有上述这些过错，则应当由房东承担赔偿责任。

法条链接

《民法典》

第七百一十二条 出租人应当履行租赁物的维修义务，但是当事人另有约定的除外。

第七百一十三条 承租人在租赁物需要维修时可以请求出租人在合理期限内维修。出租人未履行维修义务的，承租人可以自行维修，维修费用由出租人负担。因维修租赁物影响承租人使用的，应当相应减少租金或者延长租期。

因承租人的过错致使租赁物需要维修的，出租人不承担前款规定的维修义务。

第一千一百六十五条第一款 行为人因过错侵害他人民事权益造成损害的，应当承担侵权责任。

第一千一百七十二条 二人以上分别实施侵权行为造成同一损害，能够确定责任大小的，各自承担相应的责任；难以确定责任大小的，平均承担责任。

118. 二房东以转租赚取差价，合法吗？

小朱向刘先生租赁了一套三室一厅的房屋，租期三年，租金5500元/月。签订房屋租赁合同后（合同中并没有约定转租事宜），小朱未经刘先生同意，以每间卧室2300元/月的价格，把该房屋的三间卧室分别转租给了另外三名租客。

该转租行为合法吗？

法律解析

转租，是指在租赁合同的有效期限内，承租人经出租人同意，将房屋转租给次承租人的行为。承租人未经出租人同意转租的，或者租赁合同载明不得转租的，转租行为无效；经出租人同意转租的，转租行为有效；租赁合同未规定转租事宜，出租人在得知承租人转租起六个月内未提出异议的，视为出租人同意转租，转租行为同样有效。

本案中，小朱未经刘先生同意，把房屋转租给另外三名租客，且合同未载明可否转租。这种情况下，如果刘先生在自知道转租之日起的六个月内提出异议，该转租行为就是无效的，刘先生可以与小朱解除合同并收回房屋，同时要求小朱赔偿因转租对房屋造成的损失；如果刘先生没有提出异议，该转租行为就是有效的。

律师建议，在签订房屋租赁合同时，双方可以约定是否同意转租的条款，避免日后发生纠纷。

法条链接

《民法典》

第七百一十六条 承租人经出租人同意，可以将租赁物转租给第三人。承租人转租的，承租人与出租人之间的租赁合同继续有效；第三人造成租赁物损失的，承租人应当赔偿损失。

承租人未经出租人同意转租的，出租人可以解除合同。

第七百一十七条 承租人经出租人同意将租赁物转租给第三人，转租期限超过承租人剩余租赁期限的，超过部分的约定对出租人不具有法律约束力，但是出租人与承租人另有约定的除外。

第七百一十八条 出租人知道或者应当知道承租人转租，但是在六个月内未提出异议的，视为出租人同意转租。

119. 房屋易主，租赁合同还有效吗？

2023 年 1 月，小李与出租人吴老先生签订了一份房屋租赁合同，租期三年。同年 5 月，吴老先生不幸因病去世，他的儿子小吴继承了该房屋。随后，小吴去找小李，要求小李在一个星期内搬走。小吴说父亲已经去世，现在房屋易主，租赁合同自然也就无效了，他有权收回房屋。小李则认为租期还没到，自己有权继续租住。

该租赁合同还有效吗？

法律解析

根据《民法典》的规定，租赁物在承租人按照租赁合同占有期限内发生所有权变动的，不影响租赁合同的效力。

本案中，小李与吴老先生签订的房屋租赁合同不会因房屋所有权变动而失效，继承人小吴应当继续履行合同，因为其在取得房屋所有权时就与承租人小李自动产生了租赁合同关系，成了新的出租人，继承了原出租人的权利和义务。所以，小吴不能以房屋易主为由解除租赁合同。承租人小李可以要求小吴继续履行合同义务或者赔偿违约金。

法条链接

《民法典》

第七百二十五条　租赁物在承租人按照租赁合同占有期限内发生所有权变动的，不影响租赁合同的效力。

120. 租期未满，房主将房屋卖了，新房主要求搬离怎么办？

庄某将名下一套房屋出租给林某，双方约定租期一年，每月租金6000元。在租期还剩一个月时，庄某将该房屋卖给了卫某，并告知卫某，承租人林某还有一个月租期。卫某当时虽没有反对，却在签订房屋买卖合同并办理完过户手续后，要求林某立即搬离。

林某需要立即搬离吗？他应该如何维护自己的权益？

法律解析

本案涉及"买卖不破租赁"原则。买卖不破租赁原则，是指出租人将租赁物出租给承租人，承租人在占有期限内，出租人将租赁物出卖给第三人的，租赁合同继续有效，买受人不能以享有租赁物所有权为由要求承租人返还租赁物。也就是说，即使房主把房子卖了，租赁关系也仍然存在，新房主不可以破坏此租赁关系。

这一原则设立的目的，是保护承租人的租赁权。因为通常来说，在租赁关系中，承租人是相对弱势的一方，所以法律要给承租人更多的保障。

本案中，林某与庄某的租赁合同在先，卫某与庄某的购房合同在后。因此，房屋所有权的变动并不会影响租赁合同的效力。在租赁期满之前，林某可以继续租住该房屋。需要说明的是，房屋所有权变动之后的租金，如果当事人没有约定，应当交付给新的房屋所有人，即卫某。

法条链接

《民法典》

第七百二十五条 租赁物在承租人按照租赁合同占有期限内发生所有权变动的，不影响租赁合同的效力。

121. 租赁合同期满未续约，出租人抬价未果要求腾房是否属于侵权？

小杨向房东租赁主卧一间，租期一年。一年租期过后，小杨没有与房东办理续约手续，但照常交纳房租。又过了三个月，房东询问小杨是否续租，并提出如果小杨想续租，房租要从 1500 元 / 月上涨至 1800 元 / 月。小杨觉得房租涨价太多不能接受，但又不愿意搬出房间；房东则要求小杨马上腾房，他要把房间租给其他人。

房东的行为是否属于侵权呢？

▌法律解析

根据《民法典》的规定，租赁期限届满，承租人应当返还租赁物；若承租人继续使用租赁物，出租人没有提出异议的，原租赁合同继续有效，但租赁期限为不定期[1]。

本案中，小杨与房东的租赁合同到期后，小杨在没有办理续租手续的情况下，继续租住了三个月；房东在此期间照常收租，并未对小杨继续租住房间提出异议。此时，原租赁合同继续有效，但是租赁期限为不定期。三个月后，房东提出涨租，小杨对此不能接受，双方未就新租赁价格达成一致。此时，原租赁合同就终止了，小杨应当腾出房间。所以，房东要求腾房，不构成侵权。

律师建议，如果承租人想长期以相对稳定的价格租赁房屋，可以考虑签订中长期租赁合同，并约定好违约金，以免将来房租上涨无法负担。

---

1 租赁期限根据是否确定，可以划分为定期租赁和不定期租赁。不定期租赁一般有以下三种情形：第一，当事人没有约定租赁期限的；第二，租赁期限超过六个月应当签订书面合同却没有签订的；第三，租赁期满以后，出租人对于承租人继续使用的行为没有提出任何异议的。不定期租赁的出租人和承租人都有权随时提出解除合同。出租人提出解除合同，应当在合理的期限之内通知承租人；承租人提出解除合同，则不需要提前通知出租人。

法条链接

《民法典》

第七百三十三条 租赁期限届满,承租人应当返还租赁物。返还的租赁物应当符合按照约定或者根据租赁物的性质使用后的状态。

第七百三十四条 租赁期限届满,承租人继续使用租赁物,出租人没有提出异议的,原租赁合同继续有效,但是租赁期限为不定期。

租赁期限届满,房屋承租人享有以同等条件优先承租的权利。

122. 一房卖给两人,谁能取得所有权?

案例一:

甲将房屋卖给了乙,并签订了房屋买卖合同。在合同未履行的情况下,甲又将该房屋卖给了丙,签订了房屋买卖合同,并根据合同约定将该房屋过户登记到丙的名下。

现在乙和丙都想取得房屋,房屋所有权应该归谁所有?

案例二:

甲与乙签订了房屋买卖合同,把一处房屋卖给了乙,但是尚未办理过户手续,也没有交付房屋。后来,因为房价上涨,甲又与丙签订了房屋买卖合同,将同一房屋卖给了丙,虽然没有办理过户手续,但丙已经搬进房屋居住。现在,乙、丙两人同时向法院起诉,要求甲履行房屋买卖合同。

丙是应当将其已经占有的房屋退还,还是有权要求甲将房屋变更登记在自己名下呢?

法律解析

先说结论,在这两个案例中,房屋都应该归丙所有。

这是因为,一方买受人已经取得标的物所有权的,应坚持物权优先的原则;买受人均未取得标的物所有权的,应坚持占有在先的原则。根据我国《民法典》

所规定的物权变动原则，动产的物权变动以交付为准，不动产的物权变动以登记为准。已经取得物权的当事人应当优先受到法律保护。

案例一中，房屋已经过户到丙的名下，也就是说，丙已经取得了房屋的物权。根据"物权优于债权"的原则，尽管是乙先与甲签订房屋买卖合同的，房屋依然归丙所有。

案例二中，丙已经占有房屋，所以他有权要求取得完整的物权。占有是日常生活中民事主体对物的一种常见状态，即如果当事人已经取得房屋钥匙、搬进房屋居住，就已经享有了对房屋的占有权。乙虽然支付了购房款，但是只享有对物的债权。占有权较之买卖合同项下的债权而言，应当优先受到法律保护。因此，丙有权要求甲将房屋变更登记到自己名下。

▎法条链接

《民法典》

第二百零八条　不动产物权的设立、变更、转让和消灭，应当依照法律规定登记。动产物权的设立和转让，应当依照法律规定交付。

第二百零九条　不动产物权的设立、变更、转让和消灭，经依法登记，发生效力；未经登记，不发生效力，但是法律另有规定的除外。

依法属于国家所有的自然资源，所有权可以不登记。

第二百一十五条　当事人之间订立有关设立、变更、转让和消灭不动产物权的合同，除法律另有规定或者当事人另有约定外，自合同成立时生效；未办理物权登记的，不影响合同效力。

123. 只有不动产权证书上写了名字的人才是业主吗？

樊先生与李女士是夫妻，婚后两人购买了一套房屋用于居住，不动产权证书上登记的房屋所有权人为李女士。某日，樊先生以小区业主委员会作出的《业主大会公告》侵害其合法权益为由，向法院提出予以撤销该项决定的诉讼。业主委员会辩称，樊先生虽然与李女士是夫妻关系，但并非不动产权证书上登记的房屋所有权人，所以樊先生并不具有业主资格，没有权利提起诉讼。

只有不动产权证书上写了名字的人才是业主吗？

法律解析

根据《民法典》的规定，不动产物权的设立、变更、转让和消灭，经依法登记，发生法律效力。《最高人民法院关于审理建筑物区分所有权纠纷案件适用法律若干问题的解释》（法释〔2020〕17号）规定，依法登记取得建筑物专有部分所有权的人，应当认定为民法典第二编第六章所称的业主。

本案中，房屋的所有权人为樊先生的妻子李女士。虽然该房屋为夫妻共同所有，但由于樊先生并非不动产权证书上的房屋所有权人，因此他不具有小区的业主资格，无权提起业主撤销权的诉讼。但李女士可以作为原告，重新提起诉讼。

法条链接

《民法典》

第二百零九条第一款 不动产物权的设立、变更、转让和消灭，经依法登记，发生效力；未经登记，不发生效力，但是法律另有规定的除外。

第二百一十四条 不动产物权的设立、变更、转让和消灭，依照法律规定应当登记的，自记载于不动产登记簿时发生效力。

第二百一十七条 不动产权属证书是权利人享有该不动产物权的证明。不动产权属证书记载的事项，应当与不动产登记簿一致；记载不一致的，除有证据证明不动产登记簿确有错误外，以不动产登记簿为准。

《物业管理条例》

第六条第一款 房屋的所有权人为业主。

《最高人民法院关于审理建筑物区分所有权纠纷案件适用法律若干问题的解释》

第一条 依法登记取得或者依据民法典第二百二十九条至第二百三十一条

规定取得建筑物专有部分所有权的人，应当认定为民法典第二编第六章所称的业主。

基于与建设单位之间的商品房买卖民事法律行为，已经合法占有建筑物专有部分，但尚未依法办理所有权登记的人，可以认定为民法典第二编第六章所称的业主。

124. 不动产权证书记载的事项与不动产登记簿记载的事项不一致时，以哪个为准？

李女士与出售方金某签订了一份房屋买卖合同。合同约定金某将其名下一套房屋出售给李女士，李女士应当在合同签订当日将定金交予金某。若金某违约，则双倍返还李女士定金；若李女士违约，金某不退还定金。

房屋已设定抵押，金某按约在过户前将按揭剩余贷款清偿，承诺办理抵押注销手续。但在向抵押权人（工商银行某某支行）提交撤销抵押登记材料并申请撤销抵押登记时，由于不动产权证书上记载的抵押权人（工商银行某某支行）与不动产登记簿上记载的抵押权人（某公司）不一致，导致金某无法按照合同约定解除抵押。

对此，金某应该怎么办？当不动产权证书记载的事项与不动产登记簿记载的事项不一致时，哪个才能证明不动产物权所属？

▎法律解析

不动产权证书虽然可以证明房屋所有权归属于谁的法律事实，但其证明力的依据是其记载的事项与不动产登记簿记载的事项具有一致性。也就是说，如果不动产权证书和不动产登记簿记载的事项不一致，不动产权证书就在交易活动中丧失了对房屋所有权的证明力，只能成为向登记机关申请登记权利的证明文件。如果不动产登记簿没有变更，不动产权证书本身的任何变更都不会产生法律效力。

本案中，李女士与金某订立的房屋买卖合同系双方真实意思表示，且不违反法律、行政法规的强制性规定，所以该合同合法有效，受法律保护，双方均应按照合同约定履行各自的义务。李女士支付定金后，金某结清了按揭贷款，并向抵押权人申请撤销抵押登记，双方均按合同约定履行了各自的合同义务。但因金某所有房屋的不动产权证书上登记的抵押权人与不动产登记簿上登记的抵押权人不一致，造成该房屋撤押受影响，致使后续交易无法进行。

对此，金某或者抵押权人认为不动产登记簿记载的事项错误的，可以申请更正登记，并提供书面同意更正或者证明登记确有错误的证据，登记机构应当予以更正，以推进后续交易。

法条链接

《民法典》

第二百一十四条　不动产物权的设立、变更、转让和消灭，依照法律规定应当登记的，自记载于不动产登记簿时发生效力。

第二百一十六条第一款　不动产登记簿是物权归属和内容的根据。

第二百一十七条　不动产权属证书是权利人享有该不动产物权的证明。不动产权属证书记载的事项，应当与不动产登记簿一致；记载不一致的，除有证据证明不动产登记簿确有错误外，以不动产登记簿为准。

第二百二十条第一款　权利人、利害关系人认为不动产登记簿记载的事项错误的，可以申请更正登记。不动产登记簿记载的权利人书面同意更正或者有证据证明登记确有错误的，登记机构应当予以更正。

125. 购房人所购商品房尚未交付就被法院查封，怎么办？

2018 年底，租房多年的小王决定在自己工作的城市购买一套商品房居住。经过多次实地考察，小王于 2019 年 6 月底与某房地产公司签订了一份商品房买卖合同，约定购买该房地产公司开发的某小区 A 栋 302 号房屋，交房时间为 2020 年 8 月，合同总价款为 216 万元。

截至 2020 年 5 月，小王陆续向房地产公司支付了购房款项 180 万元。没想到，房地产公司工作人员打电话告诉小王，公司因资金紧张，未能及时偿还银行借款，被银行起诉；银行胜诉后，向法院申请了强制执行，包括 A 栋 302 号房屋在内的多套房屋已于近日被法院查封。小王听了工作人员的话后蒙了，不知道该怎么办。

法律解析

根据《民法典》的规定，不动产物权的设立、变更、转让、消灭都需要经过依法登记才能发生效力，但是从购房人与开发商签订商品房买卖合同到办理物权登记，通常会有一年到两年的空档期。在这段时间内，商品房仍然属于出卖人（房地产公司）所有，也就有可能发生出卖人的其他债权人申请对物权尚未发生转移的买受房屋进行拍卖或者变价的情况。倘若法律不给予购房人特别的保护，而将购房人视为普通债权人，购房人就有可能面临"房财两空"的局面。基于对购房人居住权、生存权这一更高价值的保护，法律规定对于已经支付了大部分房款的购房人，享有房屋的物权期待权[1]，可以排除法院的强制执行。

本案中，小王可以向执行法院提出执行异议，主张房屋消费者物权期待权，排除法院对 A 栋 302 号房屋的强制执行行为。

法条链接

《民法典》

第二百零九条第一款　不动产物权的设立、变更、转让和消灭，经依法登记，发生效力；未经登记，不发生效力，但是法律另有规定的除外。

《最高人民法院关于人民法院办理执行异议和复议案件若干问题的规定》（法释〔2020〕21 号）

第二十九条　金钱债权执行中，买受人对登记在被执行的房地产开发企业名下的商品房提出异议，符合下列情形且其权利能够排除执行的，人民法院应

1　物权期待权，是指将来有取得可能性的对某一物的支配和排他的权利。

予支持：

（一）在人民法院查封之前已签订合法有效的书面买卖合同；

（二）所购商品房系用于居住且买受人名下无其他用于居住的房屋；

（三）已支付的价款超过合同约定总价款的百分之五十。

126. 底层住户需要交纳电梯费吗？

刘先生家住一幢高层住宅楼的一楼，从不使用电梯。他看到自己交的物业费里含有电梯费，觉得很不公平。刘先生与物业公司协商免交电梯费，但物业公司不同意，并回复说电梯是小区的公共设施，既然是公共设施就应该由所有业主共同承担维护费用。

底层住户到底需不需要交纳电梯费？

▌法律解析

在小区管理规定没有特殊约定的前提下，一楼住户应当同其他楼层住户一样，交纳电梯费。

根据《民法典》的规定，业主对建筑物的所有权可以分为两部分：专有部分和共有部分。专有部分是指业主独立使用的单元空间，一般来说，不动产权证书上所记载的面积，就是属于业主的专有部分面积。共有部分是指不属于业主个人所有，供全体业主使用的空间、部位、设施和设备，比如建筑物的外墙、通道、楼梯、电梯间、大堂，消防、公共照明等附属设施、设备等。业主对建筑物专有部分以外的共有部分，享有权利，承担义务。

本案中，刘先生所在住宅楼的电梯属于共有部分。根据我国现行物业管理的相关政策规定，住宅专有部分由业主自行负责维护管理，住宅共有部分由物业管理企业统一负责维护管理，其费用由全体业主分摊。因此，刘先生虽然住在一楼，但仍需交纳电梯费。

法条链接

《民法典》

第二百七十一条　业主对建筑物内的住宅、经营性用房等专有部分享有所有权，对专有部分以外的共有部分享有共有和共同管理的权利。

第二百七十三条第一款　业主对建筑物专有部分以外的共有部分，享有权利，承担义务；不得以放弃权利为由不履行义务。

第二百八十三条　建筑物及其附属设施的费用分摊、收益分配等事项，有约定的，按照约定；没有约定或者约定不明确的，按照业主专有部分面积所占比例确定。

127. 老旧居民小区改造需要收费吗？怎么收费？

为了进一步提升城镇居民的生活质量，张阿姨所在的三十年房龄的老旧小区面临改造，需要重新粉刷外墙体，拆除违规违章建筑，进行老旧水电路重新铺设等。不过随着环境、系统、管理升级，张阿姨担心小区改造费用会分摊在住户头上，毕竟住在老旧小区的居民中有一些是老人或者城市低收入家庭，他们的经济负担能力较弱。

这些改造项目如何收取费用？是国家完全补助，还是居民也需要承担一部分，有具体的说法吗？

法律解析

针对老旧小区改造的费用问题，住建部[1]给出了"小区居民""社会企业""中央补助"三个筹资渠道，主要按照"业主主体、社区主导、政府引领、各方支持"的原则来统筹推进，采取"居民出一点、社会支持一点、财政补助一点"这种多渠道筹集改造资金的模式，居民、社会和政府三方共同承担改造

1　住建部，即中华人民共和国住房和城乡建设部。

的费用。而在居民承担的部分中，还可以使用小区的公共收益、居民的住房公积金等抵扣，所以改造项目中需要居民自掏腰包的比例很小。张阿姨不必担心。

▎法条链接

《城镇老旧小区改造可复制政策机制清单（第一批）》

三、改造资金政府与居民、社会力量合理共担

（一）完善资金分摊规则

1. 小区范围内公共部分的改造费用由政府、管线单位、原产权单位、居民等共同出资；建筑物本体的改造费用以居民出资为主，财政分类以奖代补 10%或 20%；养老、托育、助餐等社区服务设施改造，鼓励社会资本参与，财政对符合条件的项目按工程建设费用的 20% 实施以奖代补。

2. 结合改造项目具体特点和内容，合理确定资金分担机制。基础类改造项目，水电气管网改造费用中户表前主管网改造费用及更换或铺设管道费用、弱电管线治理费用由专业经营单位承担，其余内容由政府和居民合理共担。完善类改造项目，属地政府给予适当支持，相关部门配套资金用于相应配套设施建设，无配套资金的可多渠道筹集。提升类改造项目，重点在资源统筹使用等方面给予政策支持。

（二）落实居民出资责任

1. 对居民直接受益或与居民紧密相关的改造内容，动员居民通过以下几种方式出资：一是业主根据专有部分建筑面积等因素协商，按一定分摊比例共同出资；二是提取个人住房公积金和经相关业主表决同意后申请使用住宅专项维修资金；三是小区共有部位及共有设施设备征收补偿、小区共用土地使用权作资、经营收益等，依法经业主表决同意作为改造资金。

2. 根据改造内容产权和使用功能的专属程度制定居民出资标准，如楼道、外墙、防盗窗等改造内容，鼓励居民合理承担改造费用。小区共有部位及设施补偿赔偿资金、公共收益、捐资捐物等，均可作为居民出资。

3. 居民可提取住房公积金，用于城镇老旧小区改造项目和既有住宅加装电梯项目。一是市政府批复的城镇老旧小区改造项目范围内的房屋所有权人及其配偶，在项目竣工验收后，可提取一次，金额不超过个人实际出资额（扣除政

府奖补资金）。二是实施既有住宅加装电梯项目的房屋所有权人及其直系亲属，在项目竣工验收后，可就电梯建设费用（不含电梯运行维护费用）提取一次，金额不超过个人实际出资额（扣除政府奖补资金）。同一加装电梯项目中的其他职工再次提取的，可以不再提供既有住宅加装电梯协议书原件、项目验收报告原件等同一项目中的共性材料。

128. 邻居擅自拆除承重墙，可以要求对方恢复原状吗？

最近，赵先生楼下的业主在对房屋进行装修，装修时将餐厅与厨房之间的一面承重墙拆除，换成了一门一壁柜。赵先生认为楼下业主的行为破坏了所在部位的建筑结构，影响了他的住房安全，要求对方恢复原状。而楼下的业主称自己只是在自家房屋内装修，并未影响到他人房屋状况，因而拒绝了他的请求。

业主有权拆除自家房屋里的承重墙吗？赵先生能否要求楼下业主将承重墙恢复原状？

▌法律解析

前文中我们提到，业主对建筑物的所有权可以分成两部分：专有部分和共有部分。根据《民法典》的规定，业主对其建筑物专有部分享有占有、使用、收益和处分的权利。但是，业主行使所有权时并不是无限制的。尽管建筑物区分所有，但各区分所有权人之间的相邻关系是客观存在的，业主的各专有部分紧密地堆砌于同一栋建筑物上，各业主之间对于整栋建筑物的安全与维护形成共同利害关系。业主行使权利不得危及建筑物的安全，不得损害其他业主的合法权益。

本案中，赵先生楼下的业主对自己专有部分的承重墙进行拆除，会引起房屋局部应力重新分布，对房屋整体结构承载力产生影响，可能会引起墙壁变形、开裂等损坏现象，危及建筑物的安全。该业主不当行使了其专有权，赵先生有权要求他将承重墙恢复原状。如果楼下业主擅自拆除承重墙的行为已经给赵先生造成了损失，赵先生还可以向他要求赔偿损失。

律师建议，业主在装修自有住房时，不要随意拆改房屋内的墙壁。这种行为不仅会影响其他业主的合法权益，还有可能危及整栋建筑物的安全，给自己和他人造成极大的安全隐患。

法条链接

《民法典》

第二百七十二条 业主对其建筑物专有部分享有占有、使用、收益和处分的权利。业主行使权利不得危及建筑物的安全，不得损害其他业主的合法权益。

第二百八十六条第二款 业主大会或者业主委员会，对任意弃置垃圾、排放污染物或者噪声、违反规定饲养动物、违章搭建、侵占通道、拒付物业费等损害他人合法权益的行为，有权依照法律、法规以及管理规约，请求行为人停止侵害、排除妨碍、消除危险、恢复原状、赔偿损失。

第二百八十八条 不动产的相邻权利人应当按照有利生产、方便生活、团结互助、公平合理的原则，正确处理相邻关系。

第二百九十五条 不动产权利人挖掘土地、建造建筑物、铺设管线以及安装设备等，不得危及相邻不动产的安全。

129. 居民小区的业主有权优先租购小区车位吗？

金先生在某小区购买了一套商品房和一个车位。后来，金先生家又购置了一辆汽车，所以他想再租用一个车位，却被物业告知小区内已经没有可供租赁的车位。但金先生打听到，物业正准备将一些车位出售给非小区业主。

金先生有权要求物业将车位优先租赁给自己吗？居民小区内车位的归属和使用是如何规定的？

法律解析

根据《民法典》的规定，小区内规划用于停放汽车的车位、车库，应当优先考虑业主的需求。如果是占用业主共有的道路或者其他场地用于停放汽车的车位，属于业主共有，其产权不属于开发商，可以由业主大会讨论决定如何进行利用；如果不是，业主也享有优先租赁或者购买的权利。

本案中，金先生作为业主，可以优先租赁小区内规划用于停放汽车的车位、车库。小区物业不能将车位优先出售给非小区业主。同时，部分地区（如上海市）还制定了本地的住宅物业管理规定等，对业主购买停车位的数量进行了规定。遇到此类问题时，业主可以查看当地的具体规定。

法条链接

《民法典》

第二百七十五条　建筑区划内，规划用于停放汽车的车位、车库的归属，由当事人通过出售、附赠或者出租等方式约定。

占用业主共有的道路或者其他场地用于停放汽车的车位，属于业主共有。

第二百七十六条　建筑区划内，规划用于停放汽车的车位、车库应当首先满足业主的需要。

《最高人民法院关于审理建筑物区分所有权纠纷案件适用法律若干问题的解释》

第五条　建设单位按照配置比例将车位、车库，以出售、附赠或者出租等方式处分给业主的，应当认定其行为符合民法典第二百七十六条有关"应当首先满足业主的需要"的规定。

前款所称配置比例是指规划确定的建筑区划内规划用于停放汽车的车位、车库与房屋套数的比例。

第六条　建筑区划内在规划用于停放汽车的车位之外，占用业主共有道路或者其他场地增设的车位，应当认定为民法典第二百七十五条第二款所称的车位。

130. 居民小区的业主共同决定的事项有哪些？如何共同决定？

最近，小王所在小区的业主们对是否要解聘物业公司争论不休。有人认为物业公司的服务太差，必须解聘；有人认为物业公司的服务还可以，不必解聘。小王听说有些事项应该由业主共同决定，但不知道如何共同决定。

居民小区的业主共同决定的事项有哪些？如何共同决定？

法律解析

物业服务涉及建筑物及其附属设施的使用、维护、修理、更换，公共秩序、环境卫生、小区治安等诸多方面，物业服务企业或者其他管理人的物业管理水平如何，与业主利益有直接关系。[1] 根据《民法典》的规定，有关共有和共同管理权利的重大事项都需要由业主共同决定，选聘和解聘物业服务企业或者其他管理人就是其中之一。业主共同决定事项，需要由符合规定的专有部分面积占比及人数占比的业主共同参与表决。

本案中，小王所在小区的业主们想要解聘物业公司，其正确的做法是按照法定条件和程序，由业主委员会召开业主大会，号召一定数量的业主参与表决，并根据表决结果决定是否更换物业公司。

法条链接

《民法典》

第二百七十八条　下列事项由业主共同决定：

（一）制定和修改业主大会议事规则；

（二）制定和修改管理规约；

（三）选举业主委员会或者更换业主委员会成员；

1　黄薇.中华人民共和国民法典物权编解读 [M].北京：中国法制出版社，2020.

（四）选聘和解聘物业服务企业或者其他管理人；

（五）使用建筑物及其附属设施的维修资金；

（六）筹集建筑物及其附属设施的维修资金；

（七）改建、重建建筑物及其附属设施；

（八）改变共有部分的用途或者利用共有部分从事经营活动；

（九）有关共有和共同管理权利的其他重大事项。

业主共同决定事项，应当由专有部分面积占比三分之二以上的业主且人数占比三分之二以上的业主参与表决。决定前款第六项至第八项规定的事项，应当经参与表决专有部分面积四分之三以上的业主且参与表决人数四分之三以上的业主同意。决定前款其他事项，应当经参与表决专有部分面积过半数的业主且参与表决人数过半数的业主同意。

《最高人民法院关于审理建筑物区分所有权纠纷案件适用法律若干问题的解释》

第七条　处分共有部分，以及业主大会依法决定或者管理规约依法确定应由业主共同决定的事项，应当认定为民法典第二百七十八条第一款第（九）项规定的有关共有和共同管理权利的"其他重大事项"。

131. 自家房子"住改商"，需要哪些人或者机构同意批准？

周先生在某小区有一套位于一楼、邻近小区道路的住宅。出于便利小区居民生活、增加个人收入的目的，周先生想重新装修这套房屋，将其改装成餐馆，但他不知道自己需要获得什么许可。

▌法律解析

"住改商"，顾名思义，就是将住宅用途的房屋改作商业、办公等经营性用房的行为。根据《民法典》的规定，"住改商"行为的合法性需要满足两个条件：第一，必须遵守法律、法规以及管理规约；第二，必须征得有利害关系的业主的一致同意。这两个条件缺一不可。根据相关司法解释的规定,"有利害关系的业主":一是指本栋建筑物内的其他业主;二是指本栋建筑物之外,主张与自己有利害关系的业主(应证明其房屋价值、生活质量受到或者可能受到不利影响)。

本案中,周先生要想将自己的房屋改装成餐馆,必须征得有利害关系的业主的一致同意,而且必须遵守法律、法规以及管理规约的规定,同时应当到市场监督管理局办理工商登记,取得营业执照。如果周先生仅以已经办理工商登记并取得营业执照为由主张其"住改商"的合法性,是无法得到法院支持的。

律师建议,业主不要随意改变住宅的居住用途,如果确实需要"住改商",应当提前查询当地有关"住改商"的相关规定,了解办理程序并获得批准,同时还要考虑对其他业主的影响,应当经有利害关系的业主一致同意。

▌ 法条链接

《民法典》

第二百七十九条 业主不得违反法律、法规以及管理规约,将住宅改变为经营性用房。业主将住宅改变为经营性用房的,除遵守法律、法规以及管理规约外,应当经有利害关系的业主一致同意。

《最高人民法院关于审理建筑物区分所有权纠纷案件适用法律若干问题的解释》

第十条 业主将住宅改变为经营性用房,未依据民法典第二百七十九条的规定经有利害关系的业主一致同意,有利害关系的业主请求排除妨害、消除危险、恢复原状或者赔偿损失的,人民法院应予支持。

将住宅改变为经营性用房的业主以多数有利害关系的业主同意其行为进行抗辩的,人民法院不予支持。

第十一条 业主将住宅改变为经营性用房,本栋建筑物内的其他业主,应当认定为民法典第二百七十九条所称"有利害关系的业主"。建筑区划内,本栋建筑物之外的业主,主张与自己有利害关系的,应证明其房屋价值、生活质量受到或者可能受到不利影响。

132. 居民小区的停车位收入、电梯及楼房外墙的广告收入，归谁所有？

杜先生是某小区的业主。入住六年来，小区的地面停车位一直被物业公司对外出租，电梯间也有广告投放，但物业公司从未对因此产生的公共收益进行过公示，也没有发放给业主。

居民小区的停车位收入、电梯及楼房外墙的广告收入等，应当归谁所有呢？

法律解析

《民法典》明确规定，建设单位、物业服务企业或者其他管理人等利用业主的共有部分产生的收入，在扣除合理成本之后，属于业主共有。例如，电梯、道闸、楼房外墙等公共区域的广告收益，占用业主共有道路或者其他场地用于停放汽车的车位收益，快递柜、售水机、临时摊位的租赁收益，活动场地（如球场、游泳池）等业主共有场所的经营收益等，都属于公共收益。

至于小区公共收益的分配，有约定的，按照约定分配；没有约定或者约定不明确的，按照业主专有部分面积所占比例确定。

本案中，杜先生所在小区的业主们可以依法要求物业公司对小区的公共收益进行公示和分配。

法条链接

《民法典》

第二百八十二条　建设单位、物业服务企业或者其他管理人等利用业主的共有部分产生的收入，在扣除合理成本之后，属于业主共有。

第二百八十三条　建筑物及其附属设施的费用分摊、收益分配等事项，有约定的，按照约定；没有约定或者约定不明确的，按照业主专有部分面积所占比例确定。

133. 邻居噪声扰民，如何维权？

赵先生家住某小区。近日，赵先生的邻居家总是在深夜传来巨大的音乐声，赵先生不堪其扰。由于夜间无法正常休息，赵先生白天精神疲惫，工作和生活受到了极大影响。在与邻居沟通无果后，赵先生想要通过法律手段来制止邻居的扰民行为，但他不知道具体应该怎么做。

▍法律解析

根据有利生产、方便生活、团结互助、合理公平的相邻关系原则，各业主之间应当互负容忍义务。但容忍义务是有限度的，如果超过了国家规定的标准，受害的业主有权要求行为人停止侵害、消除危险、排除妨害以及赔偿损失等。

针对邻居噪声扰民，解决方法包括：

1. 协商解决

当事人可以就噪声问题与邻居当面沟通，协商解决。

2. 向业主大会或者业主委员会投诉

如果协商不成，当事人可以向业主大会或者业主委员会投诉，由业主大会或者业主委员会出面要求邻居停止噪声扰民的行为。根据《民法典》的相关规定，业主大会或者业主委员会有权依照法律、法规以及管理规约，向制造噪声的业主请求停止侵害、赔偿损失等。

3. 报警或者向生态环境主管部门投诉

如果邻居拒不履行相关义务，根据《中华人民共和国治安管理处罚法》（以下简称《治安管理处罚法》）的规定，当事人可以收集证据（如录音、录像）后依法向公安机关报案，也可以向生态环境主管部门进行投诉。

4. 向法院提起诉讼

经相关行政管理部门调解后仍未解决问题的，当事人还可以向法院提起相邻关系纠纷诉讼。

本案中，赵先生在与邻居沟通无果后，可以选择向业主大会或者业主委员会投诉、报警、向生态环境主管部门投诉或者向法院提起诉讼。若最终提起诉讼，赵先生应当按照规定向法院提交民事起诉状、个人的身份证明材料以及证明邻居存在噪声扰民的证据材料，比如相关录音、证人证言、报警记录、沟通过程的聊天记录等。

律师建议，业主在进行家庭室内娱乐活动时，应当注意控制音量或者采取其他有效措施，避免对周围居民造成环境噪声污染。如遇噪声扰民，协商无果，可以通过法律手段维护自己的权益。

法条链接

《民法典》

第二百八十六条　业主应当遵守法律、法规以及管理规约，相关行为应当符合节约资源、保护生态环境的要求。对于物业服务企业或者其他管理人执行政府依法实施的应急处置措施和其他管理措施，业主应当依法予以配合。

业主大会或者业主委员会，对任意弃置垃圾、排放污染物或者噪声、违反规定饲养动物、违章搭建、侵占通道、拒付物业费等损害他人合法权益的行为，有权依照法律、法规以及管理规约，请求行为人停止侵害、排除妨碍、消除危险、恢复原状、赔偿损失。

业主或者其他行为人拒不履行相关义务的，有关当事人可以向有关行政主管部门报告或者投诉，有关行政主管部门应当依法处理。

第二百八十八条　不动产的相邻权利人应当按照有利生产、方便生活、团结互助、公平合理的原则，正确处理相邻关系。

第二百九十四条　不动产权利人不得违反国家规定弃置固体废物，排放大气污染物、水污染物、土壤污染物、噪声、光辐射、电磁辐射等有害物质。

《治安管理处罚法》

第五十八条　违反关于社会生活噪声污染防治的法律规定，制造噪声干扰他人正常生活的，处警告；警告后不改正的，处二百元以上五百元以下罚款。

134. 邻居私搭乱建影响他人生活，如何维权？

冯小姐购买住宅最为看重的就是房屋的采光。原本冯小姐的房屋采光条件非常好，但近来，她的邻居私自在露台上搭建建筑物，不仅遮挡了冯小姐房屋的采光，还存在一定的安全隐患。

面对邻居因私搭乱建带来的采光和安全影响，冯小姐应该如何维权？

▌法律解析

业主在未经规划审批的情况下私自在露台上搭建建筑物，属于违法行为。这种私搭乱建的行为也违反了法律关于相邻关系的规定，侵犯了邻近居住人的合法权益。

本案中，冯小姐的邻居私搭乱建的行为，已经给冯小姐带来了采光和安全上的不利影响，她有权要求邻居将违法建筑物拆除。当然，冯小姐也可以向业主大会或者业主委员会反映情况，由业主大会或者业主委员会向邻居提出拆除要求。如果该邻居拒不拆除违法建筑物，冯小姐还可以向有关行政主管部门投诉，相关部门会对违法建筑物依法进行拆除。如有必要，冯小姐可以向法院起诉。

律师建议，业主在相邻权受到侵害时，应当积极主张自己的权利。如果需要向法院起诉，起诉前应当注意收集证据，比如行政主管部门责令限期整改或者拆除的文件，相关照片、视频等。此外，小区业主在改善自己的居住空间时，应当注意合理合法，不得侵犯相邻权。

▌法条链接

《民法典》

第二百八十六条 业主应当遵守法律、法规以及管理规约，相关行为应当符合节约资源、保护生态环境的要求。对于物业服务企业或者其他管理人执行政府依法实施的应急处置措施和其他管理措施，业主应当依法予以配合。

业主大会或者业主委员会，对任意弃置垃圾、排放污染物或者噪声、违反规定饲养动物、违章搭建、侵占通道、拒付物业费等损害他人合法权益的行为，有权依照法律、法规以及管理规约，请求行为人停止侵害、排除妨碍、消除危险、恢复原状、赔偿损失。

业主或者其他行为人拒不履行相关义务的，有关当事人可以向有关行政主管部门报告或者投诉，有关行政主管部门应当依法处理。

第二百九十三条　建造建筑物，不得违反国家有关工程建设标准，不得妨碍相邻建筑物的通风、采光和日照。

135. 邻居堵住了常用通道，如何维权？

胡某和袁某为同一村民组农户，也是一墙之隔的邻居。1994 年，胡某将袁某的老宅买下，并于 2003 年将两家老宅拆除，在原宅基地上新建两层楼房。因新房通行不便，胡某与袁某协商后，将袁某临近大门的 9 平方米菜地并入门前通道，并补偿袁某 200 元。2018 年，胡某与袁某因故发生争吵，袁某未经胡某同意，在胡某门前通道处堆砌石块，将原已让出的菜地圈离，导致胡某家通行受限。胡某一气之下将袁某告上法庭。

▌法律解析

这是一个有关相邻通行权的案例。相邻通行权，是指由于地理条件的限制，一方必须利用相邻一方所有或者使用的土地，取得通行等的权利。对于相邻关系中的相邻通行问题，《民法典》规定，不动产权利人对相邻权利人因通行等必须利用其土地的，应当提供必要的便利，但不得损害不动产权利人的合法权益。

本案中，袁某用石块圈离原已让出的菜地，涉案通道在袁某堆砌石块后变窄。存在十多年的通道被改变，影响到胡某家正常的生产、生活。法院最终依据涉案通道存在时长的事实和相邻关系相处原则等法律规定，判决袁某移除石块、恢复道路原状，胡某则向袁某支付通行占地补偿费 2000 元。

律师建议，遇到邻居堵住常用通道的情况，当事人应当本着方便生活、团结互助的相邻关系，与邻居友好协商，让邻居让出常用通道；若协商不成，可以向村民委员会、居民委员会反映情况，或者到法院提起诉讼。

法条链接

《民法典》

第二百九十一条　不动产权利人对相邻权利人因通行等必须利用其土地的，应当提供必要的便利。

第二百九十六条　不动产权利人因用水、排水、通行、铺设管线等利用相邻不动产的，应当尽量避免对相邻的不动产权利人造成损害。

136. 管道渗水导致邻居财产受损，是否需要赔偿？

2023 年 3 月，家住某小区一楼的黄女士，因楼上装修渗水而将二楼的邻居陈女士告上法庭，要求赔偿损失。原来，陈女士在对房屋进行装修的过程中，陈女士家与楼下相连的管道出现了渗水情况，造成一楼黄女士家墙面脱落、家具和地板损坏。黄女士与陈女士协商赔偿未果；后经居民委员会、派出所组织双方进行调解，仍未能解决；最终，黄女士起诉至法院，要求陈女士赔偿损失。

法院是否会支持黄女士的要求呢？

法律解析

本案属于典型的相邻关系纠纷。相邻关系是指相互毗邻的不动产所有人或者使用人之间，在行使所有权或者使用权时，因相互给予方便或者接受限制而发生的权利义务关系。相邻关系一方因为自身过错给他人造成损害的，应当承担侵权责任。

本案中，陈女士作为房屋所有权人，有权利对房屋进行装修，但应当尽量避免对相邻的不动产权利人造成损害。现在陈女士作为高楼层住户，没有提前采取措施避免渗水情况发生，给楼下住户造成了财产损失，应当承担修复及赔偿的责任。所以，法院会支持黄女士的要求。

▎法条链接

《民法典》

第二百八十九条　法律、法规对处理相邻关系有规定的，依照其规定；法律、法规没有规定的，可以按照当地习惯。

第二百九十六条　不动产权利人因用水、排水、通行、铺设管线等利用相邻不动产的，应当尽量避免对相邻的不动产权利人造成损害。

137. 共有住房的按份共有和共同共有的区别是什么？

陈小姐和周先生结婚后，女方家出资 30 万元，男方家出资 10 万元，共同为两人购置了一套住房。不动产登记中心的工作人员表示，该不动产权证书将登记为"共同共有"。女方父母认为"共同共有"对女儿不公平，要求登记为"按份共有"——陈小姐 75%、周先生 25%。

陈小姐父母的要求合法吗？

▎法律解析

根据《民法典》的规定，房屋产权共有主要有两种形式：按份共有和共同共有。按份共有一般是按照各方的出资比例或者各方的约定来确定份额的，按份共有人对共有的房屋按照其份额享有所有权；共同共有则是不分份额地共同享有，共同共有人对共有的房屋平等地享有所有权。共有人可以将共有的房屋约定为按份共有或者共同共有，没有约定或者约定不明确的，除共有人具有家庭关系外，视为按份共有。

因此，本案中陈小姐的父母有权要求按照出资比例登记房屋所有权。

法条链接

《民法典》

第二百九十七条　不动产或者动产可以由两个以上组织、个人共有。共有包括按份共有和共同共有。

第二百九十八条　按份共有人对共有的不动产或者动产按照其份额享有所有权。

第二百九十九条　共同共有人对共有的不动产或者动产共同享有所有权。

第三百零八条　共有人对共有的不动产或者动产没有约定为按份共有或者共同共有，或者约定不明确的，除共有人具有家庭关系等外，视为按份共有。

138. 房屋七十年产权到期后该怎么办？

郑先生2023年购买了一套三室一厅的住宅房，拿到不动产权证书的那一刻满心欢喜。但细心的他发现，"使用期限"一栏中显示房子的产权仅有七十年。郑先生不由得担心起来：自己买的房子怎么还有使用期限？房子到期了还是自己的吗？到时候还要再交钱吗？

法律解析

《民法典》第三百五十九条规定，房屋产权七十年到期后会自动续期。但关于是否需要缴纳续期费用或者是否应当减免续期费用，国家暂时还没有出台相关政策法规。

目前，由于大多数住宅建设用地使用权尚未到期，法院面临的相关法律争议较少，所以不管是原来的《中华人民共和国物权法》还是现在的《民法典》，对房屋产权的续期问题都还没有明确的说法。但我们从现行《民法典》中可以确定两点：一是住宅建设用地使用权满七十年之后，可以自动续期，不必担心被收回；二是续期是否需要缴纳费用暂未明确，有减免的可能。

法条链接

《民法典》

第三百五十九条　住宅建设用地使用权期限届满的，自动续期。续期费用的缴纳或者减免，依照法律、行政法规的规定办理。

非住宅建设用地使用权期限届满后的续期，依照法律规定办理。该土地上的房屋以及其他不动产的归属，有约定的，按照约定；没有约定或者约定不明确的，依照法律、行政法规的规定办理。

139. 城市子女能不能买卖和继承父母在农村宅基地上建造的房屋？

张先生大学毕业后留在某城市工作。经过多年奋斗，他在该城市买房定居，并打算将在农村老家生活的父母接过来生活。但是，张先生的父母在农村老家有一套房屋不知道该如何处理。这套房屋位于张先生的父母所分得的宅基地上，是老两口早年为了养老所建的。如果张先生全家搬到城市居住，这套房屋该如何处理？张先生可以买卖或者继承该房屋吗？

法律解析

根据我国现有的法律法规，宅基地的所有权属于农民集体所有，即农村集体经济组织所有，但农民的宅基地使用权可以依法由城镇户籍的子女继承并办理不动产登记。被继承人的房屋作为其遗产由继承人继承，按照房地一体原则，继承人继承取得房屋所有权和宅基地使用权。

本案中，将来张先生的父母去世后，张先生可以依法继承宅基地上的房屋及宅基地的使用权，也可以选择出售，但是不能随意出售给其父母所在的农村集体经济组织以外的人。

法条链接

《民法典》

第三百六十二条 宅基地使用权人依法对集体所有的土地享有占有和使用的权利，有权依法利用该土地建造住宅及其附属设施。

《中华人民共和国土地管理法》（以下简称《土地管理法》）

第九条第二款 农村和城市郊区的土地，除由法律规定属于国家所有的以外，属于农民集体所有；宅基地和自留地、自留山，属于农民集体所有。

《对十三届全国人大三次会议第 3226 号建议的答复》（自然资人议复字 [2020] 089 号）

六、关于农村宅基地使用权登记问题。农民的宅基地使用权可以依法由城镇户籍的子女继承并办理不动产登记。根据《继承法》的规定，被继承人的房屋作为其遗产由继承人继承，按照房地一体原则，继承人继承取得房屋所有权和宅基地使用权，农村宅基地不能被单独继承。《不动产登记操作规范（试行）》明确规定，非本农村集体经济组织成员（含城镇居民），因继承房屋占用宅基地的，可按相关规定办理确权登记，在不动产登记簿及证书附记栏注记"该权利人为本农民集体经济组织原成员住宅的合法继承人"。

140. 产权、所有权和居住权的定义都是什么？它们之间的关系是怎么样的？

在房主张奶奶的同意下，张奶奶的侄女张某已经在张奶奶的老房子里与张奶奶的其他子女共同居住了三年。张奶奶病逝后，老房子面临财产继承及拆迁处分的问题。此时，张某主张自己作为共住人，可以取得该房屋的拆迁补偿款。张奶奶的继承人均反对她的主张。

张某对该房屋的居住权，是否可以对抗继承人的所有权呢？

法律解析

在法律中，产权泛指财产的所有权。生活中我们经常听到的产权，特指房屋产权，即房屋所有权。

居住权是自《民法典》颁布以来在房屋上设置的新制度，是指居住权人为满足生活居住的需要，按照合同约定，依法享有的占有、使用的用益物权。

所有权是完全物权，具有占有、使用、处分、收益的权能；居住权是定限物权，仅具有占有、使用的权能。

根据《民法典》的规定，居住权主要有以下特点：

（1）主体：自然人，可以是一个人或者其家庭成员。该用益物权为人役权，具有极强的人身性，专为特定人设立，不得转让和继承。

（2）期限：居住期限以居住权人终身为限，合同另有约定的除外。

（3）客体：他人所有的住宅。

（4）权利、义务：居住权人享有对住宅占有、使用的权利；居住权人负有不得继承和转让房屋的义务。居住权人原则上不享有收益权，不得出租房屋，合同另有约定的除外。

（5）设立方式：书面合同或者遗嘱。原则上无偿，但合同另有约定的除外。

（6）生效要件：登记生效，居住权自登记时设立。

本案中，张某虽然是共住人，但如果她没有对该房屋进行居住权登记，就不享有居住权。即使张某进行了居住权登记，对该房屋享有居住权，其居住权也没有收益和处分的权能，无法对抗其他继承人基于继承关系而享有的房屋所有权。张奶奶的房子拆迁后，张某的居住权会因为不能实现而自动丧失，自然也不能以共住人的身份获得拆迁补偿款。但根据国务院发布的《国有土地上房屋征收与补偿条例》的规定，房屋被拆迁的，共住人可以依法对搬迁及寻找临时安置地方产生的费用向政府申请补偿。

法条链接

《民法典》

第三百六十六条　居住权人有权按照合同约定，对他人的住宅享有占有、使用的用益物权，以满足生活居住的需要。

第三百六十七条 设立居住权，当事人应当采用书面形式订立居住权合同。

居住权合同一般包括下列条款：

（一）当事人的姓名或者名称和住所；

（二）住宅的位置；

（三）居住的条件和要求；

（四）居住权期限；

（五）解决争议的方法。

第三百六十八条 居住权无偿设立，但是当事人另有约定的除外。设立居住权的，应当向登记机构申请居住权登记。居住权自登记时设立。

第三百六十九条 居住权不得转让、继承。设立居住权的住宅不得出租，但是当事人另有约定的除外。

第三百七十条 居住权期限届满或者居住权人死亡的，居住权消灭。居住权消灭的，应当及时办理注销登记。

第三百七十一条 以遗嘱方式设立居住权的，参照适用本章的有关规定。

《国有土地上房屋征收与补偿条例》

第十七条 作出房屋征收决定的市、县级人民政府对被征收人给予的补偿包括：

（一）被征收房屋价值的补偿；

（二）因征收房屋造成的搬迁、临时安置的补偿；

（三）因征收房屋造成的停产停业损失的补偿。

市、县级人民政府应当制定补助和奖励办法，对被征收人给予补助和奖励。

141. 不能按时拿到不动产权证书，可以要求开发商承担违约责任吗？

李先生与某开发商签订了一份商品房买卖合同，合同中约定："因出卖人的原因，造成李先生未能在该商品房交付之日起 90 日内取得该商品房的不动产权证书的，双方同意按照下列方式处理：如李先生不退房，出卖人自李先生付款之日起计付利息。如因政府及其管理部门原因或者其他非出卖人原因造成的该商品房的房屋所有权转移登记不能按时完成的，出卖人不承担责任。"

签订合同后，李先生向开发商交付了房款。但由于开发商出售手续不能及时办理齐全，所以李先生无法办理该房屋所有权转移登记手续，也无法取得该房屋的不动产权证书。于是，李先生起诉开发商，要求其承担违约责任。

李先生的诉求能否得到法院的支持？

法律解析

根据《民法典》及相关司法解释的规定，由于出卖人的原因，买受人在商品房买卖合同约定的办理不动产登记的期限届满未能取得不动产权属证书的，除当事人有特殊约定外，出卖人应当承担违约责任。

本案中，李先生的不动产权证书迟迟办不下来，是因为开发商出售手续不能及时办理齐全，不属于合同约定的"因政府及其管理部门原因或者其他非出卖人原因"。因此，李先生向法院主张开发商承担违约责任的请求，法院应当予以支持。

律师建议，为了更好地维护自身权益，购房人在签订购房合同时，最好明确约定办理不动产权证书的期限，以防开发商拖延办证时间。

法条链接

《民法典》

第五百七十七条　当事人一方不履行合同义务或者履行合同义务不符合约定的，应当承担继续履行、采取补救措施或者赔偿损失等违约责任。

《最高人民法院关于审理商品房买卖合同纠纷案件适用法律若干问题的解释》（法释〔2020〕17号）

第十四条　由于出卖人的原因，买受人在下列期限届满未能取得不动产权属证书的，除当事人有特殊约定外，出卖人应当承担违约责任：

（一）商品房买卖合同约定的办理不动产登记的期限；

（二）商品房买卖合同的标的物为尚未建成房屋的，自房屋交付使用之日起90日；

（三）商品房买卖合同的标的物为已竣工房屋的，自合同订立之日起90日。

合同没有约定违约金或者损失数额难以确定的，可以按照已付购房款总额，参照中国人民银行规定的金融机构计收逾期贷款利息的标准计算。

142. 购房人因故未能办理贷款，可以要求开发商退还首付款吗？

丁某经过实地考察，看中某开发商开发的某楼盘，选中该楼盘10栋1102号房屋。随后，丁某向开发商交付了65万元首付款，并在开发商提供的购房合同上签了字。合同约定剩余房款100万元通过贷款方式支付。但是，在办理贷款时，银行发现丁某有多次逾期还贷记录，不满足贷款条件。最终，丁某未能从银行贷到剩余房款。

面对这种情况，丁某可以向开发商要求解除购房合同并退还首付款吗？

▌法律解析

本案中，丁某既无法办理贷款，又不能一次性补足剩余房款，购房合同客观上无法继续履行。此时，丁某可以要求解除购房合同，退还首付款。但是购房合同无法继续履行的原因在于丁某本人，而不在于开发商，所以丁某应当承担违约责任。开发商可以根据合同约定先扣除违约金，再退还丁某剩余的已交房款。

一般来说，购房的付款方式主要有三种：一次性付款、分期付款和按揭贷款。对以按揭贷款方式购房的购房人来说，面临的最主要风险就是申请按揭失败导致合同不能履行，需要承担违约责任。个人办理按揭贷款，需要经过严格的审查程序，不是所有购房人都能够取得按揭贷款资格的，像丁某这样不满足银行贷款条件的人，也是有的。因此，购房人在与开发商签订购房买卖合同时，应当与开发商约定好按揭贷款申请失败的处理方式，比如在合同中约定"按揭贷款未获批准，购房人有权要求解除合同，开发商应退还购房人交纳的房款及定金"。

律师建议，想要以按揭贷款方式购房的购房人，应当先熟悉按揭贷款相关政策，最好在交定金时就到银行面签[1]，借此判断自己是否能通过审核。此外，保持良好的信用记录也非常重要。

法条链接

《最高人民法院关于审理商品房买卖合同纠纷案件适用法律若干问题的解释》

第十九条　商品房买卖合同约定，买受人以担保贷款方式付款、因当事人一方原因未能订立商品房担保贷款合同并导致商品房买卖合同不能继续履行的，对方当事人可以请求解除合同和赔偿损失。因不可归责于当事人双方的事由未能订立商品房担保贷款合同并导致商品房买卖合同不能继续履行的，当事人可以请求解除合同，出卖人应当将收受的购房款本金及其利息或者定金返还买受人。

143. 房屋出现质量问题可以退房吗？可以要求开发商修复并赔偿吗？

李女士和丈夫两人省吃俭用好几年，终于买了一套商品房。大半年后，李女士带着验房师于约定的交房日期去收房，竟然发现房屋有质量问题。李女士当即拒绝收房。在和开发商私下协商后，双方不欢而散。李女士能因质量问题要求开发商退房或者修复并赔偿吗？

法律解析

实践中，房屋质量问题按照严重程度大致可以分为三类：

1　面签，是指借款人携带合法有效证件到贷款银行交纳贷款所需费用并进行面谈及签字的手续。面签的过程就是银行对购房人个人情况的初步审核。

（1）房屋主体结构质量不合格，比如地基下沉、房屋倾斜等。对于房屋主体结构质量不合格不能交付使用，或者房屋交付使用后，房屋主体结构质量经核验确属不合格的，购房人可以请求解除合同和赔偿损失。需要注意的是，认定房屋主体结构质量不合格，应当以建筑工程质量监督部门的司法鉴定为准。

（2）严重影响正常居住使用的质量问题，比如房屋存在裂缝、无法正常供水供电等。对此，购房人可以请求解除合同和赔偿损失，也可以不解除合同，要求开发商交付质量合格的房屋并赔偿损失。

（3）其他一般的质量问题，比如墙皮脱落、地面起鼓等。交付使用的房屋存在这类质量问题的，在保修期内，开发商应当承担修复责任。如果开发商拒绝修复或者在合理期限内拖延修复，购房人可以自行或者委托他人修复。修复费用及修复期间造成的其他损失由开发商承担。

本案中，李女士可以委托建筑工程质量监督部门进行司法鉴定（确保开发商也认定鉴定结果），确定房屋存在的质量问题的严重程度。如果是房屋主体结构质量不合格或者存在严重影响正常居住使用的质量问题，李女士可以请求解除合同和赔偿损失；如果房屋仅存在一般的质量问题，原则上是不能解除合同的，只能要求开发商修复（需要注意保修期）。

法条链接

《最高人民法院关于审理商品房买卖合同纠纷案件适用法律若干问题的解释》

第九条 因房屋主体结构质量不合格不能交付使用，或者房屋交付使用后，房屋主体结构质量经核验确属不合格，买受人请求解除合同和赔偿损失的，应予支持。

第十条 因房屋质量问题严重影响正常居住使用，买受人请求解除合同和赔偿损失的，应予支持。

交付使用的房屋存在质量问题，在保修期内，出卖人应当承担修复责任；出卖人拒绝修复或者在合理期限内拖延修复的，买受人可以自行或者委托他人修复。修复费用及修复期间造成的其他损失由出卖人承担。

144. 签订商品房认购书需要承担什么责任?

小潘准备买一套新房,但销售人员说,他看中的房子尚不具备签订商品房买卖合同的条件,要求他先交 1 万元定金,并签订一份商品房认购书。这份认购书主要是为将来签订正式的商品房买卖合同做准备,暂不对房屋的交付条件、交付时间等核心内容进行约定,对房屋位置、总价款、付款时间等内容进行初步约定。小潘想知道,如果签订了认购书,他需要承担什么责任?

▌法律解析

商品房认购书是买卖双方在签订商品房预售合同或者买卖合同之前所签订的文书,是对双方交易房屋有关事宜的初步确认。它是一种预约合同,签订的目的是约束合同双方在约定期限内继续谈判磋商合同条款,以订立正式的商品房买卖合同。一般来说,认购书载明的内容包括买卖双方的信息、房价、户型、面积、总价、付款方式、认购条件等。

签订认购书可以确定双方的买卖意向,但它并不是必需的购房程序。如果购房人没有签订意向,开发商无权要求其签订。但是,如果购房人签了认购书,就应当在规定的时间内到售楼处签订正式的商品房买卖合同;如果购房人不履行签订商品房买卖合同的义务,则需要依法承担违约责任。

此外,如果认购书的内容包含房源的房号、单价、总价及付款方式等主要内容,且开发商已经按照约定收受购房款,就应当认定双方当事人已经就商品房买卖形成了正式的合同。

本案中,如果小潘签订了认购书,却不履行签订商品房买卖合同的义务,可能需要承担违约责任,无法拿回定金。

法条链接

《民法典》

第五百八十六条第一款 当事人可以约定一方向对方给付定金作为债权的担保。定金合同自实际交付定金时成立。

第五百八十七条 债务人履行债务的，定金应当抵作价款或者收回。给付定金的一方不履行债务或者履行债务不符合约定，致使不能实现合同目的的，无权请求返还定金；收受定金的一方不履行债务或者履行债务不符合约定，致使不能实现合同目的的，应当双倍返还定金。

《最高人民法院关于审理商品房买卖合同纠纷案件适用法律若干问题的解释》

第四条 出卖人通过认购、订购、预订等方式向买受人收受定金作为订立商品房买卖合同担保的，如果因当事人一方原因未能订立商品房买卖合同，应当按照法律关于定金的规定处理；因不可归责于当事人双方的事由，导致商品房买卖合同未能订立的，出卖人应当将定金返还买受人。

145. 购买网络司法拍卖的房子应当注意什么？

小钱一直想要拥有自己的房子。最近，他注意到网上有一些网络司法拍卖的房子，其标价比市价低很多。小钱很心动，但他听说买这种房子会有很多麻烦，一时间拿不定主意。

网络司法拍卖到底是怎么回事？购买网络司法拍卖的房子应当注意什么？

法律解析

网络司法拍卖，是指法院依法通过互联网拍卖平台，以网络电子竞价方式公开处置财产的行为。其中，通过网络司法拍卖的住宅用房，俗称"法拍房"。

为保障个人的合法权益，购房人在购买"法拍房"时，应当注意：

（1）详细了解房屋被法院拍卖的原因，房屋是否可能存在权利瑕疵以及购买房屋后是否存在后续被原房屋所有权人或者其债权人骚扰、催债等隐患。

（2）审慎阅读拍卖平台的公告和提示，明确相关购买和过户的要求及流程；有条件的，建议在购买前先实地查看一下房屋的现状。

（3）关注房屋是否存在租赁等其他被占有的情况。根据《民法典》的规定，租赁物在承租人按照租赁合同占有期限内发生所有权变动的，不影响租赁合同的效力。所以，如果房屋已经租赁给他人，可能影响购房人后续对房屋的使用。

（4）确认房屋是否匹配自身的购买需求。当购房人存在为了子女上学等特殊购房需求时，需要着重关注该房屋是否能够满足此种需求。

本案中，小钱如果想购买"法拍房"，应当重点关注以上要点，慎重选择。

法条链接

《最高人民法院关于人民法院网络司法拍卖若干问题的规定》（法释〔2016〕18号）

第一条 本规定所称的网络司法拍卖，是指人民法院依法通过互联网拍卖平台，以网络电子竞价方式公开处置财产的行为。

第二条 人民法院以拍卖方式处置财产的，应当采取网络司法拍卖方式，但法律、行政法规和司法解释规定必须通过其他途径处置，或者不宜采用网络拍卖方式处置的除外。

第三条 网络司法拍卖应当在互联网拍卖平台上向社会全程公开，接受社会监督。

146. 对物业公司的服务不满意，就可以拒绝支付物业费吗？

范先生购买了某小区的一套住房。搬到小区的第一年，范先生对物业公司提供的垃圾清理及安保服务很不满意。到了支付下一年度物业费的时候，范先生以物业服务太差为由拒绝支付。

范先生可以因为对物业公司的服务不满意而拒付物业费吗？

法律解析

物业公司提供的服务是依靠众多业主所支付的物业费来维系的，如果个别业主因为对物业公司的服务不满意而拒付或者少付物业费，势必会损害按时、足额支付物业费的业主们的利益。因此，法律不会对业主拒付物业费的行为予以支持。

但是，如果物业公司未按照物业服务合同约定全面履行合同义务，业主可以通过向相关物业管理部门投诉维护自己的合法权益，或者依照法定程序更换物业公司。

本案中，范先生如果坚持不支付物业费，可能会被物业公司告上法庭。但如果他对物业公司的服务非常不满意，可以联合其他业主，通过法定程序共同决定解聘物业公司。

律师建议，在物业公司不能很好地履行物业管理及维护等职责的情况下，业主应当注意保留证据，并积极行使业主权利，通过投诉、解聘物业服务人等方式进行维权。

法条链接

《民法典》

第二百八十四条 业主可以自行管理建筑物及其附属设施，也可以委托物业服务企业或者其他管理人管理。

对建设单位聘请的物业服务企业或者其他管理人，业主有权依法更换。

第九百三十九条 建设单位依法与物业服务人订立的前期物业服务合同，以及业主委员会与业主大会依法选聘的物业服务人订立的物业服务合同，对业主具有法律约束力。

第九百四十二条 物业服务人应当按照约定和物业的使用性质，妥善维修、养护、清洁、绿化和经营管理物业服务区域内的业主共有部分，维护物业服务区域内的基本秩序，采取合理措施保护业主的人身、财产安全。

对物业服务区域内违反有关治安、环保、消防等法律法规的行为，物业服务人应当及时采取合理措施制止、向有关行政主管部门报告并协助处理。

第九百四十四条　业主应当按照约定向物业服务人支付物业费。物业服务人已经按照约定和有关规定提供服务的，业主不得以未接受或者无需接受相关物业服务为由拒绝支付物业费。

业主违反约定逾期不支付物业费的，物业服务人可以催告其在合理期限内支付；合理期限届满仍不支付的，物业服务人可以提起诉讼或者申请仲裁。

物业服务人不得采取停止供电、供水、供热、供燃气等方式催交物业费。

第九百四十六条　业主依照法定程序共同决定解聘物业服务人的，可以解除物业服务合同。决定解聘的，应当提前六十日书面通知物业服务人，但是合同对通知期限另有约定的除外。

依据前款规定解除合同造成物业服务人损失的，除不可归责于业主的事由外，业主应当赔偿损失。

《最高人民法院关于审理物业服务纠纷案件适用法律若干问题的解释》（法释〔2020〕17号）

第二条　物业服务人违反物业服务合同约定或者法律、法规、部门规章规定，擅自扩大收费范围、提高收费标准或者重复收费，业主以违规收费为由提出抗辩的，人民法院应予支持。

业主请求物业服务人退还其已经收取的违规费用的，人民法院应予支持。

147. 非法出租土地用于非农业建设，应当如何处罚？

星星村在未依法办理用地审批手续的情况下，擅自与月亮服装厂签订了土地租赁合同。合同约定，星星村将20亩荒地租赁给月亮服装厂，租期为30年，每年租金为2万元，一年一交。

星星村的这种行为合法吗？如果不合法，应当如何处罚？

法律解析

星星村在未依法办理用地手续的情况下，擅自将土地租赁给月亮服装厂用于非农业建设，属于违法行为。根据《土地管理法》的相关规定，对于星星村的直接责任人应当给予行政处分，主管部门限期责令改正，没收违法所得，并处罚款。

法条链接

《土地管理法》

第七十七条　未经批准或者采取欺骗手段骗取批准，非法占用土地的，由县级以上人民政府自然资源主管部门责令退还非法占用的土地，对违反土地利用总体规划擅自将农用地改为建设用地的，限期拆除在非法占用的土地上新建的建筑物和其他设施，恢复土地原状，对符合土地利用总体规划的，没收在非法占用的土地上新建的建筑物和其他设施，可以并处罚款；对非法占用土地单位的直接负责的主管人员和其他直接责任人员，依法给予处分；构成犯罪的，依法追究刑事责任。

超过批准的数量占用土地，多占的土地以非法占用土地论处。

第八十二条　擅自将农民集体所有的土地通过出让、转让使用权或者出租等方式用于非农业建设，或者违反本法规定，将集体经营性建设用地通过出让、出租等方式交由单位或者个人使用的，由县级以上人民政府自然资源主管部门责令限期改正，没收违法所得，并处罚款。

148. 农村集体土地被征收，会有哪些补偿？

老曹是 A 村村民，当地政府因为公益需要，征收了 A 村土地，其中涉及老曹家。老曹家不仅房子被征收拆迁，还有几亩种菜、种粮食的田地也被列入征收范围。老曹愿意配合政府的征收行为，但是他想了解，政府会给他哪些补偿？这些补偿以什么方式发放？

▎法律解析

根据《民法典》第二百四十三条的规定，征收集体所有的土地，征收方应当依法及时足额支付土地补偿费、安置补助费以及农村村民住宅、其他地上附着物和青苗等的补偿费用，并安排被征地农民的社会保障费用，保障被征地农民的生活，维护被征地农民的合法权益。

2021年新修订的《中华人民共和国土地管理法实施条例》（以下简称《土地管理法实施条例》）规定，省、自治区、直辖市应当制定公布区片综合地价，确定征收农用地的土地补偿费、安置补助费标准，并制定土地补偿费、安置补助费分配办法。这意味着，土地补偿费、安置补助费不再直接支付给村集体，而由省、自治区、直辖市人民政府制定分配办法，按照分配办法直接进行分配。

▎法条链接

《民法典》

第二百四十三条　为了公共利益的需要，依照法律规定的权限和程序可以征收集体所有的土地和组织、个人的房屋以及其他不动产。

征收集体所有的土地，应当依法及时足额支付土地补偿费、安置补助费以及农村村民住宅、其他地上附着物和青苗等的补偿费用，并安排被征地农民的社会保障费用，保障被征地农民的生活，维护被征地农民的合法权益。

征收组织、个人的房屋以及其他不动产，应当依法给予征收补偿，维护被征收人的合法权益；征收个人住宅的，还应当保障被征收人的居住条件。

任何组织或者个人不得贪污、挪用、私分、截留、拖欠征收补偿费等费用。

《土地管理法实施条例》

第三十二条　省、自治区、直辖市应当制定公布区片综合地价，确定征收农用地的土地补偿费、安置补助费标准，并制定土地补偿费、安置补助费分配办法。

地上附着物和青苗等的补偿费用，归其所有权人所有。

社会保障费用主要用于符合条件的被征地农民的养老保险等社会保险缴费

补贴，按照省、自治区、直辖市的规定单独列支。

申请征收土地的县级以上地方人民政府应当及时落实土地补偿费、安置补助费、农村村民住宅以及其他地上附着物和青苗等的补偿费用、社会保障费用等，并保证足额到位，专款专用。有关费用未足额到位的，不得批准征收土地。

149. 父母的承包地能否作为遗产继承？

王云夫妇有王大、王二两个孩子，王大是女儿，王二是儿子，均已成家。在第二轮土地承包时，王云夫妇与儿女对土地承包经营权进行了划分，将王家的土地分别划归王云夫妇、王大家庭和王二家庭经营。后来，王云夫妇将其承包的土地流转经营。王云夫妇相继去世后，其原享有的土地流转收益被王大占有。王二对此不满，起诉要求继承该承包经营土地。

法院会支持王二的诉求吗？

▍法律解析

我国的土地承包根据承包主体的不同一般分为两种形式：以户为单位和以个人为单位。

以户为单位的承包，即家庭承包。根据《中华人民共和国农村土地承包法》（以下简称《农村土地承包法》）第十六条的规定，家庭承包的承包方是本集体经济组织的农户。农户内家庭成员依法平等享有承包土地的各项权益。即使农户内有部分家庭成员死亡，作为承包方的"户"仍然存在，因此，家庭成员之间不存在继承问题。

以个人为单位的承包，如果承包主体死亡，根据《农村土地承包法》和最高人民法院的司法解释的规定，个人承包经营权在以下两种情形下可以被依法继承：第一，个人承包的林地承包经营权；第二，通过招标、拍卖、公开协商等方式取得的"四荒"（荒山、荒沟、荒丘、荒滩）土地的承包经营权。

本案中，王云夫妇、王大和王二是以家庭为单位承包土地的，王云夫妇虽然去世了，但农户内的家庭成员王大、王二还在。因此，王大、王二可以依法平等享有承包土地的各项权益，不存在承包土地的继承问题。

▊ 法条链接

《民法典》

第一千一百二十二条　遗产是自然人死亡时遗留的个人合法财产。

依照法律规定或者根据其性质不得继承的遗产，不得继承。

《农村土地承包法》

第十六条　家庭承包的承包方是本集体经济组织的农户。

农户内家庭成员依法平等享有承包土地的各项权益。

第五十四条　依照本章规定通过招标、拍卖、公开协商等方式取得土地经营权的，该承包人死亡，其应得的承包收益，依照继承法的规定继承；在承包期内，其继承人可以继续承包。

150. 欠债人的唯一住房会被法院强制执行吗?

法院判决张某归还欠付李某的 100 万元债务，但张某拒不还钱，李某只好向法院申请强制执行。经法院查询，张某名下仅有一套住房，并无其他财产。李某遂向法院申请对张某的房屋进行司法拍卖。

李某的要求是否合理？张某的这套唯一住房会被执行司法拍卖吗？

▊ 法律解析

《最高人民法院关于人民法院民事执行中查封、扣押、冻结财产的规定》（法释〔2020〕21 号）第四条规定，对被执行人及其所扶养家属生活所必需的居住房屋，人民法院可以查封，但不得拍卖、变卖或者抵债。不过，"唯一住房"不等于"生活所必需的居住房屋"。也就是说，被执行人只拥有一套住房，并不意味着这套住房就是他及其所扶养家属"生活所必需的居住房屋"。

本案中，张某的这套房屋能否执行司法拍卖，要视房屋的具体情况而定。如果这套唯一住房不是张某及其所扶养家属"生活所必需的居住房屋"，那么法院是可以对该房屋执行司法拍卖的。比如，这套房屋的房屋面积、房间数量等超出了社会一般民众的居住水平；张某没有在此套房屋居住，而将其作为空闲房屋对外出租；张某为了逃避债务，将名下房屋过户给其他人，故意造成目前只有一套房屋的假象等。

总的来说，欠债人的住房是否会被执行司法拍卖，不在于此房屋是不是被执行人的唯一住房，而在于此房屋是不是被执行人及其所扶养家属"生活所必需的居住房屋"。

▌法条链接

《最高人民法院关于人民法院民事执行中查封、扣押、冻结财产的规定》

第四条　对被执行人及其所扶养家属生活所必需的居住房屋，人民法院可以查封，但不得拍卖、变卖或者抵债。

《最高人民法院关于人民法院办理执行异议和复议案件若干问题的规定》

第二十条　金钱债权执行中，符合下列情形之一，被执行人以执行标的系本人及所扶养家属维持生活必需的居住房屋为由提出异议的，人民法院不予支持：

（一）对被执行人有扶养义务的人名下有其他能够维持生活必需的居住房屋的；

（二）执行依据生效后，被执行人为逃避债务转让其名下其他房屋的；

（三）申请执行人按照当地廉租住房保障面积标准为被执行人及所扶养家属提供居住房屋，或者同意参照当地房屋租赁市场平均租金标准从该房屋的变价款中扣除五至八年租金的。

执行依据确定被执行人交付居住的房屋，自执行通知送达之日起，已经给予三个月的宽限期，被执行人以该房屋系本人及所扶养家属维持生活的必需品为由提出异议的，人民法院不予支持。

第六章

企业经营管理篇

151. 朋友出钱让我注册公司再转让给他，有什么法律风险？

小吕的朋友在某市打拼多年，开了好几家公司，赚了不少钱。一次聚会，小吕跟朋友开玩笑说："我什么时候也能像你一样当上老板就好了。"朋友当场表示，一定帮他实现这个梦想。几天后，朋友跟小吕说，他愿意出钱给小吕注册一个公司，让小吕做法定代表人，过过当老板的瘾，过段时间再把公司转让给他。小吕心存疑惑：这样做会不会有法律风险？

▍法律解析

我们通常说的"老板"，在法律上称为"法定代表人"。一般来说，法定代表人因执行职务所产生的法律责任通常由其所代表的企业来承担，但在很多情形下，法定代表人本人也要承担相应的法律责任。

本案中，若朋友给小吕注册的公司从事非法经营活动，小吕很可能被追究民事责任、行政责任；若公司的经营活动触犯刑法，小吕还会被依法追究刑事责任；若公司欠债不还，小吕作为公司的法定代表人，可能会被法院限制高消费。

很多时候，"老板"看似风光，实则背负着民事、行政、刑事等多方面的法律责任。

律师建议，对于朋友此类"好意"，能拒绝则拒绝。

▍法条链接

《民法典》

第六十一条 依照法律或者法人章程的规定，代表法人从事民事活动的负责人，为法人的法定代表人。

法定代表人以法人名义从事的民事活动，其法律后果由法人承受。

法人章程或者法人权力机构对法定代表人代表权的限制，不得对抗善意相对人。

第六十二条 法定代表人因执行职务造成他人损害的，由法人承担民事责任。

法人承担民事责任后，依照法律或者法人章程的规定，可以向有过错的法定代表人追偿。

152. 口头的合伙协议有没有法律效力？

小于家在农村，由于信息较为闭塞，小于家乡的农产品很难外销。乡亲们都很着急，小于想帮一帮乡亲们。这天，邻居来找小于，说想跟他合伙开个网店，把农产品放到网上去卖。小于认为这个方式值得一试，就答应了，并与邻居谈好了投资、分红等事宜。但由于两人都缺乏网络销售经验，网店开起来以后，农产品卖得并不好。邻居想退出，小于不同意。邻居说："我们合伙开网店只是口头约定，没有签订书面合伙协议，没有法律效力，我想退出就可以退出。"小于一听蒙了，口头的合伙协议真的没有法律效力吗？

法律解析

合伙合同是两个以上合伙人为了共同的事业目的，订立的共享利益、共担风险的协议。合同既可以采用书面形式订立，也可以采用口头形式订立。

《中华人民共和国合伙企业法》（以下简称《合伙企业法》）第四条规定，合伙协议依法由全体合伙人协商一致、以书面形式订立。因此，如果要注册成立合伙企业，必须订立书面的合伙协议；如果并非要成立合伙企业，只是针对某项事务开展合作，以口头形式订立协议也可以。

不过，在实践中，以口头形式订立的合伙协议一旦发生纠纷，想要证明口头协议的存在及其内容，往往面临很大困难，通常只能从各方当事人的聊天记录、通话录音和其他证人的证言等方面来侧面佐证。因此，在难以证明合伙协议存在及其内容的前提下，小于与邻居之间的口头合伙协议可能不具备法律效力。

律师建议，无论签订哪种类型的合同，都应当尽量采用书面形式。

▌法条链接

《民法典》

第四百六十九条　当事人订立合同，可以采用书面形式、口头形式或者其他形式。

书面形式是合同书、信件、电报、电传、传真等可以有形地表现所载内容的形式。

以电子数据交换、电子邮件等方式能够有形地表现所载内容，并可以随时调取查用的数据电文，视为书面形式。

第九百六十七条　合伙合同是两个以上合伙人为了共同的事业目的，订立的共享利益、共担风险的协议。

《合伙企业法》

第四条　合伙协议依法由全体合伙人协商一致、以书面形式订立。

153. 个人独资企业、合伙企业、有限责任公司、股份有限公司有什么区别？

曲先生想辞职与朋友一起创业，但是他对企业的性质不了解，不知道以哪种形式经营比较好。他想知道，个人独资企业、合伙企业、有限责任公司、股份有限公司有什么区别？

▌法律解析

个人独资企业，是指由一个自然人投资，财产为投资人个人所有，投资人以其个人财产对企业债务承担无限责任的经营实体。简单来说，个人独资企业归老板一人所有和控制，由老板一人承担经营风险、享有全部经营收益。

合伙企业由多个合伙人共同出资经营，共享收益，共担风险。合伙企业分为两种：普通合伙企业和有限合伙企业。普通合伙企业由普通合伙人组成，合伙人对合伙企业债务承担无限连带责任[1]；有限合伙企业由普通合伙人和有限合伙人组成，普通合伙人对合伙企业债务承担无限连带责任，有限合伙人以其认缴的出资额为限对合伙企业债务承担责任。需要注意的是，有限合伙人只有出资义务，可以分享利润，但不能参与合伙事务的经营，执行合伙事务的只能是普通合伙人。

公司也分为两种：有限责任公司和股份有限公司。有限责任公司的股东以其认缴的出资额为限对公司承担有限责任[2]；股份有限公司的股东以其认购的股份为限对公司承担有限责任。无论是有限责任公司，还是股份有限公司，都以其全部财产对公司债务承担责任。

本案中，曲先生想要与朋友一起创业，可以选择成立合伙企业或者有限责任公司。合伙企业与有限责任公司都没有最低出资额限制，二者的区别主要在于：第一，合伙企业中的普通合伙人需要对合伙企业债务承担无限连带责任，有限责任公司的股东则只需对公司债务承担有限责任；第二，税务上，合伙企业不需要缴纳企业所得税，有限责任公司则需要缴纳企业所得税。不过，具体选择哪种形式，曲先生与朋友可以在综合考虑自身业务类型、发展模式、发展预期等各方面因素后，再做决定。

法条链接

《中华人民共和国个人独资企业法》

第二条　本法所称个人独资企业，是指依照本法在中国境内设立，由一个自然人投资，财产为投资人个人所有，投资人以其个人财产对企业债务承担无限责任的经营实体。

1　此处的"无限连带责任"，是指无论合伙企业对外有多少负债，普通合伙人都必须对全部负债负清偿责任。
2　此处的"有限责任"，是指股东只需要以其出资额为限对公司的债务承担清偿责任。

《合伙企业法》

第二条　本法所称合伙企业，是指自然人、法人和其他组织依照本法在中国境内设立的普通合伙企业和有限合伙企业。

普通合伙企业由普通合伙人组成，合伙人对合伙企业债务承担无限连带责任。本法对普通合伙人承担责任的形式有特别规定的，从其规定。

有限合伙企业由普通合伙人和有限合伙人组成，普通合伙人对合伙企业债务承担无限连带责任，有限合伙人以其认缴的出资额为限对合伙企业债务承担责任。

第二十六条第一款　合伙人对执行合伙事务享有同等的权利。

第六十八条第一款　有限合伙人不执行合伙事务，不得对外代表有限合伙企业。

《公司法》

第三条　公司是企业法人，有独立的法人财产，享有法人财产权。公司以其全部财产对公司的债务承担责任。

公司的合法权益受法律保护，不受侵犯。

第四条第一款　有限责任公司的股东以其认缴的出资额为限对公司承担责任；股份有限公司的股东以其认购的股份为限对公司承担责任。

《中华人民共和国企业所得税法》

第一条　在中华人民共和国境内，企业和其他取得收入的组织（以下统称企业）为企业所得税的纳税人，依照本法的规定缴纳企业所得税。

个人独资企业、合伙企业不适用本法。

154. 以1元人民币的价格转让股权，违法吗？

两年前，詹某和朋友一起开了一家影视公司。由于种种原因，公司经营状况不佳。詹某想退出，但是朋友不愿意受让詹某的股权，并说只有詹某找到接手人，才会同意其退出。詹某想把股权以1元人民币的价格转让给他人，这样的行为违法吗？

法律解析

我国法律对国有股权与非国有股权转让的限制是不一样的，对国有股权转让的价格有限制，而对非国有股权转让的价格没有限制。

本案中，詹某要转让的股权是非国有股权，所以他以1元的价格转让并不违法。不过，如果詹某与朋友创办的是股份有限公司，则股份转让的时间和数额均受到一定限制，详见《公司法》第一百六十条的规定。

法条链接

《公司法》

第一百六十条 公司公开发行股份前已发行的股份，自公司股票在证券交易所上市交易之日起一年内不得转让。法律、行政法规或者国务院证券监督管理机构对上市公司的股东、实际控制人转让其所持有的本公司股份另有规定的，从其规定。

公司董事、监事、高级管理人员应当向公司申报所持有的本公司的股份及其变动情况，在就任时确定的任职期间每年转让的股份不得超过其所持有本公司股份总数的百分之二十五；所持本公司股份自公司股票上市交易之日起一年内不得转让。上述人员离职后半年内，不得转让其所持有的本公司股份。公司章程可以对公司董事、监事、高级管理人员转让其所持有的本公司股份作出其他限制性规定。

股份在法律、行政法规规定的限制转让期限内出质的，质权人不得在限制转让期限内行使质权。

《财政部关于加强中央文化企业国有产权转让管理的通知》（财文资〔2013〕5号）

五、中央文化企业国有产权转让应当依法履行内部决策程序和审批程序，按规定做好清产核资、审计和资产评估等有关工作，并以经核准或备案的资产评估值作为转让价格的参考依据。

155. 我跟朋友聊聊公司的事，怎么就成泄露商业秘密了？

阿花在一家公司做销售员。最近公司业绩下滑，客户要求又多，阿花感觉压力很大。于是，阿花在和朋友吃饭聊天时，吐槽了一下公司和客户的一些事情。没想到，朋友把阿花吐槽的内容传播出去了。两个月后，公司以阿花泄露商业秘密为由，要跟阿花解除劳动合同。阿花非常郁闷，觉得自己只是跟朋友聊了聊公司的事，怎么就成泄露商业秘密了？

▋法律解析

根据《中华人民共和国反不正当竞争法》（以下简称《反不正当竞争法》）的规定，商业秘密是指不为公众所知悉、具有商业价值并经权利人采取相应保密措施的技术信息、经营信息等商业信息。具体而言，与经营活动有关的创意、管理、销售、财务、计划、样本、招投标材料、客户信息、数据等，都可能被认定为商业秘密中的经营信息。

本案中，阿花与朋友吐槽公司和客户，很容易涉及公司的销售、财务、客户信息，比如公司的销售业绩，客户的名称、地址以及交易习惯、意向、内容等。这样做可能涉嫌泄露公司的商业秘密，严重的还可能涉嫌刑事犯罪。

律师建议，我们平时在跟朋友聊天时，不要提及与公司业务相关的具体信息，谨防泄露公司的商业秘密。

▋法条链接

《反不正当竞争法》

第九条　经营者不得实施下列侵犯商业秘密的行为：

（一）以盗窃、贿赂、欺诈、胁迫、电子侵入或者其他不正当手段获取权利人的商业秘密；

（二）披露、使用或者允许他人使用以前项手段获取的权利人的商业秘密；

（三）违反保密义务或者违反权利人有关保守商业秘密的要求，披露、使用或者允许他人使用其所掌握的商业秘密；

（四）教唆、引诱、帮助他人违反保密义务或者违反权利人有关保守商业秘密的要求，获取、披露、使用或者允许他人使用权利人的商业秘密。

经营者以外的其他自然人、法人和非法人组织实施前款所列违法行为的，视为侵犯商业秘密。

第三人明知或者应知商业秘密权利人的员工、前员工或者其他单位、个人实施本条第一款所列违法行为，仍获取、披露、使用或者允许他人使用该商业秘密的，视为侵犯商业秘密。

本法所称的商业秘密，是指不为公众所知悉、具有商业价值并经权利人采取相应保密措施的技术信息、经营信息等商业信息。

156. 不正当竞争需要承担哪些法律责任？

甲公司是一家食品生产公司。为了提高公司产品的销量，甲公司使用了与行业内另一公司（乙公司）的知名产品相似的包装与名称，导致甲公司的产品与乙公司的知名产品在市场上产生了混淆。消费者在购买产品时会将甲公司的产品误认为是乙公司的知名产品。

甲公司的行为是否属于不正当竞争？如果是，甲公司需要承担哪些法律责任？

▌法律解析

在市场经济中，个别经营者为了使自己的利益最大化，会做出一些不正当的竞争行为，比如市场混淆、商业贿赂、虚假宣传、侵犯商业秘密、低价倾销等。这些不正当的竞争行为严重侵犯了其他企业的合法权益，扰乱了市场经济的发展。根据《反不正当竞争法》的规定，经营者要分别承担民事责任、行政责任和刑事责任。该法第四章专门针对不正当竞争行为的法律责任作出了规定。

本案中，甲公司的行为属于市场混淆行为。一方面，甲公司将面临监督检查部门的行政处罚，包括责令甲公司停止违法行为、没收违法商品，并根据营业额处以一定数额的罚款。如果甲公司违法的情节严重，还将被吊销营业执照。另一方面，甲公司的市场混淆行为给乙公司造成损害的，乙公司有权主张民事赔偿。如果甲公司的行为进一步构成侵犯知识产权的刑事犯罪，还会面临相应的刑事责任。

律师建议，经营者应当合法经营，避免实施不正当竞争行为，否则不仅会面临行政处罚，给他人造成损害的，需要承担民事责任；构成犯罪的，还需要承担刑事责任。

▌法条链接

《反不正当竞争法》

第六条　经营者不得实施下列混淆行为，引人误认为是他人商品或者与他人存在特定联系：

（一）擅自使用与他人有一定影响的商品名称、包装、装潢等相同或者近似的标识；

（二）擅自使用他人有一定影响的企业名称（包括简称、字号等）、社会组织名称（包括简称等）、姓名（包括笔名、艺名、译名等）；

（三）擅自使用他人有一定影响的域名主体部分、网站名称、网页等；

（四）其他足以引人误认为是他人商品或者与他人存在特定联系的混淆行为。

第十七条　经营者违反本法规定，给他人造成损害的，应当依法承担民事责任。

经营者的合法权益受到不正当竞争行为损害的，可以向人民法院提起诉讼。

因不正当竞争行为受到损害的经营者的赔偿数额，按照其因被侵权所受到的实际损失确定；实际损失难以计算的，按照侵权人因侵权所获得的利益确定。经营者恶意实施侵犯商业秘密行为，情节严重的，可以在按照上述方法确定数额的一倍以上五倍以下确定赔偿数额。赔偿数额还应当包括经营者为制止侵权行为所支付的合理开支。

经营者违反本法第六条、第九条规定，权利人因被侵权所受到的实际损失、侵权人因侵权所获得的利益难以确定的，由人民法院根据侵权行为的情节判决给予权利人五百万元以下的赔偿。

第十八条 经营者违反本法第六条规定实施混淆行为的，由监督检查部门责令停止违法行为，没收违法商品。违法经营额五万元以上的，可以并处违法经营额五倍以下的罚款；没有违法经营额或者违法经营额不足五万元的，可以并处二十五万元以下的罚款。情节严重的，吊销营业执照。

经营者登记的企业名称违反本法第六条规定的，应当及时办理名称变更登记；名称变更前，由原企业登记机关以统一社会信用代码代替其名称。

157. 股东把公司资金转到个人账户，存在哪些法律风险？

张女士的丈夫开了一家有限责任公司，主要做汽车配件销售生意。最近，张女士发现丈夫经常把公司资金转到他的个人账户中。张女士觉得丈夫这样做不妥，但是不知道这种做法到底存在哪些法律风险。

▌法律解析

有些公司的股东由于法律意识淡薄，对个人财产与公司财产不加以区分，导致二者严重混同，比如像张女士的丈夫这样把公司资金转入个人账户。这样的行为存在行政、民事、刑事等多种法律风险。

首先，设立公司制度的初衷，是通过确立公司独立人格来隔离股东对公司行为的直接责任，从而区分公司责任与股东个人责任，以免公司责任与股东个人责任混淆，影响投资者创业的信心。如果股东对公司财产与个人财产不加以区分，导致公司与股东发生财产混同，无法区分公司责任与股东个人责任，则一旦公司发生债务危机，资不抵债，股东就有可能被认定为滥用公司法人独立地位和股东有限责任，逃避债务，严重损害公司债权人利益。此时，股东需要对公司债务承担连带责任。

其次，根据我国税法的规定，股东将公司账户上的资金转入其个人账户，应当视为股东个人的分红，需要缴纳 20% 的个人所得税。如果股东没有及时缴纳个人所得税，就等于偷逃税款；如果公司没有对这笔资金进行正常的登记入账，并依法缴纳增值税、企业所得税，公司将面临偷逃税款的法律责任。此时，股东除了会被税务机关追缴税款、滞纳金，还会被依法处以罚款，甚至被追究刑事责任。

最后，该行为还可能涉嫌职务侵占罪、挪用资金罪等刑事犯罪。

律师建议，股东应当依法行使股东权利，让公司的归公司，个人的归个人。这无论是对公司还是对个人来说，都是一种保护。

▌法条链接

《公司法》

第二十一条　公司股东应当遵守法律、行政法规和公司章程，依法行使股东权利，不得滥用股东权利损害公司或者其他股东的利益。

公司股东滥用股东权利给公司或者其他股东造成损失的，应当承担赔偿责任。

第二十三条第一款　公司股东滥用公司法人独立地位和股东有限责任，逃避债务，严重损害公司债权人利益的，应当对公司债务承担连带责任。

《刑法》

第二百七十一条第一款　【职务侵占罪】公司、企业或者其他单位的工作人员，利用职务上的便利，将本单位财物非法占为己有，数额较大的，处三年以下有期徒刑或者拘役，并处罚金；数额巨大的，处三年以上十年以下有期徒刑，并处罚金；数额特别巨大的，处十年以上有期徒刑或者无期徒刑，并处罚金。

第二百七十二条第一款　【挪用资金罪】公司、企业或者其他单位的工作人员，利用职务上的便利，挪用本单位资金归个人使用或者借贷给他人，数额较大、超过三个月未还的，或者虽未超过三个月，但数额较大、进行营利活动的，或者进行非法活动的，处三年以下有期徒刑或者拘役；挪用本单位资金数额巨大的，处三年以上七年以下有期徒刑；数额特别巨大的，处七年以上有期徒刑。

158. 公司申请破产的流程是什么？

　　吴小姐是一家有限责任公司的大股东。受市场环境影响，公司效益下滑严重。公司已经不能清偿到期债务，并且明显缺乏清偿能力。吴小姐认为公司已经无法继续经营。为了使自己的权益亏损减少，吴小姐想为公司申请破产，但她不知道申请破产有哪些流程。

法律解析

　　当公司不能清偿到期债务，并且资产不足以清偿全部债务或者明显缺乏清偿能力时，公司或者其债权人可以向法院提出破产清算的申请。向法院提出破产申请，应当提交破产申请书和有关证据。债务人提出申请的，还应当向法院提交财产状况说明、债务清册、债权清册、有关财务会计报告、职工安置预案以及职工工资的支付和社会保险费用的缴纳情况。

　　本案中，吴小姐的公司可以在符合申请破产的条件下，准备破产申请书和有关证据，向法院提出破产申请。

　　律师建议，当公司无力承担债务时，可以依法申请破产，减少权益亏损；债权人也可以通过向法院提出破产申请，尽可能地实现自己的债权。

法条链接

《中华人民共和国企业破产法》

　　第二条　企业法人不能清偿到期债务，并且资产不足以清偿全部债务或者明显缺乏清偿能力的，依照本法规定清理债务。

　　企业法人有前款规定情形，或者有明显丧失清偿能力可能的，可以依照本法规定进行重整。

　　第七条　债务人有本法第二条规定的情形，可以向人民法院提出重整、和解或者破产清算申请。

债务人不能清偿到期债务，债权人可以向人民法院提出对债务人进行重整或者破产清算的申请。

企业法人已解散但未清算或者未清算完毕，资产不足以清偿债务的，依法负有清算责任的人应当向人民法院申请破产清算。

第八条 向人民法院提出破产申请，应当提交破产申请书和有关证据。

破产申请书应当载明下列事项：

（一）申请人、被申请人的基本情况；

（二）申请目的；

（三）申请的事实和理由；

（四）人民法院认为应当载明的其他事项。

债务人提出申请的，还应当向人民法院提交财产状况说明、债务清册、债权清册、有关财务会计报告、职工安置预案以及职工工资的支付和社会保险费用的缴纳情况。

第十条 债权人提出破产申请的，人民法院应当自收到申请之日起五日内通知债务人。债务人对申请有异议的，应当自收到人民法院的通知之日起七日内向人民法院提出。人民法院应当自异议期满之日起十日内裁定是否受理。

除前款规定的情形外，人民法院应当自收到破产申请之日起十五日内裁定是否受理。

有特殊情况需要延长前两款规定的裁定受理期限的，经上一级人民法院批准，可以延长十五日。

第七章

人身权利篇

159. 村委会有权限制公民的人身自由吗？

王大伯家的祖宅面临政府拆迁征收。王大伯认为征收补偿标准不能满足自己的心理预期，不愿意签订征收补偿协议。无论征收办的工作人员如何劝说，王大伯都不配合搬迁。村委会主任一气之下把王大伯关进征收办公室的"小黑屋"，宣称："你要是不签征收补偿协议，就一直住在这里吧！"

村委会主任有权这样做吗？

▍法律解析

人身自由是公民的基本人格权利，受到法律保护，任何组织或者个人都不得随意侵犯。根据《刑法》的规定，非法拘禁他人或者以其他方法非法剥夺他人人身自由的，构成非法拘禁罪。

本案中，王大伯与征收办就房屋拆迁征收补偿事宜有争议，应当依法通过正常协商途径解决。村委会主任及村委会都无权以任何方式限制王大伯的人身自由，若情节严重，可能涉嫌非法拘禁罪。

▍法条链接

《民法典》

第一百零九条　自然人的人身自由、人格尊严受法律保护。

第九百九十条　人格权是民事主体享有的生命权、身体权、健康权、姓名权、名称权、肖像权、名誉权、荣誉权、隐私权等权利。

除前款规定的人格权外，自然人享有基于人身自由、人格尊严产生的其他人格权益。

《刑法》

第二百三十八条　【非法拘禁罪】非法拘禁他人或者以其他方法非法剥夺他

人人身自由的，处三年以下有期徒刑、拘役、管制或者剥夺政治权利。具有殴打、侮辱情节的，从重处罚。

【故意伤害罪】【故意杀人罪】犯前款罪，致人重伤的，处三年以上十年以下有期徒刑；致人死亡的，处十年以上有期徒刑。使用暴力致人伤残、死亡的，依照本法第二百三十四条、第二百三十二条的规定定罪处罚。

为索取债务非法扣押、拘禁他人的，依照前两款的规定处罚。

国家机关工作人员利用职权犯前三款罪的，依照前三款的规定从重处罚。

160. 在网上被人辱骂，如何处理？

沈某、徐某同为某市民间文艺家协会会员。某年底，该市文联各协会组织评奖，沈某获三等奖、徐某获优秀奖。徐某认为评奖结果不公平。为了发泄情绪，徐某不仅多次在某故事沙龙活动中谩骂沈某，还在某故事论坛用"飞鱼""愤怒的虎"等注册名，诽谤沈某"雅贿"，辱骂沈某"无耻加可耻"。

沈某认为徐某侵害了他的名誉权，他应该怎样维护自身权益？

▌法律解析

名誉是社会这个整体对特定的个体的各方面品行、操守、为人的客观综合评价。

本案中，徐某在网络论坛上公开发文诋毁沈某。从发文和言论的内容可知，徐某在主观上有降低沈某社会评价的故意，而且这些带有侮辱性质的语言，在客观上造成了浏览者对沈某作出负面评价，给沈某的个人精神造成了损害。这属于法律所规定的对名誉权的侵害，徐某应当承担相应的侵权责任。沈某可以将徐某诉至法院，要求徐某停止侵害、恢复名誉、赔礼道歉，并进行精神损害赔偿。

律师建议，在网上遭人辱骂，当事人应当积极保留相关证据，通过司法途径维权。

法条链接

《民法典》

第九百九十条第一款 人格权是民事主体享有的生命权、身体权、健康权、姓名权、名称权、肖像权、名誉权、荣誉权、隐私权等权利。

第九百九十五条 人格权受到侵害的，受害人有权依照本法和其他法律的规定请求行为人承担民事责任。受害人的停止侵害、排除妨碍、消除危险、消除影响、恢复名誉、赔礼道歉请求权，不适用诉讼时效的规定。

第一千一百六十五条 行为人因过错侵害他人民事权益造成损害的，应当承担侵权责任。

依照法律规定推定行为人有过错，其不能证明自己没有过错的，应当承担侵权责任。

161. 前男友恶意诽谤、纠缠不休，怎么办？

陆小姐与范某恋爱三年，再过两个月就要结婚了。但近期陆小姐发现范某出轨，所以果断与其分手。然而，分手后，范某一直纠缠不休，多次在陆小姐的工作单位、住房门口和父母家堵她，请求陆小姐与其复合。陆小姐不堪其扰，只得躲着范某。范某见她铁了心拒绝，竟在陆小姐的工作单位散布谣言，倒打一耙，说陆小姐出轨单位男同事。

面对这种情况，陆小姐应该如何维护自己的权利？

法律解析

《民法典》的立法亮点之一是将人格权独立成编，体现了我国对于人格权的重视。自然人的骚扰、跟踪、纠缠不休，是对他人隐私权的侵犯。根据《民法典》的规定，受害人可以主张停止侵害、排除妨碍、消除危险、消除影响、恢复名誉、赔礼道歉；对于造成侵权损失的，还可以主张赔偿责任。

本案中，范某对陆小姐纠缠不休，并向其工作单位散布不实信息，影响了陆小姐的私人生活安宁和社会评价，严重侵犯了陆小姐的隐私权、名誉权。陆小姐可以提起人格权诉讼，向法院主张自己的权利，要求范某赔偿损失。此外，根据《妇女权益保障法》第二十九条的规定，陆小姐还可以向法院申请人身安全保护令。

律师建议，如遇异性长期骚扰，可以报警处理，也可以利用法律武器维护自己的权利。

法条链接

《民法典》

第九百九十五条 人格权受到侵害的，受害人有权依照本法和其他法律的规定请求行为人承担民事责任。受害人的停止侵害、排除妨碍、消除危险、消除影响、恢复名誉、赔礼道歉请求权，不适用诉讼时效的规定。

第九百九十八条 认定行为人承担侵害除生命权、身体权和健康权外的人格权的民事责任，应当考虑行为人和受害人的职业、影响范围、过错程度，以及行为的目的、方式、后果等因素。

第一千零三十三条 除法律另有规定或者权利人明确同意外，任何组织或者个人不得实施下列行为：

（一）以电话、短信、即时通讯工具、电子邮件、传单等方式侵扰他人的私人生活安宁；

（二）进入、拍摄、窥视他人的住宅、宾馆房间等私密空间；

（三）拍摄、窥视、窃听、公开他人的私密活动；

（四）拍摄、窥视他人身体的私密部位；

（五）处理他人的私密信息；

（六）以其他方式侵害他人的隐私权。

《妇女权益保障法》

第二十九条 禁止以恋爱、交友为由或者在终止恋爱关系、离婚之后，纠缠、骚扰妇女，泄露、传播妇女隐私和个人信息。

妇女遭受上述侵害或者面临上述侵害现实危险的，可以向人民法院申请人身安全保护令。

162. 未经职工同意，公司可以使用其肖像进行业务宣传吗？

陈先生在一家安保公司工作。因为外形俊朗、工作能力较强，陈先生成了公司的"明星"。一天，陈先生发现自己入职时的形象照被加工制作成宣传易拉宝，摆放在公司门口。陈先生向公司领导反映，领导却笑着说："小陈，你以后要出名啦！咱们公司打算把你当作业务标杆进行对外宣传，效果好的话，还打算用你的形象来注册咱们公司的商标呢！你跟着公司好好干，将来少不了你的好处。"

陈先生虽然答应了，心里却生出许多疑惑：公司能使用自己的肖像进行业务宣传，甚至注册商标吗？是否需要向自己付费呢？

▌法律解析

肖像是指自然人形体、容貌等个人基本特征的再现。肖像所展示的形象蕴含自然人人格尊严，应由法律提供保护，所涉权利即为肖像权，包括制作权、专用权、肖像完整权等。[1]根据《民法典》的规定，自然人有权依法许可他人使用自己的肖像。但这里的"许可他人使用"，受到法律法规的限制：

（1）许可他人使用，是许可他人在商品、商标或者服务等方面使用。同时，许可他人使用不仅限于以营利为目的的使用，还包括以非营利为目的的使用。

（2）许可他人使用肖像，不得违反法律规定，不得违背公序良俗。

（3）任何组织或者个人不得以丑化、污损，或者利用信息技术手段伪造等方式侵害他人的肖像权。未经肖像权人同意，又无法律特殊规定，不得制作、使用、公开肖像权人的肖像。即使经过肖像权人许可，使用他人肖像也必须在法律允许的范围之内。

此外，《民法典》还规定了肖像权的合理使用制度，即在某些情形下，可以

1　朱庆育.民法总论 [M]. 2 版.北京：北京大学出版社，2016.

不经肖像权人同意使用其肖像（详见《民法典》第一千零二十条）。

本案的情形显然不属于肖像权合理使用制度的范畴。公司未经肖像权人陈先生的许可，擅自使用其形象照进行业务宣传，甚至打算注册商标的行为，已经侵犯了陈先生的肖像权。领导口中所谓的"将来少不了你的好处"，也并不是针对使用陈先生肖像的回报所作出的回复，即双方并未形成明确、具体的肖像权使用法律关系合意。因此，陈先生可以要求公司停止侵权行为，包括但不限于停止使用肖像、赔礼道歉、赔偿损失等。

律师建议，使用他人肖像时，如果不属于肖像权合理使用制度的范畴，必须经肖像权人同意，并签订肖像使用合同，明确使用的肖像客体、使用范围、期限、费用等事宜；即使属于合理使用制度的范畴，也应当告知肖像权人。

法条链接

《民法典》

第九百九十三条 民事主体可以将自己的姓名、名称、肖像等许可他人使用，但是依照法律规定或者根据其性质不得许可的除外。

第一千零一十八条 自然人享有肖像权，有权依法制作、使用、公开或者许可他人使用自己的肖像。

肖像是通过影像、雕塑、绘画等方式在一定载体上所反映的特定自然人可以被识别的外部形象。

第一千零一十九条 任何组织或者个人不得以丑化、污损，或者利用信息技术手段伪造等方式侵害他人的肖像权。未经肖像权人同意，不得制作、使用、公开肖像权人的肖像，但是法律另有规定的除外。

未经肖像权人同意，肖像作品权利人不得以发表、复制、发行、出租、展览等方式使用或者公开肖像权人的肖像。

第一千零二十条 合理实施下列行为的，可以不经肖像权人同意：

（一）为个人学习、艺术欣赏、课堂教学或者科学研究，在必要范围内使用肖像权人已经公开的肖像；

（二）为实施新闻报道，不可避免地制作、使用、公开肖像权人的肖像；

（三）为依法履行职责，国家机关在必要范围内制作、使用、公开肖像权人的肖像；

（四）为展示特定公共环境，不可避免地制作、使用、公开肖像权人的肖像；

（五）为维护公共利益或者肖像权人合法权益，制作、使用、公开肖像权人的肖像的其他行为。

163. 什么样的行为可以算作职场性骚扰？

小李大学毕业后进入一家公司从事行政助理工作。部门负责人王某 40 多岁，工作经验丰富，对小李很照顾。可是随着入职时间增加，小李发现王某经常在她面前或者在微信中说一些黄色段子，偶尔还有动手动脚的行为。小李很反感，也很苦恼。她害怕得罪王某丢掉工作，所以只是要求王某不要再给她发黄色段子了，而对王某的其他行为保持沉默。

王某的行为构成职场性骚扰吗？

▌法律解析

根据全国妇联权益部推出的《防治职场性骚扰指导手册》可知，职场性骚扰是指发生在工作场所的，以动作、语言、文字、图片、电子信息等方式实施的，与性有关的、违背职工意愿的行为。

具体而言，职场性骚扰主要包含以下三个条件。

1.骚扰者实施了与性有关的行为

性骚扰行为表现多样，其共同特点是与性相关。骚扰者在实施性骚扰时，可能采取口头形式，也可能采取书面形式，还可能采取其他举动，包括发送性方面的信息、视频；具有性含义的玩笑和戏弄；不必要的触碰；故意传播具有性含义的谣言；询问或者告知性经验；传播并展示裸体和具有性内容的图像；做出猥亵动作，甚至暴露性器官；以提拔或者金钱等进行性交换；反复凝视对方身体敏感部位；在未得到同意的前提下，强行抚摸、搂抱或者亲吻；要求发生性关系等。

2.骚扰者是在职场上利用职权或者职务之便实施的

骚扰者在职场上利用职权或者职务之便实施的性骚扰构成职场性骚扰。具体来说，可以分为两种情形：上级领导利用职权之便对下级职工进行性骚扰；职工利用工作之便对同事进行性骚扰。

3.违背受害职工的意愿

性骚扰行为是违背受害职工意愿的行为，受害职工可能会产生愤怒、焦虑、畏惧等不良情绪。所谓"违背意愿"，是指用明确反对，或者用拒绝、抵抗的语言文字拒绝骚扰。受害职工向上级领导投诉、举报的行为也视为一种"违背意愿"的表达。需要特别提示的是，受害职工可能受制于对骚扰者所拥有的职权的畏惧、希望保留工作的愿望或者舆论的压力，而不得已地选择隐忍骚扰者的行为。所以，受害职工在被骚扰过程中曾采取的沉默回应、借口推辞或者转移话题等间接反对手段，不影响对"违背意愿"的认定。

本案中，王某给小李发送黄色段子、对小李动手动脚的行为已经构成职场性骚扰，小李可以依法维护自己的权利。

律师建议，对于职场性骚扰，用人单位应当有明确的防治措施，职工也应当了解性骚扰的有关知识，对职场性骚扰勇敢说"不"，学会利用法律武器维护自身权益。

▌法条链接

《民法典》

第一千零一十条 违背他人意愿，以言语、文字、图像、肢体行为等方式对他人实施性骚扰的，受害人有权依法请求行为人承担民事责任。

机关、企业、学校等单位应当采取合理的预防、受理投诉、调查处置等措施，防止和制止利用职权、从属关系等实施性骚扰。

《妇女权益保障法》

第二十三条第一款 禁止违背妇女意愿，以言语、文字、图像、肢体行为等方式对其实施性骚扰。

《女职工劳动保护特别规定》

第十一条　在劳动场所，用人单位应当预防和制止对女职工的性骚扰。

164. 遭遇职场性骚扰，如何保全证据，维护权益？

　　面对部门领导的性骚扰，初入职场的小江非常苦恼，但是她没有勇气向公司领导反映，也不好意思跟自己的父母开口，只能向自己的好友小唐诉苦。小唐听说后，非常气愤，建议小江保全证据，勇敢地维护自己的权益。

　　小江应该怎样保全证据，维护自身权益呢？

▋法律解析

　　上一节，我们明确了哪些行为属于职场性骚扰。本节，我们来说说面对职场性骚扰，个人应当如何应对。

　　首先，遭遇职场性骚扰，受害人要勇敢说"不"，明确地向性骚扰实施者表明自己的态度。但在表明态度时，受害人要衡量对方是否会威胁到自己的人身安全，可以无声地拒绝，也可以直接把话挑明，要求对方检点自己的行为。

　　其次，受害人要及时保留证据，收集一切有利于证实自己被骚扰的证据，包括人证、物证、视听材料证据。平时在与骚扰者接触时，受害人可以利用录音、录像等工具记录性骚扰过程，并且注意保留手机短信、微信聊天记录、电子邮件等带有骚扰信息的电子文档。对于这些电子信息，受害人要及时到公证机构进行公证，以免被对方删除或者被质疑真实性。此外，受害人可以将被骚扰的事告知亲友或者同事，请他们为自己作证。如果在事后取证，受害人可以采取打电话过去责问并录音，或者发邮件、短信来责问当时的情况等方式，以保存证据。

　　最后，受害人要通过各种合法途径来维护自己的权利。一般来说，遇到职场性骚扰，受害人可以通过以下四种方式解决。

　　1. 向用人单位内部投诉、举报

　　根据《民法典》的规定，用人单位应当采取合理的预防、受理投诉、调查处置等措施，防止和制止性骚扰。受害人可以向用人单位内部相关部门投诉，也可以向人力资源主管部门或者上级领导直接投诉。如果用人单位没有及时制止并造成严重后果，需要承担一定的法律责任。

2. 向工会、妇联等组织投诉

受害人可以向工会（职工维权热线 12351）、妇联（妇女维权热线 12338）等组织投诉，寻求支持和帮助。

3. 向公安机关报案

受害人可以拨打 110 报警电话或者向当地公安机关报案，请求对骚扰者予以行政处罚或者依法追究其刑事责任。

4. 向法院提起诉讼

受害人可以向法院提起诉讼，以健康权、名誉权受损为由向骚扰者主张民事侵权责任，要求骚扰者停止侵害、赔偿经济损失、支付精神损害赔偿金。

本案中，遭遇职场性骚扰的小江应鼓起勇气，积极维护自己的权利。她可以通过上述方式寻求帮助，保护自己。

法条链接

《民法典》

第一千零一十条 违背他人意愿，以言语、文字、图像、肢体行为等方式对他人实施性骚扰的，受害人有权依法请求行为人承担民事责任。

机关、企业、学校等单位应当采取合理的预防、受理投诉、调查处置等措施，防止和制止利用职权、从属关系等实施性骚扰。

《妇女权益保障法》

第二十三条 禁止违背妇女意愿，以言语、文字、图像、肢体行为等方式对其实施性骚扰。

受害妇女可以向有关单位和国家机关投诉。接到投诉的有关单位和国家机关应当及时处理，并书面告知处理结果。

受害妇女可以向公安机关报案，也可以向人民法院提起民事诉讼，依法请求行为人承担民事责任。

第二十五条　用人单位应当采取下列措施预防和制止对妇女的性骚扰：

（一）制定禁止性骚扰的规章制度；

（二）明确负责机构或者人员；

（三）开展预防和制止性骚扰的教育培训活动；

（四）采取必要的安全保卫措施；

（五）设置投诉电话、信箱等，畅通投诉渠道；

（六）建立和完善调查处置程序，及时处置纠纷并保护当事人隐私和个人信息；

（七）支持、协助受害妇女依法维权，必要时为受害妇女提供心理疏导；

（八）其他合理的预防和制止性骚扰措施。

第七十二条　对侵害妇女合法权益的行为，任何组织和个人都有权予以劝阻、制止或者向有关部门提出控告或者检举。有关部门接到控告或者检举后，应当依法及时处理，并为控告人、检举人保密。

妇女的合法权益受到侵害的，有权要求有关部门依法处理，或者依法申请调解、仲裁，或者向人民法院起诉。

对符合条件的妇女，当地法律援助机构或者司法机关应当给予帮助，依法为其提供法律援助或者司法救助。

第七十三条　妇女的合法权益受到侵害的，可以向妇女联合会等妇女组织求助。妇女联合会等妇女组织应当维护被侵害妇女的合法权益，有权要求并协助有关部门或者单位查处。有关部门或者单位应当依法查处，并予以答复；不予处理或者处理不当的，县级以上人民政府负责妇女儿童工作的机构、妇女联合会可以向其提出督促处理意见，必要时可以提请同级人民政府开展督查。

受害妇女进行诉讼需要帮助的，妇女联合会应当给予支持和帮助。

第八十条　违反本法规定，对妇女实施性骚扰的，由公安机关给予批评教育或者出具告诫书，并由所在单位依法给予处分。

学校、用人单位违反本法规定，未采取必要措施预防和制止性骚扰，造成妇女权益受到侵害或者社会影响恶劣的，由上级机关或者主管部门责令改正；拒不改正或者情节严重的，依法对直接负责的主管人员和其他直接责任人员给予处分。

第八十五条　违反本法规定，侵害妇女的合法权益，其他法律、法规规定行政处罚的，从其规定；造成财产损失或者人身损害的，依法承担民事责任；构成犯罪的，依法追究刑事责任。

《女职工劳动保护特别规定》

第十四条 用人单位违反本规定，侵害女职工合法权益的，女职工可以依法投诉、举报、申诉，依法向劳动人事争议调解仲裁机构申请调解仲裁，对仲裁裁决不服的，依法向人民法院提起诉讼。

165. 夫妻之间未经允许可以查看对方手机吗？

金先生和廖女士已经结婚七年。最近一段时间，廖女士发现丈夫似乎有些"不对劲"——总是盯着手机笑，玩手机的时间也明显比之前长。廖女士想到人们经常说的"七年之痒"，有些慌了。她想趁金先生不在的时候偷偷查看他的手机。

廖女士可以未经金先生允许，就查看金先生的手机吗？

▌法律解析

《民法典》第一百一十一条规定，自然人的个人信息受法律保护，任何组织或者个人不得非法收集他人个人信息；第一千零三十二条规定，自然人享有隐私权，任何组织或者个人不得以刺探、侵扰等方式侵害他人的隐私权。

本案中，虽然金先生和廖女士是夫妻关系，但是金先生的手机中可能含有大量个人信息和个人不愿为他人知晓的私密信息。因此，如果没有经过金先生允许，廖女士不能擅自查看他的手机。

此外，《民法典》第一千零四十三条规定，夫妻应当互相忠实，互相尊重，互相关爱；家庭成员应当敬老爱幼，互相帮助，维护平等、和睦、文明的婚姻家庭关系。夫妻之间未经允许查看对方手机，违背了"互相忠实、互相尊重"的义务，不利于营造和维护和睦、文明的家庭关系。

妻子用偷偷查看丈夫手机的方式了解丈夫的心态变化，在处理夫妻矛盾时实为下策，不仅不能解决问题，还有可能激发矛盾，甚至涉嫌违法。律师建议，妻子应当与丈夫真诚、坦率地沟通，有误会及时消除，有问题共同面对。

▍法条链接

《民法典》

第一百一十一条　自然人的个人信息受法律保护。任何组织或者个人需要获取他人个人信息的，应当依法取得并确保信息安全，不得非法收集、使用、加工、传输他人个人信息，不得非法买卖、提供或者公开他人个人信息。

第一千零三十二条　自然人享有隐私权。任何组织或者个人不得以刺探、侵扰、泄露、公开等方式侵害他人的隐私权。

隐私是自然人的私人生活安宁和不愿为他人知晓的私密空间、私密活动、私密信息。

第一千零四十三条第二款　夫妻应当互相忠实，互相尊重，互相关爱；家庭成员应当敬老爱幼，互相帮助，维护平等、和睦、文明的婚姻家庭关系。

166. 未成年人可以变更自己的姓名吗？

16岁的小龚从小就不喜欢自己的姓氏，认为写起来太麻烦，想要跟随母亲姓丁。她崇拜世界冠军丁宁，希望能改成跟偶像一样的名字。

小龚是否有权变更自己的姓名？如果变更姓名，她需要履行哪些手续？

▍法律解析

自然人享有姓名权，有权依法决定、使用、变更或者许可他人使用自己的姓名，但是不能违背公序良俗。比如，"耿霸道"一名涉及谐音"更霸道"，因违背公序良俗而不予核准通过。

自然人想要变更姓名，应当依法向有关机关办理登记手续。未满十八周岁的，由本人或者父母、收养人向户口登记机关申请变更登记；十八周岁以上的，由本人向户口登记机关申请变更登记。

　　需要说明的是，无民事行为能力人、限制民事行为能力人变更姓名的，应当由父母双方或其他监护人协商一致共同提出申请，或者提供经公证协商一致的书面申请。父母或其他监护人提出为限制民事行为能力人变更姓名的，还需由其本人同意。限制民事行为能力人本人提出变更姓名的，由其父母或其他监护人同意，或者经其父母或其他监护人追认。

　　本案中，小龚作为未成年人，想要变更自己的姓名，应当经其父母或其他监护人的一致同意。

法条链接

《民法典》

　　第一千零一十二条　自然人享有姓名权，有权依法决定、使用、变更或者许可他人使用自己的姓名，但是不得违背公序良俗。

　　第一千零一十六条　自然人决定、变更姓名，或者法人、非法人组织决定、变更、转让名称的，应当依法向有关机关办理登记手续，但是法律另有规定的除外。

　　民事主体变更姓名、名称的，变更前实施的民事法律行为对其具有法律约束力。

《户口登记条例》

　　第十八条　公民变更姓名，依照下列规定办理：

　　一、未满十八周岁的人需要变更姓名的时候，由本人或者父母、收养人向户口登记机关申请变更登记；

　　二、十八周岁以上的人需要变更姓名的时候，由本人向户口登记机关申请变更登记。

167. AI 时代，怎么保护个人信息？

　　小美在某社交平台上上传了一组自己的照片。因为照片背景亮眼，小美本人亦相貌清秀，所以该组照片上传之后，被该平台纳入 AI（人工智能）换脸模板。平台其他用户可以任意使用小美照片中的背景和她的脸进行 AI 换脸。小美为此感到非常苦恼。在 AI 换脸技术越来越成熟的今天，小美很担心这种技术会泄露自己的个人隐私，并进一步侵害自己的个人信息安全。

小美应该如何保护自己的个人信息？

法律解析

自然人的面孔具有显著的识别性，属于自然人的生物识别信息。根据《民法典》的规定，信息处理者不得泄露或者篡改其收集、存储的个人信息；未经自然人同意，不得向他人非法提供其个人信息（经过加工无法识别特定个人且不能复原的除外）。肖像是自然人的重要特征，与肖像相绑定的往往是人的隐私与社会关系。目前很多智能设备采用的面容识别、面容核验等技术，也是基于肖像的，即自然人独一无二的特征。AI 换脸实质上属于"借用"了该唯一特征。这也是 AI 换脸诈骗术越成熟，其成功率越高的重要原因。

本案中，社交平台作为信息收集和存储者，未经小美同意，不能向其他人提供小美的面部信息。不仅如此，平台还应当采取技术措施和其他必要措施，防止小美的信息泄露、篡改、丢失。发生或者可能发生个人信息泄露、篡改、丢失的，平台应当及时采取补救措施，按照规定告知用户并向有关主管部门报告。现平台未经小美同意，擅自将小美的脸纳入 AI 换脸模板，已经侵犯了小美的肖像权及个人信息安全。对此，小美可以起诉该平台，要求平台停止侵权行为、赔礼道歉，并赔偿损失。

法条链接

《民法典》

第一千零一十九条 任何组织或者个人不得以丑化、污损，或者利用信息技术手段伪造等方式侵害他人的肖像权。未经肖像权人同意，不得制作、使用、公开肖像权人的肖像，但是法律另有规定的除外。

未经肖像权人同意，肖像作品权利人不得以发表、复制、发行、出租、展览等方式使用或者公开肖像权人的肖像。

第一千零三十八条 信息处理者不得泄露或者篡改其收集、存储的个人信息；未经自然人同意，不得向他人非法提供其个人信息，但是经过加工无法识别特定个人且不能复原的除外。

信息处理者应当采取技术措施和其他必要措施，确保其收集、存储的个人信息安全，防止信息泄露、篡改、丢失；发生或者可能发生个人信息泄露、篡改、丢失的，应当及时采取补救措施，按照规定告知自然人并向有关主管部门报告。

168. 丈夫能强迫妻子做全职太太吗?

李某今年 37 岁，经过几年创业打拼，事业有成。李某的妻子顾某在一家外贸公司工作，工作之余承担着辅导女儿学习的任务。李某认为妻子每天上班早出晚归且工资不高，而孩子的学习越来越紧，想让妻子辞职回家，做全职太太。顾某强烈反对，认为做全职太太会让她脱离社会，而且照顾孩子也不是她一个人的事情。两人为此争吵不断，严重影响了家庭和谐。

李某能强迫妻子做全职太太吗？

法律解析

根据《民法典》的规定，夫妻在婚姻家庭中地位平等，且夫妻双方都有参加生产、工作、学习和社会活动的自由，一方不得对另一方加以限制或者干涉。

本案中，虽然李某和顾某是夫妻，也确实存在需要协调工作和教育子女方面的精力分配问题，但是宪法赋予每位公民工作的权利和自由，作为丈夫的李某无权干涉。也就是说，只要顾某想要正常工作，李某就不能强迫顾某辞职回家做全职太太。

律师建议，婚姻需要夫妻双方共同经营、呵护，夫妻在家庭事务中具有法律上的平等地位，任何一方不得强制要求另一方从事违背自身意愿的事情。婚内强迫行为不仅会极大地破坏婚姻和睦，如果强迫行为转化为暴力行为等，还会触犯法律，构成违法犯罪。

法条链接

《民法典》

第一千零五十五条 夫妻在婚姻家庭中地位平等。

第一千零五十七条 夫妻双方都有参加生产、工作、学习和社会活动的自由，一方不得对另一方加以限制或者干涉。

169. 妻子中止妊娠是否侵犯丈夫的生育权？

付女士怀孕了，但考虑到自己的事业正处在上升期，付女士便瞒着丈夫王先生去医院做了流产。王先生知道后很生气。他是家中独子，因为结婚晚，40岁了还没有孩子，他的父母都盼着能早日抱上孙子。现在妻子好不容易怀孕了，却偷偷流产了，王先生认为妻子的行为侵犯了他的生育权。

王先生的想法对吗？

法律解析

生育权，是指自然人拥有的依法决定是否生育子女以及如何生育子女的一种资格或者自由，包括生育的自由、不生育的自由和选择生育方式的自由。[1] 在婚姻关系内部，夫妻双方拥有平等的生育权。当双方对生育的问题不能达成一致意见时，可能就会发生像付女士和王先生这样的权利冲突。而谁享有生育决定权，一直是个争议较大的问题。主流观点认为，妻子享有生育决定权，丈夫生育权的实现不得侵害妻子的人身自由权。也就是说，丈夫不能以自己享有生育权为由强迫妻子生育。

---

1 最高人民法院民事审判第一庭. 最高人民法院民法典婚姻家庭编司法解释（一）理解与适用 [M]. 北京：人民法院出版社，2021.

根据《民法典婚姻家庭编司法解释（一）》的规定，夫以妻擅自中止妊娠侵犯其生育权为由请求损害赔偿的，人民法院不予支持；夫妻双方因是否生育发生纠纷，致使感情确已破裂，一方请求离婚的，人民法院经调解无效，应当以"其他导致夫妻感情破裂的情形"准予离婚。

因此，王先生的妻子有不生育的自由，她选择流产的行为并未侵犯王先生的生育权。

法条链接

《妇女权益保障法》

第三十二条　妇女依法享有生育子女的权利，也有不生育子女的自由。

《民法典婚姻家庭编司法解释（一）》

第二十三条　夫以妻擅自中止妊娠侵犯其生育权为由请求损害赔偿的，人民法院不予支持；夫妻双方因是否生育发生纠纷，致使感情确已破裂，一方请求离婚的，人民法院经调解无效，应依照民法典第一千零七十九条第三款第五项的规定处理。

《民法典》

第一千零七十九条第三款　有下列情形之一，调解无效的，应当准予离婚：

…………

（五）其他导致夫妻感情破裂的情形。

170. 网名可以随便起吗？

小陈和小顾曾经是商业伙伴，后来因为经营理念不同反目。小陈愤然离开两人共同创立的公司。不料，小顾带领着公司越做越好，业绩蒸蒸日上，小陈的事业却一直没有起色。终于，在小顾的公司上市这天，气急败坏的小陈在网络论坛上注册了一个"小顾以诈骗起家"的网名，四处散播对小顾不利的不实言论。直到有一天警察找上门来，小陈才知道，自己的行为触犯了法律。

法律解析

网名作为公民在互联网信息服务中注册使用的名称，在定名时不得违反法律法规，不得侮辱或者诽谤他人，不得侵害他人的合法权益。

本案中，小陈将网名注册为"小顾以诈骗起家"，已经构成了以诽谤的方式侵害小顾的名誉权，属于违法行为。

律师建议，起什么网名虽然是公民的自由，但这种自由并不是毫无边界的。根据相关法律法规，网名既不能涉嫌违法犯罪或者侵害国家利益、社会利益以及他人合法权益，也不能违背公序良俗。

法条链接

《民法典》

第一千零二十四条　民事主体享有名誉权。任何组织或者个人不得以侮辱、诽谤等方式侵害他人的名誉权。

名誉是对民事主体的品德、声望、才能、信用等的社会评价。

《互联网用户账号信息管理规定》

第八条　互联网用户注册、使用账号信息，不得有下列情形：

（一）违反《网络信息内容生态治理规定》第六条、第七条规定；

（二）假冒、仿冒、捏造政党、党政军机关、企事业单位、人民团体和社会组织的名称、标识等；

（三）假冒、仿冒、捏造国家（地区）、国际组织的名称、标识等；

（四）假冒、仿冒、捏造新闻网站、报刊社、广播电视机构、通讯社等新闻媒体的名称、标识等，或者擅自使用"新闻"、"报道"等具有新闻属性的名称、标识等；

（五）假冒、仿冒、恶意关联国家行政区域、机构所在地、标志性建筑物等重要空间的地理名称、标识等；

（六）以损害公共利益或者谋取不正当利益等为目的，故意夹带二维码、网址、邮箱、联系方式等，或者使用同音、谐音、相近的文字、数字、符号和字母等；

（七）含有名不副实、夸大其词等可能使公众受骗或者产生误解的内容；

（八）含有法律、行政法规和国家有关规定禁止的其他内容。

《网络信息内容生态治理规定》

第六条 网络信息内容生产者不得制作、复制、发布含有下列内容的违法信息：

（一）反对宪法所确定的基本原则的；

（二）危害国家安全，泄露国家秘密，颠覆国家政权，破坏国家统一的；

（三）损害国家荣誉和利益的；

（四）歪曲、丑化、亵渎、否定英雄烈士事迹和精神，以侮辱、诽谤或者其他方式侵害英雄烈士的姓名、肖像、名誉、荣誉的；

（五）宣扬恐怖主义、极端主义或者煽动实施恐怖活动、极端主义活动的；

（六）煽动民族仇恨、民族歧视，破坏民族团结的；

（七）破坏国家宗教政策，宣扬邪教和封建迷信的；

（八）散布谣言，扰乱经济秩序和社会秩序的；

（九）散布淫秽、色情、赌博、暴力、凶杀、恐怖或者教唆犯罪的；

（十）侮辱或者诽谤他人，侵害他人名誉、隐私和其他合法权益的；

（十一）法律、行政法规禁止的其他内容。

171. 酒店里发现微型摄像头，如何维权？

胡某与丈夫罗某在某市与朋友聚会至深夜。聚会结束以后，两人在当地某酒店办理了入住手续，入住该酒店306房间。胡某在房间内换衣服时，发现房间的电视机底部有一个类似摄像头的装置，立即告知该酒店工作人员并报警处理。民警到达后，酒店的工作人员已安排胡某到另外的房间休息。胡某的丈夫罗某与民警一起拆开电视机，发现在电视机喇叭处的确有一个电子设备。民警将其带回派出所进行技术分析后，确认这是一个微型摄像头。

胡某与丈夫罗某应该如何维权呢？

法律解析

自然人享有隐私权。隐私权的保护范围受公共利益的限制，任何个人与公共生活无关的那一部分私生活领域，只要不是法律和社会公共道德所必须公开的，原则上都应当受到隐私权的保护。

本案中，胡某与罗某在入住的酒店房间发现微型摄像头，首先应当采用合法、正当的方式保存现场证据；其次应当确定具体的侵权人，并向侵权人主张权利。如果该微型摄像头是酒店安装的，那么胡某与罗某可以直接要求酒店承担侵权责任。如果无法证明该微型摄像头是酒店安装的，但能够通过证据找到具体的侵权人，胡某与罗某可以向法院提起民事诉讼，要求侵权人承担责任。

酒店作为从事住宿等经营活动的法人单位，负有保护入住客人的个人信息、隐私及其在场所拍摄的影像资料不予流失和外传的注意义务，但是酒店工作人员没有发现房间内装有摄像头，未能尽到相应的管理职责，侵犯了胡某与罗某的隐私权，给胡某与罗某造成了一定的精神损害，所以酒店的经营者也应当承担相应的侵权责任。

律师建议，如果在酒店、民宿、试衣间等场所发现不法偷拍设备，我们可以在保存证据的同时及时报警，向侵权人主张权利。平时在进入这些偷拍高危区域时，我们要注意保护自己，将室内所有外露有孔、对着床铺的地方，比如电源插座、通风口、暖气片等，仔细检查一遍，以确保自己的隐私权不被侵犯。

法条链接

《民法典》

第一千零三十二条 自然人享有隐私权。任何组织或者个人不得以刺探、侵扰、泄露、公开等方式侵害他人的隐私权。

隐私是自然人的私人生活安宁和不愿为他人知晓的私密空间、私密活动、私密信息。

第一千一百九十八条　宾馆、商场、银行、车站、机场、体育场馆、娱乐场所等经营场所、公共场所的经营者、管理者或者群众性活动的组织者，未尽到安全保障义务，造成他人损害的，应当承担侵权责任。

因第三人的行为造成他人损害的，由第三人承担侵权责任；经营者、管理者或者组织者未尽到安全保障义务的，承担相应的补充责任。经营者、管理者或者组织者承担补充责任后，可以向第三人追偿。

172. 进大楼就得登记身份证号码，算不算侵犯我的隐私权？

谭先生因工作需要前往客户单位，客户单位在一栋30层的大楼里。谭先生按约定时间前往拜访时，却遭到大楼门卫的阻拦。大楼门卫告知谭先生，他需要登记身份证号码后才能进入大楼。

谭先生认为登记姓名等基本信息即可，身份证号码具有强烈的个人信息识别性，并不需要提供。大楼门卫却以来访者必须登记身份证号码后才能进入大楼为理由，强制谭先生登记自己的身份证号码，否则不允许谭先生进入大楼。面对谭先生的质疑，大楼门卫的解释是"为了保护大楼内其他人员的安全"。

谭先生需要配合大楼门卫登记自己的身份证号码吗？大楼门卫要求谭先生登记身份证号码的行为是否侵犯了其隐私权？

法律解析

隐私是自然人的私人生活安宁和不愿为他人知晓的私密空间、私密活动、私密信息。而身份证号码是《民法典》规定的"个人信息"之一，没有经过当事人同意，任何组织或者个人不得采集、泄露他人的身份证信息。

本案中，大楼门卫要求谭先生登记身份证号码的行为属于对个人信息的采集。根据《民法典》的规定，自然人的个人信息受法律保护，处理个人信息应当遵循合法、正当、必要原则，不得过度处理，且须征得自然人的同意并向自然人公开处理信息的规则、目的、方式和范围等。因此，大楼门卫如果要采集谭先生的身份证号码，应当遵循上述规定；如果只是为了保障楼内人员的安全，要求谭先生出示证件核验身份或者采取一定的安检措施即可，没有必要让谭先生登记身份证号码。不过，如果是在特殊场所或者特殊情形下，为了公共利益的需要，那么大楼门卫是可以依法要求谭先生登记身份证号码的，但仍需要向谭先生明示对采集的身份证号码的使用规则、目的、方式、范围等，让谭先生知情。

律师建议，自然人面对采集个人信息的要求，应当谨慎保护自己的个人信息，依法维护自己的权益；信息处理者也应当谨守法律规定，依法采集和处理自然人的个人信息。

法条链接

《民法典》

第一千零三十二条 自然人享有隐私权。任何组织或者个人不得以刺探、侵扰、泄露、公开等方式侵害他人的隐私权。

隐私是自然人的私人生活安宁和不愿为他人知晓的私密空间、私密活动、私密信息。

第一千零三十三条 除法律另有规定或者权利人明确同意外，任何组织或者个人不得实施下列行为：

（一）以电话、短信、即时通讯工具、电子邮件、传单等方式侵扰他人的私人生活安宁；

（二）进入、拍摄、窥视他人的住宅、宾馆房间等私密空间；

（三）拍摄、窥视、窃听、公开他人的私密活动；

（四）拍摄、窥视他人身体的私密部位；

（五）处理他人的私密信息；

（六）以其他方式侵害他人的隐私权。

第一千零三十四条 自然人的个人信息受法律保护。

个人信息是以电子或者其他方式记录的能够单独或者与其他信息结合识别特定自然人的各种信息，包括自然人的姓名、出生日期、身份证件号码、生物识别信息、住址、电话号码、电子邮箱、健康信息、行踪信息等。

个人信息中的私密信息，适用有关隐私权的规定；没有规定的，适用有关个人信息保护的规定。

第一千零三十五条 处理个人信息的，应当遵循合法、正当、必要原则，不得过度处理，并符合下列条件：

（一）征得该自然人或者其监护人同意，但是法律、行政法规另有规定的除外；

（二）公开处理信息的规则；

（三）明示处理信息的目的、方式和范围；

（四）不违反法律、行政法规的规定和双方的约定。

个人信息的处理包括个人信息的收集、存储、使用、加工、传输、提供、公开等。

173. 在小区内张贴判决书，是否侵犯个人隐私？

钱某向朋友宗先生借款 10 万元，约定一年之内归还。可是一年以后，钱某仍未还钱。宗先生多次催促钱某还钱，钱某总是找借口推脱。宗先生无奈，只好向法院提起诉讼。

法院判令钱某在法律规定的期限内向宗先生全额归还欠款。然而，法院作出判决以后，钱某无动于衷，仍然拖着不肯还钱。宗先生为了促使钱某产生还款的"压力"，复印了多份法院的判决书，并将其张贴在钱某居住的小区内，以宣告钱某是个"欠钱不还的小人"。

钱某一时间成为小区的"名人"，经常被小区内的其他住户指指点点，个人生活受到严重影响。钱某把宗先生张贴的判决书撕掉，宗先生就找人再贴回去。几次以后，钱某去找宗先生，希望宗先生不要再在他居住的小区内张贴判决书。宗先生表示钱某是咎由自取，钱某什么时候把钱还上，他才会把判决书摘下来。

宗先生擅自在钱某居住的小区内张贴法院的判决书，是否侵犯了钱某的个人隐私？

▎法律解析

民事判决书可以分为两类：依法向社会公开的判决书和依法不向社会公开的判决书。其中，依法向社会公开的判决书一般会隐去当事人的身份证号码等部分个人信息，且须通过裁判文书网等专门渠道进行公布。

根据《民法典》的规定，行为人可以合理处理已经合法公开的信息，但"该自然人明确拒绝或者处理该信息侵害其重大利益的除外"。

本案中，宗先生在钱某居住的小区内张贴判决书的行为虽然是为了催促钱某还款，但是在未经钱某同意，且未对钱某的个人信息进行脱敏处理（如隐去钱某的身份证号码等）的情况下，该行为侵害了钱某的个人信息安全和私人生活安宁，违反了必要性原则，仍然可能构成个人隐私侵权。

律师建议，即使是已经公开的信息，行为人在处理该信息时，也应当采用合理的方式，不得损害他人的合法权益，不得违反法律的相关规定。

▎法条链接

《民法典》

第一千零三十六条　处理个人信息，有下列情形之一的，行为人不承担民事责任：

（一）在该自然人或者其监护人同意的范围内合理实施的行为；

（二）合理处理该自然人自行公开的或者其他已经合法公开的信息，但是该自然人明确拒绝或者处理该信息侵害其重大利益的除外；

（三）为维护公共利益或者该自然人合法权益，合理实施的其他行为。

174. 招聘信息明确规定"只限男性"，合法吗？

小梁是一名应届毕业生，最近正通过各种渠道寻找合适的工作。某天，她在学校的毕业生就业群里看到一条招聘信息，最后一行赫然写着"只限男性"。

小梁很纳闷，一项工作明明男女都能做，对方却只招男性，合法吗？

法律解析

就业性别歧视，本质上是一种对人格权的侵犯，造成在同等条件下男女之间生存权利的异化。我国《劳动法》第十三条明确规定，妇女享有与男子平等的就业权利。在录用职工时，除国家规定的不适合妇女的工种或者岗位外，不得以性别为由拒绝录用妇女或者提高对妇女的录用标准。《妇女权益保障法》和《中华人民共和国就业促进法》（以下简称《就业促进法》）也有类似的规定。

2021 年 9 月，国务院新闻办公室发布了《国家人权行动计划（2021—2025年）》，特别强调特定群体的权益保障、人权实施、监督及评估。就保障妇女平等就业权利方面，将就业性别歧视问题纳入劳动保障监察工作中，对涉嫌就业性别歧视的用人单位开展联合约谈。

本案中，一份男女都可以胜任的工作，却"只限男性"应聘，已经构成了对女性应聘者的区别及排斥，侵犯了包括小梁在内的女性应聘者平等就业的权利。

法条链接

《劳动法》

第十三条 妇女享有与男子平等的就业权利。在录用职工时，除国家规定的不适合妇女的工种或者岗位外，不得以性别为由拒绝录用妇女或者提高对妇女的录用标准。

《妇女权益保障法》

第四十一条 国家保障妇女享有与男子平等的劳动权利和社会保障权利。

第四十三条 用人单位在招录（聘）过程中，除国家另有规定外，不得实施下列行为：

（一）限定为男性或者规定男性优先；

（二）除个人基本信息外，进一步询问或者调查女性求职者的婚育情况；

（三）将妊娠测试作为入职体检项目；

（四）将限制结婚、生育或者婚姻、生育状况作为录（聘）用条件；

（五）其他以性别为由拒绝录（聘）用妇女或者差别化地提高对妇女录（聘）用标准的行为。

《就业促进法》

第二十七条　国家保障妇女享有与男子平等的劳动权利。

用人单位招用人员，除国家规定的不适合妇女的工种或者岗位外，不得以性别为由拒绝录用妇女或者提高对妇女的录用标准。

用人单位录用女职工，不得在劳动合同中规定限制女职工结婚、生育的内容。

175. 接受义务教育仅仅是公民的权利吗？

沙某与妻子李某育有一女小沙。小沙 11 岁时，因受其监护人沙某、李某阻挠，辍学在外务工，未完成义务教育。乡政府、驻村工作队、村组干部、老师多次到小沙家中，为小沙的父母做思想工作，向他们宣传《中华人民共和国义务教育法》（以下简称《义务教育法》）和《宪法》。沙某夫妇认为，义务教育是国家白送的上学机会，想上就上，不想上就可以不上，而且他们觉得读书没有什么用，拒绝送女儿继续上学。最终，当地政府将沙某、李某诉至法院，人民法院判令沙某、李某送小沙继续接受义务教育。

▌法律解析

国家为了提高全民素质，在《义务教育法》中规定，凡具有中华人民共和国国籍的适龄儿童、少年，不分性别、民族、种族、家庭财产状况、宗教信仰等，依法享有平等接受义务教育的权利，并履行接受义务教育的义务。适龄儿童、少年的父母或者其他法定监护人应当依法保证孩子按时入学，接受并完成义务教育。《宪法》也明确规定，中华人民共和国公民有受教育的权利和义务。

上述这些法律规定足以说明，接受义务教育不仅是公民的权利，还是公民的义务。无论是应当接受义务教育的适龄儿童、少年，还是其监护人或者其他相关社会群体，都有权利和义务支持义务教育；如果拒不履行义务，可能会受到法律的制裁。

法条链接

《宪法》
第四十六条　中华人民共和国公民有受教育的权利和义务。
国家培养青年、少年、儿童在品德、智力、体质等方面全面发展。

《义务教育法》
第四条　凡具有中华人民共和国国籍的适龄儿童、少年，不分性别、民族、种族、家庭财产状况、宗教信仰等，依法享有平等接受义务教育的权利，并履行接受义务教育的义务。
第五十八条　适龄儿童、少年的父母或者其他法定监护人无正当理由未依照本法规定送适龄儿童、少年入学接受义务教育的，由当地乡镇人民政府或者县级人民政府教育行政部门给予批评教育，责令限期改正。

176. 公民享有言论自由权，就可以在网上随便乱说吗？

某日，网民秦某心血来潮，用手机在微博、贴吧注册多个虚拟账号，转载某网友上传的警察执勤照片。转载照片后，秦某凭借主观臆断，编辑文字内容，发布未经证实的"某交警打人事件"的信息，造成了不良的社会影响。秦某认为，公民有言论的自由，他不需要为自己的言论负责。
事情真的如他所想的这样吗？

法律解析

言论自由是公民对于政治和社会生活中的各种问题，有通过语言方式表达其思想和见解的自由。我国《宪法》赋予了公民言论自由的权利，但任何自由都是有边界的，言论自由也不例外。捏造、散布虚假事实的行为，辱骂、诽谤他人和英烈的行为，泄露国家机密的行为，传播淫秽物品的行为等，都不属于正确行使言论自由权。

无论是在现实社会生活中，还是在受众更加广泛、信息传播速度更快的虚拟网络社会环境中，公民都应当发表符合客观事实的言论、信息，不得侮辱、诽谤他人或者从事其他有害国家安全、不利于社会稳定的活动。

本案中，秦某虚构事实、散布谣言，并造成了不良的社会影响，其行为已经超出了言论自由的边界，属于违法行为，需要承担相应的法律责任。

律师建议，网络不是"法外之地"，任何组织和个人在网络空间享有自由、行使权利的同时，必须遵守法律，尊重他人权利，对自己在网络上的言行负责。

法条链接

《宪法》

第三十五条　中华人民共和国公民有言论、出版、集会、结社、游行、示威的自由。

第五十一条　中华人民共和国公民在行使自由和权利的时候，不得损害国家的、社会的、集体的利益和其他公民的合法的自由和权利。

《治安管理处罚法》

第二十五条　有下列行为之一的，处五日以上十日以下拘留，可以并处五百元以下罚款；情节较轻的，处五日以下拘留或者五百元以下罚款：

（一）散布谣言，谎报险情、疫情、警情或者以其他方法故意扰乱公共秩序的；

（二）投放虚假的爆炸性、毒害性、放射性、腐蚀性物质或者传染病病原体等危险物质扰乱公共秩序的；

（三）扬言实施放火、爆炸、投放危险物质扰乱公共秩序的。

第八章

合同纠纷篇

177. 订立合同可以采用哪些形式？

刘某经营着一家建材厂，丁某一直在刘某的建材厂购货，双方通过微信沟通购买的产品的型号及数量。刘某将货物送达后，丁某再支付货款。

刘某和丁某是否需要订立合同？订立合同的形式有哪些？

▌法律解析

根据《民法典》的规定，当事人订立合同，可以采用书面形式、口头形式或者其他形式。

书面形式，是指以文字的方式表现当事人之间所订立合同的内容的形式，包括常见的合同书、信件、电报、电传、传真和数据电文（包括电子数据交换和电子邮件）等可以有形地表现所载内容的形式。

口头形式，是指当事人以面对面的谈话或者电话交流等方式订立合同，而不以文字的方式订立合同。

除了书面形式和口头形式，订立合同还可以采用其他形式。比如，有一类合同并不用文字或者语言明确表示订立合同的合意，而根据当事人的行为或者特定情形推定合同成立。这类合同也被称为"默示合同"。举个例子来说，我们乘坐公交车到达目的地，就是一种默示合同。当我们坐上公交车并到达目的地时，尽管我们与公交公司之间没有形成书面或者口头形式的合同，但可以从我们与公交公司的行为推定双方的运输合同成立。

本案中，刘某与丁某通过微信沟通的方式记载双方约定的合同内容，而微信聊天记录属于可以调取的有形形式，可以视为书面形式的合同。

律师建议，一般情况下，以书面形式订立合同是较为稳妥的方式。书面合同内容明确肯定，有据可查，对于防止争议、解决纠纷和保障交易安全有积极意义。以口头形式订立合同虽然简单方便，但在发生争议时往往很难举证。

法条链接

《民法典》

第四百六十九条　当事人订立合同，可以采用书面形式、口头形式或者其他形式。

书面形式是合同书、信件、电报、电传、传真等可以有形地表现所载内容的形式。

以电子数据交换、电子邮件等方式能够有形地表现所载内容，并可以随时调取查用的数据电文，视为书面形式。

178. 订立合同时，签名、盖章和按指印，哪个效力更大？

小陈因工作需要在某小区租赁了一间主卧。在签订租赁合同时，房东要求小陈在合同上签名并按指印。小陈想起公司的合同一般都要求老板签名并盖章。小陈疑惑了，在订立合同时，签名、盖章和按指印有效力大小之分吗？

法律解析

订立合同的主体，即合同当事人，包括自然人、法人或者非法人组织。合同当事人在订立书面合同时，签名、盖章、按指印均可。因为从法律上来说，三者都是证明身份的有效形式。如果当事人之间没有特别约定，它们的效力就是均等的，没有大小之分。

本案中，房东要求小陈在合同上签名并按指印，实际上是比较谨慎的做法，因为签名可能因代签、字迹潦草等原因而出现当事人事后不予承认的情况，加上按指印显然更加保险。在需要确定签署人身份时，当事人可以对其笔迹、指印进行司法鉴定，以确定签署人的真实性。

律师建议，签署人是自然人的，应当采用"签名＋按指印"的方式；签署人是法人或者非法人组织的，应当采用"盖章＋法定代表人（负责人）/授权代表签名"的方式。采用以上方式能够确保当事人签订合同的行为是其真实意思表示，有效规避不必要的风险。

法条链接

《民法典》

第四百九十条 当事人采用合同书形式订立合同的，自当事人均签名、盖章或者按指印时合同成立。在签名、盖章或者按指印之前，当事人一方已经履行主要义务，对方接受时，该合同成立。

法律、行政法规规定或者当事人约定合同应当采用书面形式订立，当事人未采用书面形式但是一方已经履行主要义务，对方接受时，该合同成立。

179. 在什么情况下签订的合同属于无效合同？

小何出生于 2005 年 8 月，小何的父母在他 10 岁时，将一套房屋赠送给他，并办理了过户手续。小井出生于 2004 年 2 月，与小何是一起长大的好朋友。2021 年 3 月，小井因家庭矛盾离家出走，无处可去。小何出于朋友义气，承诺将其名下的房屋赠与小井，并与小井签订了一份赠与合同。小何的父母得知此事，强烈反对小何的赠与行为。

这份赠与合同是否有效？

法律解析

根据《民法典》的规定，合同有效需要满足三个要件：

（1）行为人具有相应的民事行为能力。如果行为人在签订合同时未满 8 周岁（无民事行为能力）或者已满 8 周岁尚未满 18 周岁（限制民事行为能力），且父母拒绝同意，或者成年人不能辨认自己的行为的（经法院认定），则合同无效。

（2）意思表示真实。如果合同双方是虚假的意思表示，且互相对于虚假的意思都是知情的，则合同无效。比如，双方虽然签订了买卖合同，但并不是为了实际履行，而是为了办理贷款。

（3）不违反法律、行政法规的强制性规定，不违背公序良俗。比如，婚姻关系存续期间配偶一方擅自向第三者赠与财产，违背公序良俗，则合同应认定为无效。

如果不满足以上三个要件，那么当事人之间订立的合同就是无效的。

此外，如果合同双方存在恶意串通，损害他人利益的行为，那么合同也是无效的。具体来说，"恶意串通"主观上要求双方有互相串通、为满足私利而损害他人合法权益的目的，客观上表现为实施了一定形式的行为来达到这一目的。举个例子来说，甲公司生产了一批质量低劣的产品，为售出这批产品，甲公司的销售人员去找乙公司负责采购的业务人员，向其行贿，二者相互串通订立了产品买卖合同，导致乙公司将这批质量低劣的产品以合格产品买入。其中，甲公司销售人员与乙公司采购人员相互勾结签订合同，损害乙公司利益的行为，就属于恶意串通的民事法律行为，他们签订的产品买卖合同是无效的。

本案中，小何在实施赠与行为时，是已满 8 周岁尚未满 18 周岁的未成年人，属于限制民事行为能力人，仅能从事纯获利益的民事法律行为或者与其年龄、智力、精神健康状况相适应的民事法律行为，比如日常生活中的简单交易行为。将房产赠与他人的行为，除非其父母予以同意或者追认，否则该赠与合同无效。

▌法条链接

《民法典》

第一百四十三条 具备下列条件的民事法律行为有效：

（一）行为人具有相应的民事行为能力；

（二）意思表示真实；

（三）不违反法律、行政法规的强制性规定，不违背公序良俗。

第一百四十四条 无民事行为能力人实施的民事法律行为无效。

第一百四十五条第一款 限制民事行为能力人实施的纯获利益的民事法律行为或者与其年龄、智力、精神健康状况相适应的民事法律行为有效；实施的其他民事法律行为经法定代理人同意或者追认后有效。

第一百五十四条　行为人与相对人恶意串通，损害他人合法权益的民事法律行为无效。

180. 合同中哪些免责条款无效？

樊某在某平台上购买了一张××乐园一日票。当樊某带着提前买好的食品准备进入乐园游玩时，却被工作人员告知禁止携带食品入园。双方为此争执不下，最终樊某被迫丢弃食品入园游玩。

回到家后，樊某越想越觉得不合理。××乐园虽然不限制游客一日内进出园区的次数，但是由于乐园票价较高、园内面积大、游客众多，大多数游玩项目需要长时间排队，出园就餐耗时较长，所以为了保证游玩时间，游客只能在园内购买高价食品。××乐园"禁止携带食品入园"的条款，是变相强迫游客在园内购买高价食品，有强制交易的嫌疑，这种条款根本就不应该存在。

××乐园"禁止携带食品入园"的条款是否属于免责条款无效的情形呢？

▌法律解析

免责条款，是指合同双方在合同中约定的免除或限制一方或双方当事人责任的条款。对于一方拟定的免责条款，应当给予对方充分注意的机会。当事人经过充分协商确定的免责条款，如果完全建立在当事人自愿的基础上，且不违反社会公共利益，法律就承认免责条款的效力。但是，对于严重违反诚信原则和社会公共利益的免责条款，法律是禁止的。

本案中，××乐园禁止游客携带食品入园，但是允许游客在同一天内不限次数出入园区。从表面上看，游客可以自由地在园区内外购买食品，游客的自主选择权和公平交易权没有被限制。但实际上，结合该乐园的地理位置、消费环境来看，由于乐园外面合理距离内可供游客就餐店铺的业主几乎都是乐园的关联公司，其物价高于一般市场价格，又由于乐园面积大、游乐项目众多、客流量大、游客排队时间长、门票价格高，所以游客难免为了尽可能体验更多游乐项目而不得不在园内用餐。因此，综合考虑来看，"禁止携带食品入园"实际上侵害了消费者的自主选择权和公平交易权，符合《民法典》规定的免责条款无效的情形。

律师建议，在遇到诸如此类侵害消费者权益的不平等免责条款时，消费者应当大声说"不"，保持"零容忍"的态度。消费者可以拨打 12315 向市场监管部门投诉，也可以拿起法律武器，维护自己的合法权益。

法条链接

《民法典》

第四百九十六条 格式条款是当事人为了重复使用而预先拟定，并在订立合同时未与对方协商的条款。

采用格式条款订立合同的，提供格式条款的一方应当遵循公平原则确定当事人之间的权利和义务，并采取合理的方式提示对方注意免除或者减轻其责任等与对方有重大利害关系的条款，按照对方的要求，对该条款予以说明。提供格式条款的一方未履行提示或者说明义务，致使对方没有注意或者理解与其有重大利害关系的条款的，对方可以主张该条款不成为合同的内容。

第四百九十七条 有下列情形之一的，该格式条款无效：

（一）具有本法第一编第六章第三节和本法第五百零六条规定的无效情形；

（二）提供格式条款一方不合理地免除或者减轻其责任、加重对方责任、限制对方主要权利；

（三）提供格式条款一方排除对方主要权利。

第五百零六条 合同中的下列免责条款无效：

（一）造成对方人身损害的；

（二）因故意或者重大过失造成对方财产损失的。

《中华人民共和国消费者权益保护法》（以下简称《消费者权益保护法》）

第九条 消费者享有自主选择商品或者服务的权利。

消费者有权自主选择提供商品或者服务的经营者，自主选择商品品种或者服务方式，自主决定购买或者不购买任何一种商品、接受或者不接受任何一项服务。

消费者在自主选择商品或者服务时，有权进行比较、鉴别和挑选。

第十条 消费者享有公平交易的权利。

消费者在购买商品或者接受服务时，有权获得质量保障、价格合理、计量正确等公平交易条件，有权拒绝经营者的强制交易行为。

第二十六条 经营者在经营活动中使用格式条款的，应当以显著方式提请消费者注意商品或者服务的数量和质量、价款或者费用、履行期限和方式、安全注意事项和风险警示、售后服务、民事责任等与消费者有重大利害关系的内容，并按照消费者的要求予以说明。

经营者不得以格式条款、通知、声明、店堂告示等方式，作出排除或者限制消费者权利、减轻或者免除经营者责任、加重消费者责任等对消费者不公平、不合理的规定，不得利用格式条款并借助技术手段强制交易。

格式条款、通知、声明、店堂告示等含有前款所列内容的，其内容无效。

181. 赠与合同能任意撤销吗?

钟先生和唐小姐是一对情侣。在双方感情正浓时，钟先生为了向唐小姐表达自己的诚意，承诺将其个人名下的一套房屋赠与唐小姐，并写了一份书面赠与合同，未办理过户手续。然而，两人相处的时间越长，矛盾越多。最终，他们的感情在不断争吵中消磨殆尽，两人遗憾分手。分手之后，钟先生要求撤销房屋赠与合同。

赠与合同能任意撤销吗?

法律解析

本案涉及赠与人任意撤销权问题。根据《民法典》的规定，赠与合同已生效，但未办理相关手续，赠与人可以任意撤销赠与。法律之所以规定赠与的任意撤销，是考虑到赠与是无偿行为，即便赠与合同已经成立，也允许赠与人因自身的某种事由撤销赠与。这是赠与合同与其他有偿合同的显著区别。

但在以下情形下，赠与合同不可以任意撤销:

（1）赠与财产的权利已经转移。比如，不动产已经完成产权变更登记，动产已经由被赠与人实际占有。如果赠与财产只有一部分权利已经转移，那么已经转移权利的部分不能撤销。

（2）公证的赠与合同。如果赠与合同已经交由公证部门进行公证，就代表合同双方对于赠与、接受赠与的意思表示非常慎重，此时赠与合同不可以任意撤销。

（3）有救灾、扶贫、助残等公益以及道德义务性质的赠与合同。有公益、道德性质的赠与的目的是促进救灾、扶贫、助残等社会公共利益的发展，允许赠与人任意撤销会损害公共利益，所以这两类赠与合同不允许任意撤销。[1]

本案中，钟先生与唐小姐之间的赠与合同既没有经过公证，也没有办理过户手续，更没有救灾、扶贫、助残等公益性质以及道德义务性质，所以钟先生可以主张撤销合同。

需要说明的是，虽然本案未涉及，但是即便赠与财产权利已经转移或者是属于公益、道德义务性质的赠与合同，在特定情形下，赠与人也可以撤销赠与：

（1）受赠人严重侵害了赠与人或者赠与人近亲属的合法权益。

（2）受赠人对赠与人有扶养义务而不履行。这里的"扶养义务"包括对长辈的赡养、对晚辈的抚养等。

（3）受赠人不履行赠与合同约定的义务。这是指在附义务的赠与中，受赠人应当按照约定履行其所负义务，否则赠与人可以撤销赠与。

以上是《民法典》合同编规定的赠与人的法定撤销情形。除此之外，还有免除赠与义务的情形，即如果赠与人的经济状况显著恶化，严重影响其生产经营或者家庭生活的，对于没有履行的部分可以不再继续履行。

法条链接

《民法典》

第六百五十八条　赠与人在赠与财产的权利转移之前可以撤销赠与。

---

1 最高人民法院民法典贯彻实施工作领导小组. 中华人民共和国民法典合同编理解与适用（二）[M]. 北京：人民法院出版社，2020.

经过公证的赠与合同或者依法不得撤销的具有救灾、扶贫、助残等公益、道德义务性质的赠与合同，不适用前款规定。

第六百六十三条 受赠人有下列情形之一的，赠与人可以撤销赠与：

（一）严重侵害赠与人或者赠与人近亲属的合法权益；

（二）对赠与人有扶养义务而不履行；

（三）不履行赠与合同约定的义务。

赠与人的撤销权，自知道或者应当知道撤销事由之日起一年内行使。

第六百六十六条 赠与人的经济状况显著恶化，严重影响其生产经营或者家庭生活的，可以不再履行赠与义务。

182. 我的账号被网站无故封禁，怎么办？

王某是某购物平台的商家。近日，王某与客户就买卖合同约定发生纠纷，他申请该购物平台客服介入进行调查。该购物平台认为王某的经营行为存在问题，于是对王某的账号进行了封禁。王某找客服交涉无果，只得诉至法院，要求购物平台解封自己的账号。

法律解析

根据《民法典》的规定，依法成立的合同，受到法律的保护。

本案中，王某使用该购物平台的服务，与平台签订了服务协议，表明他愿意接受服务协议中的管理约定。客服作为独立的第三方，根据其所了解到的争议事实，依据平台运营规则作出封禁王某账号的管控措施，没有违反双方的约定。

律师建议，用户在注册网站账号时，应当仔细阅读平台提供的服务协议，尤其是关于账号封禁规则的条款。如果自己的账号被封禁了，可以先查看被封禁的原因，再联系平台客服寻求帮助；如果账号被误封，可以提交相关证据申请解封，必要时也可以向法院起诉维权。

法条链接

《民法典》

第一百二十七条　法律对数据、网络虚拟财产的保护有规定的，依照其规定。

第四百六十五条　依法成立的合同，受法律保护。

依法成立的合同，仅对当事人具有法律约束力，但是法律另有规定的除外。

183. 网上购物被取消订单，如何维权？

王女士的好友快要过生日了，王女士准备在某购物平台上为朋友挑选一份礼物。通过比较、筛选，王女士看中了一款蓝牙音响小夜灯。她仔细查看了商品详情页中显示的商品名称、型号、材质、尺寸以及价款等信息，觉得非常合适，而且该商品显示库存有货、允许购买，于是果断下单。没想到，王女士下单以后发现，商家以无货为由擅自取消了订单。对此，她感到非常恼火。

商家是否有权擅自取消订单？王女士应该如何维权？

法律解析

消费者通过网络平台购物，实际上与商家形成了买卖合同关系。买卖合同的成立与否，应当遵循合同成立的一般规则进行判断，即对双方是否完成了要约和承诺的交易行为予以认定。

要约，是指希望与他人订立合同的意思表示。此意思表示应当内容具体确定，受要约人（消费者）只要同意要约的内容，要约人（商家）就受该意思表示的约束，不得擅自反悔。本案中，商家将其待售商品的名称、型号、材质、尺寸等产品属性以及价款、库存等详细信息陈列于购物平台上，内容具体确定，且该商品显示库存有货、允许购买，根据法律规定和一般交易观念判断，符合要约的特性。

承诺，是指受要约人（消费者）同意接受要约的全部条件以缔结合同的意思表示。王女士在购物平台选购了该商品，并在确定收货地址、付款之后确认了订单，即王女士明确接受商家在购物平台发布的商品信息，同意与商家建立合同关系，应当认为已经完成了承诺。

所以，王女士与该商家之间的买卖合同已经成立。在买卖合同已经成立并生效的情况下，商家擅自取消订单，属于违约行为。王女士可以要求商家继续履行合同，交付商品，也可以解除合同，要求商家退还款项并赔偿损失。

法条链接

《民法典》

第四百七十二条　要约是希望与他人订立合同的意思表示，该意思表示应当符合下列条件：

（一）内容具体确定；

（二）表明经受要约人承诺，要约人即受该意思表示约束。

第四百七十九条　承诺是受要约人同意要约的意思表示。

第四百八十三条　承诺生效时合同成立，但是法律另有规定或者当事人另有约定的除外。

第四百八十四条　以通知方式作出的承诺，生效的时间适用本法第一百三十七条的规定。

承诺不需要通知的，根据交易习惯或者要约的要求作出承诺的行为时生效。

第四百九十一条　当事人采用信件、数据电文等形式订立合同要求签订确认书的，签订确认书时合同成立。

当事人一方通过互联网等信息网络发布的商品或者服务信息符合要约条件的，对方选择该商品或者服务并提交订单成功时合同成立，但是当事人另有约定的除外。

184. 买房时开发商在宣传广告中作出的承诺没有兑现，是否构成违约？

A公司在某地兴建开发了某楼盘，并依法取得了商品房预售许可证。在销售过程中，A公司在楼盘的路面、高炮广告牌、网站宣传资料以及微信推广平台中多次提及"赠送地下室""随赠顶楼露台"等内容。

刘某在A公司的大肆宣传下，看中顶楼的风景，欲建造阳光房，遂与该公司签订了商品房买卖合同，购买了某单元楼的顶楼户型。签订合同后，双方各自履行了付款和交房义务，但A公司之前承诺赠送的顶楼露台并未兑现。双方协商不成，刘某将A公司诉至法院，要求A公司承担违约责任。

买房时开发商在宣传广告中作出的承诺没有兑现，是否构成违约？

法律解析

根据《民法典》第四百七十三条的规定，商业广告和宣传为"要约邀请"，即一方向他方作出希望他方向自己发出要约的意思表示。所以，A公司对外进行"赠送地下室""随赠顶楼露台"的宣传，属于要约邀请。

该法条的第二款还规定，商业广告和宣传的内容符合要约条件的，构成要约。什么叫"符合要约条件"？简单来说，如果A公司就其商品房开发规划范围内的房屋及相关设施所作出的说明和允诺是具体、确定的，并对商品房买卖合同的订立以及房屋价格的确定有重大影响，就应当视为A公司对购房人发出了要约。即便该说明和允诺没有写入商品房买卖合同，也应当视为合同内容；若A公司违反，则需要承担违约责任。

本案中，刘某与A公司签订的商品房买卖合同系双方当事人真实意思表示，且内容不违反法律、行政法规等强制性规定，应视为合法、有效的合同，因此，双方都应当按约履行。根据A公司所作的宣传——在楼盘的路面、高炮广告牌、网站宣传资料以及微信推广平台中多次提及"赠送地下室""随赠顶楼露台"等内容，普通购房人自然会得出"如果购买一楼或者顶楼，会赠送地下室或者露台"的结论，进而做出是否购买房屋的决定。同时，这样的宣传对房屋价格的确定也会产生重大影响。所以，A公司的宣传应当视为要约，即使双方没有把相关宣传内容写入合同，该内容也应当作为合同的组成部分。A公司没有兑现向刘某赠送顶楼露台的承诺，已经构成违约，应当承担违约责任。

法条链接

《民法典》

第四百七十三条 要约邀请是希望他人向自己发出要约的表示。拍卖公告、招标公告、招股说明书、债券募集办法、基金招募说明书、商业广告和宣传、寄送的价目表等为要约邀请。

商业广告和宣传的内容符合要约条件的，构成要约。

185. 快递物品丢失，能否向快递公司索赔？赔偿上限是多少？

高先生于 2023 年 4 月 5 日通过某快递公司给朋友邮寄了一部手机，价值 3500 元，邮费 15 元。但是直至 2023 年 4 月 25 日，朋友仍未收到该手机。高先生致电快递公司查询，快递公司回复："包裹在中转时已丢失。"高先生要求快递公司赔偿手机费及邮费，而快递公司则称高先生邮寄物品时自行选择不保价，根据《中华人民共和国邮政法》(以下简称《邮政法》)第四十七条第二款的规定，没保价的邮件丢失最多赔偿不超过所收取邮资的三倍，因此仅同意支付高先生三倍邮费，即 45 元。高先生不同意，认为快递公司没有提醒自己不保价的后果，坚持要求快递公司赔偿手机费和邮费。

高先生的要求合理吗？快递公司应该怎样赔偿？

法律解析

根据《邮政法》的相关规定，未保价的邮件丢失，"按照实际损失赔偿，但最高赔偿额不超过所收取资费的三倍"。这句话的意思是说，如果物品市场价值低于邮费的三倍，按照物品市场价值赔偿损失；如果物品市场价值高于邮费的三倍，则按照三倍邮费赔偿。

不过，《邮政法》同时规定，以下情形不适用三倍邮费赔偿，而应当按照实际损失金额赔偿：

（1）邮政企业因故意或者重大过失造成给据邮件损失；

（2）邮政企业没有在营业场所的告示中和提供给用户的给据邮件单据上，以足以引起用户注意的方式载明保价和不保价赔偿规定。

本案中，高先生通过快递公司邮寄手机，并且支付了邮费，双方之间已经形成邮寄服务合同关系，快递公司应当按照约定将手机运输到约定地点。因快递工作人员的过错造成高先生的手机丢失，快递公司应当承担赔偿责任。高先生虽然没有选择保价，但是关于保价的相关说明，属于格式条款，快递公司应当采取合理的方式，包括在营业场所公示、对邮件单据采取加粗加大等方式进行提醒。由于快递公司没有证据证明其向高先生说明了保价的相关规定，而且该手机丢失是因快递公司的工作人员存在重大过失造成的，因此快递公司应当赔偿给高先生手机费和邮费。

律师建议，随着网络消费日益增加，快递丢件的概率也随之升高。如果包裹在运输过程中丢失，用户可以拨打快递公司的客服电话进行投诉，要求对方根据规定赔偿损失；如果对快递公司的处理结果不满意，可以在邮政业申诉服务平台上进行申诉；仍未解决的，还可以到法院起诉快递公司。

法条链接

《民法典》

第四百九十六条第一款　格式条款是当事人为了重复使用而预先拟定，并在订立合同时未与对方协商的条款。

第八百三十二条　承运人对运输过程中货物的毁损、灭失承担赔偿责任。但是，承运人证明货物的毁损、灭失是因不可抗力、货物本身的自然性质或者合理损耗以及托运人、收货人的过错造成的，不承担赔偿责任。

第八百三十三条　货物的毁损、灭失的赔偿额，当事人有约定的，按照其约定；没有约定或者约定不明确，依据本法第五百一十条的规定仍不能确定的，按照交付或者应当交付时货物到达地的市场价格计算。法律、行政法规对赔偿额的计算方法和赔偿限额另有规定的，依照其规定。

《邮政法》

第四十七条　邮政企业对给据邮件的损失依照下列规定赔偿：

（一）保价的给据邮件丢失或者全部损毁的，按照保价额赔偿；部分损毁或者内件短少的，按照保价额与邮件全部价值的比例对邮件的实际损失予以赔偿。

（二）未保价的给据邮件丢失、损毁或者内件短少的，按照实际损失赔偿，但最高赔偿额不超过所收取资费的三倍；挂号信件丢失、损毁的，按照所收取资费的三倍予以赔偿。

邮政企业应当在营业场所的告示中和提供给用户的给据邮件单据上，以足以引起用户注意的方式载明前款规定。

邮政企业因故意或者重大过失造成给据邮件损失，或者未履行前款规定义务的，无权援用本条第一款的规定限制赔偿责任。

186. 老人受骗签订了不平等合同，怎么办？

年近七旬的吴大妈有一套闲置房屋想对外出租。某日，吴大妈找了一家中介公司，想委托中介人员代为出租，并在当天与中介公司签订了委托合同。回家后，吴大妈把合同拿给儿子看，儿子对合同中的很多条款产生了质疑，觉得母亲被中介公司欺骗签订了不平等合同。

老人受骗签订了不平等合同，怎么办？

法律解析

根据《民法典》的规定，采用格式条款订立合同的，提供格式条款的一方应当遵循公平原则确定当事人之间的权利和义务，并采取合理的方式提示对方注意免除或者减轻其责任等与对方有重大利害关系的条款，按照对方的要求，对该条款予以说明。

本案中，如果中介公司与吴大妈签订的是格式合同，且中介人员未采取合理、明确的方式，清楚地告知吴大妈哪些条款可以让中介方不承担或者减轻承担责任，吴大妈可以主张该条款不成为合同的内容。如果经过审查，中介公司确实存在欺诈或者利用老人缺乏判断能力签订显失公平合同的情况，吴大妈可以依法行使撤销权，请求法院或者仲裁机构对合同予以撤销。

需要注意的是，撤销权行使时间一般为当事人自知道或者应当知道撤销事由之日起一年内，重大误解的当事人自知道或者应当知道撤销事由之日起九十日内。如果当事人自民事法律行为发生之日起五年内都没有行使撤销权，撤销权就消灭了。

律师建议，为防止老年人受骗，家属应当多关心他们的生活、想法，增进与他们的情感交流，并及时向他们科普网络上、现实生活中的常见骗术，帮助他们提高防范意识。对于疑似或者已经受骗的老年人，家属应当及时收集证据并报警，必要时可向专业律师求助。

法条链接

《民法典》

第一百五十一条 一方利用对方处于危困状态、缺乏判断能力等情形，致使民事法律行为成立时显失公平的，受损害方有权请求人民法院或者仲裁机构予以撤销。

第一百五十二条 有下列情形之一的，撤销权消灭：

（一）当事人自知道或者应当知道撤销事由之日起一年内、重大误解的当事人自知道或者应当知道撤销事由之日起九十日内没有行使撤销权；

（二）当事人受胁迫，自胁迫行为终止之日起一年内没有行使撤销权；

（三）当事人知道撤销事由后明确表示或者以自己的行为表明放弃撤销权。

当事人自民事法律行为发生之日起五年内没有行使撤销权的，撤销权消灭。

第四百九十六条第二款 采用格式条款订立合同的，提供格式条款的一方应当遵循公平原则确定当事人之间的权利和义务，并采取合理的方式提示对方注意免除或者减轻其责任等与对方有重大利害关系的条款，按照对方的要求，对该条款予以说明。提供格式条款的一方未履行提示或者说明义务，致使对方没有注意或者理解与其有重大利害关系的条款的，对方可以主张该条款不成为合同的内容。

187. 企业濒临破产，可以要求中止履行合同吗？

　　A 公司与 B 公司签订购销合同，约定 A 公司向 B 公司购买两台机器，货款共计 120 万元，其中定金 20 万元，第一台机器到场调试后支付 50 万元，第二台机器到场调试后再支付剩余的 50 万元。A 公司在合同订立当天支付了定金 20 万元。而后不久，B 公司向 A 公司交付了第一台机器，A 公司如约支付了第一笔货款 50 万元，但在第二台机器交付前，A 公司已经濒临破产。

　　B 公司可以要求中止履行合同吗？

▎法律解析

　　本案涉及"不安抗辩权"的概念。不安抗辩权，简单来说，就是当事人互负债务，有先后履行顺序的，先履行合同义务的当事人有确切证据证明对方不能履行合同义务，或者不履行合同义务的可能性较高时，在对方恢复履行能力或者提供担保之前，有权中止履行合同义务的权利。可以说，不安抗辩权主要是为维护先履行合同义务的当事人的权利而产生的。

　　本案中，A 公司与 B 公司签订的合同中约定，B 公司应当先向 A 公司交付机器并调试，A 公司再支付货款，所以 B 公司是先履行合同义务的当事人，A 公司是后履行合同义务的当事人。由于 A 公司已经濒临破产，不履行债务的可能性较高，为了保护先履行合同义务的当事人（B 公司）的权益，法律赋予 B 公司暂时中止履行合同义务的权利。B 公司可以通知 A 公司提供担保，如果 A 公司提供了担保，B 公司应当恢复履行合同；如果 A 公司拒绝提供担保且在合理期限内未恢复履行能力，B 公司可以解除合同并请求 A 公司承担违约责任。

　　需要注意的是，B 公司行使不安抗辩权需要有确切的证据证明 A 公司经营状况严重恶化，已经濒临破产，而不能凭空推测或者凭借主观臆想而断定对方丧失或者可能丧失债务履行能力。没有确切证据证明而中止履行合同义务的当事人，应当承担违约责任。

法条链接

《民法典》

第五百二十七条 应当先履行债务的当事人，有确切证据证明对方有下列情形之一的，可以中止履行：

（一）经营状况严重恶化；

（二）转移财产、抽逃资金，以逃避债务；

（三）丧失商业信誉；

（四）有丧失或者可能丧失履行债务能力的其他情形。

当事人没有确切证据中止履行的，应当承担违约责任。

第五百二十八条 当事人依据前条规定中止履行的，应当及时通知对方。对方提供适当担保的，应当恢复履行。中止履行后，对方在合理期限内未恢复履行能力且未提供适当担保的，视为以自己的行为表明不履行主要债务，中止履行的一方可以解除合同并可以请求对方承担违约责任。

188. 承运人非因不可抗力导致送货迟延，供货方是否也要担责？

A 公司向 B 公司采购一批货物，约定货款到账后十日内 B 公司将货物运抵 A 公司。A 公司依约支付了货款，B 公司也依约发货。但由于 B 公司并未跟进物流情况，也未向 A 公司核实收货情况，导致半个月后 A 公司仍未收到货物。后来 B 公司查明，送货延迟是因为物流公司送错了目的地。现 A 公司要求 B 公司依约支付违约金，而 B 公司认为自己没有违约，货物延迟送达是承运人造成的。

作为供货方的 B 公司是否需要承担责任？

法律解析

根据《民法典》的规定，当事人一方因不可抗力不能履行合同的，根据不可抗力的影响，部分或者全部免除责任。当事人迟延履行后发生不可抗力的，不免除其违约责任。这里说的"不可抗力"，是指不能预见、不能避免且不能克服的客观情况。

本案中，B公司作为承担交付货物义务的一方主体，在将货物交付给承运的物流公司后，应当积极跟进物流情况，尽力保证货物在约定时间内送达。然而，B公司既没有跟进物流情况，也没有向A公司核实收货情况。物流公司将货物送错目的地导致迟延交付货物，不属于不能预见、不能避免且不能克服的客观情况，所以不能成为B公司的免责事由。作为供货方的B公司应当根据合同的约定承担违约责任。需要注意的是，如果B公司与物流公司签订的承运合同中约定了包括运送错误等物流公司的违约情形，那么B公司在向A公司承担违约责任后，可以根据承运合同的约定向物流公司追责。

▌法条链接

《民法典》

第一百八十条　因不可抗力不能履行民事义务的，不承担民事责任。法律另有规定的，依照其规定。

不可抗力是不能预见、不能避免且不能克服的客观情况。

第五百九十条　当事人一方因不可抗力不能履行合同的，根据不可抗力的影响，部分或者全部免除责任，但是法律另有规定的除外。因不可抗力不能履行合同的，应当及时通知对方，以减轻可能给对方造成的损失，并应当在合理期限内提供证明。

当事人迟延履行后发生不可抗力的，不免除其违约责任。

189. 当事人都存在违约情况怎么办？

韩某与A公司签订了商品房买卖合同。合同约定韩某购买A公司开发的某处房产，并约定韩某采用首付款加公积金贷款方式支付房款："本合同签订当日买受人缴纳首期购房款人民币144 341元整，余款32万元整办理银行按揭贷款。"同时，合同约定了逾期付款违约金的计算方式及A公司未能按时办理房屋所有权登记手续时应支付违约金的计算方式。

韩某按约支付了首付款，但因为未及时提供贷款办理资料致使银行发放的按揭贷款未能按时转入 A 公司账户。韩某付清全部房款后，A 公司称其因为政策原因迟迟不能办理房屋所有权登记手续，导致韩某完成商品房过户手续时已经超过约定时间半年之久。

韩某与 A 公司都有违约情形，应该如何处理呢？

法律解析

在双务合同[1]中，有些合同义务是彼此独立的，不具有牵连性和对价性。也就是说，一方履行义务并不以另一方履行义务为必要或者前提。因此，合同双方是有可能违反这些相互独立的合同义务的，并且任何一方不能以另一方未履行独立的合同义务而拒绝履行己方义务。合同双方均违反相互独立的合同义务，实际上是两个独立的违约行为。此时，双方需要各自向另一方承担相应的违约责任。不过，如果受损害一方对损害结果的发生也存在过错，那么在计算损失赔偿额时可以相应减少。

本案中，韩某和 A 公司都需要就自己的违约行为按照合同约定向对方支付违约金。

法条链接

《民法典》

第五百九十二条　当事人都违反合同的，应当各自承担相应的责任。

当事人一方违约造成对方损失，对方对损失的发生有过错的，可以减少相应的损失赔偿额。

1　双务合同，是指当事人双方互负对待给付义务的合同。买卖合同就是典型的双务合同。

190. 因第三人的原因造成违约，需要承担违约责任吗？

A 公司与 B 公司签订买卖合同，约定由 A 公司向 B 公司提供并安装发电机组，使发电机组能够正常运转。由于 A 公司不能自主生产发电机组的部分部件，所以 A 公司向 C 公司购买该部分部件。后来，C 公司因自身原因迟迟不能按约向 A 公司供货，导致 A 公司无法按时保证发电机组正常运转。于是，B 公司将 A 公司诉至法院。

A 公司能以 C 公司没有按时供货为由，不承担违约责任吗？

▌法律解析

《民法典》对违约责任实行无过错责任原则，即当事人一方因第三人的原因造成违约的，不管第三人有什么原因，当事人都应当向另一方当事人承担违约责任。

这里涉及"合同相对性"的概念。合同相对性，是指原则上合同项下的权利和义务只能由合同主体各方享有和承担，合同约定的内容只能对合同当事人产生拘束力。所以，在因第三人的原因造成合同义务不能履行的情况下，债务人仍应当向债权人承担违约责任。这既是合同相对性原则的体现，也是为了保护债权人的合理期待，进而保障交易的安全。至于债务人和第三人之间的纠纷，根据法律规定或者债务人与第三人之间的约定处理。

本案中，尽管 A 公司抗辩其无法按时保证发电机组正常运转是因 C 公司违约所致，但对 B 公司而言，A 公司仍然应当承担违约责任。A 公司在承担违约责任后，可以根据法律规定或者其与 C 公司之间的约定，要求 C 公司向其承担违约责任。

▌法条链接

《民法典》

第五百九十三条　当事人一方因第三人的原因造成违约的，应当依法向对方承担违约责任。当事人一方和第三人之间的纠纷，依照法律规定或者按照约定处理。

191. 供电公司断电给用户造成经济损失，用户只能自认倒霉吗？

某日，A 公司正在加紧生产一批货物，突然电源中断，导致 A 公司未能如期交货。事后，A 公司发现断电原因是供电公司电力检修，但 A 公司从未接到任何通知、看到任何公告。A 公司将供电公司诉至法院，要求供电公司赔偿突然断电给 A 公司造成的经济损失。

A 公司的主张能得到法院的支持吗？

▌法律解析

供用电合同是一种持续供给合同。供电人在发电、供电系统正常的情况下，应当连续向用电人供电，不得中断，否则应当承担违约责任。这是供电人连续供电的义务。但是在某些法定情形下，供电人可以中断供电。《民法典》第六百五十二条和《中华人民共和国电力法》（以下简称《电力法》）第二十九条规定，在供电设施检修、依法限电、用电人违法用电等情形下，供电人可以中断供电，不承担违约责任，但前提是应当按照国家有关规定事先通知用电人。

《电力供应与使用条例》规定，因供电设施计划检修需要停电时，供电企业应当提前 7 天通知用户或者进行公告；因供电设施临时检修需要停止供电时，供电企业应当提前 24 小时通知重要用户；因发电、供电系统发生故障需要停电、限电时，供电企业应当按照事先确定的限电序位进行停电或者限电。引起停电或者限电的原因消除后，供电企业应当尽快恢复供电。

本案中，供电公司进行电力检修，并没有按照上述规定提前通知 A 公司或者进行公告，所以 A 公司可以就因断电造成的经济损失，要求供电公司赔偿。

▌法条链接

《民法典》

第六百五十二条　供电人因供电设施计划检修、临时检修、依法限电或者用电人违法用电等原因，需要中断供电时，应当按照国家有关规定事先通知用电人；未事先通知用电人中断供电，造成用电人损失的，应当承担赔偿责任。

《电力法》

第二十九条　供电企业在发电、供电系统正常的情况下，应当连续向用户供电，不得中断。因供电设施检修、依法限电或者用户违法用电等原因，需要中断供电时，供电企业应当按照国家有关规定事先通知用户。

用户对供电企业中断供电有异议的，可以向电力管理部门投诉；受理投诉的电力管理部门应当依法处理。

《电力供应与使用条例》

第二十八条　除本条例另有规定外，在发电、供电系统正常运行的情况下，供电企业应当连续向用户供电；因故需要停止供电时，应当按照下列要求事先通知用户或者进行公告：

（一）因供电设施计划检修需要停电时，供电企业应当提前 7 天通知用户或者进行公告；

（二）因供电设施临时检修需要停止供电时，供电企业应当提前 24 小时通知重要用户；

（三）因发电、供电系统发生故障需要停电、限电时，供电企业应当按照事先确定的限电序位进行停电或者限电。引起停电或者限电的原因消除后，供电企业应当尽快恢复供电。

192. 农民工能越过包工头直接向建筑公司索要劳动报酬吗？

2021 年 9 月，A 公司承建 B 公司钢结构基础工程。当月，A 公司又与王某签订了分包合同，将该工程转包给王某，承包方式为包工包料。李某经由朋友介绍，跟随王某到该工程提供劳务，但王某长期拖欠李某的劳动报酬，李某多次讨要无果。

2022 年 7 月，李某又一次向王某讨要劳动报酬。王某给李某出具了一份材料，内容为："A 公司欠付李某工程款余款 24 000 元，等待工地结算时一次性付清，由李某直接向 A 公司领取余款 24 000 元及利息。"此后，李某仍然没有收到劳动报酬。2022 年 11 月，李某将 A 公司诉至法院，请求法院判令 A 公司支付其劳动报酬 24 000 元及逾期利息。

李某可以越过王某直接向 A 公司索要劳动报酬吗？

法律解析

为保障农民工的合法权益，最高人民法院提出了"实际施工人"这一概念。实际施工人可以突破合同相对性，向与其没有合同关系的发包人、总承包人提起偿还劳务分包工程欠款的诉讼。

那么，如何认定农民工是不是实际施工人呢？司法实践中，实际施工人的认定应从以下三个方面进行：

（1）是否为实际投入人员、资金、机械的施工主体；

（2）所施工内容是否为建设工程中相对独立的单项工程；

（3）能否对施工内容独立承担质量责任。

不符合上述条件的，不能被认定为实际施工人，无法直接向建筑公司索要劳动报酬。

本案中，李某是受分包人王某雇用从事施工劳动的人员，不符合实际施工人的身份，所以他不能越过王某直接向 A 公司索要劳动报酬。

律师建议，农民工在提供劳务前，应当保留包工头或者班组负责人的相关身份信息，不要轻易相信包工头或者班组负责人"可以直接向建筑公司索要工程款"的说辞，最大限度地保护自身利益。

法条链接

《民法典》

第七百九十一条　发包人可以与总承包人订立建设工程合同，也可以分别与勘察人、设计人、施工人订立勘察、设计、施工承包合同。发包人不得将应当由一个承包人完成的建设工程支解成若干部分发包给数个承包人。

总承包人或者勘察、设计、施工承包人经发包人同意，可以将自己承包的部分工作交由第三人完成。第三人就其完成的工作成果与总承包人或者勘察、设计、施工承包人向发包人承担连带责任。承包人不得将其承包的全部建设工程转包给第三人或者将其承包的全部建设工程支解以后以分包的名义分别转包给第三人。

禁止承包人将工程分包给不具备相应资质条件的单位。禁止分包单位将其承包的工程再分包。建设工程主体结构的施工必须由承包人自行完成。

《最高人民法院关于审理建设工程施工合同纠纷案件适用法律问题的解释（一）》（法释〔2020〕25号）

第四十三条　实际施工人以转包人、违法分包人为被告起诉的，人民法院应当依法受理。

实际施工人以发包人为被告主张权利的，人民法院应当追加转包人或者违法分包人为本案第三人，在查明发包人欠付转包人或者违法分包人建设工程价款的数额后，判决发包人在欠付建设工程价款范围内对实际施工人承担责任。

193. 发包人违约，承包人能否解除施工合同？

A公司是某广场地块工程的发包人，于2020年9月与B公司签订了某广场玻璃幕墙施工合同。双方约定由B公司负责承建该广场的玻璃幕墙部分工程，由A公司提供水、电等。但B公司进场后，A公司并未按约提供施工条件，导致B公司无法施工。

A公司违约，作为承包人的B公司能否解除施工合同？

法律解析

在建设工程施工合同中，承包人的合同解除权分为"约定解除权"和"法定解除权"两种。约定解除权是指双方约定一方解除合同的事由，若出现解除事由，则一方享有解除权。法定解除权不以双方的约定为基础，只要出现特定的情形，一方即可解除合同，比如因自然灾害、战争等不可抗力导致合同无法继续履行等。无论一方当事人行使哪种合同解除权，都必须使另一方当事人知悉其解除合同的意思。

本案中，B 公司作为承包人享有法定解除权，具体情形包括：

（1）发包人未按约定支付工程款，经催告后在合理期限内仍未履行相应义务的；

（2）发包人提供的主要建筑材料、建筑构配件和设备不符合强制性标准，致使承包人无法施工，经催告后在合理期限内仍未履行相应义务的；

（3）发包人不履行协助义务，致使承包人无法施工，经催告后在合理期限内仍未履行相应义务的。

在建设工程施工合同中，根据合同约定及建设工程施工本身的需要，承包人进行施工有时需要发包人进行协助，比如需要发包人办理临时停水、停电、爆破作业、临时占用规划批准范围以外的场地等的审批手续，需要发包人提供所需的相关资料、图纸等。[1] 发包人不履行协助义务，会影响承包人施工，若经催告后在合理期限内发包人仍未履行相应义务，承包人就可以行使法定解除权。

也就是说，B 公司作为承包人，应当先向 A 公司，即发包人进行催告，要求对方在合理期限内提供水、电等合同约定的施工条件；经催告后，若 A 公司仍未履行相应义务，B 公司应当让 A 公司知悉自己要解除合同的意思，可以通过口头通知、电子邮件、微信或者手机短信作出解除合同的意思表示，也可以直接向法院提起诉讼或者向仲裁机构申请仲裁，由法院或者仲裁机构将起诉状副本或者仲裁申请书副本送达对方。如果 B 公司选择这种通知方式，需要保留其向 A 公司作出解除合同意思表示的证据，因为主张解除合同关系的一方当事

---

[1] 参见《民法典生效后，承包人转包或违法分包，发包人可以解除合同》一文，作者韦显瑞。

人需要对引起合同关系变动的事实进行举证。

需要说明的是，上述第一种法定解除权情形——"未按约定支付工程款"在原《最高人民法院关于审理建设工程施工合同纠纷案件适用法律问题的解释》（法释〔2004〕14号，现已废止）第九条中有明确规定，在《民法典》中被删除了。但在该种情形下，承包人仍然享有法定解除权，可以根据《民法典》合同编中有关法定解除权的规定进行主张。

▌法条链接

《民法典》

第五百六十二条 当事人协商一致，可以解除合同。

当事人可以约定一方解除合同的事由。解除合同的事由发生时，解除权人可以解除合同。

第五百六十三条 有下列情形之一的，当事人可以解除合同：

（一）因不可抗力致使不能实现合同目的；

（二）在履行期限届满前，当事人一方明确表示或者以自己的行为表明不履行主要债务；

（三）当事人一方迟延履行主要债务，经催告后在合理期限内仍未履行；

（四）当事人一方迟延履行债务或者有其他违约行为致使不能实现合同目的；

（五）法律规定的其他情形。

以持续履行的债务为内容的不定期合同，当事人可以随时解除合同，但是应当在合理期限之前通知对方。

第八百零六条 承包人将建设工程转包、违法分包的，发包人可以解除合同。

发包人提供的主要建筑材料、建筑构配件和设备不符合强制性标准或者不履行协助义务，致使承包人无法施工，经催告后在合理期限内仍未履行相应义务的，承包人可以解除合同。

合同解除后，已经完成的建设工程质量合格的，发包人应当按照约定支付相应的工程价款；已经完成的建设工程质量不合格的，参照本法第七百九十三条的规定处理。

194. 花钱托人找工作被骗，钱还能追回来吗？

小张大学毕业后一直没有找到合适的工作，于是委托一家劳务派遣公司为他寻找工作。劳务派遣公司承诺可以通过姜某某的关系把小张安排到某大型公司，并向小张索取费用 12 万元（其中 2 万元为劳务派遣公司报酬，10 万元为给姜某某的好处费）。小张将钱支付给劳务派遣公司后，工作的事情却一直没有着落。后来，劳务派遣公司告诉小张，姜某某是骗子，已经失联，钱也追不回来了。

小张可以要求劳务派遣公司赔偿他的损失吗？

法律解析

根据《民法典》的规定，对于委托合同应当区分不同形式。如果是有偿的委托合同，因受托人的过错造成委托人损失的，委托人可以请求赔偿损失；如果是无偿的委托合同，只有在受托人存在故意或者重大过失造成委托人损失时，委托人才可以请求赔偿损失。

本案中，劳务派遣公司接受小张的委托，为其介绍工作并收取报酬，虽然双方并未签订书面协议，但实际上已经构成了有偿委托合同关系。劳务派遣公司作为受托人，没有尽到审慎的注意义务，导致小张被骗。所以，小张遭受的损失应当由劳务派遣公司赔偿。

法条链接

《民法典》

第九百二十九条 有偿的委托合同，因受托人的过错造成委托人损失的，委托人可以请求赔偿损失。无偿的委托合同，因受托人的故意或者重大过失造成委托人损失的，委托人可以请求赔偿损失。

受托人超越权限造成委托人损失的，应当赔偿损失。

195. 招标人不同意确定中标人，能拒绝签订合同吗？

A 公司建设工程项目依法进行公开招投标。经过各种评比、筛选，B 公司最终成功中标。然而，A 公司因内部股东意见不一致，不同意确定中标人，拒绝签订合同。

A 公司能随意拒绝签订合同吗？

▌法律解析

根据《中华人民共和国招标投标法》（以下简称《招标投标法》）的规定，招标人可以根据评标委员会提出的书面评标报告和推荐的中标候选人确定中标人，也可以授权评标委员会直接确定中标人。中标人确定后，招标人应当向中标人发出中标通知书，同时将中标结果通知所有未中标的投标人，并在中标通知书发出之日起三十日内，按照招标文件和中标人的投标文件，与中标人订立书面合同。如果中标通知书发出后，招标人改变中标结果或者中标人放弃中标项目，应当依法承担法律责任。

本案中，如果 A 公司（招标人）在发出中标通知书后，不按照招标文件和 B 公司（中标人）的投标文件在规定期限内与 B 公司订立书面合同，会被主管部门责令改正，还会被处以中标项目金额千分之五以上千分之十以下的罚款。

一般来说，除非中标人存在与招标人、招标代理机构串通损害国家利益、社会公共利益或者他人合法权益，与其他投标人相互串通投标，以他人名义投标，以其他方式弄虚作假骗取中标等使中标无效的情形，否则招标人不得随意拒绝签订合同。

法条链接

《招标投标法》

第四十条第二款 招标人根据评标委员会提出的书面评标报告和推荐的中标候选人确定中标人。招标人也可以授权评标委员会直接确定中标人。

第四十五条 中标人确定后，招标人应当向中标人发出中标通知书，并同时将中标结果通知所有未中标的投标人。

中标通知书对招标人和中标人具有法律效力。中标通知书发出后，招标人改变中标结果的，或者中标人放弃中标项目的，应当依法承担法律责任。

第四十六条第一款 招标人和中标人应当自中标通知书发出之日起三十日内，按照招标文件和中标人的投标文件订立书面合同。招标人和中标人不得再行订立背离合同实质性内容的其他协议。

第五十九条 招标人与中标人不按照招标文件和中标人的投标文件订立合同的，或者招标人、中标人订立背离合同实质性内容的协议的，责令改正；可以处中标项目金额千分之五以上千分之十以下的罚款。

196. 小区的物业服务人都有哪些职责？

2022年7月，元先生在某中高档小区购买了一套住房，每月的物业费高达3.5元/平方米。但是元先生入住后，发现物业的服务存在很多问题，包括小区绿化面积不合格、非机动车道无遮雨棚、门卫配置不足等。元先生和其他业主向物业公司反映上述问题，物业公司回复："绿化建设是开发商负责的，正在完善中；遮雨棚并非法定的义务；门卫配置合理。"业主们对于物业公司的回复非常不满意，认为自己每年交那么多物业费根本不值。

小区的物业服务人都有哪些职责？

法律解析

物业服务合同是物业服务人在物业服务区域内，为业主提供建筑物及其附属设施的维修养护、环境卫生和相关秩序的管理维护等物业服务，业主支付物业费的合同。

根据《民法典》《物业管理条例》的规定，物业服务的内容大致可以分为五项：房屋管理、公用设施设备维修保养、协助维护公共秩序、保洁服务、绿化养护管理。具体来说包括：

（1）物业服务转委托产生的相关义务。由于物业服务具有综合性、全面性，物业公司可以将专项服务业务委托给专业性服务企业或者第三人，比如委托保安公司专门负责小区的安保工作，委托保洁公司负责小区的保洁工作，委托专业技术人员负责小区的电梯维护等。虽然这类委托不需要经过业主的同意，但是物业公司仍应当就这部分专项服务事项向业主负责。

（2）保养维护义务。物业服务人应当按照约定和物业的使用性质，妥善维修、养护、清洁、绿化和经营管理物业服务区域内的业主共有部分，维护物业服务区域内的基本秩序，采取合理措施保护业主的人身、财产安全。

（3）管理义务。物业服务人对物业服务区域内违反有关治安、环保、消防等法律法规的行为，应当及时采取合理措施制止、向有关行政主管部门报告并协助处理。

（4）定期报告义务。物业服务人应当将物业服务的事项、负责人员、质量要求、收费项目、收费标准、履行情况以及维修资金使用情况、业主共有部分的经营与收益情况等以合理方式向业主公示、告知。

（5）通知义务。物业服务人应当及时向业主、物业使用人告知安全或者合理使用物业的义务，比如小区内设备、公共设施维修如果影响业主日常生活的，应当及时通知业主。

（6）交接义务。物业服务合同终止的，原物业服务人应当在约定期限或者合理期限内退出物业服务区域，将物业服务用房、相关设施、物业服务所必需的相关资料等交还给业主委员会、决定自行管理的业主或者其指定的人，配合新物业服务人做好交接工作，并如实告知物业的使用和管理状况。

（7）继续管理义务。物业服务合同终止后，在业主或者业主大会选聘的新物业服务人或者决定自行管理的业主接管之前，原物业服务人应当继续处理物业服务事项，并可以请求业主支付该期间的物业费。

与此相对的，业主应当按照约定向物业服务人支付物业费。像元先生一样认为物业服务人在以上服务方面未能履行职责的业主，可以要求物业服务人承担违约责任。若协商不成诉至法院，业主需要收集相关证据（如小区内保洁、绿化以及公共设施维护不到位的相关照片、聊天记录等），以证明物业服务不到位。此外，业主也可以按照法定程序解聘物业服务人。

法条链接

《民法典》

第九百三十七条 物业服务合同是物业服务人在物业服务区域内，为业主提供建筑物及其附属设施的维修养护、环境卫生和相关秩序的管理维护等物业服务，业主支付物业费的合同。

物业服务人包括物业服务企业和其他管理人。

第九百四十二条 物业服务人应当按照约定和物业的使用性质，妥善维修、养护、清洁、绿化和经营管理物业服务区域内的业主共有部分，维护物业服务区域内的基本秩序，采取合理措施保护业主的人身、财产安全。

对物业服务区域内违反有关治安、环保、消防等法律法规的行为，物业服务人应当及时采取合理措施制止、向有关行政主管部门报告并协助处理。

第九百四十三条 物业服务人应当定期将服务的事项、负责人员、质量要求、收费项目、收费标准、履行情况，以及维修资金使用情况、业主共有部分的经营与收益情况等以合理方式向业主公开并向业主大会、业主委员会报告。

第九章

所有权纠纷篇

197. 在不知情的情况下购买了赃物，能否主张善意取得？

任某从某公司骗取了一台装载机，以 20 万元的价格出售给了张先生，并签订了购车协议。协议签订后，任某如约将装载机交付张先生使用。半年后，任某东窗事发，装载机被刑事判决认定为任某掩饰、隐瞒犯罪所得罪一案的赃物，该车也被强制收回。

张先生能否以当时不知道装载机系违法犯罪所得，且其已经按照市场价格支付给任某相应的购车款为由，主张善意取得该车辆？他与任某签订的购车协议还有效吗？

▌法律解析

《民法典》第一百四十三条规定，违反法律、行政法规的强制性规定的民事法律行为无效。第一百五十七条规定，民事法律行为无效、被撤销或者不发生效力后，行为人因该行为取得的财产，应当予以返还；不能返还或者没有必要返还的，应当折价补偿。有过错的一方应当赔偿对方由此所受到的损失。

本案的购车协议中所交易的标的物（装载机）属于动产，已经被刑事判决认定为任某掩饰、隐瞒犯罪所得罪一案的赃物，属于法律禁止的流通物。因此，张先生与任某签订的购车协议违反了法律、行政法规的强制性规定，属于无效合同。合同无效后，双方应当返还因该合同取得的财产，即任某应当返还张先生 20 万元并赔偿张先生由此受到的损失。

那么，张先生能否主张善意取得，从而拿回装载机呢？

所谓"善意取得"，是指受让人以财产所有权转移为目的，善意地、有对价地受让出让人占有的涉案财产，即使出让人无权利转移所有权的权利，受让人仍然可以取得转让之标的物的所有权。[1] 根据《民法典》第三百一十一条的规定，

---

[1] 最高人民法院民法典贯彻实施工作领导小组. 中华人民共和国民法典物权编理解与适用（上）[M]. 北京：人民法院出版社，2020.

善意取得应当满足以下条件：

（1）受让人须是善意的，不知道出让人是无处分权人；

（2）受让人支付了合理的价款；

（3）转让的财产应当登记的已经登记，不需要登记的已经交付给受让人。

同时满足这三项条件，就构成了善意取得。

本案中，如果张先生确实不知道装载机是任某骗来的，那么鉴于他已经按照市场价格支付购车款，且装载机已经实际交付给他使用，他可以主张善意取得，从而拿回装载机。

根据《最高人民法院 最高人民检察院关于办理诈骗刑事案件具体应用法律若干问题的解释》（法释〔2011〕7号）的规定，他人善意取得诈骗财物的，不予追缴。

法条链接

《民法典》

第一百四十三条 具备下列条件的民事法律行为有效：

（一）行为人具有相应的民事行为能力；

（二）意思表示真实；

（三）不违反法律、行政法规的强制性规定，不违背公序良俗。

第一百五十七条 民事法律行为无效、被撤销或者确定不发生效力后，行为人因该行为取得的财产，应当予以返还；不能返还或者没有必要返还的，应当折价补偿。有过错的一方应当赔偿对方由此所受到的损失；各方都有过错的，应当各自承担相应的责任。法律另有规定的，依照其规定。

第三百一十一条 无处分权人将不动产或者动产转让给受让人的，所有权人有权追回；除法律另有规定外，符合下列情形的，受让人取得该不动产或者动产的所有权：

（一）受让人受让该不动产或者动产时是善意；

（二）以合理的价格转让；

（三）转让的不动产或者动产依照法律规定应当登记的已经登记，不需要登记的已经交付给受让人。

受让人依据前款规定取得不动产或者动产的所有权的，原所有权人有权向无处分权人请求损害赔偿。

当事人善意取得其他物权的，参照适用前两款规定。

《最高人民法院关于适用〈中华人民共和国民法典〉物权编的解释（一）》（法释〔2020〕24 号）

第十四条　受让人受让不动产或者动产时，不知道转让人无处分权，且无重大过失的，应当认定受让人为善意。

真实权利人主张受让人不构成善意的，应当承担举证证明责任。

《最高人民法院 最高人民检察院关于办理诈骗刑事案件具体应用法律若干问题的解释》

第十条　行为人已将诈骗财物用于清偿债务或者转让给他人，具有下列情形之一的，应当依法追缴：

（一）对方明知是诈骗财物而收取的；

（二）对方无偿取得诈骗财物的；

（三）对方以明显低于市场的价格取得诈骗财物的；

（四）对方取得诈骗财物系源于非法债务或者违法犯罪活动的。

他人善意取得诈骗财物的，不予追缴。

198. 寄存的物品被保管人私自出售，还能要回来吗？

刘先生平时喜欢收藏古玩，前段时间因为要出国，所以他将自己收藏的一件古董花瓶交给朋友王某暂时保管。然而，等他回来时才知道，王某已经将花瓶私自卖给了第三人梁某。刘先生找到梁某，想要回花瓶。梁某却表示他并不知道花瓶原本是刘先生的，并且花瓶是他以合理的价格从王某手中购得的，所以拒绝返还。

刘先生有权向梁某追回花瓶吗？

法律解析

根据《民法典》的规定，无处分权人擅自将物品转让给受让人的，所有权人有权追回。但是，如果受让人对此不知情，且以合理的价格从无处分权人处购买该物品，并已经完成交付，那么受让人就属于善意取得该物品的所有权。此时，原所有权人无权向受让人追回物品，只能向无处分权人请求损害赔偿。

如果出现受让人不知情，但购买物品的价格明显不合理，或者受让人已付款，但物品还没有交付的情况，原所有权人仍然可以追回物品。

本案中，梁某并不知道花瓶为刘先生所有，他以合理的价格向保管人王某购买并获得了该花瓶，属于善意取得，刘先生无权追回花瓶。不过，刘先生作为原所有权人，可以向王某请求损害赔偿。

法条链接

《民法典》

第三百一十一条 无处分权人将不动产或者动产转让给受让人的，所有权人有权追回；除法律另有规定外，符合下列情形的，受让人取得该不动产或者动产的所有权：

（一）受让人受让该不动产或者动产时是善意；

（二）以合理的价格转让；

（三）转让的不动产或者动产依照法律规定应当登记的已经登记，不需要登记的已经交付给受让人。

受让人依据前款规定取得不动产或者动产的所有权的，原所有权人有权向无处分权人请求损害赔偿。

当事人善意取得其他物权的，参照适用前两款规定。

第三百一十三条 善意受让人取得动产后，该动产上的原有权利消灭。但是，善意受让人在受让时知道或者应当知道该权利的除外。

199. 遗失物品被捡到的人卖掉，失主可以索还吗？

张三有一只名贵宠物狗不慎走失，被王五捡到。王五的邻居李四见到这只狗，非常喜欢，向王五提出购买。王五隐瞒了这只狗是捡来的事实，把狗卖给了李四。某日，李四出门遛狗，恰好遇见张三。张三认出了自己的狗，便要求李四返还。李四以狗是自己花钱购买的为由拒绝返还。

张三有权要求李四把狗还回来吗？

▌法律解析

根据《民法典》的规定，所有权人或者其他权利人有权追回遗失物。该遗失物通过转让被他人占有的，权利人有权向无处分权人请求损害赔偿，或者自知道或者应当知道受让人之日起二年内向受让人请求返还原物。

本案中，张三作为宠物狗的主人（所有权人），有权请求李四（受让人）返还宠物狗。至于李四的损失，可以向王五（无处分权人）讨还。

▌法条链接

《民法典》

第三百一十二条　所有权人或者其他权利人有权追回遗失物。该遗失物通过转让被他人占有的，权利人有权向无处分权人请求损害赔偿，或者自知道或者应当知道受让人之日起二年内向受让人请求返还原物；但是，受让人通过拍卖或者向具有经营资格的经营者购得该遗失物的，权利人请求返还原物时应当支付受让人所付的费用。权利人向受让人支付所付费用后，有权向无处分权人追偿。

200. 捡到钱后意图私吞结果弄丢，失主可以索赔吗？

某日，小赵（15岁）和小王（14岁）在放学回家的路上看到地上有一个黑色的塑料袋，两人捡起发现里面有一沓百元钞票。他们躲至僻静处仔细清点，发现一共有5000元。两人商量后决定，先各拿500元当作零花，剩下的4000元藏起来，以后慢慢花。不料两天后，他们发现藏的钱不翼而飞。一个月后，失主得知此事，找到小赵和小王的父母，追讨丢失的5000元现金。

失主的诉求能够得到法律的支持吗？

法律解析

《民法典》规定，拾得遗失物，应当返还权利人。因故意或者重大过失致使遗失物毁损、灭失的，应当承担民事责任。故意侵占他人的遗失物品且数额较大的，还会构成《刑法》中的侵占罪。

本案中，小赵和小王捡到钱后，既没有寻找失主，也没有将钱上交学校或者有关部门，打算将钱分掉，主观上有非法占有该钱款的恶意，客观上实施了私分以及隐藏的行为。因此，二人对于后来钱款的丢失负有责任，应当将钱赔给失主。由于小赵和小王是限制民事行为能力的未成年人，所以其监护人应当承担赔偿责任。失主的诉求能够得到法律的支持。

《刑法》中侵占罪"数额较大"的标准，全国各地略有不同，但一般来说，5000元不会达到数额较大的标准，所以小赵和小王的行为不构成刑事犯罪。

法条链接

《民法典》

第三百一十四条　拾得遗失物，应当返还权利人。拾得人应当及时通知权利人领取，或者送交公安等有关部门。

第三百一十六条　拾得人在遗失物送交有关部门前，有关部门在遗失物被领取前，应当妥善保管遗失物。因故意或者重大过失致使遗失物毁损、灭失的，应当承担民事责任。

《刑法》

第二百七十条第一款 【侵占罪】将代为保管的他人财物非法占为己有，数额较大，拒不退还的，处二年以下有期徒刑、拘役或者罚金；数额巨大或者有其他严重情节的，处二年以上五年以下有期徒刑，并处罚金。

201. 遗失物品，拾得人趁机要挟怎么办？

刘某在下班途中拾得一个皮包，里面除了一张身份证和一些文件，还有8000美元现金和一个存有5万元人民币的存折。刘某按照身份证和文件上的信息，主动找到失主范某，要求范某支付800美元酬金才肯还包。范某表示愿意支付200美元酬金，可刘某不同意，并威胁范某不给钱就不还包。

范某应该怎么办？

▌法律解析

上一节已经提到，拾得遗失物而不归还的，不仅违反《民法典》的规定，还有可能触犯刑法，构成侵占罪。

本案中，刘某索要的酬金明显超出合理必要的范围，而且在商谈未果的情况下，拒绝返还拾得物，已经构成了侵占罪。失主范某可以报警，并拒绝向刘某支付任何费用。由于皮包内的现金达到8000美元，一般来说已经达到了侵占罪"数额较大"的标准，所以刘某将被处以二年以下有期徒刑、拘役或者罚金。

▌法条链接

《刑法》

第二百七十条第一款 【侵占罪】将代为保管的他人财物非法占为己有，数额较大，拒不退还的，处二年以下有期徒刑、拘役或者罚金；数额巨大或者有其他严重情节的，处二年以上五年以下有期徒刑，并处罚金。

202. 悬赏找到失物后可以反悔吗？

杨先生丢失手机后，向遗失的手机发送短信，表示如果捡到手机的人退还手机，他愿意支付 5000 元作为酬金。捡到手机的李某收到短信后，用捡来的手机给杨先生拨打了电话，要求杨先生先支付 2500 元作为诚意金，在退还手机时再支付剩余的 2500 元。杨先生向李某微信转账 2500 元，并与李某约定于市司法部门前退还手机。双方见面后，杨先生将剩余的 2500 元转给了李某，李某当即把手机还给了杨先生。

事后，杨先生发现他的支付宝因多次密码输入错误已被冻结，怀疑李某试图窃取自己的财物，于是把李某告上法庭，请求法院判令李某返还酬金。

杨先生的主张是否能够得到支持？

▌法律解析

《民法典》第三百一十七条第二款规定，权利人悬赏寻找遗失物的，领取遗失物时应当按照承诺履行义务。

本案中，杨先生与李某就 5000 元酬金的支付方式达成一致。在李某返还手机的情形下，杨先生也应当履行自己的承诺，向李某支付酬金。此时，李某对于该笔酬金的获取具有法律依据，不构成不当得利。如果杨先生反悔，拒绝支付酬金，那么李某有权向法院起诉，请求杨先生履行支付义务。

但《民法典》第三百一十七条第三款规定，拾得人侵占遗失物的，无权请求保管遗失物等支出的费用，也无权请求权利人按照承诺履行义务。也就是说，如果拾得人侵占遗失物，就丧失了必要费用（如保管费）的请求权和要求权利人按照承诺（如悬赏广告）支付报酬的权利。

李某试图窃取财物的行为与侵占遗失物本身具有类似性，因此，杨先生起诉请求返还酬金具有一定的法律依据，法院可能会依据《民法典》第三百一十七条第三款的规定判令李某返还酬金。

法条链接

《民法典》

第三百一十七条　权利人领取遗失物时，应当向拾得人或者有关部门支付保管遗失物等支出的必要费用。

权利人悬赏寻找遗失物的，领取遗失物时应当按照承诺履行义务。

拾得人侵占遗失物的，无权请求保管遗失物等支出的费用，也无权请求权利人按照承诺履行义务。

第四百九十九条　悬赏人以公开方式声明对完成特定行为的人支付报酬的，完成该行为的人可以请求其支付。

第十章

侵权责任篇

203. 酒后出事，同桌共同饮酒人需要承担多大责任？

刘某受苏某邀请参加同学聚会。聚会上，刘某与苏某等 8 名同学相互敬酒。聚会结束当晚，刘某在回家途中死亡。医院经检查发现，刘某是因饮酒过量导致猝死的。随后，刘某的家属将苏某等 8 人告上法庭，要求他们对刘某的死负责。

▌法律解析

现实生活中，因过量饮酒造成死亡的事件屡见不鲜，而家属要求共同饮酒人担责的情况也越来越多。这是因为，基于在先的组织、邀约、共饮行为，共同饮酒人对彼此的人身安全具有注意和保护义务。也就是说，共同饮酒人之间应当互相提醒少饮酒、不要过量饮酒，对于已经饮酒过量的，应当进行适当的照顾、帮助，比如护送饮酒人回家或通知其家属来接，劝阻饮酒人驾驶机动车，将饮酒人及时送往医院救治等。[1]

在责任认定方面，除共同饮酒人存在强迫饮酒等故意侵权行为，共同饮酒人侵权均以不作为的形式出现。所谓的"不作为"，就是在饮酒人出现醉酒不能自理或者其他危险状态时，共同饮酒人不履行上述注意和保护义务。此时，共同饮酒人需要就其不作为承担责任。

当然，饮酒人作为完全民事行为能力人，对自己的身体状况、酒量应当心里有数，如果饮酒人自己没有认识到饮酒过量的危害及后果或者存在侥幸心理，那么应当由其自行承担主要责任或者全部责任。

本案中，刘某在聚会上与同学相互敬酒，其作为完全民事行为能力人，应当对自己过量饮酒的行为负主要责任。至于苏某等 8 名共同饮酒人，法院会在审查他们的过错程度的基础上对其进行具体的责任认定。需要说明的是，苏某

---

[1] 国家法官学院，最高人民法院司法案例研究院. 中国法院 2022 年度案例：人格权纠纷 [M]. 北京：中国法制出版社，2022.

作为聚会的组织者，一般来说需要承担更多的责任。

律师建议，聚会饮酒要适量，并且千万不能强迫他人饮酒。发现同伴醉酒后，一定要确保对方安全回家。

法条链接

《民法典》

第一千一百六十五条　行为人因过错侵害他人民事权益造成损害的，应当承担侵权责任。

依照法律规定推定行为人有过错，其不能证明自己没有过错的，应当承担侵权责任。

第一千一百七十条　二人以上实施危及他人人身、财产安全的行为，其中一人或者数人的行为造成他人损害，能够确定具体侵权人的，由侵权人承担责任；不能确定具体侵权人的，行为人承担连带责任。

第一千一百七十一条　二人以上分别实施侵权行为造成同一损害，每个人的侵权行为都足以造成全部损害的，行为人承担连带责任。

第一千一百七十二条　二人以上分别实施侵权行为造成同一损害，能够确定责任大小的，各自承担相应的责任；难以确定责任大小的，平均承担责任。

204. 电梯中劝阻他人吸烟，对方猝死，怎么办？

段某与杨某住在同一栋居民楼。某日，两人先后进入同一部电梯。段某在电梯内吸烟，杨某进行劝阻，两人发生争执。电梯监控显示，在争执过程中，段某的情绪越来越激动，杨某的情绪则相对冷静、克制，两人全程只有语言交流，没有拉扯行为，也没有肢体冲突。段某与杨某走出电梯后，还有些争执。物业工作人员出面劝阻后，杨某离开；段某则同物业工作人员进入物业公司办公室，但没过多久就因心脏病发作猝死。事故发生后，段某的妻子将杨某告上法庭，要求杨某承担赔偿责任。

杨某对段某的猝死是否应当承担赔偿责任呢？

法律解析

我国侵权责任的成立一般包括以下四个构成要件：

（1）侵权行为；

（2）损害结果；

（3）因果关系；

（4）主观过错。

这四个要件必须全部具备，否则不构成侵权责任。

本案中，杨某劝阻段某在电梯内吸烟的行为未超出必要限度，属于正当劝阻行为。在此过程中，杨某始终保持理性，没有与段某发生肢体冲突或者拉扯行为，也没有其他证据能够证明杨某对段某进行过呵斥或者有其他不当行为。所以，杨某在主观上没有侵害段某生命权的故意[1]或者过失[2]，其劝阻段某吸烟行为本身与段某猝死的结果之间缺乏因果关系。段某是因自身患有心脏病且没有控制好情绪而不幸猝死的。虽然从时间上看，杨某劝阻段某吸烟行为与段某死亡的结果是先后发生的，但由于二者并不存在法律上的因果关系，所以杨某的行为不构成侵权，不应承担侵权责任。

法条链接

《民法典》

第一千一百六十五条　行为人因过错侵害他人民事权益造成损害的，应当承担侵权责任。

依照法律规定推定行为人有过错，其不能证明自己没有过错的，应当承担侵权责任。

第一千一百八十六条　受害人和行为人对损害的发生都没有过错的，依照

1　故意，是指侵权人预见自己行为的损害结果，仍然希望这一损害结果发生或者放任这一结果发生的主观心理状态。

2　过失，包括疏忽和懈怠。疏忽是指侵权人对自己行为的损害结果，应当预见或者能够预见，但由于疏忽大意而没有预见；懈怠是指侵权人对自己行为的损害结果虽然能够预见，但由于过于自信而认为可以避免，最终没有避免损害结果的发生。

法律的规定由双方分担损失。

205. 交通事故无法查清致害人，怎么办？

某日凌晨 5 时，受害人黄某被一部蓝色车辆（目击者描述，但没看清车牌号）撞倒后死亡，肇事车辆由东往西逃逸。交警部门调取了事发地段向东 950 米左右的监控录像，发现案发前后向西行驶的车辆先后顺序为 A（蓝色）、B（红色）、C（蓝色）、D（颜色不明）、E（红色），除了 D 车看不清车牌，其余车辆均已获取车牌号。经交警部门调查，A、B、C 车的驾驶员均称经过事发地段未发现事故，E 车驾驶员称经过时已发生事故。

交警部门根据目击者描述的肇事车辆为蓝色，再结合两部红色车辆（B、E）驾驶员对当时情况的描述（B 称事故未发生，E 称事故已发生），判定 C、D 两车具有肇事嫌疑，但究竟哪辆车是肇事车，无法确定。

在交通事故无法查清致害人的情况下，受害人及其家属应该怎么办？

▎法律解析

本案中，虽然无法查清致害人，但是黄某家属可以向 C、D 两车车主主张赔偿。因为 C、D 两车构成了共同危险行为，需要承担共同危险责任。

根据《民法典》的规定，共同危险行为是指二人以上实施危及他人人身、财产安全的行为，其中一人或者数人的行为造成他人损害，但无法确定具体侵权人的侵权行为。在共同危险行为中，虽然致害人只是其中一人或者数人，但如果无法确定究竟是数人中谁的行为实际造成损害结果，各危险行为人就需要承担连带责任。二人以上分别实施侵权行为造成同一损害，能够确定各危险行为人的责任大小的，各自承担相应的责任；难以确定责任大小的，平均承担责任。

再回到本案，交警部门经调查锁定 C、D 车为肇事车辆，如果 C、D 车车主不能充分举证证明自己与事故的发生无因果关系，那么两车车主将被认定为共同危险行为人，各自向受害人黄某的家属承担一半的赔偿责任。

律师建议，发生交通事故后，受害人或者其家属应当第一时间报警，如果交警等部门无法查清致害人，可以按共同危险责任主张赔偿。

法条链接

《民法典》

第一千一百七十条　二人以上实施危及他人人身、财产安全的行为，其中一人或者数人的行为造成他人损害，能够确定具体侵权人的，由侵权人承担责任；不能确定具体侵权人的，行为人承担连带责任。

第一千一百七十二条　二人以上分别实施侵权行为造成同一损害，能够确定责任大小的，各自承担相应的责任；难以确定责任大小的，平均承担责任。

206. 分手了，能不能要求前男友支付精神损失费？

小林与男友小沈在大学校园结识，并相恋十年。小林想在 30 岁之前步入婚姻并生育子女；小沈则坚持要先立业后成家，认为双方的经济能力还不足以给孩子一个富足的成长环境。双方在是否结婚生子问题上产生巨大分歧，最终分手，而小林因此抑郁成疾。小林的家人、朋友都觉得小林将人生中最美好的十年给了小沈，现在成了"大龄剩女"，应该让小沈支付一笔精神损失费。

法律解析

现实生活中，确实有一些情侣分手后要求对方支付"分手费""青春损失费"，以及本案小林的家人、朋友提到的"精神损失费"。它们的意思其实差不多，本质都是个人希望自己在恋爱期间的付出能够得到相应的补偿，寻求一种心理上的安慰。

然而，这些要求一般都不能得到法律的支持。"分手费""青春损失费"本身不是具有法律意义的词汇，我国法律对此也并无相关规定。

"精神损失费"在法律上称为"精神损害赔偿"，是指权利主体因其人身权益受到侵害而遭受精神痛苦或者精神受到损害，要求侵害人给予赔偿的一种民事责任。情侣谈恋爱是双方自主的行为，不足以成立民事法律关系，不受法律的规制，情侣分手一般也不能被认定为人身权益受到侵害。所以，基于分手请求精神损害赔偿，于法无据。本案中，小沈无须向小林支付精神损害赔偿。

法条链接

《民法典》

第一千一百八十三条　侵害自然人人身权益造成严重精神损害的，被侵权人有权请求精神损害赔偿。

因故意或者重大过失侵害自然人具有人身意义的特定物造成严重精神损害的，被侵权人有权请求精神损害赔偿。

《最高人民法院关于确定民事侵权精神损害赔偿责任若干问题的解释》

第一条　因人身权益或者具有人身意义的特定物受到侵害，自然人或者其近亲属向人民法院提起诉讼请求精神损害赔偿的，人民法院应当依法予以受理。

207. 传家宝被他人故意损坏，可以请求精神损害赔偿吗？

小钱家里收藏着其祖传的古董——一个清代青花陶瓷花瓶，平时放在箱子里珍藏。某日，小钱邀请几位好友来家中吃饭，酒过三巡，大家都有些醉意。小钱开箱取出古董花瓶供好友们欣赏，大家啧啧称美，只有小付沉默不语。小付想起自己家之前也有过这样的古董花瓶，但早已损毁。在酒精的刺激下，他越想越气，抢过小钱手中的花瓶砸了个稀碎。现在，小钱要求小付赔偿古董花瓶的损失50万元，并支付精神损害赔偿50万元。

小钱的要求能否得到法律支持？

▎法律解析

上一节我们介绍了"精神损害赔偿"的概念。根据《民法典》的规定，因故意或者重大过失侵害自然人具有人身意义的特定物造成严重精神损害的，被侵权人有权请求精神损害赔偿。

什么是"具有人身意义的特定物"呢？一般来说，它是承载人的某种精神寄托，或者是能够给人以精神满足和安慰的特定物品[1]，比如老照片、家谱、遗物、荣誉证书、功勋章、祖传的物品等。毁损此类特定物品，给被侵权人造成严重精神损害的，不仅要按照物品本身的市场价格进行赔偿，还要对被侵权人因此而遭受的精神损害进行赔偿。

需要注意的是，此规定只有在侵权人出于故意或者重大过失的主观心态造成被侵权人具有人身意义的特定物毁损，而且给被侵权人造成了严重精神损害的情况下才适用。侵权人一般过失的情况下不适用此规定。

本案中，小付虽然是在醉酒状态下实施的行为，但是其抢过花瓶故意砸碎的行为，仍属于故意致害，应当承担精神损害赔偿责任。

▎法条链接

《民法典》

第一千一百八十三条　侵害自然人人身权益造成严重精神损害的，被侵权人有权请求精神损害赔偿。

因故意或者重大过失侵害自然人具有人身意义的特定物造成严重精神损害的，被侵权人有权请求精神损害赔偿。

《最高人民法院关于确定民事侵权精神损害赔偿责任若干问题的解释》

第一条　因人身权益或者具有人身意义的特定物受到侵害，自然人或者其近亲属向人民法院提起诉讼请求精神损害赔偿的，人民法院应当依法予以受理。

---

1 孟强. 民法典侵权责任编释论：条文缕析、法条关联与案例评议 [M]. 北京：中国法制出版社，2020.

第五条　精神损害的赔偿数额根据以下因素确定：

（一）侵权人的过错程度，但是法律另有规定的除外；

（二）侵权行为的目的、方式、场合等具体情节；

（三）侵权行为所造成的后果；

（四）侵权人的获利情况；

（五）侵权人承担责任的经济能力；

（六）受理诉讼法院所在地的平均生活水平。

208. 执行工作任务致人损害，用人单位要承担责任吗？

齐某与刘某是城管工作人员。一天，两人发现路边有一处私设的烧烤摊，于是上前扣押摊上的烤串。摊主宋某极力阻拦，三人发生扭打。齐某和刘某将宋某打倒在地，导致宋某身上多处擦伤。事发后，宋某向城管部门提出索赔，城管部门声称这是齐某与刘某的个人行为，不同意赔偿。

城管部门的主张能得到法律支持吗？

法律解析

根据《民法典》的规定，用人单位的工作人员因执行工作任务造成他人损害的，由用人单位承担侵权责任。用人单位承担侵权责任后，可以向有故意或者重大过失的工作人员追偿。

本案中，城管工作人员齐某、刘某与烧烤摊主宋某发生扭打，是在两人执法过程中发生的，属于职务行为。因此，齐某与刘某的用人单位，即城管部门应当承担侵权责任。至于两人在执法工作中是否存在故意或者重大过失，应当由用人单位履行对宋某的赔偿责任后，另行判定。

律师建议，用人单位应当教育并要求工作人员遵纪守法，不能有违法乱纪行为。这里所说的用人单位，包括机关、事业单位、社会团体，也包括企业等。

▎法条链接

《民法典》

第六十二条　法定代表人因执行职务造成他人损害的，由法人承担民事责任。

法人承担民事责任后，依照法律或者法人章程的规定，可以向有过错的法定代表人追偿。

第一千一百九十一条　用人单位的工作人员因执行工作任务造成他人损害的，由用人单位承担侵权责任。用人单位承担侵权责任后，可以向有故意或者重大过失的工作人员追偿。

劳务派遣期间，被派遣的工作人员因执行工作任务造成他人损害的，由接受劳务派遣的用工单位承担侵权责任；劳务派遣单位有过错的，承担相应的责任。

209. 通过地铁闸机时受伤，能不能要求地铁公司赔偿？

高先生带着儿子乘坐地铁，因为儿子的身高不足 1.3 米，可以免票，所以高先生没有给儿子购票。在进站时，高先生刷卡先让儿子通过闸机，自己紧随其后，闸机正好关闭。高先生未能及时通过，其身体被闸机扇门夹伤。高先生被地铁工作人员紧急送往医院。经诊断，高先生腹部闭合性损伤，须立即进行手术治疗。后经司法鉴定，高先生小肠部分切除，构成九级伤残。

地铁站售票窗口张贴的票务通告显示，身高不足 1.3 米的儿童可以免票，随成人一同进站乘坐地铁。扇门生产公司出具的扇门安全性声明表明，扇门安全可靠，不会夹伤乘客，可以放心乘车。高先生正是看到这样的通告和声明才放心地带儿子乘坐地铁的。

现高先生向法院起诉，要求地铁公司赔偿其住院治疗的各项费用。他的起诉是否合理？

法律解析

根据《民法典》的规定，经营场所、公共场所的经营者、管理者或者群众性活动的组织者，负有安全保障义务。地铁站属于公共场所，同样是安全保障义务的主体。安全保障义务人既要保障其管理的场所或设施的安全性，也要对在场所内活动或使用设施的人进行必要的警告、指示、说明、通知及提供必要的帮助，以预防侵害的发生。[1]

针对进站闸机，地铁公司既要保证闸机正常运行，也要对免票乘客及随行人员如何安全通过闸机进行必要的引导，防止乘客受到伤害。本案中，地铁站规定对身高 1.3 米以下的儿童实行免票制度，却没有对家长携带免票儿童安全进站的方式进行充分的引导和说明，导致高先生在通过闸机时受伤。对此，地铁公司负有不可推卸的责任。

需要注意的是，公共场所的经营者、管理者必须履行安全保障义务，但并非所有在公共场所受到的伤害都能够得到赔偿。如果公共场所的经营者、管理者能够证明其尽到了安全保障义务，受害人是因自己的过错导致损害后果发生的，则受害人需要自行承担责任。

法条链接

《民法典》

第一千一百九十八条 宾馆、商场、银行、车站、机场、体育场馆、娱乐场所等经营场所、公共场所的经营者、管理者或者群众性活动的组织者，未尽到安全保障义务，造成他人损害的，应当承担侵权责任。

因第三人的行为造成他人损害的，由第三人承担侵权责任；经营者、管理者或者组织者未尽到安全保障义务的，承担相应的补充责任。经营者、管理者或者组织者承担补充责任后，可以向第三人追偿。

1　王松山，周海燕，王凯.城市轨道交通行业合规实务操作指南 [M].北京：中国法制出版社，2022.

210. 儿童在经营场所内玩耍致伤，谁应担责？

　　某天傍晚，小楠的父母带 4 岁的小楠外出散步。走到小区附近超市内的"儿童娱乐中心"门前，小楠的父母以 15 元的价格购买了一张门票，让小楠独自进入娱乐区玩耍。在玩转动轮盘时，小楠的右脚掌嵌入轮盘与地面的空隙。娱乐中心的工作人员听到小楠的哭叫声，赶忙前去抽出小楠被轮盘夹住的腿。随后，小楠被送往医院救治。经诊断，小楠右胫骨骨折。最终，小楠住院 3 天，被评定为十级伤残。

　　小楠的父母要求娱乐中心承担侵权责任。娱乐中心认为，场所入口处已经标明"5 岁以下孩童必须由成人（监护人）陪同入场，本游乐场只提供游乐场所设备，不具备独立看管孩童之能力，不承担相应看管责任"，所以其无须承担赔偿责任。

　　小楠受的伤到底应该由谁负责？

法律解析

　　上一节我们说到，经营场所、公共场所的经营者、管理者或者群众性活动的组织者，负有安全保障义务，对于可能出现的危险，应当向消费者进行必要的警告、指示、说明、通知及提供必要的帮助；未尽到安全保障义务，造成他人损害的，应当承担侵权责任。

　　本案中，儿童娱乐中心既然针对 5 岁以下儿童开放，小楠的监护人就有理由相信此娱乐中心适合低龄儿童玩耍，小楠在此不会有人身安全方面的危险。因此，未陪同进入不能视为监护人没有尽到监护职责，娱乐中心应当承担侵权责任。

　　律师建议，在使用游乐设施前，使用者应当仔细阅读相关提示说明，保护个人的人身安全。经营场所的经营者、管理者或者群众性活动的组织者应当依法承担安全保障义务，避免使用者受到伤害。

法条链接

《民法典》

第一千一百九十八条 宾馆、商场、银行、车站、机场、体育场馆、娱乐场所等经营场所、公共场所的经营者、管理者或者群众性活动的组织者，未尽到安全保障义务，造成他人损害的，应当承担侵权责任。

因第三人的行为造成他人损害的，由第三人承担侵权责任；经营者、管理者或者组织者未尽到安全保障义务的，承担相应的补充责任。经营者、管理者或者组织者承担补充责任后，可以向第三人追偿。

211. 孩子在委托他人看管时打伤别人，由谁承担侵权责任？

程先生夫妇因工作单位离家较远，于是将8岁的儿子小强暂时托付给邻居孙女士。双方还签订了一份书面委托协议，约定由孙女士负责接小强放学，小强晚上在孙女士家吃晚饭、做作业，小强的父母下班回家后再接其回家。小强的父母每月向孙女士支付2000元。

某日傍晚，小强在放学回家的路上，与同学明明嬉笑打闹，将一颗石子扔向明明，打中了明明的左眼。孙女士当即将明明送到医院。经诊断，明明的左眼失明，需要换假眼，共花费医疗费5万元。

明明的父母向孙女士要求赔偿，孙女士认为自己只是帮小强的父母接孩子、做晚饭，并不是小强的监护人，拒绝支付明明的医疗费。程先生夫妇则认为，自己已经与孙女士签订了委托协议，放学回家路上是孙女士负责照看小强的，这个时间段内小强打伤别人，是孙女士看管不到位导致的，应当由孙女士承担赔偿责任。

明明的医疗费到底应该由谁来承担呢？

法律解析

根据《民法典》的规定，监护人应当对无民事行为能力人、限制民事行为能力人尽到教育、引导的职责。无民事行为能力人、限制民事行为能力人造成他人损害的，由监护人承担侵权责任。监护人将监护职责委托给他人的，仍然由监护人承担侵权责任。如果监护人能够证明受托人有过错，那么受托人也应当承担相应的责任。

本案中，程先生夫妇与孙女士签订的协议中，没有约定出现侵权行为时孙女士应当承担责任，且孙女士在小强的侵权行为中没有过错，所以孙女士无须承担责任。明明的损失应当由小强的监护人，即程先生夫妇负责赔偿。

律师建议，将孩子委托给他人看管，最好签订委托看管协议，并且对双方的权利和义务做好划分。此外，无论是监护人自己看管孩子，还是委托他人看管孩子，孩子造成他人损害的，一般都由监护人承担侵权责任，所以监护人在平时就要做好孩子的教育、引导工作。

▌法条链接

《民法典》

第一千一百八十八条　无民事行为能力人、限制民事行为能力人造成他人损害的，由监护人承担侵权责任。监护人尽到监护职责的，可以减轻其侵权责任。

有财产的无民事行为能力人、限制民事行为能力人造成他人损害的，从本人财产中支付赔偿费用；不足部分，由监护人赔偿。

第一千一百八十九条　无民事行为能力人、限制民事行为能力人造成他人损害，监护人将监护职责委托给他人的，监护人应当承担侵权责任；受托人有过错的，承担相应的责任。

212. 孩子在学校发生意外，学校要负责吗？

某天幼儿园放学后，小明、东东和其他同学一起在活动室玩玩具，等待家长来接。突然，小明和东东为争抢一支玩具手枪扭打起来。正在与其他家长沟通的老师闻声立即走上前去阻止他们，并没收了玩具手枪，还教育他们不能打架。随后，小明和东东各自去玩其他玩具，老师则继续接待来园的家长。但东东心里还是非常生气，就跑到小明身后用力将小明推倒，造成小明额头摔破，缝了四针。

事故发生后，小明的家长要求幼儿园和东东的家长共同承担赔偿责任。幼儿园认为其不存在过错，无须承担赔偿责任；东东的家长则认为，东东是在幼儿园将别的孩子推倒致伤的，是幼儿园老师监管不力造成的，应该由幼儿园负全责，自己无须承担赔偿责任。

这起伤害事故的法律责任，究竟应该由哪一方来承担？

法律解析

为保护未成年人的身心健康，我国法律对未成年人在幼儿园、学校或者其他教育机构学习、生活期间受到人身损害作出了特别规定，对幼儿园、学校或者其他教育机构规定了明确的教育、管理职责。幼儿园、学校或者其他教育机构只有在能够证明自己已经尽到教育、管理职责的情况下，才可以主张不承担侵权责任。

本案中，东东的行为与小明受伤有直接的因果关系，东东是这起伤害事故的责任者。老师在发现东东和小明发生纠纷时，及时劝阻幼儿间的不当行为并对其进行了教育，尽到了教育、管理职责。东东事后报复伤人是老师无法预见和制止的突发行为。也就是说，老师和幼儿园在此事件中已经履行了相应教育、管理职责，行为并无不当和过错。所以，幼儿园不需要承担赔偿责任。对于小明受伤的一系列花费，应当由东东的监护人负责赔偿。

律师建议，如果孩子在学校受到人身损害，学校没有尽到或者无法证明其已经尽到教育、管理职责的，监护人可以要求学校承担侵权责任。但如果学校已经尽到教育、管理职责，则不需要承担赔偿责任。

法条链接

《民法典》

第一千一百九十九条 无民事行为能力人在幼儿园、学校或者其他教育机构学习、生活期间受到人身损害的，幼儿园、学校或者其他教育机构应当承担侵权责任；但是，能够证明尽到教育、管理职责的，不承担侵权责任。

第一千二百条 限制民事行为能力人在学校或者其他教育机构学习、生活期间受到人身损害，学校或者其他教育机构未尽到教育、管理职责的，应当承担侵权责任。

第一千二百零一条 无民事行为能力人或者限制民事行为能力人在幼儿园、学校或者其他教育机构学习、生活期间，受到幼儿园、学校或者其他教育机构以外的第三人人身损害的，由第三人承担侵权责任；幼儿园、学校或者其他教育机构未尽到管理职责的，承担相应的补充责任。幼儿园、学校或者其他教育机构承担补充责任后，可以向第三人追偿。

213. 孩子在学校遭遇校园暴力，如何处理？

晶晶是某中学初中二年级的学生，最近，她越来越不愿意去上学。经过父母多次询问，晶晶才告诉父母，同班同学刘某某经常在背后辱骂她，有时当着她的面说脏话，还带头孤立她，不让其他同学靠近她。晶晶感觉自己在班级里非常孤独、害怕，不想继续上学了。父母一听，才知道孩子遭遇了校园暴力。他们对此愤怒不已，商量着怎么帮助孩子摆脱校园暴力。

晶晶在学校遭遇校园暴力，怎么办？学校是否应当承担责任？

▌法律解析

校园安全与教师发展专项基金反校园暴力公益活动项目组于 2015 年 7 月编写的《反校园暴力指导手册》，将校园暴力定义为"发生在学校校园内、学生上学或放学途中、学校的教育活动中，由老师、同学或校外人员，蓄意滥用语言、躯体力量、网络、器械等，针对师生的生理、心理、名誉、权利、财产等实施的达到某种程度的侵害行为"。

从这个定义中，我们可以提取三个要点：

（1）校园暴力的发生场所不限于学校内；

（2）校园暴力不仅包括身体上的攻击，还包括心理上的攻击，会使受害者产生人格上、生理上或者财产上的损害；

（3）校园暴力可能发生在师生之间、学生之间、学生与校外人员之间，其中尤以学生之间最为多见。

实施校园暴力者，通常在主观上具有蓄意或者恶意的动机，通过直接或者间接的手段对他人进行贬抑、排挤、欺负、侮辱或者戏弄，使受害者长期处在充满敌意、不友善的学习环境中，损害受害者的身心健康。

学生遭受校园暴力，要克服畏惧心理，及时向老师、家长寻求帮助。学校和老师在厘清事件经过之后，应当第一时间安抚受害学生，并对施暴者予以惩戒和教育；安排双方家长进行沟通，必要时还可以寻求相关机构的支持与帮助；力求让受害学生得到安抚与关怀，走出暴力事件的阴影，重新开始校园生活；让施暴者真正认识到自己的错误，对自己的行为负责并改过自新。

如果家长通过观察与交流，发现孩子遭受校园暴力，应当先了解整个事件发生的经过并及时向老师报告，便于老师展开对暴力事件的核查工作；然后冷静地与对方家长共同商讨处置事宜，配合老师帮助孩子走出阴影。

关于校园暴力的责任认定，根据《民法典》的相关规定，如果无民事行为能力人或者限制民事行为能力人在学校中受到同学的校园暴力，应当由该同学的监护人承担侵权责任。因此，孩子在学校遭受校园暴力，家长可以要求施暴者的监护人承担侵权责任。

学校作为育人场所，有责任预防校园暴力的发生，对于校园暴力必须秉持决不姑息和严肃处理的态度。如果家长认为学校未能尽到教育、管理职责，可以要求学校承担侵权责任。

本案中，刘某某对晶晶进行言语上的攻击，并联合其他同学排挤、孤立晶晶，已经构成校园暴力。晶晶的父母可以向晶晶的老师反映此事，并与刘某某的家长协商处理，要求刘某某的家长或者学校承担侵权责任。

律师建议，作为家长，平时要多与孩子交流，关注孩子的心理健康，积极配合学校的工作，与孩子的老师保持联系，及时了解孩子的在校情况。家长自己也要注意言行，给孩子树立一个好的榜样。从某种意义上说，孩子是父母的一面镜子，他们身上投射着父母的影子。父母的言传身教对于孩子的成长至关重要，父母既要教育孩子不要成为校园暴力的受害者，也要教育孩子不要成为校园暴力的施暴者，这样才能培养出身心健全的孩子。

▍法条链接

《民法典》

第一千一百九十九条　无民事行为能力人在幼儿园、学校或者其他教育机构学习、生活期间受到人身损害的，幼儿园、学校或者其他教育机构应当承担侵权责任；但是，能够证明尽到教育、管理职责的，不承担侵权责任。

第一千二百条　限制民事行为能力人在学校或者其他教育机构学习、生活期间受到人身损害，学校或者其他教育机构未尽到教育、管理职责的，应当承担侵权责任。

第一千二百零一条　无民事行为能力人或者限制民事行为能力人在幼儿园、学校或者其他教育机构学习、生活期间，受到幼儿园、学校或者其他教育机构以外的第三人人身损害的，由第三人承担侵权责任；幼儿园、学校或者其他教育机构未尽到管理职责的，承担相应的补充责任。幼儿园、学校或者其他教育机构承担补充责任后，可以向第三人追偿。

214. "知假买假"能否得到 10 倍赔偿？

李先生在超市购物时发现货架上的某品牌香肠临近保质期。数日后，他再次来到该超市，发现上次看到的香肠还摆在货架上。他立即购买了 10 包该品牌香肠，其中 9 包已过保质期。李先生结完账后径直到服务台索赔，超市对此不予理睬，双方协商未果。

李先生诉至法院，要求超市支付香肠价款 10 倍的赔偿金。他的要求能得到法院的支持吗？

▍法律解析

本案涉及消费者权益保护领域的"惩罚性赔偿"的概念。它是指除赔偿损失外，消费者可以另行主张的增加赔偿部分。

惩罚性赔偿主要分为两种情形：一种情形是针对食品的。如果经营者明知经营的食品不符合食品安全标准，仍然向消费者提供，消费者可以要求价款十倍或者损失三倍的赔偿金。另一种情形是针对商品或者服务的。如果经营者有欺诈行为，消费者可以要求价款三倍的赔偿金；造成消费者严重人身伤害的，可以要求损失二倍以下的赔偿金。

"知假买假"者能否获得惩罚性赔偿，取决于其是否具备两个前提：一是"知假买假"者必须具备消费者身份，二是经营者符合承担惩罚性赔偿责任的法定情形。对"知假买假"者而言，他们已经知晓商品或者服务的真实情况，没有因为受欺诈而陷入错误判断，所以原则上是无法主张惩罚性赔偿的。不过，我国的相关司法解释对食品、药品安全有倾斜性保护，如果经营者出售的食品或者药品不符合安全标准或者有欺诈行为，消费者即使"知假买假"，也能主张惩罚性赔偿。

本案中，李先生虽然"知假买假"，但他购买香肠并非为了生产销售，所以应当认定他是消费者。出售香肠的超市作为经营者负有保证食品安全的法定义务，应当按照食品安全的要求妥善贮存、定期检查所售食品，对不符合安全标准的食品及时清理下架。该超市在负有法定义务的前提下，仍然销售超过保质期的香肠，其主观状态可以认定或者推定为"明知"，其行为应当认定为"经营明知是不符合食品安全标准的食品"。所以，对于李先生购买的 9 包已过保质期的香肠，李先生可以得到 10 倍赔偿。

律师建议，虽然食品、药品领域内的"知假买假"通常可以获得惩罚性赔偿，但是由于"知假买假"日趋商业化，许多职业打假人、打假公司利用惩罚性赔偿为自身牟利，甚至在胜诉获赔后再次购买该商品以图再次获利。这种行为严重违背诚信原则，浪费司法资源，最高人民法院已出具意见予以抵制。

法条链接

《民法典》

第一千二百零七条 明知产品存在缺陷仍然生产、销售，或者没有依据前条规定采取有效补救措施，造成他人死亡或者健康严重损害的，被侵权人有权请求相应的惩罚性赔偿。

《消费者权益保护法》

第五十五条　经营者提供商品或者服务有欺诈行为的，应当按照消费者的要求增加赔偿其受到的损失，增加赔偿的金额为消费者购买商品的价款或者接受服务的费用的三倍；增加赔偿的金额不足五百元的，为五百元。法律另有规定的，依照其规定。

经营者明知商品或者服务存在缺陷，仍然向消费者提供，造成消费者或者其他受害人死亡或者健康严重损害的，受害人有权要求经营者依照本法第四十九条、第五十一条等法律规定赔偿损失，并有权要求所受损失二倍以下的惩罚性赔偿。

《中华人民共和国食品安全法》

第一百四十八条第二款　生产不符合食品安全标准的食品或者经营明知是不符合食品安全标准的食品，消费者除要求赔偿损失外，还可以向生产者或者经营者要求支付价款十倍或者损失三倍的赔偿金；增加赔偿的金额不足一千元的，为一千元。但是，食品的标签、说明书存在不影响食品安全且不会对消费者造成误导的瑕疵的除外。

《最高人民法院关于审理食品药品纠纷案件适用法律若干问题的规定》（法释〔2021〕17号）

第三条　因食品、药品质量问题发生纠纷，购买者向生产者、销售者主张权利，生产者、销售者以购买者明知食品、药品存在质量问题而仍然购买为由进行抗辩的，人民法院不予支持。

215. 因产品质量有缺陷造成人身伤害，销售者要不要负责？

江先生在超市购买了一个保温杯。回家后，他认真阅读了使用说明书，并按照说明书上的步骤冲水使用。然而，当他往杯中倒满开水后，保温杯突然发生爆炸，尽管江先生尽力躲闪，他的手和脚仍然被开水烫伤，花费医疗费上千元。事后，江先生来到销售保温杯的超市，要求其赔偿。超市认为，保温杯爆炸是杯子本身的质量问题，不是超市造成的，超市不负责赔偿损失，并让江先生去找生产厂家索赔。江先生则认为，自己是从超市买的保温杯，超市就应该负责。

超市是否应当承担赔偿责任？

法律解析

一件产品从被生产者制造出来，到最终到达消费者手中，往往要经过一系列的中间人，比如销售者、仓储者、运输者等。这些人都有可能成为消费者请求赔偿的对象。根据《民法典》的规定，因产品存在缺陷造成他人损害的，被侵权人可以向产品的生产者请求赔偿，也可以向产品的销售者请求赔偿。如果产品缺陷是由生产者造成的，销售者赔偿后，有权向生产者追偿；如果是因销售者的过错使产品存在缺陷的，生产者赔偿后，有权向销售者追偿。

本案中，江先生有权要求保温杯的销售者（超市）承担赔偿责任，超市不能以任何借口拒绝。超市赔偿江先生的损失后，可以向保温杯的生产者追偿。

律师建议，如果缺陷产品是从固定商家购买的，那么被侵权人直接找商家主张赔偿比较便捷；如果缺陷产品是从展销会等非固定场所购买的，寻找销售者比较困难，那么被侵权人可以直接找产品的生产者主张赔偿。除此之外，被侵权人在选择主张权利的对象时，还应当充分考虑对方的偿付能力，以便实际取得赔偿。虽然法律给予消费者两条途径维护自身权益，但消费者仍应注意在购买产品时选择有信誉的销售者及产品生产者，以免造成损害。

法条链接

《民法典》

第一千二百零二条 因产品存在缺陷造成他人损害的，生产者应当承担侵权责任。

第一千二百零三条 因产品存在缺陷造成他人损害的，被侵权人可以向产品的生产者请求赔偿，也可以向产品的销售者请求赔偿。

产品缺陷由生产者造成的，销售者赔偿后，有权向生产者追偿。因销售者的过错使产品存在缺陷的，生产者赔偿后，有权向销售者追偿。

《中华人民共和国产品质量法》

第四十三条　因产品存在缺陷造成人身、他人财产损害的，受害人可以向产品的生产者要求赔偿，也可以向产品的销售者要求赔偿。属于产品的生产者的责任，产品的销售者赔偿的，产品的销售者有权向产品的生产者追偿。属于产品的销售者的责任，产品的生产者赔偿的，产品的生产者有权向产品的销售者追偿。

216. 车辆买卖未办理变更登记发生交通事故，登记车主是否承担赔偿责任？

朱某购买了一辆已经达到报废标准的小型轿车，未办理变更登记就驾驶小客车在路上行驶，不慎撞倒正在路上行走的吴某，导致吴某当场死亡。朱某慌乱之下驾驶车辆逃逸。

经交警部门认定，朱某在此次事故中有观察疏忽、未取得机动车驾驶证驾驶、驾驶已达报废标准的机动车上道路行驶并逃逸的行为，应当对事故负全部责任，吴某无过错。吴某家属向法院起诉朱某及车辆登记所有人，要求其一并承担赔偿责任。车辆登记所有人则认为，虽然没有办理变更登记，但是朱某已经购买此车，而且车是朱某开的，该事故与自己无关。

这起事故的责任究竟应该如何认定？

▎法律解析

根据《民法典》的规定，未办理变更登记的车辆发生交通事故造成损害，由实际使用人承担赔偿责任。但如果该车辆是拼装或者已经达到报废标准的机动车，那么车辆登记所有人和实际使用人承担连带责任。

本案中，由于朱某购买的车辆已经达到报废标准，所以法院最终判决朱某与车辆登记所有人一并承担事故的赔偿责任。

律师建议，买卖车辆一定要符合法律规定，切不可进行违法交易。当事人之间应当签订书面的买卖协议并及时办理变更登记手续。根据公安部新修订的《机动车登记规定》，已注册登记的机动车所有权发生转让的，现机动车所有人应当自机动车交付之日起三十日内向登记地车辆管理所申请转让登记。即便亲属、朋友之间买卖车辆，也要签订书面协议并及时办理变更登记；否则，一旦发生事故，原车主和车辆实际使用人都难辞其咎。

法条链接

《民法典》

第一千二百一十条　当事人之间已经以买卖或者其他方式转让并交付机动车但是未办理登记，发生交通事故造成损害，属于该机动车一方责任的，由受让人承担赔偿责任。

第一千二百一十四条　以买卖或者其他方式转让拼装或者已经达到报废标准的机动车，发生交通事故造成损害的，由转让人和受让人承担连带责任。

《机动车登记规定》

第二十五条　已注册登记的机动车所有权发生转让的，现机动车所有人应当自机动车交付之日起三十日内向登记地车辆管理所申请转让登记。

机动车所有人申请转让登记前，应当将涉及该车的道路交通安全违法行为和交通事故处理完毕。

217. 患者在什么情况下可以找医疗机构索赔？

王某因身体不适到某医院就医。该医院因诊断错误且手术不当，导致王某术后感染，不得已做了睾丸切除手术。后该市医学会对王某作出鉴定：本病例属于三级丁等医疗事故，医院方承担主要责任。王某认为医院的行为严重侵犯了自己的人身权益，要求医院对自己进行赔偿。医院认为，医疗本来就是有风险的，如果未能治好患者，医院就要负责，医生就不敢给人看病了。双方各执一词，争执不下。

按照法律规定，这种情况应该如何认定责任关系呢？

法律解析

并不是只要患者在诊疗活动中受到损害，医疗机构就必须承担责任。《民法典》规定了三种医疗机构不承担赔偿责任的情形：

（1）患者或者其近亲属不配合医疗机构进行符合诊疗规范的诊疗；

（2）医务人员在抢救生命垂危的患者等紧急情况下已经尽到合理诊疗义务；

（3）限于当时的医疗水平难以诊疗。

但是，患者在诊疗活动中受到损害，医疗机构或者其医务人员有过错的，医疗机构应当承担赔偿责任。此外，医疗机构违反法律、行政法规、规章以及其他有关诊疗规范的规定的，隐匿或者拒绝提供与纠纷有关病历资料的，遗失、伪造、篡改或者违法销毁病历资料的，也应当承担赔偿责任。

本案中，经市医学会鉴定，医院确实存在过错，所以医院需要对王某进行赔偿。

律师建议，如果患者在诊疗活动中受到损害，应当以合法的方式维权，比如通过诉讼解决，从而获得应有的赔偿。

法条链接

《民法典》

第一千二百一十八条　患者在诊疗活动中受到损害，医疗机构或者其医务人员有过错的，由医疗机构承担赔偿责任。

第一千二百二十二条　患者在诊疗活动中受到损害，有下列情形之一的，推定医疗机构有过错：

（一）违反法律、行政法规、规章以及其他有关诊疗规范的规定；

（二）隐匿或者拒绝提供与纠纷有关的病历资料；

（三）遗失、伪造、篡改或者违法销毁病历资料。

第一千二百二十四条　患者在诊疗活动中受到损害，有下列情形之一的，医疗机构不承担赔偿责任：

（一）患者或者其近亲属不配合医疗机构进行符合诊疗规范的诊疗；

（二）医务人员在抢救生命垂危的患者等紧急情况下已经尽到合理诊疗义务；

（三）限于当时的医疗水平难以诊疗。

前款第一项情形中，医疗机构或者其医务人员也有过错的，应当承担相应的赔偿责任。

218. 我被别人养的宠物咬伤，怎么办？

王某是某铸造厂职工，范某经营的养猪场与铸造厂相邻。2022 年 9 月，王某外出购买生活用品。在经过养猪场附近时，王某被范某在养猪场内饲养的狗（未拴链）咬伤，随即被送往医院救治，最终被诊断为多发性动物咬伤。王某住院治疗 10 天，花费包括接种 5 针狂犬疫苗等医疗费合计 2837 元。

被别人饲养的狗咬伤了，应该怎么维权？

法律解析

《民法典》中的侵权责任包含饲养动物损害责任，其构成要件有四个：

（1）责任主体为动物的饲养人或者管理人；

（2）饲养的动物实施加害行为；

（3）被侵权人遭受损害，比如动物将人咬伤、抓伤、踩伤等人身损害，特殊情况下还包括精神上的损害；

（4）侵权行为和损害之间存在因果关系。

本案中，王某被范某饲养的狗咬伤，符合以上四个要件，因此范某需要承担侵权责任。范某作为动物饲养人，应当赔偿王某的损失。

根据《最高人民法院关于审理人身损害赔偿案件适用法律若干问题的解释》

的相关规定，受害人可以获得医疗费、误工费、交通费、营养费、精神损失费等赔偿，如果住院治疗，还可以获得护理费、伙食补助费等赔偿。经审理，法院最终判定范某承担赔偿责任。除了 2837 元的医疗费，王某还获得了误工费 800 元、营养费 500 元、护理费 3500 元、伙食费 1000 元、交通费 100 元、精神损失费 1000 元的赔偿。

律师建议，宠物咬伤人后，有些宠物饲养人可能会对宠物的伤人行为进行狡辩，所以受害人一定要第一时间取证，报警维权，必要时可将宠物饲养人起诉至法院。

法条链接

《民法典》

第一千二百四十五条　饲养的动物造成他人损害的，动物饲养人或者管理人应当承担侵权责任；但是，能够证明损害是因被侵权人故意或者重大过失造成的，可以不承担或者减轻责任。

第一千二百四十六条　违反管理规定，未对动物采取安全措施造成他人损害的，动物饲养人或者管理人应当承担侵权责任；但是，能够证明损害是因被侵权人故意造成的，可以减轻责任。

《最高人民法院关于审理人身损害赔偿案件适用法律若干问题的解释》

第六条　医疗费根据医疗机构出具的医药费、住院费等收款凭证，结合病历和诊断证明等相关证据确定。赔偿义务人对治疗的必要性和合理性有异议的，应当承担相应的举证责任。

医疗费的赔偿数额，按照一审法庭辩论终结前实际发生的数额确定。器官功能恢复训练所必要的康复费、适当的整容费以及其他后续治疗费，赔偿权利人可以待实际发生后另行起诉。但根据医疗证明或者鉴定结论确定必然发生的费用，可以与已经发生的医疗费一并予以赔偿。

第七条　误工费根据受害人的误工时间和收入状况确定。

误工时间根据受害人接受治疗的医疗机构出具的证明确定。受害人因伤致残持续误工的，误工时间可以计算至定残日前一天。

受害人有固定收入的，误工费按照实际减少的收入计算。受害人无固定收入的，按照其最近三年的平均收入计算；受害人不能举证证明其最近三年的平均收入状况的，可以参照受诉法院所在地相同或者相近行业上一年度职工的平均工资计算。

第八条第一款 护理费根据护理人员的收入状况和护理人数、护理期限确定。

第九条 交通费根据受害人及其必要的陪护人员因就医或者转院治疗实际发生的费用计算。交通费应当以正式票据为凭；有关凭据应当与就医地点、时间、人数、次数相符合。

第十条第一款 住院伙食补助费可以参照当地国家机关一般工作人员的出差伙食补助标准予以确定。

第十一条 营养费根据受害人伤残情况参照医疗机构的意见确定。

219. 宠物被车撞击致死，如何维权？

2020 年 7 月，孙某的一只宠物狗在某小区内部道路上被同小区住户张某驾驶的苏 B×××××小客车（已在某保险公司投保了交强险、第三人责任险，尚在保险期内）撞击致死。出事时，孙某的狗没有被牵好。交警部门经调查，对事故责任无法认定，于是制作交通事故认定书，告知双方到法院起诉。孙某诉至法院，要求张某赔偿。

▎法律解析

针对宠物被车撞击致死这类案件，目前我国部分地区明确规定按交通事故处理；部分地区没有明确规定按交通事故处理，所以按一般民事纠纷处理。

什么是交通事故呢？根据《道路交通安全法》的规定，交通事故是指车辆在道路上因过错或者意外造成的人身伤亡或者财产损失的事件。因此，交通事故的构成要件有四个：

（1）事故主体是车辆；

（2）事故发生的地点是道路；

（3）事故的原因是车辆的过错或者意外；

（4）事故的结果是造成人身伤亡或者财产损失。

本案的事故主体是车辆，事故发生地点是道路，事故的原因是车辆过错或者意外，事故的结果是造成财产损失（宠物狗是其主人的私人财产，宠物狗被撞击致死视同其主人的财产损失）。事发情况完全符合交通事故的四个构成要件，属于交通事故。

但是，也有一些专家学者认为，交通事故应当是行人与机动车之间或者机动车与机动车之间发生的事故，不包括动物，所以宠物被车撞击致死不能作为交通事故案件处理，只能作为财产损害案件处理。

2011年江苏省公安厅交巡警总队发布的《关于交通事故处理中有关问题的意见》明确规定"对车辆与宠物犬只等在道路上发生碰撞、碾压、刮擦，造成车辆财产损失或者人员伤亡，或者宠物犬只等伤亡的，按照交通事故处理"。因此，本案应当按交通事故处理。具体来说，张某在驾驶小客车的过程中未尽到安全注意义务，具有过错；孙某在遛狗时虽然拴了牵引绳，但是没有把狗牵好，未对狗尽到妥善看护义务，同样具有过错。法院最终判定双方承担同等责任，责任比例为1∶1。张某应当按此比例赔偿孙某的损失（赔偿不应包括孙某宠物狗的养殖费、免疫接种费和孙某的精神损失费）。赔偿款可以先由肇事车辆交强险的财产损失限额2000元内支付，不足部分再由肇事车辆的第三人责任险按照责任比例支付。

律师建议，饲养宠物一定要做好安全措施，比如遛狗要拴牵引绳，并对狗尽到妥善看护义务。

▎法条链接

《民法典》

第一千二百四十六条 违反管理规定，未对动物采取安全措施造成他人损害的，动物饲养人或者管理人应当承担侵权责任；但是，能够证明损害是因被侵权人故意造成的，可以减轻责任。

《道路交通安全法》

第一百一十九条　本法中下列用语的含义：

（一）"道路"，是指公路、城市道路和虽在单位管辖范围但允许社会机动车通行的地方，包括广场、公共停车场等用于公众通行的场所。

…………

（五）"交通事故"，是指车辆在道路上因过错或者意外造成的人身伤亡或者财产损失的事件。

220. 游客无视警示劝阻擅自行动被动物袭击，动物园需要承担责任吗？

某市野生动物园中，一对父子误入虎区，遭猛虎袭击，父亲被老虎当场咬死，儿子被及时赶来的动物园工作人员救起，虎口脱险。事后，幸存的儿子将动物园诉至法院，要求动物园承担赔偿责任。

经调查，该动物园门票的背面印制着"猛兽区、草原区参观请统一乘车"的字样。园区内工作人员介绍，园内凡是猛兽区都设有两道门和 3.6 米高的铁栅栏、电网等设施，虎区门前有"猛兽威严，游客止步"之类的警示牌，动物园的门票和导游图上也提示"游客不能非法擅自进入，进入猛兽区必须乘车参观"。但儿子认为门票上的标识不够明显，他与父亲都没有注意到。

▌法律解析

根据《民法典》的规定，动物园的动物造成他人损害的，动物园应当承担侵权责任；但是，能够证明尽到管理职责的，不承担侵权责任。

本案是真实发生的案件。经检察院审查，该野生动物园的猛兽区管理员违反岗位操作规定，同时打开进入虎区的第一、第二道铁闸门放观光车进入。此时两父子正好走到第一道铁闸门前，以为中间是通道，老虎在铁丝网的两边内活动，未见有人阻拦便走进缓冲区。而岗楼内的管理员关闭第一道铁闸门后便转身喝水，忘记关闭第二道铁闸门，这对父子便通过第二道铁闸门进入猛虎散养区。最终造成父亲死亡，儿子受伤。

总的来说，这起事故的发生，和动物园在管理制度上存在漏洞以及对职工的安全教育不到位有关。所以，动物园应当承担侵权责任。游客可能意识不到进入猛兽区会产生的严重后果，动物园应当用明显的标识予以提示并实施严格的管理措施，保证游客的人身安全。经过法院多次调解，动物园最终赔偿死者家属死亡赔偿金、丧葬费、交通费等各种费用共计43万元。

不过，如果游客不遵守动物园的规定，无视警示及劝阻擅自行动或者刻意挑逗动物，导致被动物袭击，那么只要动物园能够证明其已经完全尽到管理职责，比如园区设施设备没有瑕疵、有明显的警示牌、对游客的违规行为进行了劝阻等，就可以主张免责。

律师建议，游客在动物园游览时，应当关注门票、园区提示牌上的警示信息；近距离接触动物时，要认真听取管理人员的提示并做好防护措施，不要擅自投喂、戏弄动物，保护好自己的人身安全。

法条链接

《民法典》

第一千二百四十八条　动物园的动物造成他人损害的，动物园应当承担侵权责任；但是，能够证明尽到管理职责的，不承担侵权责任。

221. 被高空抛物砸伤，怎么索赔？

谢某是一名社区保洁员。某日下午，她走到A街道某单元大楼与相邻的某医院大楼间的巷道时，被高空掉下的一块砖头砸中头部，伤情严重，被紧急送往医院救治。最终，谢某被诊断为脊髓挫伤、截瘫等，共花费医疗费47万余元，医保报销后自付23万余元。经司法鉴定，谢某的伤情构成五级伤残。事发后，公安机关进行了实地勘查和走访调查，未发现A街道某单元大楼外墙、雨棚、窗户有砖头坠落的痕迹，且未查明具体侵权人。

被高空抛物砸伤，怎么索赔？

法律解析

这是典型的高空抛物、坠落物案件。《民法典》规定，高空抛物、坠落物造成他人损害的，公安等机关应当依法及时调查，查清责任人，避免被侵权人举证困难的问题。经相关部门调查后难以确定高空抛物、坠落物的具体侵权人的，由可能加害的建筑物使用人 [1] 对被侵权人给予补偿。建筑物使用人如果能证明没有实施加害，则可以免于补偿。

由于公安机关经调查未发现 A 街道某单元大楼外墙、雨棚、窗户有砖头坠落的痕迹，且未查明具体侵权人，被侵权人谢某可以向法院提起诉讼，把 A 街道某单元大楼的住户和相邻的某医院列为被告（符合高空抛物、坠落物侵权责任人范围）。经审理，法院对能证明事发当天不在家的住户解除加害嫌疑，最终锁定 13 家住户及相邻的某医院具有加害可能，判定他们共同承担赔偿责任。赔偿金除了医疗费用，还包括误工费、营养费、护理费、伙食补助费、残疾赔偿金等。

法条链接

《民法典》

第一千二百五十三条 建筑物、构筑物或者其他设施及其搁置物、悬挂物发生脱落、坠落造成他人损害，所有人、管理人或者使用人不能证明自己没有过错的，应当承担侵权责任。所有人、管理人或者使用人赔偿后，有其他责任人的，有权向其他责任人追偿。

第一千二百五十四条 禁止从建筑物中抛掷物品。从建筑物中抛掷物品或者从建筑物上坠落的物品造成他人损害的，由侵权人依法承担侵权责任；经调查难以确定具体侵权人的，除能够证明自己不是侵权人的外，由可能加害的建筑物使用人给予补偿。可能加害的建筑物使用人补偿后，有权向侵权人追偿。

物业服务企业等建筑物管理人应当采取必要的安全保障措施防止前款规定

---

1 建筑物使用人包括使用建筑物的所有权人、承租人、借用人以及其他使用建筑物的人。

情形的发生；未采取必要的安全保障措施的，应当依法承担未履行安全保障义务的侵权责任。

发生本条第一款规定的情形的，公安等机关应当依法及时调查，查清责任人。

《最高人民法院关于依法妥善审理高空抛物、坠物案件的意见》（法发〔2019〕25号）

9. 做好诉讼服务与立案释明工作。人民法院对高空抛物、坠物案件，要坚持有案必立、有诉必理，为受害人线上线下立案提供方便。在受理从建筑物中抛掷物品、坠落物品造成他人损害的纠纷案件时，要向当事人释明尽量提供具体明确的侵权人，尽量限缩"可能加害的建筑物使用人"范围，减轻当事人诉累。对侵权人不明又不能依法追加其他责任人的，引导当事人通过多元化纠纷解决机制化解矛盾、补偿损失。

第十一章

债权债务篇

222. 债权人可以不经债务人同意把自己的债权转让吗？

赵某（债务人）向李某借款 5 万元，到期无法归还，于是告诉李某："张某某一年前向我借了 5 万元，说好一年就还。他最近生意做得很好，你找他要吧。他问起来你就说是我同意的，你可以把欠条给他看。"

李某找到张某某，向张某某出示了赵某写的欠条，要求张某某直接把钱还给他。张某某说："我最近资金紧张，没有钱还你。再说，我欠赵某的钱，又没欠你的钱，他让我还给你，可是我没有同意。"李某只好又向赵某要债，却怎么也找不到赵某了。

赵某不经过张某某同意，将他对张某某的债权转让给李某，这种做法合法吗？

▎法律解析

根据《民法典》的相关规定，债权人转让债权无须经过债务人的同意，但是转让权利应当通知债务人，没有通知债务人的债权转让，对债务人不发生效力。

此外，进行债权转让时，债权人还要注意该债权是否属于根据债权性质不得转让、按照当事人约定不得转让或者依照法律规定不得转让的情形，如果属于前述三种情形中的任何一种，债权不得转让。

本案中，赵某虽然无须经过张某某的同意即可转让债权，但应当通知张某某，否则他的债权转让无效，李某也就不能直接要求张某某还钱。

法律设定债权转让制度的目的是鼓励交易、促进市场经济发展。除本案涉及的金钱债权外，两方主体之间还可能存在一般具有人身依附性或者特定性的非金钱债权。对于这类非金钱债权，即便债权人与债务人约定不得转让，只要受让人对此不知情且为善意，债权人与债务人的约定就不能约束受让人。而对于金钱债权，债权人与债务人的不得转让约定同样不能约束受让人，甚至无须审查第三人是否为善意。

法条链接

《民法典》

第五百四十五条　债权人可以将债权的全部或者部分转让给第三人，但是有下列情形之一的除外：

（一）根据债权性质不得转让；

（二）按照当事人约定不得转让；

（三）依照法律规定不得转让。

当事人约定非金钱债权不得转让的，不得对抗善意第三人。当事人约定金钱债权不得转让的，不得对抗第三人。

第五百四十六条　债权人转让债权，未通知债务人的，该转让对债务人不发生效力。

债权转让的通知不得撤销，但是经受让人同意的除外。

223. 给亲戚朋友作担保，会有什么风险？

雷先生的亲戚向他人借了一笔钱，请求雷先生为这笔借款作担保。碍于情面，雷先生同意了。但他心里忐忑不安，不知道这样做对自己有没有风险。

法律解析

生活中，民间借贷并不少见，债权人为了降低自己的风险，时常会要求债务人提供担保。所谓担保，是指为保证债权人利益的实现，而由法律规定或者双方约定以第三人的信用或者特定财产保障债务人履行债务的制度。

从狭义上讲，给他人作担保一般是指保证担保（若以财产作为担保，则为抵押担保、质押担保等），保证人是为了确保债务人能够完全履行义务，事先同债权人约定当债务人不履行债务或者不能履行债务时，由其按照约定履行债务或者承担责任的第三人。

保证的方式包括一般保证和连带责任保证，二者的区别在于：前者有债务人应当先承担责任的意思表示，而后者则没有。具体来说，如果当事人在保证合同中约定保证人在债务人不能履行债务或者无力偿还债务时才承担保证责任等内容，可认定为一般保证；如果没有类似约定，甚至保证人同意无条件承担保证责任，则可认定为连带责任保证。

根据《民法典》的规定，若当事人对保证方式没有约定或者约定不明确的，视为一般保证，保证期间为债务到期后六个月。承担保证责任也是有边界的，以约定为准；若无约定，则一般包括主债权及其利息、违约金、损害赔偿金和实现债权的费用。

虽然法律对担保制度做了诸多限制性规定，但我们一旦作为"保证人"签名，就要以自己的财产来保证债务的履行。这等于背上了一枚"定时炸弹"——只要债务人有违诚信，不按时还款，债权人就可以要求保证人承担保证责任。如果保证人被债权人起诉，法院可能会冻结保证人的资产；如果债权人向法院申请强制执行，保证人仍然无法清偿债务，那么保证人可能会被长时间限制高消费，甚至成为失信被执行人，影响自己及子女的正常生活。现实生活中，稀里糊涂为他人作担保，结果存款被划走、房产被拍卖的案件也是有的。到那时，债务人早已失联，即便保证人起诉向债务人追偿，一般也很难要回款项。

本案中，雷先生为亲戚借款作担保，看似只是件"签个名字"的小事，但实际上，一旦亲戚还不上钱，雷先生就得自掏腰包替人还钱。如果债务数额巨大，还款无望，那么如前所述，雷先生可能被债权人起诉、强制执行财产。如果雷先生成为失信被执行人，不仅会严重影响生活，还会背负"老赖"的骂名。

律师建议，担保存在较大的法律风险，千万不要随意为他人作担保。如果一定要为他人作担保，也要对自己需要承担的责任、权利及义务有相应的认识。在承担相应保证责任后，应当及时向债务人追偿，避免损害个人权益。

┃法条链接

《民法典》

第六百八十一条　保证合同是为保障债权的实现，保证人和债权人约定，当债务人不履行到期债务或者发生当事人约定的情形时，保证人履行债务或者承担责任的合同。

第六百八十六条 保证的方式包括一般保证和连带责任保证。

当事人在保证合同中对保证方式没有约定或者约定不明确的，按照一般保证承担保证责任。

第六百九十一条 保证的范围包括主债权及其利息、违约金、损害赔偿金和实现债权的费用。当事人另有约定的，按照其约定。

224. 为赌债所作的担保有效吗?

白先生在某赌博场所欠下周某 50 万元的赌资，因一时无法还清，便给周某写了一张借条。但周某对白先生仍不放心，要求他对这笔"借款"进行担保。于是，白先生请求好友李先生为其提供担保。随后，李先生在不知该借款为赌债的情况下，用自己的一套房屋设立了抵押担保。

李先生为赌债所作的担保有效吗?

▌法律解析

根据《民法典》的规定，违反法律、行政法规的强制性规定的民事法律行为无效。《最高人民法院关于审理民间借贷案件适用法律若干问题的规定》(法释〔2020〕17 号)规定，出借人明知借款人是为了进行非法活动而借款的，其借贷关系法律不予保护。赌博是国家法律严令禁止的行为，因此赌债属于非法债务，不受法律保护。

本案中，白先生向周某出具的借条，其性质是基于赌博行为而产生的债权债务关系，不受法律保护，该借条自然也不具有法律效力。同时，赌资在法律上属于进行非法活动的财物，依法应当予以追缴没收。

与借贷关系同理，法律只承认合法的担保行为，基于国家法律明令禁止的行为所作的担保，同样不受法律保护。白先生和周某之间的借贷可以视为"主合同"，李先生为周某作的担保可以视为"从合同"。由于赌债不受法律保护，所以主合同无效；而从合同必须以主合同的存在并生效为前提，所以从合同也无效。因此，李先生无须承担任何担保责任。

如果白先生不是向周某出具借条，而是向第三人借款后归还赌债，李先生为该借款所作的担保是否有效呢？在这种情况下，若白先生不能按时归还欠款，第三人事先知道或者应当知道白先生借款是用于归还赌债的，借贷合同无效，相关担保亦无效，白先生应当向第三人返还借款本金；若第三人不知道白先生借款是用于归还赌债的，所涉借款与担保的法律关系则仍然有效。

法条链接

《民法典》

第一百五十三条　违反法律、行政法规的强制性规定的民事法律行为无效。但是，该强制性规定不导致该民事法律行为无效的除外。

违背公序良俗的民事法律行为无效。

《最高人民法院关于审理民间借贷案件适用法律若干问题的规定》

第十三条　具有下列情形之一的，人民法院应当认定民间借贷合同无效：

（一）套取金融机构贷款转贷的；

（二）以向其他营利法人借贷、向本单位职工集资，或者以向公众非法吸收存款等方式取得的资金转贷的；

（三）未依法取得放贷资格的出借人，以营利为目的向社会不特定对象提供借款的；

（四）出借人事先知道或者应当知道借款人借款用于违法犯罪活动仍然提供借款的；

（五）违反法律、行政法规强制性规定的；

（六）违背公序良俗的。

225. 超过保证期间，保证人还有保证责任吗？

2021年2月17日，赵女士将10万元人民币借给朋友朱某，由另一位朋友魏某作担保。双方约定还款日期为2022年2月17日，朱某和魏某分别在借款人和保证人处签了字。然而，到了还款时间，赵女十多次向朱某催要借款无果。同年 11 月，赵女士要求魏某承担保证责任。魏某以超过保证期间为由，拒绝承担保证责任。

超过保证期间，保证人还有保证责任吗？

法律解析

生活中，许多债权人认为只要债权有保证人就可以高枕无忧了，但事实并非如此。根据《民法典》的规定，在法律规定的期间内，如果债权人不主动向保证人主张保证责任，保证人的保证责任就很有可能因为超过时限而消灭。债权人不仅无法再向保证人主张保证责任，其借款也会面临较大的清收风险。

本案中，借贷双方在借款时未约定保证人的保证方式、保证范围和保证期间，应当视为魏某承担的是一般保证责任。赵女士可以在朱某债务履行期限届满之日起六个月内以诉讼或者仲裁的方式要求魏某承担保证责任。若超过此时限，魏某将不再承担保证责任。由于赵女士第一次要求魏某履行保证责任时已经超过六个月的保证期间，赵女士也没有给予朱某宽限期，所以魏某的保证责任已经消灭，无须承担相应的还款责任。

律师建议，为保障债权能够实现，债权人最好与债务人、保证人签订书面协议，明确约定保证方式、保证范围和保证期间；同时，债权人也应当主动行使自己的权利，务必在保证期间内要求保证人承担保证责任。

法条链接

《民法典》

第六百九十二条　保证期间是确定保证人承担保证责任的期间，不发生中止、中断和延长。

债权人与保证人可以约定保证期间，但是约定的保证期间早于主债务履行期限或者与主债务履行期限同时届满的，视为没有约定；没有约定或者约定不明确的，保证期间为主债务履行期限届满之日起六个月。

债权人与债务人对主债务履行期限没有约定或者约定不明确的，保证期间自债权人请求债务人履行债务的宽限期届满之日起计算。

第六百九十三条　一般保证的债权人未在保证期间对债务人提起诉讼或者申请仲裁的，保证人不再承担保证责任。

连带责任保证的债权人未在保证期间请求保证人承担保证责任的，保证人不再承担保证责任。

226. 当物的担保与人的担保同时存在时，谁先承担担保责任？

姚先生欲向银行贷款 200 万元，银行要求姚先生将自有的一套房屋作为抵押物，双方依法签订抵押合同并办理了抵押登记。但银行还是不放心。于是，姚先生找来朋友 A 做保证人，进行保证担保。一系列手续办完后，银行向姚先生发放了贷款。后来，由于姚先生未能按时还款，银行诉至法院，要求姚先生履行还款义务，并要求朋友 A 承担保证责任。

针对姚先生的银行贷款，既有其自有房屋的抵押，又有朋友 A 的保证担保。当物的担保与人的担保同时存在时，谁先承担担保责任？

▊ 法律解析

实践中，为实现债权，债权人在同一个债权上设立多个主体提供担保是一种普遍现象，其中尤以人的担保[1]与物的担保[2]并存的"混合担保"最为典型。根据《民法典》的规定，当物的担保与人的担保同时存在时，债权人应当按照约定实现债权；没有约定或者约定不明确，债务人自己提供物的担保的，债权人应当先就该物的担保实现债权；第三人提供物的担保的，债权人可以就物的担保实现债权，也可以请求保证人承担保证责任。提供担保的第三人承担担保责任后，有权向债务人追偿。

1　人的担保，是指债务人以外的第三人以自身的财产或者信用担保债务的履行的一种担保方式。

2　物的担保，是指债务人或者第三人以特定的财产（包括动产、不动产和权利等）担保债务的履行的一种担保方式。

本案中，要确定两种担保的实现顺序，先要审查银行与姚先生、朋友 A 之间对此有无约定，有约定的，以约定为准。需要说明的是，如果债权人仅与个别担保人作出约定，而损害其他担保人的顺序利益的，则该约定对其他担保人无效。如果银行与姚先生、朋友 A 之间没有约定实现债权的先后顺序，根据相关法律的规定，银行应当先就姚先生抵押的房屋实现债权；该房屋不足以清偿债务的，再由保证人朋友 A 就剩余部分承担保证责任。

律师建议，债权人应尽可能要求债务人或者第三人提供多项担保，并对担保方式、担保期限、实现顺序等进行书面约定，约定时可基于成本及清收率的考量选择对自己最有利的方式，以保障债权的实现。

法条链接

《民法典》

第三百九十二条 被担保的债权既有物的担保又有人的担保的，债务人不履行到期债务或者发生当事人约定的实现担保物权的情形，债权人应当按照约定实现债权；没有约定或者约定不明确，债务人自己提供物的担保的，债权人应当先就该物的担保实现债权；第三人提供物的担保的，债权人可以就物的担保实现债权，也可以请求保证人承担保证责任。提供担保的第三人承担担保责任后，有权向债务人追偿。

227. 债务未经保证人同意而转让，保证人还要承担保证责任吗？

赵先生与崔某是好友，崔某不久前向某金融机构借款，赵先生为崔某的债务作了担保。近日，赵先生发现崔某在他不知情的情况下与该金融机构及第三人小甲达成协议，约定由小甲偿还该笔借款，而崔某则不再负还款义务。赵先生知道后，明确向崔某表示，自己不再承担保证责任。

在债务转让的情况下，赵先生还需要承担保证责任吗？

法律解析

一般情况下，第三人同意为他人作担保是基于其与债务人之间的特殊信任关系，或者其对债务人的资产、信誉以及债务履行能力的了解。因此，在担保法律关系中，债务人未经保证人同意擅自转移债务，将给保证人带来较大风险，因为保证人可能对新债务人的情况一无所知，这会实际影响到保证人的切身利益。《民法典》明确规定，除债权人和保证人有特殊约定外，未经保证人书面同意，债权人允许债务人转移全部或者部分债务的，保证人不再承担相应的保证责任。

本案中，崔某在赵先生不知情的情况下将债务转移给小甲，作为债权人的金融机构对此也表示同意，所以在该笔债务发生转移，即崔某、金融机构以及小甲签订协议之日起，赵先生不再承担保证责任。

法条链接

《民法典》

第三百九十一条 第三人提供担保，未经其书面同意，债权人允许债务人转移全部或者部分债务的，担保人不再承担相应的担保责任。

第六百九十七条 债权人未经保证人书面同意，允许债务人转移全部或者部分债务，保证人对未经其同意转移的债务不再承担保证责任，但是债权人和保证人另有约定的除外。

第三人加入债务的，保证人的保证责任不受影响。

228. 借条未写明还款日期，借款人拒绝还款，怎么办？

李某和唐某是多年的朋友。2018 年 8 月，李某以做生意需要用钱为由向唐某借款 15 万元，并当场给唐某写了一张借条，借条内容为"今借到唐某款项 15 万元整"。李某在借条上签字并按了指印，但当时两人并未约定归还时间。2021 年 10 月，唐某因家中有事，急需用钱，要求李某把 15 万元还给他。李某拒绝归还，并称诉讼时效已过，即使他不还，唐某也拿他没办法。

法律解析

还款期限并不是借款合同中必须明确的内容，双方未约定还款期限不影响借款合同的效力。借款人可以随时返还，出借人也可以随时要求借款人返还，但是需要给借款人适当的准备时间。法律规定的诉讼时效期间为三年，从当事人知道或者应当知道权利被侵害时起计算。

本案中，李某误以为诉讼时效是从借款日起计算的，觉得借款时间超过三年，唐某已经无法追究他的责任了。实际上，诉讼时效是从唐某催告李某还钱、李某在合理期限内[1]并未返还之日起计算的。所以，如果李某在合理期限内仍不还钱，唐某可以在自此三年的时间里，向法院提起诉讼，要求李某还钱。如果唐某三年之后再起诉，李某就有权主张诉讼时效已过，拒绝偿还。

律师建议，借钱给他人，无论关系亲疏，都应当与对方签订借款合同。一般来说，借款合同的内容应当包括：出借人姓名、借款金额（本外币）、利息计算、用途、借款日期、还款日期与方式、违约（延迟偿还）罚金、纠纷处理方式（如约定发生纠纷由某某人民法院管辖）以及借款人的姓名、身份证号、住址、电话、手写签名等。

法条链接

《民法典》

第一百八十八条 向人民法院请求保护民事权利的诉讼时效期间为三年。法律另有规定的，依照其规定。

诉讼时效期间自权利人知道或者应当知道权利受到损害以及义务人之日起计算。法律另有规定的，依照其规定。但是，自权利受到损害之日起超过二十年的，人民法院不予保护，有特殊情况的，人民法院可以根据权利人的申请决定延长。

第五百一十一条 当事人就有关合同内容约定不明确，依据前条规定仍不

---

1 此处的"合理期限内"，法律并无明确规定。不同情形下，合理期限的时间也不同，比如借款金额较小的，可以要求3～7天归还；金额较大的，可以要求7～15天归还等。实务中，一般根据诚信原则，将常人能够理解和接受的期限视为合理期限。

能确定的，适用下列规定：

…………

（四）履行期限不明确的，债务人可以随时履行，债权人也可以随时请求履行，但是应当给对方必要的准备时间。

…………

第六百六十八条　借款合同应当采用书面形式，但是自然人之间借款另有约定的除外。

借款合同的内容一般包括借款种类、币种、用途、数额、利率、期限和还款方式等条款。

第六百七十五条　借款人应当按照约定的期限返还借款。对借款期限没有约定或者约定不明确，依据本法第五百一十条的规定仍不能确定的，借款人可以随时返还；贷款人可以催告借款人在合理期限内返还。

229. 跟好友借款，没有约定支付利息，还需要支付利息吗？

卢小姐借给好朋友苏某某 5 万元，约定借款期限为一年。苏某某在借款时说会付给卢小姐利息，但是两人并没有在借条中约定支付利息。一年之后，卢小姐因急需用钱，希望要回借出的 5 万元。苏某某却说自己现在没钱，无法还款。卢小姐只得向她重申约定的还款时间已到，并要求对方尽快支付本金和利息。苏某某以两人没有在借条中约定支付利息为由，拒绝支付利息。

▍法律解析

根据《民法典》的规定，借款合同对支付利息没有约定的，视为没有利息。也就是说，只要借款合同没有约定支付利息，原则上就推定为当事人协商确定无须计付利息。这样规定的原因是，有的借款合同没有约定支付利息，可能是借款人与出借人真的没有就此进行协商，在出现纠纷时很难查清双方是否约定了支付利息以及是否确定了可供参照的利率标准，从而难以作出相对统一的裁决。因此，这种借款合同没有约定支付利息的情形统一被视为没有利息。

但是，法律并未禁止当事人就是否支付利息达成补充协议。即使当事人在借款期限内没有约定支付利息而被视为无利息，若借款人逾期还款，出借人也可以依据约定或者国家有关规定要求借款人支付逾期利息。

本案中，卢小姐无权要求苏某某支付借款期限内的利息，除非有证据证明苏某某口头的承诺。但苏某某逾期还款，卢小姐可以依法要求其支付逾期利息。

律师建议，当事人应当在借款合同中明确约定是否支付利息以及借款的利率，以免后续发生纠纷。

法条链接

《民法典》

第六百七十六条 借款人未按照约定的期限返还借款的，应当按照约定或者国家有关规定支付逾期利息。

第六百八十条 禁止高利放贷，借款的利率不得违反国家有关规定。

借款合同对支付利息没有约定的，视为没有利息。

借款合同对支付利息约定不明确，当事人不能达成补充协议的，按照当地或者当事人的交易方式、交易习惯、市场利率等因素确定利息；自然人之间借款的，视为没有利息。

230. 如何约定民间借贷的利率才合法？

2021 年元旦过后，吴女士向郑女士借款 10 万元，说是用于工厂资金周转，借款期限为一年。为保险起见，两人经协商决定签订书面的借款合同。郑女士的朋友建议郑女士在合同中约定年化 24% 的借款利率，并且说只要年利率不超过 24%，即使打官司也能赢。郑女士有点犹豫，她听说借款利率的上限已经修改，如果约定的利率过高，很可能面临约定无效的风险。

如何约定民间借贷的利率才是合法的呢？

▍法律解析

2015 年施行的《最高人民法院关于审理民间借贷案件适用法律若干问题的规定》第二十六条规定："借贷双方约定的利率未超过年利率 24%，出借人请求借款人按照约定的利率支付利息的，人民法院应予支持。借贷双方约定的利率超过年利率 36%，超过部分的利息约定无效。借款人请求出借人返还已支付的超过年利率 36% 部分的利息的，人民法院应予支持。"

不过，最高人民法院已在 2020 年 8 月、2020 年 12 月两次对该司法解释进行修订。原第二十六条现已修改为："出借人请求借款人按照合同约定利率支付利息的，人民法院应予支持，但是双方约定的利率超过合同成立时一年期贷款市场报价利率四倍的除外。前款所称'一年期贷款市场报价利率'，是指中国人民银行授权全国银行间同业拆借中心自 2019 年 8 月 20 日起每月发布的一年期贷款市场报价利率。"

也就是说，借贷双方约定的利率不能超过合同成立时一年期贷款市场报价利率（LPR）的四倍。赵女士应当以此为标准，在借款合同中合理约定借款利率。对于超出规定利率标准的部分，法院将不予支持。

▍法条链接

《民法典》

第六百八十条　禁止高利放贷，借款的利率不得违反国家有关规定。

借款合同对支付利息没有约定的，视为没有利息。

借款合同对支付利息约定不明确，当事人不能达成补充协议的，按照当地或者当事人的交易方式、交易习惯、市场利率等因素确定利息；自然人之间借款的，视为没有利息。

《最高人民法院关于审理民间借贷案件适用法律若干问题的规定》

第二十五条　出借人请求借款人按照合同约定利率支付利息的，人民法院应予支持，但是双方约定的利率超过合同成立时一年期贷款市场报价利率四倍的除外。

前款所称"一年期贷款市场报价利率",是指中国人民银行授权全国银行间同业拆借中心自 2019 年 8 月 20 日起每月发布的一年期贷款市场报价利率。

231. 用假名签的借条有效吗?

孙某在做生意时认识了一名自称姓周的男子,周某谎称生意上需要资金周转,向孙某借款 4 万元。孙某起草了一张借条,让周某签名并按了指印,借款日期为 2021 年 11 月 24 日。周某口头答应一个月之内还钱,但是一个月以后仍未还钱。孙某多次催讨,周某总是以各种理由推迟,后来就联系不上了。孙某经调查得知,周某在借条上所签的名字是假名。

这张借条有效吗?

法律解析

一般来说,借款人向出借人借款应当出具签有自己真实姓名的借条。陌生人之间发生借款时,出借人应当核对借款人的身份信息。不过即使出借人像本案中的孙某一样疏忽大意,未核对借款人的身份,也可以根据《民法典》第一百四十八条的规定,请求人民法院或者仲裁机构予以撤销。

如果"周某"的行为符合诈骗罪的构成要件,孙某还可以向公安机关报案,并将在刑事程序中查明的一些证据或者事实材料保留下来,作为民事程序中向"周某"要求返还借款的依据。

律师建议,借钱给他人,一定要核实借款人的身份信息,否则可能面临借款无法追回的局面。

法条链接

《民法典》

第一百四十八条 一方以欺诈手段,使对方在违背真实意思的情况下实施的民事法律行为,受欺诈方有权请求人民法院或者仲裁机构予以撤销。

《刑法》

第二百六十六条 【诈骗罪】诈骗公私财物，数额较大的，处三年以下有期徒刑、拘役或者管制，并处或者单处罚金；数额巨大或者有其他严重情节的，处三年以上十年以下有期徒刑，并处罚金；数额特别巨大或者有其他特别严重情节的，处十年以上有期徒刑或者无期徒刑，并处罚金或者没收财产。本法另有规定的，依照规定。

232. 借条被撕毁，借条的复印件或者存储在原始载体（手机、相机等）中的影印件能作为证据使用吗？

2021年6月，严某向朋友陈某借款100万元应急。严某写了借条，并承诺半年之内还清。可是直到2022年4月，陈某都没有收到欠款，而且联系不上严某。陈某决定将严某告上法庭，但是严某手写的借条已经被家里的孩子不慎撕毁，只剩下手机里存着的借条的照片，他不知道这能不能作为证据。

借条被撕毁，其复印件或者存储在原始载体中的影印件能作为证据使用吗？

▌法律解析

民间借贷纠纷实际审理中，法院不仅要审核出借人提供的借据、收据、欠条等债权凭证，还要结合借贷金额、款项交付、当事人的经济能力、当地或者当事人之间的交易方式、交易习惯、当事人财产变动情况以及证人证言等事实和因素，综合判断查证借贷事实是否发生。因此，即使借条丢失，当事人仅能提供复印件或者存储在原始载体（手机、相机等）中的影印件，只要有其他证据能够辅助证明借贷事实确有发生，那么该借条的复印件、影印件可以作为证据使用。

本案中，虽然严某手写的借条原件已经被撕毁，但是陈某还保留着借条的照片。此时，如果陈某可以提供其他辅助证据，比如严某失联前的电话录音或者聊天记录等，证明双方借贷的事实，借条的照片就可以作为证据使用。

律师建议，在发生借贷事实后，出借人应当妥善保存借条等证据原件。为保险起见，出借人还可以同时留存借条的复印件、影印件以及可以证明借贷事实发生的录音或者聊天记录。

法条链接

《民法典》

第六百六十八条第一款 借款合同应当采用书面形式，但是自然人之间借款另有约定的除外。

《最高人民法院关于审理民间借贷案件适用法律若干问题的规定》

第二条第一款 出借人向人民法院提起民间借贷诉讼时，应当提供借据、收据、欠条等债权凭证以及其他能够证明借贷法律关系存在的证据。

第十五条 原告仅依据借据、收据、欠条等债权凭证提起民间借贷诉讼，被告抗辩已经偿还借款的，被告应当对其主张提供证据证明。被告提供相应证据证明其主张后，原告仍应就借贷关系的存续承担举证责任。

被告抗辩借贷行为尚未实际发生并能作出合理说明的，人民法院应当结合借贷金额、款项交付、当事人的经济能力、当地或者当事人之间的交易方式、交易习惯、当事人财产变动情况以及证人证言等事实和因素，综合判断查证借贷事实是否发生。

233. 朋友找我借钱，需要其配偶在借条上签名吗？

岳某和李某曾是商业伙伴，后来两人各自创业，但关系一直不错。有一次，李某找岳某借钱，岳某没有犹豫就答应借给李某 20 万元。岳某虽然比较信任李某的人品，但他做事一向谨慎。他知道李某已经结婚，就让李某的妻子小丽也在借条上签了名。然而，岳某没注意小丽签名时在其姓名前多写了三个字——证明人。借款到期后，李某一直拖欠不还，岳某只好向法院起诉，要求李某和其妻子小丽共同对该笔欠款承担还款责任。小丽抗辩自己只是岳某向李某出借款项的证明人，应当免责。

已婚债务人的配偶也在借条上签了名，该笔借款就一定能被认定为夫妻共同债务吗？小丽是否应当与丈夫共同承担还款责任？

▎法律解析

关于借条（即借款合同）的基本内容，第228节已详细介绍过。事实上，只要当事人在借条上写清楚出借人及借款人的姓名、借款事由、借款金额、借款日期等条款，并签名盖章，借条即具有法律效力。若当事人就借款事宜发生争议，可以依据借条以及借款交付的凭证（如银行转账记录等），向法院进行主张。

对出借人来说，了解借款人的婚姻状况并要求其配偶在借条上共同签名确认，无疑能让债权的实现更有保障。但如果出借人对细节把控不到位，则借款未必能被认定为借款人的夫妻共同债务。

根据《民法典》第一千零六十四条的规定，夫妻共同债务可以分为三类：

（1）夫妻双方共同签名或者夫妻一方事后追认等共同意思表示（明示、默示均可）所负的债务，简称"共债共签"；

（2）夫妻一方在婚姻关系存续期间以个人名义为家庭日常生活需要所负的债务；

（3）夫妻一方在婚姻关系存续期间以个人名义超出家庭日常生活需要，用于夫妻共同生活、共同生产经营或者基于夫妻双方共同意思表示所负的债务。

本案中，岳某要求李某的妻子小丽在借条上签名，看似已经符合上述"共债共签"的形式要件，但实际上，小丽没有在借款人处签名，且注明了自己是"证明人"，这足以表明小丽与李某虽是夫妻，但并无共同举债的合意。所以，小丽的抗辩具有事实基础和法律依据，岳某要求小丽与李某共同承担还款责任的诉讼请求，法院将不予支持。

律师建议，借钱给他人，应当尽量让借款人夫妻共同出具借条或者签订借款合同，并注意其身份均应是借款人，而非保证人、见证人等。否则，借款将难以被认定为借款人的夫妻共同债务，出借人也就丧失了请求对方共同承担还款责任的相关权利。

法条链接

《民法典》

第六百七十九条 自然人之间的借款合同，自贷款人提供借款时成立。

第一千零六十四条 夫妻双方共同签名或者夫妻一方事后追认等共同意思表示所负的债务，以及夫妻一方在婚姻关系存续期间以个人名义为家庭日常生活需要所负的债务，属于夫妻共同债务。

夫妻一方在婚姻关系存续期间以个人名义超出家庭日常生活需要所负的债务，不属于夫妻共同债务；但是，债权人能够证明该债务用于夫妻共同生活、共同生产经营或者基于夫妻双方共同意思表示的除外。

234. 朋友借钱不还，只有转账记录或者聊天记录，能不能申请支付令？

周先生的朋友小 A 在一年前向周先生借款 5 万元用于购买设备。碍于情面，周先生没有要求小 A 写借条。小 A 在微信上表示会在 2023 年 1 月还清借款，可是直到 2023 年 6 月，周先生也没有收到欠款。周先生在微信上多次提醒小 A 还钱，虽然小 A 每次都回复消息，但是一直以各种理由推脱。周先生忍无可忍，决定向法院起诉小 A。然而，他发现自己除了银行卡转账记录和微信聊天记录，没有其他证据了。

只有转账记录和聊天记录，周先生能以向法院申请支付令的方式收回欠款吗？

法律解析

支付令是人民法院依照《民事诉讼法》规定的督促程序，根据债权人的申请，向债务人发出的限期履行给付金钱或者有价证券的法律文书。债权人对拒不履行义务的债务人，可以向有管辖权的基层人民法院（指债务人住所地基层人民法院）申请支付令，通知债务人履行债务。

不过，申请支付令是有条件的：

（1）债权人请求债务人给付的标的必须是金钱或者汇票、本票、支票、股票、债券、国库券、可转让的存款单等有价证券；

（2）请求给付的金钱和有价证券已到期且数额确定，并写明了请求所根据的事实、证据；

（3）债权人没有对待给付义务，即仅债务人对债权人负有债务，债权人对债务人没有债务；

（4）债务人在我国境内且未下落不明；

（5）支付令能够送达债务人；

（6）收到申请书的人民法院有管辖权；

（7）债权人未向人民法院申请诉前保全[1]。

本案中，小 A 欠周先生的 5 万元债务已经到期，且周先生有银行卡转账记录和微信聊天记录，债权债务关系明确、合法；周先生没有对待给付义务，且小 A 亦未下落不明，能够收到支付令等相关法律文书。因此，周先生可以凭转账记录和聊天记录向小 A 住所地的基层人民法院申请支付令。

如果人民法院经审查签发了支付令，小 A 应当自收到支付令之日起十五日内清偿债务，或者向法院提出书面异议。如果十五日内小 A 没有提出异议或者异议不成立，又不履行支付令，周先生可以向法院申请强制执行。

律师建议，借钱给他人，应当注意保存能够证明自己借出过钱的证据，比如银行转账记录、电话录音、证人证言等，还应当注意收集自己主张债权的证据，以免债权超过诉讼时效。对于一些标的较小、争议不大、债权债务关系明确，仅仅是因为债务人缺乏支付意愿或者暂时没有支付能力而引发的纠纷，债权人尝试向法院申请支付令以督促债务人尽快还款，不失为一种有效的方法。

---

[1] 诉前保全，是指人民法院在民事案件受理前，因情况紧急，为了不使利害关系人的合法权益受到难以弥补的损害，根据利害关系人的申请，对被申请人的财产进行保全，或者责令被申请人作出一定行为或禁止其作出一定行为的民事强制措施。

法条链接

《民事诉讼法》

第二百二十五条 债权人请求债务人给付金钱、有价证券，符合下列条件的，可以向有管辖权的基层人民法院申请支付令：

（一）债权人与债务人没有其他债务纠纷的；

（二）支付令能够送达债务人的。

申请书应当写明请求给付金钱或者有价证券的数量和所根据的事实、证据。

第二百二十七条 人民法院受理申请后，经审查债权人提供的事实、证据，对债权债务关系明确、合法的，应当在受理之日起十五日内向债务人发出支付令；申请不成立的，裁定予以驳回。

债务人应当自收到支付令之日起十五日内清偿债务，或者向人民法院提出书面异议。

债务人在前款规定的期间不提出异议又不履行支付令的，债权人可以向人民法院申请执行。

《最高人民法院关于适用〈中华人民共和国民事诉讼法〉的解释》（法释〔2022〕11号）

第二十三条 债权人申请支付令，适用民事诉讼法第二十二条规定，由债务人住所地基层人民法院管辖。

第四百二十七条 债权人申请支付令，符合下列条件的，基层人民法院应当受理，并在收到支付令申请书后五日内通知债权人：

（一）请求给付金钱或者汇票、本票、支票、股票、债券、国库券、可转让的存款单等有价证券；

（二）请求给付的金钱或者有价证券已到期且数额确定，并写明了请求所根据的事实、证据；

（三）债权人没有对待给付义务；

（四）债务人在我国境内且未下落不明；

（五）支付令能够送达债务人；

（六）收到申请书的人民法院有管辖权；

（七）债权人未向人民法院申请诉前保全。

不符合前款规定的，人民法院应当在收到支付令申请书后五日内通知债权人不予受理。

基层人民法院受理申请支付令案件，不受债权金额的限制。

235. 民间借贷纠纷的解决流程是什么？

2020年，赵先生借给朋友孟某3万元。鉴于双方关系不错，赵先生和孟某没有约定具体还款时间。没想到，过了两年，孟某也没有丝毫想还钱的意思。赵先生认为对方不打算还钱了，如果自己不采取一些措施，这3万元恐怕就真的要不回来了。

赵先生应该怎么做？民间借贷纠纷的解决流程是什么？

▎法律解析

对于民间借贷纠纷，出借人可以尝试用以下三种方式收回借款：

（1）与借款人进行协商，达成一致的还款方案，并督促借款人按期履行。这种方式成本最低，且不容易激化矛盾。

（2）双方在人民调解委员会的主持下进行调解。达成调解协议的，可以在协议生效之日起三十日内向法院申请司法确认。经司法确认后，调解协议即具有强制执行效力。这种方式成本适当，其解决过程也相对平和。

（3）直接向法院起诉。法院经审理作出支持出借人诉讼请求的判决后，若借款人仍不履行还款义务，出借人可以待判决书生效后向法院申请强制执行。虽然这种方式成本较高，但是在前两种方式均无效的情况下，出借人不宜继续无意义地等待，而应当及时收集证据起诉处理，以免因超过诉讼时效使自己陷入被动局面。

本案中，赵先生可以就还款事宜找朋友孟某协商，要求其尽快归还所借款项；如果孟某拒不归还，赵先生可以向人民调解委员会求助；若调解不成，赵先生还可以携带相关材料向法院起诉，以维护自己合法的权益。

律师建议，遇到"老赖"不要怕，出借人可以在考虑维权成本以及自身实际情况的基础上，选择合适的方式，有理有据地解决纠纷。

法条链接

《民法典》

第十条 处理民事纠纷，应当依照法律；法律没有规定的，可以适用习惯，但是不得违背公序良俗。

《中华人民共和国人民调解法》

第二条 本法所称人民调解，是指人民调解委员会通过说服、疏导等方法，促使当事人在平等协商基础上自愿达成调解协议，解决民间纠纷的活动。

《民事诉讼法》

第三条 人民法院受理公民之间、法人之间、其他组织之间以及他们相互之间因财产关系和人身关系提起的民事诉讼，适用本法的规定。

236. 如何办理小额贷款？

王女士最近看中一辆汽车，但她手上没有足够的现金。王女士的朋友建议她向银行申请小额贷款，王女士觉得可行，但她不知道该如何办理小额贷款。

法律解析

一般来说，申请人向银行申请小额贷款，需要满足一定的条件，主要包括：

（1）申请人为中国公民，在中国境内有固定住所、或有当地城镇常住户口（或有效居住证明）、或有固定的经营地点，同时具有完全民事行为能力。

（2）申请人职业正当、收入稳定，有能力按时偿还贷款。

（3）申请人信用记录良好，贷款用途正当。

申请小额贷款的具体流程：

（1）借款人提交申请。借款人向银行提出贷款申请，填写申请表并提交所需资料。

（2）签订合同。银行会对借款人提交的资料进行审核，如果审核通过，银行就会与借款人签订贷款合同。

（3）发放贷款。签订合同之后，银行会按照约定时间将贷款发放到指定账户。

（4）按期还款。借款人须按照合同约定的还款计划还贷，并注意不要逾期，以免影响个人信用。

（5）贷款结清。借款人将贷款的本金及利息全部还清后，应当去银行办理结清手续。

需要注意的是，办理小额贷款需要提交的资料会因银行的要求不同而有所差异，借款人可以在申请前到目标银行进行咨询。本案中，只要王女士符合申请人的条件，便可以到银行柜台或者拨打银行客服电话咨询并办理小额贷款。

律师建议，办理小额贷款一定要到正规的金融机构，否则容易上当受骗。

法条链接

《民法典》

第六百六十九条　订立借款合同，借款人应当按照贷款人的要求提供与借款有关的业务活动和财务状况的真实情况。

第六百七十三条　借款人未按照约定的借款用途使用借款的，贷款人可以停止发放借款、提前收回借款或者解除合同。

237. 网上转账不小心转错人了，怎么办？

A公司的出纳小林需要向供货商支付5万元货款。他在办理转账业务时，由于操作失误，把货款转到庄某的个人账户中。小林发现失误后迅速联系庄某，庄某却说他的银行卡丢了，不知道有没有收到钱。小林请庄某去补办银行卡，庄某一直以工作忙为由推脱，拒不还钱。

小林应该怎么办呢？

法律解析

本案涉及"不当得利"的概念。不当得利，是指没有合法根据，或者事后丧失了合法根据而被确认为是致使他人遭受损失而获得的利益。不当得利的取得，不是由得利人针对受损失的人的违法行为导致的，而是由受损失的人或者第三人的疏忽、误解或者过错造成的，使得利人与受损失的人之间形成了债权债务关系——得利人为债务人，受损失的人为债权人。根据《民法典》的规定，得利人知道或者应当知道取得的利益没有法律根据的，受损失的人可以请求得利人返还其取得的利益并依法赔偿损失。

本案中，小林误将5万元货款支付至庄某的个人账户中，发现失误后立即联系了庄某，而庄某作为得利人，已经知道其取得的利益没有法律根据，仍借故推托，拒不还钱。如果A公司起诉，庄某不仅要返还不当得利的5万元本金，还要支付延期归还的孳息以及其他费用（如诉讼费等）。

律师建议，我们在网上转账时一定要核对清楚收款人的姓名、银行账号和金额等信息，如果不慎转错，又不知道当事人账户信息，可以向公安机关申请调查。公安机关可以为我们出具证明文件，以便我们查询账户信息，并与当事人协商。如果协商不成，我们应当尽快到法院起诉并提出财产保全申请，避免对方将款项转移。

法条链接

《民法典》

第四百六十条 不动产或者动产被占有人占有的，权利人可以请求返还原物及其孳息；但是，应当支付善意占有人因维护该不动产或者动产支出的必要费用。

第九百八十五条 得利人没有法律根据取得不当利益的，受损失的人可以请求得利人返还取得的利益，但是有下列情形之一的除外：

（一）为履行道德义务进行的给付；

（二）债务到期之前的清偿；

（三）明知无给付义务而进行的债务清偿。

第九百八十六条 得利人不知道且不应当知道取得的利益没有法律根据，取得的利益已经不存在的，不承担返还该利益的义务。

第九百八十七条 得利人知道或者应当知道取得的利益没有法律根据的，受损失的人可以请求得利人返还其取得的利益并依法赔偿损失。

第九百八十八条 得利人已经将取得的利益无偿转让给第三人的，受损失的人可以请求第三人在相应范围内承担返还义务。

238. 父亲必须偿还儿子欠下的债务吗？

吴某之子小吴，今年 19 周岁，就读于某大学二年级。某日，小吴在电脑城购买了一台价值 8000 元的游戏机，约定当场支付 3000 元，余款一个月内付清。一个月过去了，小吴并未支付余款 5000 元，只告知商家他父亲吴某的电话，让商家向吴某索要余款。

吴某必须代小吴清偿债务吗？

法律解析

如果欠债人已经年满 18 周岁，那么父母可以拒绝承担债务。公民年满 18 周岁后，属于完全民事行为能力人，其与第三方依法成立的合同，仅对合同双方具有约束力。也就是说，如果子女是成年人，债务应当由子女还，父母并无还债的义务，债权人也不能逼迫欠债人的父母还债。如果子女是未成年人，监护人可以先用子女自己的财产清偿，不足的部分再由监护人承担。但如果借款合同是非法成立的，则欠债人可以主张合同无效。

本案中，小吴已年满 18 周岁，具有完全民事行为能力，根据合同相对性原则，他的个人债务应当由他本人承担，吴某无须代为清偿。

法条链接

《民法典》

第四百六十五条 依法成立的合同，受法律保护。

依法成立的合同，仅对当事人具有法律约束力，但是法律另有规定的除外。

239. 收到了法院传票，怎么办？

不久前，郑先生收到一张 ×× 法院的传票。传票上载明郑先生为"被传唤人"，案由为"民间借贷纠纷"，上面还有开庭日期、案件承办人的联系方式以及 ×× 法院的印章。郑先生一脸茫然地签收了传票，他不知道自己为什么会收到法院的传票，也不知道接下来该做什么。

法律解析

收到法院的传票要不要签收呢？答案是"要签收"。如果不签收，根据《民事诉讼法》的规定，被传唤人将面临以下后果：

（1）原告经传票传唤，没有正当理由拒不到庭的，或者未经法庭许可中途退庭的，法院可以按撤诉处理；被告反诉的，法院可以缺席判决。

（2）被告经传票传唤，无正当理由拒不到庭的，或者未经法庭许可中途退庭的，法院可以缺席判决。对于必须到庭的被告[1]，经两次传票传唤，无正当理由拒不到庭的，法院可以拘传，也就是强制被告到庭参加庭审。

所以，即使被传唤人不签收传票，诉讼程序一般也会照常进行，而且对被传唤人而言非常不利。

那么，被传唤人签收传票之后应该怎么做呢？

（1）仔细查看传票的具体内容，了解案件审理法院、案由、开庭时间、举

---

1 必须到庭的被告，一般包括负有赡养、抚养、扶养义务的被告，不到庭就无法查明案件情况的被告。

证期限。

（2）亲自到审理法院或者电话联系案件承办法官了解案情，领取诉讼材料。诉讼材料一般包括《应诉通知书》《举证通知书》《权利义务告知书》以及另一方当事人提交的起诉状副本、证据材料复印件（一般随法院传票一同送达）。

（3）仔细查看对方当事人的起诉状及证据材料。如果核实自己确实摊上官司了，应当在举证期限内积极收集证据（对于自己不能收集的证据，应当及时请法院调查收集），并结合案件具体情况考虑是否提出反诉。这一步可以向专业律师寻求帮助。

（4）在规定期限内提交答辩状，并在举证期限内将证据材料提交法院。答辩状是对原告起诉的回应，被告需要按照规范格式撰写。

（5）如果选择快递寄送证据材料，建议使用 EMS 快递，并留下寄送凭证。

以上是站在被告的视角给出的建议，因为原告一般只需要在签收传票后确认传票内容，等待开庭即可。当然，如果被告提交了答辩状，法院会将答辩状副本送达原告。

本案中，郑先生应当第一时间了解案情，按上述步骤积极应诉。

律师建议，收到法院的传票不要慌张，确认传票的真实性后应当及时签收。需要注意的是，法院发送传票前，一般会先打电话询问当事人是选择邮寄送达还是选择电子送达。如果选择邮寄送达（EMS），邮寄单上会显示法院名称、法官姓名及联系方式，送达的纸质传票上会有法院的公章和相关案件信息等。如果选择电子送达，当事人会收到 12368 发来的立案短信，短信中将提示查看案件信息的方法。对于来源不明的立案短信，当事人一定要警惕受骗，可拨打 12368 核实。

除了前述两种送达方式，法院传票也可能由司法警察等直接送达，或者由法院或法官电话通知当事人亲自到法院来领。对于电话通知，如果对方要求提供身份证号码、银行账号等个人信息，或者要求交纳"诉讼费"等费用，则一定是诈骗行为。法院不会要求当事人提供任何个人信息。

法条链接

《民事诉讼法》

第一百一十二条 人民法院对必须到庭的被告，经两次传票传唤，无正当理由拒不到庭的，可以拘传。

第一百二十八条 人民法院应当在立案之日起五日内将起诉状副本发送被告，被告应当在收到之日起十五日内提出答辩状。答辩状应当记明被告的姓名、性别、年龄、民族、职业、工作单位、住所、联系方式；法人或者其他组织的名称、住所和法定代表人或者主要负责人的姓名、职务、联系方式。人民法院应当在收到答辩状之日起五日内将答辩状副本发送原告。

被告不提出答辩状的，不影响人民法院审理。

第一百四十六条 原告经传票传唤，无正当理由拒不到庭的，或者未经法庭许可中途退庭的，可以按撤诉处理；被告反诉的，可以缺席判决。

第一百四十七条 被告经传票传唤，无正当理由拒不到庭的，或者未经法庭许可中途退庭的，可以缺席判决。

240. 网贷被骗了，怎么办？

小张即将大学毕业，他在某网贷平台看到一项"无条件申请高校生创业贷款"的业务，简单了解后便按照平台要求填写了自己的基本信息，并完成了申请。很快，一个自称是该平台客服的人找小张私聊，称为保证后续小张诚信履约，要求他交纳一定的保证金，并承诺在小张第一次按时还款后如数退还这笔保证金。小张没有怀疑，按照客服指示向指定账户汇款数万元。到了约定的放款日，小张却没有收到该网贷平台发放的贷款。

网贷被骗了，小张应该怎么办？

法律解析

网贷被骗后，当事人可以按照以下三个步骤进行维权：

（1）收集证据。当事人应当尽快收集、保存相关证据，比如双方签订的借贷合同、服务协议、聊天记录、银行转账记录，网贷平台的地址、联系方式、网址等。

（2）快速报警。当事人可以拨打 110 报警，也可以到所在地派出所报案。如果选择网上报警，当事人应当注意甄别网警的身份。

（3）尽可能多地提供线索和证据，避免给犯罪分子留下更多转移财产的时间。

本案中，小张应当立即将相关证据、网贷平台信息提供给民警，以便民警尽快帮助他追回损失。

律师建议，网贷需谨慎。近些年，因网贷被骗走保证金或者被平台"套路"负债累累的人不少。网络贷款虽然交易手续便捷、涉及金额小、门槛低，但是其在快速发展过程中隐藏着较多风险，容易被不法分子钻空子。

一般来说，违规违法的网贷平台具有这些特点：门槛极低，有身份证就能贷；假低息实高利，未放款先收钱；无牌照经营；虚假广告"钓鱼"；借款期限短、暴力催收等。与之相对的，合法合规经营的网贷平台都有网贷金融牌照；它们会严格审核借款人的信息，不会要求借款人先交纳手续费、保证金等费用，其贷款利率不会高于法律保护的范围。

如果我们有网络贷款的需求，一定要擦亮眼睛，不要被网贷平台发布的虚假信息所迷惑；如果被骗，应当立即收集证据并报案。

法条链接

《民法典》

第六百八十条第一款　禁止高利放贷，借款的利率不得违反国家有关规定。

《中华人民共和国刑事诉讼法》（以下简称《刑事诉讼法》）

第一百一十条第二款　被害人对侵犯其人身、财产权利的犯罪事实或者犯罪嫌疑人，有权向公安机关、人民检察院或者人民法院报案或者控告。

第一百一十一条第一款　报案、控告、举报可以用书面或者口头提出。接受口头报案、控告、举报的工作人员，应当写成笔录，经宣读无误后，由报案人、控告人、举报人签名或者盖章。

241. 如何对付集资诈骗、高利贷？

刘某在 A 市成立了一家公司，以开发房地产项目需要资金周转为由，采用由其个人出具借条，并承诺月度返利 4.5% 的形式，在 A 市 B 区向不特定对象进行集资。全先生通过刘某的宣传了解到该信息后，向刘某出借了 10 万元。实际上，刘某通过宣传共吸收到 400 万元集资款，其中大部分都被他用于个人享乐以及发放高利贷了，小部分则被用于还本付息，根本没有被用于项目投资。

一开始，全先生每月还能按时收到刘某支付的利息。几个月后，利息到账的时间越来越晚，最后根本收不到了。全先生到刘某的公司一看，发现早已人去楼空。至此，全先生才意识到自己上当受骗了。经了解，刘某因为平日里挥霍无度，发放的高利贷也长期无法收回，已经于两个月前潜逃。

遇到这种情况，全先生应该怎么办？

法律解析

集资诈骗是指以非法占有为目的，使用诈骗手段向不特定对象吸收资金的行为。集资诈骗不仅侵犯了公民的财产所有权，还极大地扰乱了金融市场秩序。对于此类犯罪，法院始终坚持从严惩处的方针。

集资诈骗的"套路"很多，犯罪分子往往会通过编造虚假项目、夸大宣传造势，同时对被集资人许以高额回报的方式进行诱骗，而不明真相的人基于趋利心理便会不断"投资""入股"，直到被"套牢"，难以抽身。

因此，当有人极力宣传所谓的"保本高收益"等虚假信息时，我们要意识到这很可能是集资诈骗的陷阱，千万不要因盲目逐利而冲动交出资金。我们可以通过询问亲友、上网查询金融资质、查看公司注册信息等方式辨别其真伪。

当遭遇集资诈骗侵害时，我们应当及时向公安机关报案，并且向监管部门举报，不要因为碍于面子或是心存侥幸而无意义地拖延报案时间，给公安机关打击犯罪和追赃挽损带来一定的阻碍。

本案中，全先生应当在发现被骗的第一时间向公安机关报案，针对符合立案标准的，公安机关将会依法受理。从刘某的涉案行为来看，他以非法占有为目的，以高额回报为诱饵进行集资，但是并未投资真实项目，而将集资款用于个人享乐以及发放高利贷，已经符合集资诈骗罪的构成要件。而且，刘某的涉案金额为 400 万元，已达到数额较大的标准，全先生可以以集资诈骗罪追究刘某的刑事责任。

那么，基于刘某的犯罪行为，全先生是否还可以要求刘某支付年化 54%（4.5%×12）的高额利息呢？事实上，全先生出借资金的行为已经构成高利放贷。"高利贷"并非一个专业的法律术语，一般是指索取特别高额利息的民间贷款。如果民间借贷双方协商的利率超过了中国人民银行公布的金融机构同期、同档次贷款利率的四倍，则应当界定为高利放贷行为。我国《民法典》明确规定禁止高利放贷，对超过国家规定的利率标准的部分，借款人可以拒绝返还；但对借款本金和符合国家规定的利率标准部分的利息，借款人仍应当返还。因此，全先生无法再要求刘某支付年化 54% 的高额利息。相应地，刘某对外发放高利贷的行为也已构成非法放贷，依法不受法律保护，若达到一定次数或者有其他严重情节，还可能涉嫌非法经营罪。

随着社会经济的进步，集资诈骗手段也不断翻新。律师建议，公众在遇到带有"无风险、高收益、稳赚不赔"等字眼或者暗示的投资项目时，一定要提高警惕，仔细查看对方有无营业执照以及相应的金融资质，同时还可关注对方的集资主体以及经营模式。如果一个投资项目是向老年人集资的，那么所谓的"投资"，大概率是个幌子。此外，公众应当远离高利贷，合法出借资金或是向正规的金融机构申请贷款。

法条链接

《民法典》

第六百八十条第一款　禁止高利放贷，借款的利率不得违反国家有关规定。

《刑法》

第一百九十二条　【集资诈骗罪】以非法占有为目的，使用诈骗方法非法集资，数额较大的，处三年以上七年以下有期徒刑，并处罚金；数额巨大或者有其他严重情节的，处七年以上有期徒刑或者无期徒刑，并处罚金或者没收财产。

单位犯前款罪的，对单位判处罚金，并对其直接负责的主管人员和其他直接责任人员，依照前款的规定处罚。

《最高人民法院 最高人民检察院 公安部 司法部关于办理非法放贷刑事案件若干问题的意见》

一、违反国家规定，未经监管部门批准，或者超越经营范围，以营利为目的，经常性地向社会不特定对象发放贷款，扰乱金融市场秩序，情节严重的，依照刑法第二百二十五条第（四）项的规定，以非法经营罪定罪处罚。

前款规定中的"经常性地向社会不特定对象发放贷款"，是指 2 年内向不特定多人（包括单位和个人）以借款或其他名义出借资金 10 次以上。

贷款到期后延长还款期限的，发放贷款次数按照 1 次计算。

第十二章

生活消费篇

242. 什么叫侵害消费者权益？

A 公司主要从事商品批发业务，在某网购平台上开设了一家网店。店铺中有一款商品在购物链接中显示为"C 型 N95 口罩"，但实际上该商品共有 4 种型号，其中 2 种是 N95 口罩，另外 2 种是 N90 口罩。而该购物链接的颜色分类和详情页中都没有对商品型号做区分说明，导致消费者误认为其购买的口罩都是 N95 口罩。除此之外，A 公司还借人们对口罩的需求旺盛的时机，多次大幅涨价，总计以 N95 口罩的价格销售 N90 口罩 2060 包。

对于这种误导消费者的行为，消费者应该怎么办？

法律解析

经营者为消费者提供商品或者服务，应当遵循自愿、平等、公平、诚实信用的原则，依照《消费者权益保护法》等法律法规的规定及与消费者的约定履行义务，不得侵害消费者的合法权益。同时，经营者定价也应当遵循公平、合法和诚实信用的原则，不得哄抬价格，扰乱市场价格秩序。

本案中，A 公司通过商品名称混淆口罩防护级别，并且多次大幅涨价销售口罩，违反了《消费者权益保护法》和《中华人民共和国价格法》的相关规定，构成了以引人误解的商品说明销售商品及哄抬价格行为，严重侵害了消费者的合法权益。有关部门可以依法对 A 公司作出行政处罚，以维护正常的消费环境。

律师建议，经营者应当增强依法经营的意识，做好价格自律，诚信经营。消费者若发现经营者存在违法行为，应当及时固定证据，并向有关部门反映情况，维护个人合法权益。

法条链接

《侵害消费者权益行为处罚办法》

第四条 经营者为消费者提供商品或者服务，应当遵循自愿、平等、公平、诚实信用的原则，依照《消费者权益保护法》等法律法规的规定和与消费者的约定履行义务，不得侵害消费者合法权益。

第六条　经营者向消费者提供有关商品或者服务的信息应当真实、全面、准确，不得有下列虚假或者引人误解的宣传行为：

（一）不以真实名称和标记提供商品或者服务；

（二）以虚假或者引人误解的商品说明、商品标准、实物样品等方式销售商品或者服务；

（三）作虚假或者引人误解的现场说明和演示；

（四）采用虚构交易、虚标成交量、虚假评论或者雇佣他人等方式进行欺骗性销售诱导；

（五）以虚假的"清仓价"、"甩卖价"、"最低价"、"优惠价"或者其他欺骗性价格表示销售商品或者服务；

（六）以虚假的"有奖销售"、"还本销售"、"体验销售"等方式销售商品或者服务；

（七）谎称正品销售"处理品"、"残次品"、"等外品"等商品；

（八）夸大或隐瞒所提供的商品或者服务的数量、质量、性能等与消费者有重大利害关系的信息误导消费者；

（九）以其他虚假或者引人误解的宣传方式误导消费者。

第十四条　经营者有本办法第五条至第十一条规定的情形之一，其他法律、法规有规定的，依照法律、法规的规定执行；法律、法规未作规定的，由市场监督管理部门依照《消费者权益保护法》第五十六条予以处罚。

《价格违法行为行政处罚规定》

第六条　经营者违反价格法第十四条的规定，有下列推动商品价格过快、过高上涨行为之一的，责令改正，没收违法所得，并处违法所得 5 倍以下的罚款；没有违法所得的，处 5 万元以上 50 万元以下的罚款，情节较重的处 50 万元以上 300 万元以下的罚款；情节严重的，责令停业整顿，或者由工商行政管理机关吊销营业执照：

（一）捏造、散布涨价信息，扰乱市场价格秩序的；

（二）除生产自用外，超出正常的存储数量或者存储周期，大量囤积市场供应紧张、价格发生异常波动的商品，经价格主管部门告诫仍继续囤积的；

（三）利用其他手段哄抬价格，推动商品价格过快、过高上涨的。

行业协会或者为商品交易提供服务的单位有前款规定的违法行为的，可以处 50 万元以下的罚款；情节严重的，由登记管理机关依法撤销登记、吊销执照。

前两款规定以外的其他单位散布虚假涨价信息，扰乱市场价格秩序，依法应当由其他主管机关查处的，价格主管部门可以提出依法处罚的建议，有关主管机关应当依法处罚。

243. 订金、定金和违约金分别是什么？

临近电商平台的"双十一"购物节，小钟提前将很多款化妆品放入购物车，并分享给好友。小钟告诉好友："这次购物节，我的钱包又要瘪了，仅定金我就交了 2000 多元！"好友则指出："你交的是'订金'，可不是'定金'哦。"

小钟想知道，订金和定金有什么区别？她听说还有违约金，违约金又是什么呢？

▌法律解析

订金、定金和违约金是三个不同的概念。[1]

定金是指为担保合同债权的实现，双方当事人通过书面约定，由一方当事人向对方预先支付一定数额的金钱作为担保的方式。定金的目的在于督促债务人履行债务，保障债权人的债权得以实现。根据《民法典》的规定，债务人履行债务的，定金应当抵作价款或者收回；定金给付方违约的，无权请求返还定金；定金收受方违约的，应当双倍返还定金。

---

1 实务中，依据定金设立的目的与作用的不同，定金可以分成很多类型，比如立约定金、违约定金、解约定金等。违约金按照不同的标准，也可以进行不同的分类，比如约定违约金与法定违约金、惩罚性违约金与赔偿性违约金等。受篇幅限制，本书对定金和违约金仅做简单介绍。

订金，又称预付金，严格来说不属于法律概念，只是在日常的市场交易中被频繁使用。它是指一方当事人为交易需要而向另一方当事人交纳的金钱，不具有担保合同履行的性质。当交易成功时，订金会充当货款，订金给付方需要补足剩余款项；当交易失败时，订金收受方需要全额退还订金。

违约金相对好理解一些。它是指一方当事人在违约时向另一方当事人支付一定数额的金钱。需要说明的是，当事人对违约金的约定，并不是绝对自由的。如果违约金过分高于造成的损失，人民法院或者仲裁机构可以根据当事人的请求予以适当减少。

律师建议，定金、订金和违约金的定义不同，法律后果也不同。在使用这三个概念时，我们应当先充分地理解它们，再根据实际情况进行合理选择。

法条链接

《民法典》

第五百八十五条 当事人可以约定一方违约时应当根据违约情况向对方支付一定数额的违约金，也可以约定因违约产生的损失赔偿额的计算方法。

约定的违约金低于造成的损失的，人民法院或者仲裁机构可以根据当事人的请求予以增加；约定的违约金过分高于造成的损失的，人民法院或者仲裁机构可以根据当事人的请求予以适当减少。

当事人就迟延履行约定违约金的，违约方支付违约金后，还应当履行债务。

第五百八十六条 当事人可以约定一方向对方给付定金作为债权的担保。定金合同自实际交付定金时成立。

定金的数额由当事人约定；但是，不得超过主合同标的额的百分之二十，超过部分不产生定金的效力。实际交付的定金数额多于或者少于约定数额的，视为变更约定的定金数额。

第五百八十七条 债务人履行债务的，定金应当抵作价款或者收回。给付定金的一方不履行债务或者履行债务不符合约定，致使不能实现合同目的的，无权请求返还定金；收受定金的一方不履行债务或者履行债务不符合约定，致使不能实现合同目的的，应当双倍返还定金。

第五百八十八条 当事人既约定违约金，又约定定金的，一方违约时，对方可以选择适用违约金或者定金条款。

定金不足以弥补一方违约造成的损失的，对方可以请求赔偿超过定金数额的损失。

244. 什么情况下，买家可以要求无条件退货？

小李在某电商平台看中一款电脑，该电商平台的活动页面有 7 天无理由退换货的标识。小李决定先购买，如果不合适再退货。收到货拆封后，小李发现该电脑油漆味很重，激活试用后发现性能也很差，怀疑是翻新机，于是立刻申请退货。然而，该电脑的卖家 P 公司与电商平台相互推诿，均拒绝退货。

P 公司告知小李，其在销售页面的最后一页，已标明"该电脑属于贵重物品，一经激活拒绝退货"。在致买家的一封信中也清楚提示"该产品属于贵重物品，购买前请务必确定产品型号、颜色、性能，一旦拆封将影响二次销售，且价值折损较大，所以拆封后不支持 7 天无理由退换货"。小李认为，这与电商平台活动页面的 7 天无理由退换货的承诺相冲突，明显是在欺诈消费者，便把情况反映到市场监督管理局，但 P 公司仍表示拒绝退货。小李无奈，只好诉至法院，要求退货并解除合同，且退一赔三。P 公司则辩称，其已明确表示涉案产品一旦拆封不适用 7 天无理由退换货，而且小李没有证据证明产品为翻新机，退货理由不成立。

法院会支持小李的请求吗？

▌法律解析

根据《消费者权益保护法》的规定，"经营者采用网络、电视、电话、邮购等方式销售商品，消费者有权自收到商品之日起七日内退货，且无需说明理由"。但需要注意的是，以下几类商品不能适用七日无理由退货规定：

（1）消费者定作的商品；

（2）鲜活易腐的商品；

（3）在线下载或者消费者拆封的音像制品、计算机软件等数字化商品；

（4）交付的报纸、期刊；

（5）其他根据商品性质并经消费者在购买时确认不宜退货的商品。

本案中，P公司在销售页面标明"该电脑属于贵重物品，一经激活拒绝退货"，在致买家的一封信中也进行了相应提示，这一点双方均已确认。因此，小李在购买这台电脑时已经确认其属于不宜退货的商品，符合不适用无理由退货的情形。现小李已将电脑激活，P公司以此为由拒绝退货是合法的。

律师建议，消费者在网购商品前，应当仔细查看商品的销售页面，确认商家有关发货、换货、退货的规定，也可以直接咨询客服。一般来说，大部分商品都支持七日无理由退货，但如上所述，也有部分商品不支持七日无理由退货。对此，消费者在购买时应当特别注意。

法条链接

《消费者权益保护法》

第二十四条 经营者提供的商品或者服务不符合质量要求的，消费者可以依照国家规定、当事人约定退货，或者要求经营者履行更换、修理等义务。没有国家规定和当事人约定的，消费者可以自收到商品之日起七日内退货；七日后符合法定解除合同条件的，消费者可以及时退货，不符合法定解除合同条件的，可以要求经营者履行更换、修理等义务。

依照前款规定进行退货、更换、修理的，经营者应当承担运输等必要费用。

第二十五条 经营者采用网络、电视、电话、邮购等方式销售商品，消费者有权自收到商品之日起七日内退货，且无需说明理由，但下列商品除外：

（一）消费者定作的；

（二）鲜活易腐的；

（三）在线下载或者消费者拆封的音像制品、计算机软件等数字化商品；

（四）交付的报纸、期刊。

除前款所列商品外，其他根据商品性质并经消费者在购买时确认不宜退货的商品，不适用无理由退货。

消费者退货的商品应当完好。经营者应当自收到退回商品之日起七日内返还消费者支付的商品价款。退回商品的运费由消费者承担；经营者和消费者另有约定的，按照约定。

第二十六条第二款　经营者不得以格式条款、通知、声明、店堂告示等方式，作出排除或者限制消费者权利、减轻或者免除经营者责任、加重消费者责任等对消费者不公平、不合理的规定，不得利用格式条款并借助技术手段强制交易。

245. 买家要求退货，退货的快递费由谁承担？

李女士在某电商平台购买了一条工装裤。到货之后，李女士发现裤子上有一个破洞，于是要求卖家退货。卖家虽然同意退货，但要求李女士承担因退货产生的 12 元运费。李女士认为，自己是因裤子存在明显的质量问题退货的，不是故意退货的，不应该承担运费；而且，自己之前在网上购买的衣服出现质量问题需要退货时，也没有被收过运费。

▍法律解析

根据《消费者权益保护法》的规定，经营者提供的商品或者服务不符合质量要求的，消费者可以退货，且经营者应当承担运输等必要费用。不过，申请退货的时间最好在七日内，即便超过七日，时间也不宜过长，否则很可能因为超过售后服务时效而无法退货。如果不是因质量问题导致的退货，则一般需要消费者自己承担运费。

本案中，李女士申请退货是因工装裤有质量问题，所以由此产生的退货运费理应由卖家承担。如果经协商卖家仍然要求李女士支付运费，李女士可以将商品存在的质量问题通过拍照、录像等方式固定，并作为所附依据向电商平台投诉。

▍法条链接

《消费者权益保护法》

第二十四条　经营者提供的商品或者服务不符合质量要求的，消费者可以依照国家规定、当事人约定退货，或者要求经营者履行更换、修理等义务。没有国家规定和当事人约定的，消费者可以自收到商品之日起七日内退货；七日后符合法定解除合同条件的，消费者可以及时退货，不符合法定解除合同条件的，可以要求经营者履行更换、修理等义务。

依照前款规定进行退货、更换、修理的，经营者应当承担运输等必要费用。

246. 什么样的条款属于"霸王条款"？

吴某在某家电销售公司购买了一台洗衣机，签订了该公司提供的格式合同。一个月后，吴某发现洗衣机经常出现漏水、卡顿等情况，经专业人员检查、鉴定后得知，该洗衣机属于瑕疵产品，需要到家电销售公司进行售后维修。然而，当吴某联系家电销售公司时，对方表示合同约定产品售出后，公司不再负责售后维修事宜。吴某认为，这是"霸王条款"；家电销售公司却表示，吴某既然签订了合同，就是认可该条款。气愤之下，吴某将家电销售公司诉至法院。

▌法律解析

所谓的"霸王条款"，是指经营者单方面制定的逃避法定义务、减免自身责任的不平等的格式条款。它主要有以下几个特点：

（1）减免责任，逃避经营者应尽的义务；

（2）违反法律规定，任意扩大经营者权限；

（3）排除、剥夺消费者的权利；

（4）权利义务不对等，任意加重消费者责任；

（5）利用模糊条款掌控最终解释权。

根据相关法律的规定，格式条款含有上述所列内容的，其内容无效。

本案中，家电销售公司作为提供格式条款的一方，其拟定的"产品售出后，公司不再负责售后维修事宜"条款，对消费者来说是一种不公平、不合理的规定，属于"霸王条款"；而且，家电销售公司并未以显著方式提请吴某注意此项与其有重大利害关系的条款。因此，该条款内容无效。

法条链接

《民法典》

第四百九十六条 格式条款是当事人为了重复使用而预先拟定，并在订立合同时未与对方协商的条款。

采用格式条款订立合同的，提供格式条款的一方应当遵循公平原则确定当事人之间的权利和义务，并采取合理的方式提示对方注意免除或者减轻其责任等与对方有重大利害关系的条款，按照对方的要求，对该条款予以说明。提供格式条款的一方未履行提示或者说明义务，致使对方没有注意或者理解与其有重大利害关系的条款的，对方可以主张该条款不成为合同的内容。

《消费者权益保护法》

第二十六条 经营者在经营活动中使用格式条款的，应当以显著方式提请消费者注意商品或者服务的数量和质量、价款或者费用、履行期限和方式、安全注意事项和风险警示、售后服务、民事责任等与消费者有重大利害关系的内容，并按照消费者的要求予以说明。

经营者不得以格式条款、通知、声明、店堂告示等方式，作出排除或者限制消费者权利、减轻或者免除经营者责任、加重消费者责任等对消费者不公平、不合理的规定，不得利用格式条款并借助技术手段强制交易。

格式条款、通知、声明、店堂告示等含有前款所列内容的，其内容无效。

247. 特价商品概不退换，是否属于"霸王条款"？

某日，金女士在逛商场时购买了一款包包。背了一天回家后，她发现包包的背带断裂，有多处损坏，遂找商家要求退换货。商家声称这款包包为特价商品，不退不换。金女士无奈，只好拨打 12315 投诉。市场监督管理局在接到金女士的投诉后，与商家取得联系。经调解，商家向金女士退还了部分货款。

法律解析

上一节我们介绍了"霸王条款"的概念。实际上,"特价商品概不退换"就属于"霸王条款"。

特价商品不等于问题商品,如果经营者没有明确告知消费者商品存在瑕疵,即使消费者购买的是清仓、打折销售的特价商品,经营者也必须提供与正价商品一样的服务和保障。也就是说,除非消费者在购买特价商品前就知道其存在瑕疵,且存在该瑕疵不违反法律强制性规定,否则特价商品出现质量问题,消费者有权要求经营者修理、更换或者退货。

本案中,金女士要求商家退换出现质量问题的包包是其合法权益,商家不能拒绝金女士的要求。

律师建议,消费者在遇到消费纠纷时,可以先与商家协商解决;协商不成,可以像金女士一样拨打 12315、12345 进行举报或者投诉,也可以依法向法院提起诉讼。

法条链接

《消费者权益保护法》

第二十三条第一款 经营者应当保证在正常使用商品或者接受服务的情况下其提供的商品或者服务应当具有的质量、性能、用途和有效期限;但消费者在购买该商品或者接受该服务前已经知道其存在瑕疵,且存在该瑕疵不违反法律强制性规定的除外。

第二十四条 经营者提供的商品或者服务不符合质量要求的,消费者可以依照国家规定、当事人约定退货,或者要求经营者履行更换、修理等义务。没有国家规定和当事人约定的,消费者可以自收到商品之日起七日内退货;七日后符合法定解除合同条件的,消费者可以及时退货,不符合法定解除合同条件的,可以要求经营者履行更换、修理等义务。

依照前款规定进行退货、更换、修理的,经营者应当承担运输等必要费用。

《零售商促销行为管理办法》

第十八条　零售商不得以促销为由拒绝退换货或者为消费者退换货设置障碍。

248. 贵重物品在经营场所的存物处丢失，经营者应该原价赔偿吗？

某日，郭某身着一件皮衣到某洗浴中心洗浴。在洗浴结束准备更衣时，郭某发现其存放衣物的物品柜被撬，皮衣被盗。这件被盗的皮衣是郭某在某商场花 2 万元购买的，比较昂贵。郭某要求洗浴中心原价赔偿，但是洗浴中心认为其张贴的顾客须知中写有"贵重物品请您妥善保管……否则出现一切后果本洗浴中心概不负责"的字样，洗浴中心已经尽到提醒义务，因此无须赔偿。

对于郭某被盗的皮衣，洗浴中心应该原价赔偿吗？

▋法律解析

根据《消费者权益保护法》第二十六条的规定，经营者不得以格式条款、通知、声明、店堂告示等方式，作出排除或者限制消费者权利、减轻或者免除经营者责任、加重消费者责任等对消费者不公平、不合理的规定，不得利用格式条款并借助技术手段强制交易。格式条款、通知、声明、店堂告示等含有前款所列内容的，其内容无效。

本案中，郭某到该洗浴中心洗浴，双方之间即形成了服务合同关系。洗浴中心作为服务者，为前来洗浴的顾客保管衣物是双方之间服务合同的应有之意，属于其应尽的附随义务。同时，洗浴中心作为经营者，保障郭某的人身、财产安全是其法定义务。因此，即便洗浴中心张贴了免责的顾客须知，也因为其内容违反了《消费者权益保护法》而无效。对于郭某所受的损失，偷盗者应当承担侵权责任；洗浴中心因未尽到安全保障义务，应当承担相应的补充责任。洗浴中心承担补充责任后，可以向偷盗者追偿。

法条链接

《消费者权益保护法》

第七条第一款 消费者在购买、使用商品和接受服务时享有人身、财产安全不受损害的权利。

第二十六条 经营者在经营活动中使用格式条款的，应当以显著方式提请消费者注意商品或者服务的数量和质量、价款或者费用、履行期限和方式、安全注意事项和风险警示、售后服务、民事责任等与消费者有重大利害关系的内容，并按照消费者的要求予以说明。

经营者不得以格式条款、通知、声明、店堂告示等方式，作出排除或者限制消费者权利、减轻或者免除经营者责任、加重消费者责任等对消费者不公平、不合理的规定，不得利用格式条款并借助技术手段强制交易。

格式条款、通知、声明、店堂告示等含有前款所列内容的，其内容无效。

《民法典》

第一千一百九十八条 宾馆、商场、银行、车站、机场、体育场馆、娱乐场所等经营场所、公共场所的经营者、管理者或者群众性活动的组织者，未尽到安全保障义务，造成他人损害的，应当承担侵权责任。

因第三人的行为造成他人损害的，由第三人承担侵权责任；经营者、管理者或者组织者未尽到安全保障义务的，承担相应的补充责任。经营者、管理者或者组织者承担补充责任后，可以向第三人追偿。

249. 怀疑消费者盗窃，商场工作人员能否对其进行搜身、搜包、扣押？

胡某到某超市购物，在付款后离开时，出口处的警报骤响。胡某被拦下，超市工作人员要求胡某拿出身上的物品。胡某为表明清白，按要求拿出身上的物品，并重新走过警报装置，警报却再次响起。超市工作人员一口咬定胡某偷拿了东西，并对胡某进行搜身。即便最终没有搜出任何东西，超市工作人员仍然扣押胡某，不让他离开。

对此，胡某感到很委屈，但他不知道怎样维护自己的权益。

法律解析

根据《消费者权益保护法》的规定，消费者在购买、使用商品和接受服务时，享有人格尊严、民族风俗习惯得到尊重的权利，享有个人信息依法得到保护的权利。经营者不得对消费者进行侮辱、诽谤，不得搜查消费者的身体及其携带的物品，不得侵犯消费者的人身自由。经营者有侮辱诽谤、搜查身体、侵犯人身自由等侵害消费者或者其他受害人人身权益的行为，造成严重精神损害的，受害人可以要求精神损害赔偿。

本案中，超市工作人员没有搜查、扣押胡某的权利，胡某也没有接受检查、扣押的义务。在没有相关证据的情况下，超市工作人员更无权认定胡某有盗窃行为。该超市的工作人员对胡某进行搜身这种带有侮辱性质的行为，已经侵害了胡某的名誉权，其扣押行为更是直接侵犯了胡某的人身自由。对此，胡某有权要求超市赔礼道歉、赔偿精神损失费。

律师建议，消费者在遇到商场工作人员强行搜身或者扣押时，除非对方有充分证据，否则消费者有权拒绝。如果遇到这种情况，消费者可以先与工作人员协商解决；协商不成的，消费者可以向消费者协会投诉，也可以进一步起诉至法院。

法条链接

《消费者权益保护法》

第十四条　消费者在购买、使用商品和接受服务时，享有人格尊严、民族风俗习惯得到尊重的权利，享有个人信息依法得到保护的权利。

第二十七条　经营者不得对消费者进行侮辱、诽谤，不得搜查消费者的身体及其携带的物品，不得侵犯消费者的人身自由。

第五十一条　经营者有侮辱诽谤、搜查身体、侵犯人身自由等侵害消费者或者其他受害人人身权益的行为，造成严重精神损害的，受害人可以要求精神损害赔偿。

《民法典》

第一千零二十四条第一款 民事主体享有名誉权。任何组织或者个人不得以侮辱、诽谤等方式侵害他人的名誉权。

250. 网上购物，卖家不发货也不退款，怎么办？

临近春节，王女士打算购买一些水果作为年礼送给厂里的职工。王女士在某购物平台上看到周某发布的香橙广告，觉得包装很不错，遂通过社交软件联系卖家周某，并达成购买 150 箱香橙的口头协议。周某承诺会在收到预付款的 48 小时内发货，王女士当即支付了 2000 元至周某的银行账户。然而，周某收款后并未按期发货，王女士要求退款，对方也不回复。

遇到这种情况，王女士应该怎么办？

▌法律解析

根据《消费者权益保护法》的规定，经营者以预收款方式提供商品或者服务的，应当按照约定提供。未按照约定提供的，应当按照消费者的要求履行约定或者退回预付款；并应当承担预付款的利息、消费者必须支付的合理费用。

本案中，周某既然承诺在收款后 48 小时内发货，就应当按照约定发货，否则王女士既有权要求对方继续履行约定发货，也有权要求对方退回预付款并承担预付款的利息等相关费用。现周某既不发货也不退款，王女士可以先向购物平台进行申诉；如果购物平台不予处理，王女士可以提交交易记录、订单信息等相关凭证向购物平台所在地的市场监督管理部门或者消费者协会寻求帮助；如果有卖家明确有效的地址、电话等联系信息，王女士也可以直接向卖家所在地的市场监督管理部门或者消费者协会寻求帮助。

▌法条链接

《消费者权益保护法》

第五十三条　经营者以预收款方式提供商品或者服务的，应当按照约定提供。未按照约定提供的，应当按照消费者的要求履行约定或者退回预付款；并应当承担预付款的利息、消费者必须支付的合理费用。

251. 商家附赠的商品有质量问题，消费者可以索赔吗？

田某在超市购买了一大袋火腿肠，由于超市正在举办促销活动，所以附赠了田某一个玻璃杯。田某回家后，发现赠送的玻璃杯有部分开裂损坏，于是回到超市找工作人员理论，要求退换货或者赔偿损失。工作人员以"赠品质量不保证，不属赔偿范畴"为由，拒绝退换货或者赔偿损失。

田某能否就赠品质量问题向超市索赔呢？

▌法律解析

生活中，很多商家为提高主商品的销量、塑造品牌形象等，会赠送某些商品或者服务给消费者，这实际上是一种促销手段。虽然消费者是无偿获得赠品的，但是从商家提供赠品的目的来看，仍是用于销售的，所以赠品本质上属于产品。对于存在质量问题的产品，消费者有权要求商家退换货或者赔偿损失。根据相关法律的规定，商家不能以赠送为由向消费者提供不合格的产品，因此，超市不能拒绝田某的要求。

以上是赠品本身具有瑕疵导致其效用减少的情况，由于赠品没有对消费者人身或者财产造成损害，所以消费者一般不能向商家请求损害赔偿，只能主张违约赔偿；如果赠品因质量问题造成消费者人身、财产损害，消费者可以向商家主张违约赔偿或者损害赔偿。

法条链接

《民法典》

第六百六十二条 赠与的财产有瑕疵的，赠与人不承担责任。附义务的赠与，赠与的财产有瑕疵的，赠与人在附义务的限度内承担与出卖人相同的责任。

赠与人故意不告知瑕疵或者保证无瑕疵，造成受赠人损失的，应当承担赔偿责任。

《最高人民法院关于审理食品药品纠纷案件适用法律若干问题的规定》

第四条 食品、药品生产者、销售者提供给消费者的食品或者药品的赠品发生质量安全问题，造成消费者损害，消费者主张权利，生产者、销售者以消费者未对赠品支付对价为由进行免责抗辩的，人民法院不予支持。

《零售商促销行为管理办法》

第十二条 零售商开展促销活动，不得降低促销商品（包括有奖销售的奖品、赠品）的质量和售后服务水平，不得将质量不合格的物品作为奖品、赠品。

252. 商家广告欺诈消费者，消费者如何依法索赔？

钟某是一位家具经销商。他在当地报纸上刊登广告，声称他售卖的红木家具是"百年老红木材质、高品质高保障"，每套总价为 50 万元。苏先生看到钟某的广告后，有意购买，并与钟某签下了订单。

让苏先生没有想到的是，他购买的家具交付仅半年，就有部分变形开裂了。经鉴定，苏先生购买的家具并不是老红木材质的，而是一种品质远低于红木的荷木。现苏先生与钟某协商退货不成，准备向法院提起诉讼。

法律解析

《中华人民共和国广告法》（以下简称《广告法》）规定，广告以虚假或者引人误解的内容欺骗、误导消费者的，构成虚假广告。发布虚假广告，使消费者的合法权益受到损害的，广告主依法承担民事责任。广告经营者、广告发布者不能提供广告主的真实名称、地址和有效联系方式的，消费者可以要求广告经营者、广告发布者先行赔偿。关系消费者生命健康的商品或者服务的虚假广告，造成消费者损害的，其广告经营者、广告发布者、广告代言人应当与广告主承担连带责任。

本案中，钟某以荷木家具充当红木家具销售，是一种"以次充好"的欺诈行为，其在报纸上刊登的广告也属于虚假广告。钟某的行为已经严重损害了消费者的合法权益。对此，苏先生可以依法要求作为经营者、广告主的钟某承担责任。

律师建议，在挑选商品时，消费者应当仔细判断商品的质量，核查其产地、品牌等信息与商家宣传的是否一致；同时要有强烈的维权意识，如果买到次品或者假货，应当立刻与卖家沟通，要求换货或者退货。如果卖家敷衍了事、不予解决，消费者应当积极收集证据，到当地的消费者协会及其他维权平台进行投诉，必要时可以向法院提起诉讼。

法条链接

《广告法》

第二十八条第一款　广告以虚假或者引人误解的内容欺骗、误导消费者的，构成虚假广告。

第五十六条　违反本法规定，发布虚假广告，欺骗、误导消费者，使购买商品或者接受服务的消费者的合法权益受到损害的，由广告主依法承担民事责任。广告经营者、广告发布者不能提供广告主的真实名称、地址和有效联系方式的，消费者可以要求广告经营者、广告发布者先行赔偿。

关系消费者生命健康的商品或者服务的虚假广告，造成消费者损害的，其广告经营者、广告发布者、广告代言人应当与广告主承担连带责任。

前款规定以外的商品或者服务的虚假广告，造成消费者损害的，其广告经营者、广告发布者、广告代言人，明知或者应知广告虚假仍设计、制作、代理、发布或者作推荐、证明的，应当与广告主承担连带责任。

《消费者权益保护法》

第四十三条 消费者在展销会、租赁柜台购买商品或者接受服务，其合法权益受到损害的，可以向销售者或者服务者要求赔偿。展销会结束或者柜台租赁期满后，也可以向展销会的举办者、柜台的出租者要求赔偿。展销会的举办者、柜台的出租者赔偿后，有权向销售者或者服务者追偿。

第五十五条第一款 经营者提供商品或者服务有欺诈行为的，应当按照消费者的要求增加赔偿其受到的损失，增加赔偿的金额为消费者购买商品的价款或者接受服务的费用的三倍；增加赔偿的金额不足五百元的，为五百元。法律另有规定的，依照其规定。

253. 商家在搞促销活动时附加隐含条件，消费者如何维权？

某烤鱼店开业之际，为吸引顾客，打出"啤酒免费喝"的招牌。小陆闻名而来，在店内饱餐一顿。可他在结账时被收银员告知，只有在店内单次菜品消费满 200 元，才有资格享受每充值 200 元赠送 100 瓶限定啤酒的优惠，且啤酒和卡里的钱可以在店内自由消费；如果单次菜品消费不满 200 元，那么消费的啤酒仍应据实结账。

对此，小陆应该如何维权？

法律解析

我国《广告法》规定，广告不得含有虚假或者引人误解的内容，不得欺骗、误导消费者。广告主应当对广告内容的真实性负责。根据《消费者权益保护法》的规定，经营者提供商品或者服务有欺诈行为的，应当按照消费者的要求增加赔偿其受到的损失。

本案中，烤鱼店打出"啤酒免费喝"的招牌，却故意隐瞒了"啤酒免费喝"的前提条件是单次菜品消费必须满 200 元，使得小陆陷入错误认识。烤鱼店在搞推销活动时附加隐含条件，属于欺诈消费者的行为，其发布的广告也属于虚假广告。因此，小陆有权依法要求烤鱼店承担赔偿责任。

律师建议，经营者应当真实、全面地向消费者提供有关商品或者服务的相关信息，不得作虚假或者引人误解的宣传；消费者在参加商家举办的各种促销活动时，最好先问清楚是否附加隐含条件，不要被商家低价、免费等促销手段所误导，谨防"先免费，后破费"的消费陷阱。

法条链接

《广告法》

第四条　广告不得含有虚假或者引人误解的内容，不得欺骗、误导消费者。广告主应当对广告内容的真实性负责。

《消费者权益保护法》

第五十五条第一款　经营者提供商品或者服务有欺诈行为的，应当按照消费者的要求增加赔偿其受到的损失，增加赔偿的金额为消费者购买商品的价款或者接受服务的费用的三倍；增加赔偿的金额不足五百元的，为五百元。法律另有规定的，依照其规定。

254. 餐厅设置最低消费金额，合法吗？

周末，丁女士和闺蜜相约在某餐厅小聚。当两人进入餐厅准备选座时，服务员说："根据店堂告示的要求，卡座有最低消费金额的规定。环境好的卡座，最低消费金额为200元；若消费金额在200元以下，只能坐大厅的散座。"对此，丁女士感到很不满。

餐厅设置最低消费金额，合法吗？

法律解析

从事经营活动的商家向消费者设置最低消费金额，侵犯了消费者的自主选择权和公平交易权。《消费者权益保护法》规定，经营者不得以格式条款、通知、声明、店堂告示等方式，作出对消费者不公平、不合理的规定，否则规定的内容无效。

本案中，餐厅的店堂告示中有关卡座最低消费金额的规定是不合法的，应当认定为无效。对此，丁女士可以与商家协商，也可以请求消费者协会调解，或者向相关主管部门投诉，维护自己的合法权益。

法条链接

《消费者权益保护法》

第十条 消费者享有公平交易的权利。

消费者在购买商品或者接受服务时，有权获得质量保障、价格合理、计量正确等公平交易条件，有权拒绝经营者的强制交易行为。

第二十六条 经营者在经营活动中使用格式条款的，应当以显著方式提请消费者注意商品或者服务的数量和质量、价款或者费用、履行期限和方式、安全注意事项和风险警示、售后服务、民事责任等与消费者有重大利害关系的内容，并按照消费者的要求予以说明。

经营者不得以格式条款、通知、声明、店堂告示等方式，作出排除或者限制消费者权利、减轻或者免除经营者责任、加重消费者责任等对消费者不公平、不合理的规定，不得利用格式条款并借助技术手段强制交易。

格式条款、通知、声明、店堂告示等含有前款所列内容的，其内容无效。

255. 餐厅收取服务费、纸筷费、开瓶费、包厢费是否合法？

小范和朋友在某餐厅吃完饭结账时，收银员要求小范支付服务费、纸筷费、开瓶费、包厢费等100多元。小范表示，他在点餐时并未看到菜单上有收取相关费用的明确提示。为此，小范与收银员发生了争执。

▍法律解析

餐厅收取服务费、纸筷费等费用是否合法，要视不同情况而定。

（1）消费者与餐厅的经营者已经就服务费、纸筷费等费用达成协议的，消费者应当按照约定履行义务。

（2）餐厅的经营者以店堂告示等形式向消费者收取服务费、纸筷费等费用，但消费者并不知情，且该告示并不醒目。此时，应当认为收取服务费、纸筷费等费用并没有订入合同，消费者可以不支付该费用。

（3）餐厅的经营者以店堂告示等形式向消费者收取服务费、纸筷费等费用，且该告示非常醒目，同时服务员向消费者做了说明。此时，消费者应当支付该费用。

本案中，服务费、纸筷费、开瓶费、包厢费并未明确写入菜单，且餐厅内也并无醒目告示告知消费者收取相关费用，即消费者并未与餐厅在收取此类费用上达成合意。因此，餐厅收取上述各项费用没有法律依据，小范有权拒绝支付。

律师建议，在餐厅就餐时，消费者可以先向服务人员询问是否会收取除餐费以外的其他费用。如遇餐厅强行收取费用，消费者有权拒绝餐厅的强制交易行为。

▍法条链接

《消费者权益保护法》

第十条　消费者享有公平交易的权利。

消费者在购买商品或者接受服务时，有权获得质量保障、价格合理、计量正确等公平交易条件，有权拒绝经营者的强制交易行为。

256. 乘坐客车时行李丢失，应当向谁主张赔偿？

小杨乘坐长途客车出差。客车司机称，按照公司的规定，客车车厢内不得装大件行李，让小杨将随身携带的拉杆箱放在客车的行李舱内。客车到站后，小杨下车去取行李，却发现自己的拉杆箱不见了。小杨要求客车司机承担赔偿责任，对方称行李丢失是小杨自己的问题，与他无关。

小杨应当向谁主张赔偿？

法律解析

根据《民法典》的规定，客运合同通常自承运人向旅客出具客票时成立。在运输过程中旅客随身携带物品毁损、灭失，承运人有过错的，应当承担赔偿责任。

本案中，小杨可以要求客车公司赔偿他的损失。当小杨将行李交给客车司机时，客车公司就应当对其行李尽到妥善保管的义务。如果客车公司不能拿出有力证据证明自己履行了妥善保管义务，就需要为此担责。

律师建议，旅客在乘车时应注意保管好自己的行李，尽量将贵重物品随身携带。如果出现因承运人的过错导致自身财产受损的情况，应当及时固定证据并向承运人索赔。双方就赔偿问题协商不成的，可以向法院提起诉讼。

法条链接

《民法典》

第八百一十四条 客运合同自承运人向旅客出具客票时成立，但是当事人另有约定或者另有交易习惯的除外。

第八百二十四条 在运输过程中旅客随身携带物品毁损、灭失，承运人有过错的，应当承担赔偿责任。

旅客托运的行李毁损、灭失的，适用货物运输的有关规定。

第八百三十二条 承运人对运输过程中货物的毁损、灭失承担赔偿责任。但是，承运人证明货物的毁损、灭失是因不可抗力、货物本身的自然性质或者合理损耗以及托运人、收货人的过错造成的，不承担赔偿责任。

257. 托运的行李丢失或者毁损，由谁赔偿？

小王乘坐某航空公司的航班，从北京前往上海出差。他依照航空公司的规定，将自己的 24 寸行李箱交由航空公司托运。飞机抵达目的地后，小王发现托运的行李不见了。

小王托运的行李丢失，应当由谁赔偿？

▍法律解析

旅客乘坐航班，即与航空公司形成了航空运输合同关系。根据《民法典》的规定，在运输过程中旅客随身携带物品毁损、灭失，承运人有过错的，应当承担赔偿责任。

《中华人民共和国民用航空法》（以下简称《民用航空法》）对承运人的责任作出了具体规定。一般情况下，除非旅客随身携带物品或者托运行李的毁灭、遗失或者损坏完全是由于行李本身的自然属性、质量或者缺陷造成的，否则承运人应当承担责任。

本案中，小王将行李交由航空公司托运，航空公司作为承运人，未能交付行李，应当承担赔偿责任。

律师建议，旅客发现行李丢失后，应当立即向航空公司驻机场办事处报失。申报时，旅客需要携带机票、身份证、护照等相关票据和证件。航空公司找到行李后，会及时与失主联系并送还；如果确认行李丢失，航空公司将按照规定进行赔偿。

▍法条链接

《民法典》

第八百二十四条　在运输过程中旅客随身携带物品毁损、灭失，承运人有过错的，应当承担赔偿责任。

旅客托运的行李毁损、灭失的，适用货物运输的有关规定。

《民用航空法》

第一百二十五条第一款 因发生在民用航空器上或者在旅客上、下民用航空器过程中的事件，造成旅客随身携带物品毁灭、遗失或者损坏的，承运人应当承担责任。因发生在航空运输期间的事件，造成旅客的托运行李毁灭、遗失或者损坏的，承运人应当承担责任。

第二款 旅客随身携带物品或者托运行李的毁灭、遗失或者损坏完全是由于行李本身的自然属性、质量或者缺陷造成的，承运人不承担责任。

第三款 本章所称行李，包括托运行李和旅客随身携带的物品。

258. 旅行社安排游客购物的行为是否合法？

蔡某是一名大学应届毕业生。她与同班同学相约前往青海进行毕业旅行。因青海较为偏远，蔡某和同学报名参加了某旅行社推出的青海环线七日游。但在到达青海的第一天，该旅行社的导游就在行程途中将他们带到某商店，要求每位游客必须购买一件商品作为本次旅游的纪念品。蔡某与同学见商品价格昂贵，便没有购买。导游不依不饶，称如果他们不购买纪念品，会影响整个旅游团的行程，并且她会被公司扣工资。

导游的行为合法吗？蔡某和同学又该如何应对？

▌法律解析

《中华人民共和国旅游法》（以下简称《旅游法》）明确规定，除非经双方协商一致或者旅游者要求，且不影响其他旅游者行程安排，否则旅行社组织、接待旅游者，不得指定具体购物场所，不得安排另行付费旅游项目。旅行社指定具体购物场所的行为，违反了《民法典》中的自愿原则，侵害了消费者的合法权益。

本案中，旅行社为获取利益强制要求游客购物，属于违法行为。蔡某和同学有权拒绝购物。如果当时无法拒绝，他们可以在旅行结束后三十日内，要求旅行社为其办理退货并先行垫付退货货款，也可以向相关主管部门进行举报，用法律维护自己的权益。

▌法条链接

《民法典》

第五条 民事主体从事民事活动，应当遵循自愿原则，按照自己的意思设立、变更、终止民事法律关系。

《旅游法》

第三十五条 旅行社不得以不合理的低价组织旅游活动，诱骗旅游者，并通过安排购物或者另行付费旅游项目获取回扣等不正当利益。

旅行社组织、接待旅游者，不得指定具体购物场所，不得安排另行付费旅游项目。但是，经双方协商一致或者旅游者要求，且不影响其他旅游者行程安排的除外。

发生违反前两款规定情形的，旅游者有权在旅游行程结束后三十日内，要求旅行社为其办理退货并先行垫付退货货款，或者退还另行付费旅游项目的费用。

259. 旅行社承诺的内容没兑现，怎么办？

2023年3月，孔女士为一家老小报名了T旅行社的一个价格低、景点多的跟团游。出游前，T旅行社承诺没有自费项目。可是在行程刚开始时，导游就不断地向游客推销自费项目，并向每人索要800元自费项目费。孔女士认为，出游前T旅行社承诺"没有自费项目"，因此不肯交钱。导游威胁她"不交钱就不给酒店钥匙"，导致孔女士一家在酒店大堂等了一个多小时。

次日，众人到某景点参观时，孔女士一家因没有交自费项目费，被导游甩在景区门口。不仅如此，孔女士还发现住宿的酒店与原本说好的"五星级"标准相去甚远。

对此，孔女士应该怎么办？

法律解析

旅行社为招徕游客可以发布广告、进行宣传，但发布的信息应当真实、准确，不得进行虚假宣传，误导游客。游客就旅游服务项目有自主选择权。《旅游法》也禁止旅行社以不合理的低价组织旅游活动，诱骗旅游者，并通过安排购物或者另行付费旅游项目获取回扣等不正当利益。

本案中，T旅行社在旅行途中向孔女士一家索要每人800元的自费项目费，还以"不交钱就不给酒店钥匙"的方式威胁孔女士，属于违法行为。如果孔女士被强制收取费用，可以在行程结束后三十日内要求T旅行社退还款项。此外，T旅行社安排游客入住的酒店与约定的"五星级"标准相去甚远，属于违约行为。对此，孔女士有权要求T旅行社承担违约责任。

律师建议，游客在签订旅游服务合同时，应当注意查看合同中有关交通、住宿、餐饮服务、游览项目和购物次数等的约定；在选择旅行社时，应当关注旅行社的资质，警惕"低价"旅游陷阱。

法条链接

《旅游法》

第六十九条第一款 旅行社应当按照包价旅游合同的约定履行义务，不得擅自变更旅游行程安排。

第七十条第一款 旅行社不履行包价旅游合同义务或者履行合同义务不符合约定的，应当依法承担继续履行、采取补救措施或者赔偿损失等违约责任；造成旅游者人身损害、财产损失的，应当依法承担赔偿责任。旅行社具备履行条件，经旅游者要求仍拒绝履行合同，造成旅游者人身损害、滞留等严重后果的，旅游者还可以要求旅行社支付旅游费用一倍以上三倍以下的赔偿金。

260. 孩子中途退园，幼儿园应当退还保教费吗？

2021 年，叶先生将女儿送到自家附近的一所幼儿园上学，并交纳了当年 3 月至 12 月的保教费 4800 元。7 月底，叶先生准备让女儿到县城上学，便给女儿办理退园手续，并请求幼儿园退还剩余保教费。幼儿园负责人称，学生中途退园不能退还保教费。叶先生对此不能认同，并且幼儿园并未事前告知他这件事。

▌法律解析

本案中，幼儿园让叶先生交纳 3 月至 12 月的保教费，属于跨学期预收，违反了我国《幼儿园收费管理暂行办法》的相关规定。即便叶先生与幼儿园当初并未约定退园退费事宜，幼儿园也应当根据已发生的实际保教成本情况退还叶先生一定预收费用。

律师建议，幼儿因请假、转学、退学、插班等原因需要幼儿园退费的，家长应当与幼儿园积极协商退款事宜；协商不成的，可以向当地教育主管部门投诉；如果投诉仍不能解决问题，可以向幼儿园所在地的法院提起诉讼，依法维权。

▌法条链接

《幼儿园收费管理暂行办法》

第三条 学前教育属于非义务教育，幼儿园可向入园幼儿收取保育教育费（以下简称"保教费"），对在幼儿园住宿的幼儿可以收取住宿费。

第十四条 幼儿园对入园幼儿按月或按学期收取保教费，不得跨学期预收。

第十五条 幼儿因故退（转）园的，幼儿园应当根据已发生的实际保教成本情况退还幼儿家长一定预收费用。具体退费办法由省级教育、价格和财政部门制定。

261. 手机的三包凭证丢失，还能得到三包服务吗?

　　贾先生在一家手机专卖店花 4000 多元购买了一部手机，三包凭证上显示主机保修期限为一年。但仅仅使用了两个多月，贾先生的手机就多次出现无故关机、闪屏、黑屏等问题。贾先生到手机专卖店的维修部要求免费修理，但因三包凭证丢失，维修人员拒绝免费修理，要求贾先生交纳 200 元修理费。贾先生不明白，购机发票已经能够说明他是手机的所有者，为什么一定要有三包凭证才能免费修理。

　　贾先生将手机的三包凭证丢失，还能得到三包服务吗?

法律解析

　　"三包"是指包修、包换、包退。对商品或者服务实行三包，是经营者对商品承担质量保证责任的一种方法。根据《移动电话机商品修理更换退货责任规定》第九条的规定，消费者丢失发货票和三包凭证，但能够提供发货票底联或者发货票（底联）复印件等有效证据，证明该移动电话机商品在三包有效期内的，销售者、修理者、生产者应当承担免费修理、更换责任。

　　本案中，贾先生虽然丢失了三包凭证，但是他能够提供购机发票，而且手机也在三包有效期内，维修人员应当提供免费修理服务。

　　律师建议，消费者在购买手机等商品后，一定要保留好发票和三包凭证，因为商家在提供三包服务时，通常会要求消费者同时出具这两项材料，缺少任何一项都有可能引发争议。如果消费者遇到案例中贾先生这样的情况，可以向消费者协会投诉，维护自身权益。

法条链接

　　《移动电话机商品修理更换退货责任规定》

　　第九条　在三包有效期内，消费者依照本规定享受修理、更换、退货的权利，修理、换货、退货应当凭发货票和三包凭证办理。

消费者丢失发货票和三包凭证，但能够提供发货票底联或者发货票（底联）复印件等有效证据，证明该移动电话机商品在三包有效期内的，销售者、修理者、生产者应当依照本规定承担免费修理、更换责任。

消费者丢失发货票和三包凭证，且不能提供发货票底联或者发货票（底联）复印件等有效证据，但依照主机机身号（IMEI 串号）显示的出厂日期推算仍在三包有效期内的，应当以出厂日期后的第 90 日为三包有效期的起始日期，销售者、修理者、生产者应当按照本规定负责免费修理。

262. 快递物品丢失，找谁索赔？

徐同学在高考中取得了优异的成绩，徐父花 7300 元在网上购买了一台笔记本电脑作为礼物送给儿子。商家委托某快递公司运输该笔记本电脑。很快，购买页面显示商家已发货，但在接下来的几天里，物流信息都没有更新。过了半个月，徐父仍没有收到包裹。经询问，商家回复早已发货，快递公司则称未揽收到包裹。徐父很恼火，要求快递公司赔偿其购买笔记本电脑的 7300 元。快递公司则称，根据公司的规定，只能赔偿徐父快递费用的 3 倍。

对此，徐父应该如何维权？

▎法律解析

本案同样涉及"合同相对性"的概念，即原则上合同项下的权利和义务只能由合同主体各方享有和承担，合同约定的内容只能对合同当事人产生拘束力。

本案中，合同当事人是笔记本电脑商家与快递公司，消费者徐父属于当事人以外的第三人。快递公司丢失快件，是快递公司未对商家尽到将快件妥善安全送达收件人的义务。换句话说，快递公司无须对徐父承担赔偿责任，而要对商家承担违约责任。徐父想要维权，应当向商家索赔。商家赔偿徐父的损失后，可以根据其与快递公司之间的合同，要求快递公司承担违约责任。

根据《民法典》的规定，除非作为承运人的快递公司能够证明货物的损毁、灭失是因不可抗力、货物本身的自然性质或者合理损耗以及托运人、收货人的过错造成的，否则快递公司需要对运输过程中货物的损毁、灭失承担赔偿责任。

律师建议，消费者发现网购商品的物流状态有问题时，应当及时询问商家，要求商家确认物流状态。如果长时间未收到商品，可以直接找商家退款或者向购物平台投诉。

▌法条链接

《民法典》

第八百三十二条 承运人对运输过程中货物的损毁、灭失承担赔偿责任。但是，承运人证明货物的损毁、灭失是因不可抗力、货物本身的自然性质或者合理损耗以及托运人、收货人的过错造成的，不承担赔偿责任。

263. 银行能拒收现金吗？

曲某与王某是一对新婚夫妻。婚礼结束后，两人前往住所附近的一家银行，准备把婚礼上收取的来宾礼钱存入银行。两人到达柜台后，却被柜台营业员告知，由于现金太多，无法存入。夫妻俩十分恼火。

银行能拒收现金吗？

▌法律解析

2018年7月，中国人民银行发布公告，强调人民币（包括纸币和硬币）是中华人民共和国的法定货币，除了依法应当使用非现金支付工具的情形，任何单位和个人不得以格式条款、通知、声明、告示等方式拒收现金。对于存在拒收或者采取歧视性措施排斥现金等违法违规行为的，应当自公告发布之日起一个月内进行整改。整改期限届满后仍然存在上述违法违规行为的，由中国人民银行分支机构会同有关部门予以查处。

自公告发布以来，中国人民银行依法对多家拒收现金的单位及相关负责人作出处罚并予以曝光，并提示社会公众，遇到拒收现金的行为，可以依据《中国人民银行公告》（〔2020〕第18号），依法维权。

本案中，银行拒收现金的行为是违法的。曲某和王某可以拨打当地中国人民银行分支机构热线投诉或者就近向银行业金融机构网点反馈。

▌法条链接

《中华人民共和国中国人民银行法》

第十六条　中华人民共和国的法定货币是人民币。以人民币支付中华人民共和国境内的一切公共的和私人的债务，任何单位和个人不得拒收。

264. 别人捡了我的身份证做坏事，我该怎么办？

周女士是上海一家典当行的老板。不久前，她向公安机关报案说，她在给顾客办理抵押时收到一只假的玉镯，被骗5万元。这位顾客在典当行留下的身份证信息表明，该男子姓缪，是上海人。公安机关接到报案后，根据身份证上的信息，联系上了缪某。但公安机关经过调查确定，缪某并不是这起案件的嫌疑人。这时，缪某回想起他曾在某年遗失过身份证，骗子很有可能冒用了他的身份证。最终，公安机关找到了犯罪嫌疑人，并认定了他捡到缪某的身份证用来诈骗的犯罪事实。

▌法律解析

身份证的芯片里储存了个人信息。如果身份证丢失，一般来说只能挂失，再补办新的身份证，而已经挂失的身份证仍然能够继续使用。因此，丢失的身份证存在被他人冒用的风险。

如果不法分子用捡到的身份证做坏事，比如用其办理银行贷款或者信用卡、注册公司、签订合同等，会使失主的财产安全受到威胁，甚至使失主被迫违法犯罪而成为嫌疑人或者被告人。

本案中，骗子就是冒用了缪某的身份证，到周女士的典当行实施诈骗的。还好周女士及时报案，公安机关迅速出手，抓到了犯罪嫌疑人，澄清了案件真相，否则缪某恐怕就要蒙受不白之冤了。

那么，如果我们发现自己的身份证丢失了，应当如何避免身份证被冒用的风险呢？实际上，我们只要尽快到户籍地派出所申请补领新的身份证就可以了。为有效防止丢失、被盗居民身份证被他人冒用，公安部于 2016 年 10 月已建成失效居民身份证信息系统，汇集群众丢失、被盗居民身份证信息以及换领新证后的原居民身份证信息，并通过部门间信息共享与服务平台向社会相关用证部门和单位提供失效居民身份证信息核查服务。工信部、人民银行、国家税务总局、证监会等部门和单位以及支付宝、前海微众银行等企业均已与公安部对接开展失效居民身份证信息核查应用。

律师建议，如果身份证是因被盗、被抢而丢失的，我们应当尽快到案发地派出所报案，开具报案证明，并及时申领新的身份证。如果身份证被冒用作案，报案证明和申领记录都能够证明我们的清白。

▌法条链接

《中华人民共和国居民身份证法》（以下简称《居民身份证法》）

第十一条第一款 国家决定换发新一代居民身份证、居民身份证有效期满、公民姓名变更或者证件严重损坏不能辨认的，公民应当换领新证；居民身份证登记项目出现错误的，公安机关应当及时更正，换发新证；领取新证时，必须交回原证。居民身份证丢失的，应当申请补领。

第十七条 有下列行为之一的，由公安机关处二百元以上一千元以下罚款，或者处十日以下拘留，有违法所得的，没收违法所得：

（一）冒用他人居民身份证或者使用骗领的居民身份证的；

（二）购买、出售、使用伪造、变造的居民身份证的。

伪造、变造的居民身份证和骗领的居民身份证，由公安机关予以收缴。

265. 打官司时，QQ、微信聊天记录能否作为证据使用？

陶某是某古玩店的老主顾。2021 年 4 月，陶某与古玩店店主曹先生口头约定购买其店内一块老白玉、一条菩提手串，并承诺一个月内付清货款。一个月后，曹先生在微信中提醒："老陶，你从我店里拿的老白玉 6 万元，菩提手串 2 万元，因为是熟人，所以我没和你签合同，你什么时候付款？"陶某回复最近手头紧，称不会赖账，却一直未付款。

曹先生想去法院起诉维权，但他没有与陶某签订书面合同，不知道微信聊天记录能否作为证据使用。

▌法律解析

在通信技术快速发展的时代，两个人想要做成一桩买卖，除了线下交易，还可以在线上完成。但在发生买卖纠纷的情况下，线上交易存在一定的举证难度，即如何判断电子聊天记录是否具有证据能力和证明能力。如果买卖双方在线上磋商过程中，留存了信息完整、表意明确的聊天记录，将其作为证据使用时往往能够得到法院的支持；反之，则存在不被法院认定的风险。

本案中，曹先生虽然没有和陶某签订书面的买卖合同，但如果能够确认双方均为微信使用者，且陶某购买老白玉、菩提手串的事实能够在微信聊天记录中予以确认，那么应当认定双方已经形成了买卖合同关系。曹先生可以据此要求陶某承担违约责任，赔偿自己的损失。

律师建议，虽然 QQ、微信聊天记录可以作为定案证据，但聊天记录的内容不能是含混不清的，要具有相对完整性，能够反映当事人想要证明的事实。由于聊天记录存在易改变、难识别等特征，有时单独作为证据并不充分，需要当事人提供其他证据予以佐证。此外，为了避免此类电子数据被篡改和破坏，建议以公证形式留存证据。

法条链接

《最高人民法院关于民事诉讼证据的若干规定》(法释〔2019〕19号)

第十四条 电子数据包括下列信息、电子文件:

(一)网页、博客、微博客等网络平台发布的信息;

(二)手机短信、电子邮件、即时通信、通讯群组等网络应用服务的通信信息;

(三)用户注册信息、身份认证信息、电子交易记录、通信记录、登录日志等信息;

(四)文档、图片、音频、视频、数字证书、计算机程序等电子文件;

(五)其他以数字化形式存储、处理、传输的能够证明案件事实的信息。

第十五条 当事人以视听资料作为证据的,应当提供存储该视听资料的原始载体。

当事人以电子数据作为证据的,应当提供原件。电子数据的制作者制作的与原件一致的副本,或者直接来源于电子数据的打印件或其他可以显示、识别的输出介质,视为电子数据的原件。

第十三章

知识产权篇

266. 怎么界定职务作品？

某动漫公司出品了一部非常受欢迎的动画片，片中的 A、B 两个动画角色深受观众喜爱。动漫公司职工张某和李某根据上级要求，使用 A 角色的形象，共同创作完成了单幅插画作品。

该插画作品是职务作品吗？

▌法律解析

职务作品，是指自然人为完成法人或者非法人组织工作任务所创作的作品。这里的自然人，是指职务作品的作者。简单来说，作者在工作单位劳动期间，利用工作单位的设备、资源，为完成工作任务创作而成的作品就是职务作品。

因此，职务作品的构成要件包括：

（1）创作作品属于作者的职责范围；

（2）利用工作单位的设备、资源；

（3）因法人或者非法人组织的需要，体现法人或者非法人组织的意愿。

本案中，动漫公司职工张某和李某根据上级要求共同创作了单幅插画作品，符合职务作品的构成要件，属于职务作品。

职务作品分为一般职务作品和特殊职务作品。一般职务作品的著作权由职工享有，但单位有权在其业务范围内优先使用，且作品完成两年内，职工不得许可第三人以与单位使用的相同方式使用该作品。特殊职务作品主要包括三类：一是图纸、计算机软件等职务作品；二是报社、广播电台、电视台等的工作人员创作的职务作品；三是其他特殊职务作品，比如县级以上行政区域名称冠名的地方志书等。特殊职务作品的署名权由职工享有，著作权的其他权利由单位享有。张某和李某共同创作的单幅插画作品属于一般职务作品。

法条链接

《中华人民共和国著作权法》（以下简称《著作权法》）

第十八条　自然人为完成法人或者非法人组织工作任务所创作的作品是职务作品，除本条第二款的规定以外，著作权由作者享有，但法人或者非法人组织有权在其业务范围内优先使用。作品完成两年内，未经单位同意，作者不得许可第三人以与单位使用的相同方式使用该作品。

有下列情形之一的职务作品，作者享有署名权，著作权的其他权利由法人或者非法人组织享有，法人或者非法人组织可以给予作者奖励：

（一）主要是利用法人或者非法人组织的物质技术条件创作，并由法人或者非法人组织承担责任的工程设计图、产品设计图、地图、示意图、计算机软件等职务作品；

（二）报社、期刊社、通讯社、广播电台、电视台的工作人员创作的职务作品；

（三）法律、行政法规规定或者合同约定著作权由法人或者非法人组织享有的职务作品。

267. 我写的文章被别人盗用，该怎么维权？侵权人需要负什么法律责任？

自由撰稿人黄某写了一篇文章，发表在某期刊上，署名是他本人。过了几年，黄某无意中发现某报纸上刊登了一篇文章，虽然标题不同，但是其内容抄袭了他前几年发表的文章，署名为范某。

黄某应该怎么维权？侵权人应当承担怎样的法律责任？

法律解析

作品，是指文学、艺术和科学领域内具有独创性并能以一定形式表现的智力成果，包括文字作品、口述作品、摄影作品等。不论作品是否发表，作者都享有著作权。

那么，如果著作权被他人侵犯，著作权人[1]应当如何维权呢?《著作权法》规定了以下三种途径：

（1）与当事人进行调解；

（2）当事人有书面仲裁协议或者在著作权合同中订立仲裁条款的，可以向仲裁机构申请仲裁；

（3）没有书面仲裁协议，也没有在著作权合同中订立仲裁条款的，可以直接向法院起诉。

侵权人可能需要承担以下责任：

（1）有《著作权法》第五十二条规定的侵权行为的，需要承担相应的民事责任，主要包括停止侵害、消除影响、赔礼道歉、赔偿损失等。

（2）有《著作权法》第五十三条规定的侵权行为的，且侵权行为同时损害公共利益的，侵权人除了要承担相应的民事责任，还可能受到由主管著作权的部门作出的行政处罚，比如责令停止侵权行为，予以警告，没收违法所得等。

（3）触犯《刑法》第二百一十七条的规定的，需要承担相应的刑事责任。

本案中，范某剽窃黄某的文章，侵犯了黄某的著作权，黄某有权要求范某根据实际情况承担民事责任。此时，黄某既可以联系范某进行调解，也可以直接向法院提起诉讼。

法条链接

《民法典》

第一千一百六十五条　行为人因过错侵害他人民事权益造成损害的，应当承担侵权责任。

依照法律规定推定行为人有过错，其不能证明自己没有过错的，应当承担侵权责任。

《著作权法》

1　著作权人，即依法对作品享有著作权的人。

第五十二条 有下列侵权行为的，应当根据情况，承担停止侵害、消除影响、赔礼道歉、赔偿损失等民事责任：

（一）未经著作权人许可，发表其作品的；

（二）未经合作作者许可，将与他人合作创作的作品当作自己单独创作的作品发表的；

（三）没有参加创作，为谋取个人名利，在他人作品上署名的；

（四）歪曲、篡改他人作品的；

（五）剽窃他人作品的；

（六）未经著作权人许可，以展览、摄制视听作品的方法使用作品，或者以改编、翻译、注释等方式使用作品的，本法另有规定的除外；

（七）使用他人作品，应当支付报酬而未支付的；

（八）未经视听作品、计算机软件、录音录像制品的著作权人、表演者或者录音录像制作者许可，出租其作品或者录音录像制品的原件或者复制件的，本法另有规定的除外；

（九）未经出版者许可，使用其出版的图书、期刊的版式设计的；

（十）未经表演者许可，从现场直播或者公开传送其现场表演，或者录制其表演的；

（十一）其他侵犯著作权以及与著作权有关的权利的行为。

第五十三条 有下列侵权行为的，应当根据情况，承担本法第五十二条规定的民事责任；侵权行为同时损害公共利益的，由主管著作权的部门责令停止侵权行为，予以警告，没收违法所得，没收、无害化销毁处理侵权复制品以及主要用于制作侵权复制品的材料、工具、设备等，违法经营额五万元以上的，可以并处违法经营额一倍以上五倍以下的罚款；没有违法经营额、违法经营额难以计算或者不足五万元的，可以并处二十五万元以下的罚款；构成犯罪的，依法追究刑事责任：

（一）未经著作权人许可，复制、发行、表演、放映、广播、汇编、通过信息网络向公众传播其作品的，本法另有规定的除外；

（二）出版他人享有专有出版权的图书的；

（三）未经表演者许可，复制、发行录有其表演的录音录像制品，或者通过信息网络向公众传播其表演的，本法另有规定的除外；

（四）未经录音录像制作者许可，复制、发行、通过信息网络向公众传播其制作的录音录像制品的，本法另有规定的除外；

（五）未经许可，播放、复制或者通过信息网络向公众传播广播、电视的，本法另有规定的除外；

（六）未经著作权人或者与著作权有关的权利人许可，故意避开或者破坏技术措施的，故意制造、进口或者向他人提供主要用于避开、破坏技术措施的装置或者部件的，或者故意为他人避开或者破坏技术措施提供技术服务的，法律、行政法规另有规定的除外；

（七）未经著作权人或者与著作权有关的权利人许可，故意删除或者改变作品、版式设计、表演、录音录像制品或者广播、电视上的权利管理信息的，知道或者应当知道作品、版式设计、表演、录音录像制品或者广播、电视上的权利管理信息未经许可被删除或者改变，仍然向公众提供的，法律、行政法规另有规定的除外；

（八）制作、出售假冒他人署名的作品的。

第六十条　著作权纠纷可以调解，也可以根据当事人达成的书面仲裁协议或者著作权合同中的仲裁条款，向仲裁机构申请仲裁。

当事人没有书面仲裁协议，也没有在著作权合同中订立仲裁条款的，可以直接向人民法院起诉。

《刑法》

第二百一十七条　【侵犯著作权罪】以营利为目的，有下列侵犯著作权或者与著作权有关的权利的情形之一，违法所得数额较大或者有其他严重情节的，处三年以下有期徒刑，并处或者单处罚金；违法所得数额巨大或者有其他特别严重情节的，处三年以上十年以下有期徒刑，并处罚金：

（一）未经著作权人许可，复制发行、通过信息网络向公众传播其文字作品、音乐、美术、视听作品、计算机软件及法律、行政法规规定的其他作品的；

（二）出版他人享有专有出版权的图书的；

（三）未经录音录像制作者许可，复制发行、通过信息网络向公众传播其制作的录音录像的；

（四）未经表演者许可，复制发行录有其表演的录音录像制品，或者通过信息网络向公众传播其表演的；

（五）制作、出售假冒他人署名的美术作品的；

（六）未经著作权人或者与著作权有关的权利人许可，故意避开或者破坏权利人为其作品、录音录像制品等采取的保护著作权或者与著作权有关的权利的技术措施的。

268. 商标被抢注了，怎么办？

银盛集团（化名）是"银盛"商标的专用权人，该集团及其关联公司从20世纪90年代开始，就在全国开发以"银盛"命名的系列房地产项目，并通过纸质媒体和网站做推广宣传。2010年，国家商标局认定"银盛"商标为第36类"不动产出租、不动产管理"等服务上的驰名商标。

2018年，某公司申请在第36类、第43类服务上注册"大唐银盛城市广场"等含有"银盛"文字的系列商标。银盛集团认为"银盛"文字是"银盛"商标最具有显著性和知名度的部分，该公司的行为构成商标抢注。

银盛集团应该怎么维权？

▌法律解析

抢注，即抢先注册。商标抢注包括以下几种情况：

（1）抢注他人已使用并有一定影响的未注册商标；

（2）异地抢注已注册的商标；

（3）抢注类似已注册商标或者不同类服务的同名商标；

（4）抢注具有外观设计专利、著作权、企业名称和字号等在先权利的商标。

本案中，某公司注册的"大唐银盛城市广场"等系列商标就属于第三种情况。对此，银盛集团可以向商标局请求宣告注册商标无效，也可以向法院提起诉讼。

以下三种特殊情况大家要注意：

第一，在抢注商标准予注册前，要经商标局为期三个月的初步审定公告。

在此期间，被侵权方可以向商标局提出异议。被侵权方在提出异议时，要有明确的异议理由、事实和法律依据，并附上相关证据材料。

第二，侵权方抢注商标三年未使用的，根据《中华人民共和国商标法》（以下简称《商标法》）的规定，被侵权方可以向商标局申请撤销该注册商标。

第三，如果侵权方已经注册的商标是以欺骗或者其他不正当手段取得注册的，被侵权方可以请求评审委员会宣告注册商标无效。宣告注册商标无效是有时间限制的——自商标注册之日起五年内，但如果涉及驰名商标，则不受五年的时间限制。

律师建议，为了防止商标被抢注，一定要尽早注册。

法条链接

《商标法》

第三十二条　申请商标注册不得损害他人现有的在先权利，也不得以不正当手段抢先注册他人已经使用并有一定影响的商标。

第四十五条第一款　已经注册的商标，违反本法第十三条第二款和第三款、第十五条、第十六条第一款、第三十条、第三十一条、第三十二条规定的，自商标注册之日起五年内，在先权利人或者利害关系人可以请求商标评审委员会宣告该注册商标无效。对恶意注册的，驰名商标所有人不受五年的时间限制。

第四十九条第二款　注册商标成为其核定使用的商品的通用名称或者没有正当理由连续三年不使用的，任何单位或者个人可以向商标局申请撤销该注册商标。商标局应当自收到申请之日起九个月内做出决定。有特殊情况需要延长的，经国务院工商行政管理部门批准，可以延长三个月。

269. 专利产品被他人仿冒侵权，可以请求惩罚性赔偿吗？

A公司拥有一项实用新型专利权。A公司与B公司签订合作合同，允许B公司使用具有A公司专利的设备。合同约定到期后A公司无条件拆回设备，若

B公司继续使用设备，则需要每月支付A公司一笔租金。合同到期后，B公司未经A公司许可，擅自制造、使用具有A公司专利的设备，时间长达一年，侵犯了A公司的专利权。

对于B公司的侵权行为，A公司可以向法院请求惩罚性赔偿吗？

法律解析

专利权是发明创造人或者其权利受让人对发明创造在一定期限内依法享有的独占实施权，是知识产权的一种。合法取得的专利权受法律保护。未经专利权人许可，实施其专利的，即侵犯其专利权。对于专利权的纠纷，《中华人民共和国专利法》（以下简称《专利法》）规定了以下解决途径：

（1）由当事人协商解决；

（2）不愿协商或者协商不成的，专利权人或者利害关系人可以向法院起诉；

（3）专利权人或者利害关系人也可以请求管理专利工作的部门，比如各省、市的知识产权局处理。

那么，什么是惩罚性赔偿呢？《民法典》第一千一百八十五条规定，故意侵害他人知识产权，情节严重的，被侵权人有权请求相应的惩罚性赔偿。《专利法》第七十一条明确了惩罚性赔偿数额为基本赔偿数额的一至五倍。

本案中，B公司与专利权人A公司是合作关系，其对专利权的归属十分清楚，合同到期后，理应知道如何避免侵犯专利权。然而，B公司不仅不避免，还为了营利擅自制造、使用具有A公司专利的设备，且持续时间较长。综上所述，B公司侵权的主观故意明显、情节恶劣，A公司可以向法院请求惩罚性赔偿。

律师建议，当专利产品被个人或者单位仿冒侵权时，特别是侵权人拒不停止侵权的，被侵权人可以向法院请求惩罚性赔偿。

法条链接

《民法典》

第一千一百八十五条　故意侵害他人知识产权，情节严重的，被侵权人有权请求相应的惩罚性赔偿。

《专利法》

第六十五条 未经专利权人许可，实施其专利，即侵犯其专利权，引起纠纷的，由当事人协商解决；不愿协商或者协商不成的，专利权人或者利害关系人可以向人民法院起诉，也可以请求管理专利工作的部门处理。管理专利工作的部门处理时，认定侵权行为成立的，可以责令侵权人立即停止侵权行为，当事人不服的，可以自收到处理通知之日起十五日内依照《中华人民共和国行政诉讼法》向人民法院起诉；侵权人期满不起诉又不停止侵权行为的，管理专利工作的部门可以申请人民法院强制执行。进行处理的管理专利工作的部门应当事人的请求，可以就侵犯专利权的赔偿数额进行调解；调解不成的，当事人可以依照《中华人民共和国民事诉讼法》向人民法院起诉。

第六十八条 假冒专利的，除依法承担民事责任外，由负责专利执法的部门责令改正并予公告，没收违法所得，可以处违法所得五倍以下的罚款；没有违法所得或者违法所得在五万元以下的，可以处二十五万元以下的罚款；构成犯罪的，依法追究刑事责任。

第七十一条第一款 侵犯专利权的赔偿数额按照权利人因被侵权所受到的实际损失或者侵权人因侵权所获得的利益确定；权利人的损失或者侵权人获得的利益难以确定的，参照该专利许可使用费的倍数合理确定。对故意侵犯专利权，情节严重的，可以在按照上述方法确定数额的一倍以上五倍以下确定赔偿数额。

《最高人民法院关于审理侵害知识产权民事案件适用惩罚性赔偿的解释》（法释〔2021〕4号）

第一条第一款 原告主张被告故意侵害其依法享有的知识产权且情节严重，请求判令被告承担惩罚性赔偿责任的，人民法院应当依法审查处理。

第二条第一款 原告请求惩罚性赔偿的，应当在起诉时明确赔偿数额、计算方式以及所依据的事实和理由。

第十四章

违法犯罪篇

270. 老年人违法犯罪，法律会适当宽宥吗？

王某于 1941 年 9 月 12 日出生。王某认为邻居袁某、胡某、蔡某三人一直看不起自己，遂怀恨在心，预谋将三人杀害，并为此准备了一把三棱刀。2018 年某日，王某尾随袁某并恶语相加，不断挑衅袁某，后趁袁某不注意，用三棱刀猛刺袁某数刀，导致袁某心脏破裂，当场死亡。事后，王某主动投案自首。

王某案发时已经 77 岁，他会得到法律适当宽宥吗？

▌法律解析

一般情况下，对于年满七十五周岁的人故意犯罪的，法院会酌情在量刑上给予照顾，但这并不等于老年人犯罪持有"免死金牌"。如果满足一定条件，被认定为以特别残忍手段致人死亡的，仍有可能被判处死刑。

本案中，王某携带凶器故意杀人致人死亡，已经构成故意杀人罪。由于王某犯罪时已经年满七十五周岁，并且具有自首情节，依法可以从轻或者减轻处罚。但是，基于王某主观上预谋杀害三人，且在准备凶器后公然将他人杀害的犯罪事实，如果被认定属于情节特别恶劣的情况，则不适用从轻或者减轻处罚。

▌法条链接

《刑法》

第十七条之一 【刑事责任年龄】已满七十五周岁的人故意犯罪的，可以从轻或者减轻处罚；过失犯罪的，应当从轻或者减轻处罚。

第四十九条第二款 【死刑适用对象的限制】审判的时候已满七十五周岁的人，不适用死刑，但以特别残忍手段致人死亡的除外。

271. 精神病人犯罪可以不坐牢吗?

2020 年 10 月 16 日,陈某妄想他的母亲杨某某要通过烧符和喂药的方式加害于他。晚上 10 点,陈某从自己的卧室拿了一把斧头走到杨某某的床前,对着杨某某连砍数十下,致使杨某某当场死亡。案发后,陈某一直在当地精神康复医院治疗。

2021 年 2 月,某司法鉴定中心认定,陈某患有精神分裂症,其在实施危害行为时处于疾病活动期,存在被害妄想,无刑事责任能力。

法律解析

《人民检察院刑事诉讼规则》(高检发释字〔2019〕4 号)规定,在审查起诉中,犯罪嫌疑人经鉴定系依法不负刑事责任的精神病人的,人民检察院应当作出不起诉决定。这里的"依法不负刑事责任的精神病人",是指经法定程序鉴定确认,在不能辨认或者不能控制自己行为的时候造成危害后果的精神病人。此类精神病人有继续危害社会可能的,可以由政府强制医疗。

间歇性的精神病人在精神正常的时候犯罪,应当负刑事责任;尚未完全丧失辨认或者控制自己行为能力的精神病人犯罪的,也应当负刑事责任,但是可以从轻或者减轻处罚。

所以,并非所有精神病人犯罪都不负刑事责任,而要视案发时犯罪嫌疑人的精神状态而定。司法部门在案件处理过程中,应当对精神病鉴定进行严格把关,既不能让丧失辨认能力的精神病人受到不应有的处罚,也不能让"精神病"成为罪犯逃避刑事责任的理由。

本案中,经司法鉴定中心认定,陈某在杀害其母杨某某时正处于精神分裂症的疾病活动期。因此,陈某属于依法不负刑事责任的精神病人。

法条链接

《刑法》

第十八条 【特殊人员的刑事责任能力】精神病人在不能辨认或者不能控制自己行为的时候造成危害结果，经法定程序鉴定确认的，不负刑事责任，但是应当责令他的家属或者监护人严加看管和医疗；在必要的时候，由政府强制医疗。

间歇性的精神病人在精神正常的时候犯罪，应当负刑事责任。

尚未完全丧失辨认或者控制自己行为能力的精神病人犯罪的，应当负刑事责任，但是可以从轻或者减轻处罚。

醉酒的人犯罪，应当负刑事责任。

《人民检察院刑事诉讼规则》

第五百三十四条 对于实施暴力行为，危害公共安全或者严重危害公民人身安全，已经达到犯罪程度，经法定程序鉴定依法不负刑事责任的精神病人，有继续危害社会可能的，人民检察院应当向人民法院提出强制医疗的申请。

提出强制医疗的申请以及对强制医疗决定的监督，由负责捕诉的部门办理。

第五百四十三条 在审查起诉中，犯罪嫌疑人经鉴定系依法不负刑事责任的精神病人的，人民检察院应当作出不起诉决定。认为符合刑事诉讼法第三百零二条规定条件的，应当向人民法院提出强制医疗的申请。

272. 一个人是不是精神病人，谁说了算？

某日凌晨2时，孙某趁父母熟睡将二人杀害，随后纵火烧了房子。公安机关将孙某抓获后，发现孙某行为举止表现异常，疑似患有精神病。

一个人是不是精神病人，谁说了算？

法律解析

一个人是不是不负刑事责任的精神病人，需要经法定程序鉴定。一般来说，精神病鉴定的启动权在公安、司法机关手中，由具有法医精神鉴定执业资质的司法鉴定机构和司法鉴定人进行鉴定。

而认定一个人的民事行为能力，需要由利害关系人或者有关组织向这个人的住所地基层人民法院提出申请；申请书应当写明其无民事行为能力或者限制民事行为能力的事实和根据。法院经审理认定申请有事实根据的，判决其为无民事行为能力或者限制民事行为能力人。

本案中，要想确定孙某是否为不负刑事责任的精神病人，公安、司法机关需要启动鉴定程序，由相关鉴定专家对孙某的民事行为能力提出评定意见，最终由法院结合案内其他证据进行认定，以免出现犯罪嫌疑人假冒精神病人以逃脱法律制裁的情况。

法条链接

《民事诉讼法》

第一百九十八条 申请认定公民无民事行为能力或者限制民事行为能力，由利害关系人或者有关组织向该公民住所地基层人民法院提出。

申请书应当写明该公民无民事行为能力或者限制民事行为能力的事实和根据。

第一百九十九条 人民法院受理申请后，必要时应当对被请求认定为无民事行为能力或者限制民事行为能力的公民进行鉴定。申请人已提供鉴定意见的，应当对鉴定意见进行审查。

第二百条 人民法院审理认定公民无民事行为能力或者限制民事行为能力的案件，应当由该公民的近亲属为代理人，但申请人除外。近亲属互相推诿的，由人民法院指定其中一人为代理人。该公民健康情况许可的，还应当询问本人的意见。

人民法院经审理认定申请有事实根据的，判决该公民为无民事行为能力或者限制民事行为能力人；认定申请没有事实根据的，应当判决予以驳回。

第二百零一条 人民法院根据被认定为无民事行为能力人、限制民事行为能力人本人、利害关系人或者有关组织的申请，证实该公民无民事行为能力或者限制民事行为能力的原因已经消除的，应当作出新判决，撤销原判决。

273. 被判处无期徒刑，是要坐一辈子牢吗？

乐某有多年吸毒史。某日，乐某将自己的两个女儿（分别为1岁、2岁）置于住所的主卧室内，留下少量食物和水，用布条反复缠裹窗户锁扣，并用尿不湿夹紧主卧室房门以防孩子跑出，之后离家未归。一个多月后，社区民警到乐某家探望，通过开锁公司打开房门，发现两个女孩已死于主卧室内。法院经审理认为乐某的行为构成故意杀人罪，鉴于乐某在审判时已怀孕，归案后认罪态度较好，以故意杀人罪判处乐某无期徒刑，剥夺政治权利终身。

被判处无期徒刑，是要坐一辈子牢吗？

法律解析

无期徒刑，是指剥夺犯罪分子的终身自由，强制其参加劳动并接受教育和改造的刑罚方法。它是仅次于死刑的严厉惩罚。然而，被判处无期徒刑，并不意味着就要坐一辈子牢。根据《刑法》的规定，如果犯罪分子在执行期间认真遵守监规，接受教育改造，确有悔改表现或者有立功表现的，可以减为有期徒刑。

本案中，乐某被判处无期徒刑。但如前所述，无期徒刑不等于"牢底坐穿"，如果乐某在监狱中积极表现，认真改造，还是有减刑机会的。

律师建议，我们在日常生活中，应当增强自身法律意识，不要以身试法。即使是已经违法犯罪并被司法机关判处刑罚的犯罪分子，也不应自暴自弃，而应积极悔过，好好改造，争取减刑。

法条链接

《刑法》

第四十六条 【有期徒刑与无期徒刑的执行】被判处有期徒刑、无期徒刑的犯罪分子，在监狱或者其他执行场所执行；凡有劳动能力的，都应当参加劳动，接受教育和改造。

第七十八条 【减刑条件与限度】被判处管制、拘役、有期徒刑、无期徒刑的犯罪分子，在执行期间，如果认真遵守监规，接受教育改造，确有悔改表现的，或者有立功表现的，可以减刑；有下列重大立功表现之一的，应当减刑：

（一）阻止他人重大犯罪活动的；

（二）检举监狱内外重大犯罪活动，经查证属实的；

（三）有发明创造或者重大技术革新的；

（四）在日常生产、生活中舍己救人的；

（五）在抗御自然灾害或者排除重大事故中，有突出表现的；

（六）对国家和社会有其他重大贡献的。

减刑以后实际执行的刑期不能少于下列期限：

（一）判处管制、拘役、有期徒刑的，不能少于原判刑期的二分之一；

（二）判处无期徒刑的，不能少于十三年；

（三）人民法院依照本法第五十条第二款规定限制减刑的死刑缓期执行的犯罪分子，缓期执行期满后依法减为无期徒刑的，不能少于二十五年，缓期执行期满后依法减为二十五年有期徒刑的，不能少于二十年。

第八十条 【无期徒刑减刑的刑期计算】无期徒刑减为有期徒刑的刑期，从裁定减刑之日起计算。

274. 被判死刑后一般多久执行?

2018 年 10 月，某地 10 岁女童卖百香果回家途中，被同村男子杨某使用残忍的暴力手段强奸后死亡。经过一审、二审、再审环节，某高级人民法院最终以强奸罪判处杨某死刑立即执行，剥夺政治权利终身，并依法报请最高人民法院核准。

▍法律解析

死刑是世界上最古老的刑罚之一。根据《刑法》的规定，死刑只适用于罪行极其严重的犯罪分子。我国的死刑分为"死刑缓期二年执行"和"死刑立即执行"两种。"死刑缓期二年执行"是在判处死刑的同时宣告死刑缓期执行，实行劳动改造，以观后效。如果犯罪分子在死刑缓期执行期间，没有故意犯罪，二年期满以后，减为无期徒刑。"死刑立即执行"并非庭审后立即执行，而是最高人民法院签发执行死刑的命令，下级人民法院在接到命令七天之内，交付执行死刑。

我国的死刑有着严格的审核制度，即死刑复核制度。死刑复核制度具体表现为死刑复核程序[1]，内容包括死刑案件的报请复核、复核和核准等。死刑复核程序是死刑案件的必经程序，也是第一审、第二审被判处死刑的被告人依法改判的最后机会。

本案中，某高级人民法院判处杨某死刑立即执行，下级人民法院会在接到最高人民法院签发的执行死刑命令后的七天内对杨某执行死刑。

法条链接

《刑法》

第四十八条 【死刑、死缓的适用对象及核准程序】死刑只适用于罪行极其严重的犯罪分子。对于应当判处死刑的犯罪分子，如果不是必须立即执行的，可以判处死刑同时宣告缓期二年执行。

死刑除依法由最高人民法院判决的以外，都应当报请最高人民法院核准。死刑缓期执行的，可以由高级人民法院判决或者核准。

《刑事诉讼法》

第二百四十六条 死刑由最高人民法院核准。

第二百四十八条 中级人民法院判处死刑缓期二年执行的案件，由高级人民法院核准。

第二百五十条 最高人民法院复核死刑案件，应当作出核准或者不核准死

---

[1] 死刑复核程序，是指有核准权的人民法院对判处死刑的案件进行审查核准的一种特别审判程序。

刑的裁定。对于不核准死刑的，最高人民法院可以发回重新审判或者予以改判。

《中华人民共和国人民法院组织法》

第十七条 死刑除依法由最高人民法院判决的以外，应当报请最高人民法院核准。

275. 什么是危害公共安全罪?

2019 年下半年，郑某因琐事与他人发生纠纷。为了泄愤，郑某驾驶私家车在道路上肆意行驶并撞倒多名路人，在撞到围墙等障碍物后加速后退，继续向人员密集的地方冲撞，最后被群众制服。郑某在驾车撞人的过程中致 12 人受到不同程度的伤害。

郑某的行为是否构成危害公共安全罪?

法律解析

危害公共安全罪是一个概括性罪名，这类犯罪侵犯的客体是公共安全，主观上表现为故意犯罪，客观上表现为实施了各种危害公共安全的行为。危害公共安全罪包含着造成不特定的多数人伤亡或者使公私财产遭受重大损失的危险，其伤亡、损失的范围和程度往往是难以预料的。

本案中，郑某采用驾车撞人的危险方法，对他人的生命、健康、安全持放任态度，符合以危险方法危害公共安全的犯罪构成。

律师建议，我们在日常生活中应当严于律己，理性、理智地处理矛盾，学会自我调节，不要因一时冲动造成严重的后果。

法条链接

《刑法》

第一百一十四条 【放火罪】【决水罪】【爆炸罪】【投放危险物质罪】【以危

险方法危害公共安全罪】放火、决水、爆炸以及投放毒害性、放射性、传染病病原体等物质或者以其他危险方法危害公共安全，尚未造成严重后果的，处三年以上十年以下有期徒刑。

第一百一十五条 【放火罪】【决水罪】【爆炸罪】【投放危险物质罪】【以危险方法危害公共安全罪】放火、决水、爆炸以及投放毒害性、放射性、传染病病原体等物质或者以其他危险方法致人重伤、死亡或者使公私财产遭受重大损失的，处十年以上有期徒刑、无期徒刑或者死刑。

【失火罪】【过失决水罪】【过失爆炸罪】【过失投放危险物质罪】【过失以危险方法危害公共安全罪】过失犯前款罪的，处三年以上七年以下有期徒刑；情节较轻的，处三年以下有期徒刑或者拘役。

276. 什么是信用卡诈骗罪？

谢某在无力偿还债务的情况下，冒用他人身份信息，在某地农村商业银行申领多张信用卡，并采用循环套现的方式进行大额透支。直至银行多次催收无果，谢某冒用他人身份信息办理信用卡的事实才被发现。

对此，谢某需要负什么法律责任？

法律解析

信用卡是银行根据用户信用度和财务状况发行给个人或者单位，用于商品购买和支付消费费用的信用凭证。随着信息技术和市场经济的快速发展，信用卡的功能越来越多，应用越来越广泛，但与此同时也为犯罪分子实施犯罪提供了便利条件。比如，有些不法分子冒用他人身份，蒙骗发卡银行取得信用卡，或者拾得他人信用卡随意使用，又或者明知自己没有还款能力，依然大额透支信用卡等。

我国《刑法》第一百九十六条第一款明确规定了信用卡诈骗罪的情形：

（1）使用伪造的信用卡，或者使用以虚假的身份证明骗领的信用卡的；

（2）使用作废的信用卡的；

（3）冒用他人信用卡的；

（4）恶意透支的。

有以上情形，进行信用卡诈骗活动的，构成信用卡诈骗罪。

本案中，谢某冒用他人身份信息申领多张信用卡，并采用循环套现的方式进行大额透支，属于"使用以虚假的身份证明骗领的信用卡"进行信用卡诈骗活动，构成了信用卡诈骗罪。根据《最高人民法院 最高人民检察院关于办理妨害信用卡管理刑事案件具体应用法律若干问题的解释》（法释〔2018〕19号）第五条的规定，只要谢某诈骗的数额在五千元以上不满五万元，即可被认定为"数额较大"，需要承担相应的刑事责任。如果谢某存在以非法占有为目的，超过规定限额或者规定期限透支，并且经发卡银行催收后仍不归还的恶意透支行为，也构成本罪。

律师建议，我们在生活中要注意增强个人信息保护意识，不给犯罪分子可乘之机。对于不再使用的信用卡，我们应当及时联系银行注销。

法条链接

《刑法》

第一百九十六条 【信用卡诈骗罪】有下列情形之一，进行信用卡诈骗活动，数额较大的，处五年以下有期徒刑或者拘役，并处二万元以上二十万元以下罚金；数额巨大或者有其他严重情节的，处五年以上十年以下有期徒刑，并处五万元以上五十万元以下罚金；数额特别巨大或者有其他特别严重情节的，处十年以上有期徒刑或者无期徒刑，并处五万元以上五十万元以下罚金或者没收财产：

（一）使用伪造的信用卡，或者使用以虚假的身份证明骗领的信用卡的；

（二）使用作废的信用卡的；

（三）冒用他人信用卡的；

（四）恶意透支的。

前款所称恶意透支，是指持卡人以非法占有为目的，超过规定限额或者规定期限透支，并且经发卡银行催收后仍不归还的行为。

【盗窃罪】盗窃信用卡并使用的，依照本法第二百六十四条的规定定罪处罚。

《最高人民法院　最高人民检察院关于办理妨害信用卡管理刑事案件具体应用法律若干问题的解释》

第五条　使用伪造的信用卡、以虚假的身份证明骗领的信用卡、作废的信用卡或者冒用他人信用卡，进行信用卡诈骗活动，数额在五千元以上不满五万元的，应当认定为刑法第一百九十六条规定的"数额较大"；数额在五万元以上不满五十万元的，应当认定为刑法第一百九十六条规定的"数额巨大"；数额在五十万元以上的，应当认定为刑法第一百九十六条规定的"数额特别巨大"。

刑法第一百九十六条第一款第三项所称"冒用他人信用卡"，包括以下情形：

（一）拾得他人信用卡并使用的；

（二）骗取他人信用卡并使用的；

（三）窃取、收买、骗取或者以其他非法方式获取他人信用卡信息资料，并通过互联网、通讯终端等使用的；

（四）其他冒用他人信用卡的情形。

277. 骗保要承担什么法律责任？

2022年12月至2023年7月，郭某多次采用编造虚假的保险事故原因、故意驾车发生事故等手段，骗取三家财产保险公司的保险金共计人民币3万余元。

对此，郭某应当承担什么法律责任？

▌法律解析

我国《保险法》规定，保险活动当事人行使权利、履行义务应当遵循诚实信用原则。然而，一些犯罪分子为获得高额保险金，故意违反保险法规，用虚构事实、隐瞒真相等方法进行诈骗。比如，通过故意虚构保险标的、编造虚假的保险事故原因或者夸大损失的程度，故意造成财产损失的保险事故等方式向保险公司骗取保险金。这种行为严重危害了保险行业的健康发展，也严重威胁了社会安定。

对此，《刑法》第一百九十八条对保险诈骗罪作出了规定。诈骗数额较大的，处五年以下有期徒刑或者拘役，并处一万元以上十万元以下罚金；数额巨大或者有其他严重情节的，处五年以上十年以下有期徒刑，并处二万元以上二十万元以下罚金；数额特别巨大或者有其他特别严重情节的，处十年以上有期徒刑，并处二万元以上二十万元以下罚金或者没收财产。

单位犯此罪的，对单位判处罚金，并对其直接负责的主管人员和其他直接责任人员，处五年以下有期徒刑或者拘役；数额巨大或者有其他严重情节的，处五年以上十年以下有期徒刑；数额特别巨大或者有其他特别严重情节的，处十年以上有期徒刑。

需要说明的是，目前没有司法解释对保险诈骗罪的数额标准作出规定，但是根据刑法精神和有关司法解释体现的量刑原则，保险诈骗罪数额的认定标准应不低于诈骗罪的相关认定标准。《最高人民法院 最高人民检察院关于办理诈骗刑事案件具体应用法律若干问题的解释》规定，诈骗公私财物三千元至一万元以上、三万元至十万元以上、五十万元以上的，应当分别认定为刑法第二百六十六条规定的"数额较大""数额巨大""数额特别巨大"。在法律、司法解释没有对保险诈骗犯罪的"数额较大"标准具体规定的情况下，保险诈骗罪的"数额较大"也应不低于一万元，应当以一万元确定保险诈骗罪"数额较大"的起点。[1]

本案中，郭某违背《保险法》规定的如实告知义务，以非法获取保险公司的保险金为目的，通过编造没有发生的保险事故和制造保险事故的方法，向保险公司骗取保险金共计 3 万余元，达到了"数额较大"的标准，构成保险诈骗罪。

律师建议，保险公司应当加强对保险理赔人员的业务培训，对理赔事故进行细致调查，把好理赔关。投保人、被保险人、受益人不要存有侥幸心理，试图骗保；如果骗保事实成立，必将受到法律的严惩。

---

1 李松.保险诈骗罪数额标准如何认定——安徽高院判决汤少强等保险诈骗案 [N]. 人民法院报，2021-07-22（06）.

法条链接

《保险法》

第五条　保险活动当事人行使权利、履行义务应当遵循诚实信用原则。

《刑法》

第一百九十八条　【保险诈骗罪】有下列情形之一，进行保险诈骗活动，数额较大的，处五年以下有期徒刑或者拘役，并处一万元以上十万元以下罚金；数额巨大或者有其他严重情节的，处五年以上十年以下有期徒刑，并处二万元以上二十万元以下罚金；数额特别巨大或者有其他特别严重情节的，处十年以上有期徒刑，并处二万元以上二十万元以下罚金或者没收财产：

（一）投保人故意虚构保险标的，骗取保险金的；

（二）投保人、被保险人或者受益人对发生的保险事故编造虚假的原因或者夸大损失的程度，骗取保险金的；

（三）投保人、被保险人或者受益人编造未曾发生的保险事故，骗取保险金的；

（四）投保人、被保险人故意造成财产损失的保险事故，骗取保险金的；

（五）投保人、受益人故意造成被保险人死亡、伤残或者疾病，骗取保险金的。

有前款第四项、第五项所列行为，同时构成其他犯罪的，依照数罪并罚的规定处罚。

单位犯第一款罪的，对单位判处罚金，并对其直接负责的主管人员和其他直接责任人员，处五年以下有期徒刑或者拘役；数额巨大或者有其他严重情节的，处五年以上十年以下有期徒刑；数额特别巨大或者有其他特别严重情节的，处十年以上有期徒刑。

保险事故的鉴定人、证明人、财产评估人故意提供虚假的证明文件，为他人诈骗提供条件的，以保险诈骗的共犯论处。

《最高人民法院 最高人民检察院关于办理诈骗刑事案件具体应用法律若干问题的解释》

第一条　诈骗公私财物价值三千元至一万元以上、三万元至十万元以上、五十万元以上的，应当分别认定为刑法第二百六十六条规定的"数额较大"、"数额巨大"、"数额特别巨大"。

各省、自治区、直辖市高级人民法院、人民检察院可以结合本地区经济社会发展状况，在前款规定的数额幅度内，共同研究确定本地区执行的具体数额标准，报最高人民法院、最高人民检察院备案。

278. 信用卡套现有什么风险?

彭某为实施信用卡套现行为以收取手续费牟利，成立了一家贸易公司，并以公司名义向中国银联股份有限公司申领了数台 POS 机。之后，彭某以收取 1%～5% 的手续费为条件，在无真实交易的情况下使用 POS 机套现。另外，彭某还将 POS 机出租，为他人进行信用卡套现。在短短一年时间里，彭某利用公司非法套现金额共计 2000 余万元。

法律解析

彭某的行为已经构成非法经营罪。在信用卡套现过程中，信用卡的实际控制人扮演着持卡人和特约商户的双重角色，在没有发生真实交易的情况下，变相将信用卡的授信额度转化为现金。

本案中，彭某违反国家法律规定，以"拆东墙补西墙"式套现、将 POS 机出租给他人套现、自己套现等虚构交易的方式，使用 POS 机刷卡套现，并从中牟利，非法从事资金支付结算业务，扰乱国家正常金融秩序，构成非法经营罪。

律师建议，从事资金或者金融结算业务，需要事先获取相应的经营资质，遵守特定行业的特定规则。信用卡持卡人应规范用卡，停止不合规的用卡行为。

法条链接

《刑法》

第二百二十五条 【非法经营罪】违反国家规定，有下列非法经营行为之一，扰乱市场秩序，情节严重的，处五年以下有期徒刑或者拘役，并处或者单处违法所得一倍以上五倍以下罚金；情节特别严重的，处五年以上有期徒刑，并处违法所得一倍以上五倍以下罚金或者没收财产：

（一）未经许可经营法律、行政法规规定的专营、专卖物品或者其他限制买卖的物品的；

（二）买卖进出口许可证、进出口原产地证明以及其他法律、行政法规规定的经营许可证或者批准文件的；

（三）未经国家有关主管部门批准非法经营证券、期货、保险业务的，或者非法从事资金支付结算业务的；

（四）其他严重扰乱市场秩序的非法经营行为。

《最高人民法院 最高人民检察院关于办理妨害信用卡管理刑事案件具体应用法律若干问题的解释》

第十二条第一款　违反国家规定，使用销售点终端机具（POS机）等方法，以虚构交易、虚开价格、现金退货等方式向信用卡持卡人直接支付现金，情节严重的，应当依据刑法第二百二十五条的规定，以非法经营罪定罪处罚。

279. 拐卖妇女、儿童罪的量刑标准是什么？

2010年10月，范某、殷某商议偷盗邻居林某夫妇的男婴，将其贩卖到外地赚钱，并且约定如果被发现，就使用暴力强抢。两人为此购买了工具和行凶的匕首，并且联系了买主。之后，两人潜入林某家中，被林某夫妇发现，在搏斗的过程中，范某、殷某用匕首将林某夫妇杀害，带着婴儿逃离现场，并将该婴儿以5万元的价格卖给买主。

▌法律解析

拐卖妇女、儿童罪，是指以出卖为目的，拐骗、绑架、收买、贩卖、接送、中转妇女、儿童的行为。以出卖为目的而偷盗婴幼儿的，也构成本罪。

根据《刑法》第二百四十条的规定，拐卖妇女、儿童的，处五年以上十年以下有期徒刑，并处罚金；有本条规定的八种情形之一的，处十年以上有期徒刑或者无期徒刑，并处罚金或者没收财产；情节特别严重的，处死刑，并处没收财产。

需要说明的是，如果犯罪分子在拐卖过程中直接或者间接导致被害人（被拐卖的妇女、儿童）重伤、死亡，但其主观上不以被害人伤亡的结果为目的，仍按拐卖妇女、儿童罪论处；如果犯罪分子在拐卖妇女、儿童过程中故意伤害、杀害被害人，应对其故意伤害、杀害行为进行独立评价，以拐卖妇女、儿童罪和故意伤害罪、故意杀人罪进行并罚。

本案中，范某、殷某两人以出卖为目的偷盗婴幼儿，在实施偷盗行为时，用匕首杀害林某夫妇，已经构成拐卖儿童罪、故意杀人罪，应当数罪并罚；买主则应以收买拐卖儿童罪[1]论处。

法条链接

《刑法》

第二百三十二条 【故意杀人罪】故意杀人的，处死刑、无期徒刑或者十年以上有期徒刑；情节较轻的，处三年以上十年以下有期徒刑。

第二百四十条 【拐卖妇女、儿童罪】拐卖妇女、儿童的，处五年以上十年以下有期徒刑，并处罚金；有下列情形之一的，处十年以上有期徒刑或者无期徒刑，并处罚金或者没收财产；情节特别严重的，处死刑，并处没收财产：

（一）拐卖妇女、儿童集团的首要分子；

（二）拐卖妇女、儿童三人以上的；

（三）奸淫被拐卖的妇女的；

（四）诱骗、强迫被拐卖的妇女卖淫或者将被拐卖的妇女卖给他人迫使其卖淫的；

（五）以出卖为目的，使用暴力、胁迫或者麻醉方法绑架妇女、儿童的；

（六）以出卖为目的，偷盗婴幼儿的；

---

1 收买拐卖儿童罪，是指不以出卖为目的，明知是被拐卖的儿童而予以收买的行为。

（七）造成被拐卖的妇女、儿童或者其亲属重伤、死亡或者其他严重后果的；

（八）将妇女、儿童卖往境外的。

拐卖妇女、儿童是指以出卖为目的，有拐骗、绑架、收买、贩卖、接送、中转妇女、儿童的行为之一的。

第二百四十一条 【收买被拐卖的妇女、儿童罪】收买被拐卖的妇女、儿童的，处三年以下有期徒刑、拘役或者管制。

【强奸罪】收买被拐卖的妇女，强行与其发生性关系的，依照本法第二百三十六条的规定定罪处罚。

收买被拐卖的妇女、儿童，非法剥夺、限制其人身自由或者有伤害、侮辱等犯罪行为的，依照本法的有关规定定罪处罚。

收买被拐卖的妇女、儿童，并有第二款、第三款规定的犯罪行为的，依照数罪并罚的规定处罚。

【拐卖妇女、儿童罪】收买被拐卖的妇女、儿童又出卖的，依照本法第二百四十条的规定定罪处罚。

收买被拐卖的妇女、儿童，对被买儿童没有虐待行为，不阻碍对其进行解救的，可以从轻处罚；按照被买妇女的意愿，不阻碍其返回原居住地的，可以从轻或者减轻处罚。

280. 生父母、继父母虐待子女，需要承担什么法律责任？

俞某长期虐待其继子鹏鹏。某日，俞某用竹棍及绳索殴打、电线捆绑、罚跪等方式造成鹏鹏全身多处受伤。当鹏鹏被邻居送到医院救治时，医生发现鹏鹏颅骨粉碎性骨折，两根肋骨骨折，双目视网膜脱落，已经没有心跳和呼吸。后经全力抢救，鹏鹏才恢复了心跳和呼吸，但是伤情依然严重，一直处于昏迷状态。经鉴定，鹏鹏构成重伤一级。

法律解析

俞某的行为已经构成虐待罪和故意伤害罪。

虐待罪，是指对共同生活的家庭成员经常以打骂、冻饿、禁闭、有病不治或者强迫从事过度劳动等手段，从精神和肉体上进行摧残迫害，情节恶劣的行为。

故意伤害罪，是指故意对他人身体进行伤害，并且导致被害人身体轻伤以上的犯罪行为。

本案中，俞某长期以残忍手段殴打、虐待继子鹏鹏，不仅使其身体受到了重伤，还对其心理造成了极大伤害，情节恶劣。法院最终以虐待罪和故意伤害罪判处俞某有期徒刑十六年。

法条链接

《治安管理处罚法》

第四十五条　有下列行为之一的，处五日以下拘留或者警告：

（一）虐待家庭成员，被虐待人要求处理的；

（二）遗弃没有独立生活能力的被扶养人的。

《刑法》

第二百三十四条　【故意伤害罪】故意伤害他人身体的，处三年以下有期徒刑、拘役或者管制。

犯前款罪，致人重伤的，处三年以上十年以下有期徒刑；致人死亡或者以特别残忍手段致人重伤造成严重残疾的，处十年以上有期徒刑、无期徒刑或者死刑。本法另有规定的，依照规定。

第二百六十条　【虐待罪】虐待家庭成员，情节恶劣的，处二年以下有期徒刑、拘役或者管制。

犯前款罪，致使被害人重伤、死亡的，处二年以上七年以下有期徒刑。

第一款罪，告诉的才处理，但被害人没有能力告诉，或者因受到强制、威吓无法告诉的除外。

281. 儿童遭受猥亵、性侵，该怎么办？

2021 年 5 月的一天，苏某在某市工业园区职工宿舍楼门口处，将小女孩吴某（2013 年 4 月出生）强行拉坐至其大腿上，采取以手摸胸、环胸搂抱、亲吻胸部、抚摸生殖器等手段，对被害人吴某实施猥亵。

两天后，被害人吴某把事情的经过告诉父母，父母愤而报警。苏某当天被公安机关抓获归案。

▌法律解析

儿童正处于身心成长期，各方面尚未发育成熟，不能正确理解性行为的社会性质、意义和后果，在面对性侵害时缺乏自我保护的意识和能力。所以，对于性侵未成年人的犯罪，应当依法从严惩治。

本案中，苏某对吴某的强制行为，构成猥亵儿童罪。由于吴某是未成年人，因此苏某的犯罪情节特别严重，应当从重处罚。

那么，当家长发现孩子遭受猥亵、性侵时，应该怎么办呢？首先，家长应当及时向警方报案，依法维权，让加害者受到应有的惩罚；其次，要做好孩子的心理疏导工作——这一步尤为重要，家长应当竭力避免给孩子的心理带来二次伤害，如有条件，最好寻求专业心理医生的帮助。

律师建议，由于儿童缺乏一定的自我保护意识，认知和语言表达能力受限，多数情况下不会主动把受到猥亵、性侵的情况告诉家长，导致受害的事实不能及时被发现。因此，家长要在平时帮助孩子建立良好的自我保护意识，并根据孩子的身心发展情况，适当灌输一些正确的性知识，时刻关注孩子的身心健康。当孩子遇到相应的侵害时，家长要勇于维权，并做好孩子后续的心理辅导和矫正工作。

法条链接

《刑法》

第二百三十六条 【强奸罪】以暴力、胁迫或者其他手段强奸妇女的，处三年以上十年以下有期徒刑。

奸淫不满十四周岁的幼女的，以强奸论，从重处罚。

强奸妇女、奸淫幼女，有下列情形之一的，处十年以上有期徒刑、无期徒刑或者死刑：

（一）强奸妇女、奸淫幼女情节恶劣的；

（二）强奸妇女、奸淫幼女多人的；

（三）在公共场所当众强奸妇女、奸淫幼女的；

（四）二人以上轮奸的；

（五）奸淫不满十周岁的幼女或者造成幼女伤害的；

（六）致使被害人重伤、死亡或者造成其他严重后果的。

第二百三十七条第三款 【猥亵儿童罪】猥亵儿童的，处五年以下有期徒刑；有下列情形之一的，处五年以上有期徒刑：

（一）猥亵儿童多人或者多次的；

（二）聚众猥亵儿童的，或者在公共场所当众猥亵儿童，情节恶劣的；

（三）造成儿童伤害或者其他严重后果的；

（四）猥亵手段恶劣或者有其他恶劣情节的。

282. 出售非法窃取的信息，需要承担什么法律责任？

章某通过植入木马程序的方式，非法侵入某省普通高校招生考试信息平台，取得该平台管理权，非法获取该省当年高考考生个人信息 60 余万条，并向孔某出售上述个人信息 10 余万条。孔某利用以上信息，将考生拉进微信群，实施诈骗犯罪，骗取考生钱款 20 余万元。

章某和孔某的行为应当如何定性？

▍法律解析

公民个人信息，是指以电子或者其他方式记录的能够单独或者与其他信息结合识别特定自然人身份或者反映特定自然人活动情况的各种信息，包括姓名、身份证件号码、通信通讯联系方式、住址、账号密码、财产状况、行踪轨迹等。

本案中，章某具备相应的信息技术知识，却无视信息网络安全和保护公民个人信息的重要性，违反国家有关规定，非法窃取考生个人信息并出卖牟利，对他人的人身、财产安全造成重大威胁，其行为已经构成侵犯公民个人信息罪。孔某根据章某出售的公民个人信息，精准实施诈骗犯罪，骗取他人钱财，应当以诈骗罪定罪处罚。

律师建议，我们在平时要注意保护个人身份信息，预防个人信息外泄。比如，不随意登记身份信息、分级管理个人密码、养成良好的上网习惯等。

▍法条链接

《刑法》

第二百五十三条之一 【侵犯公民个人信息罪】违反国家有关规定，向他人出售或者提供公民个人信息，情节严重的，处三年以下有期徒刑或者拘役，并处或者单处罚金；情节特别严重的，处三年以上七年以下有期徒刑，并处罚金。

违反国家有关规定，将在履行职责或者提供服务过程中获得的公民个人信息，出售或者提供给他人的，依照前款的规定从重处罚。

窃取或者以其他方法非法获取公民个人信息的，依照第一款的规定处罚。

单位犯前三款罪的，对单位判处罚金，并对其直接负责的主管人员和其他直接责任人员，依照各该款的规定处罚。

《最高人民法院 最高人民检察院关于办理侵犯公民个人信息刑事案件适用法律若干问题的解释》（法释〔2017〕10号）

第一条 刑法第二百五十三条之一规定的"公民个人信息"，是指以电子或者其他方式记录的能够单独或者与其他信息结合识别特定自然人身份或者反映特定自然人活动情况的各种信息，包括姓名、身份证件号码、通信通讯联系方式、住址、账号密码、财产状况、行踪轨迹等。

283. 参与网上刷单有什么风险？

2016 年，谭某、张某在网络上发送"刷单获取佣金"的虚假信息，其内容大致为"本店最近库存压力较大，请你帮忙刷单，每单能赚 10~30 元……详情加 QQ……"。王某、朱某信以为真，分别添加前述 QQ 号码，并按照指示在某购物网站上刷单。然而，垫付费用后，王某、朱某既未收到货物，也未收到应返还的垫付费用，分别被骗 3 万余元和 5 万余元。王某、朱某因无法与谭某、张某取得联系，只好报警求助。

▌法律解析

雇用他人在网上刷单是网络诈骗的典型案例。诈骗者利用人们的趋利心理，以"简单易操作""刷单返佣金"为饵，最终达到骗取财产的目的。近些年，此类网络诈骗案件频发，严重侵害了人民群众的财产安全和合法权益，破坏了社会诚信，影响了社会和谐稳定。

本案中，谭某、张某两人以非法获利为目的，通过网络向不特定多数人发送"刷单获取佣金"的虚假信息，诈骗王某、朱某等人的钱款，犯罪情节严重，构成诈骗罪，应当被依法追究刑事责任。

实际上，参与刷单本身就是一种违法违规行为。我国《反不正当竞争法》规定，经营者不得对其商品的性能、功能、质量、销售状况、用户评价、曾获荣誉等作虚假或者引人误解的商业宣传，欺骗、误导消费者。王某、朱某受利益诱惑参与网上刷单，目的是获取佣金，最终不仅一分钱没赚到，还被骗走不少积蓄，且警方能否全额追回他们的钱犹未可知。

律师建议，面对层出不穷的网络诈骗手段，我们要建立起心理防线，不随意泄露个人信息，不贪图小利或者无端恩惠，谨慎核实对方提供的信息。另外，我们在平时应当主动了解一些新型网络诈骗案例，提升自己的辨别能力。

▌法条链接

《刑法》

第二百六十六条 【诈骗罪】诈骗公私财物，数额较大的，处三年以下有期徒刑、拘役或者管制，并处或者单处罚金；数额巨大或者有其他严重情节的，处三年以上十年以下有期徒刑，并处罚金；数额特别巨大或者有其他特别严重情节的，处十年以上有期徒刑或者无期徒刑，并处罚金或者没收财产。本法另有规定的，依照规定。

《最高人民法院 最高人民检察院关于办理诈骗刑事案件具体应用法律若干问题的解释》

第一条 诈骗公私财物价值三千元至一万元以上、三万元至十万元以上、五十万元以上的，应当分别认定为刑法第二百六十六条规定的"数额较大"、"数额巨大"、"数额特别巨大"。

各省、自治区、直辖市高级人民法院、人民检察院可以结合本地区经济社会发展状况，在前款规定的数额幅度内，共同研究确定本地区执行的具体数额标准，报最高人民法院、最高人民检察院备案。

第二条 诈骗公私财物达到本解释第一条规定的数额标准，具有下列情形之一的，可以依照刑法第二百六十六条的规定酌情从严惩处：

（一）通过发送短信、拨打电话或者利用互联网、广播电视、报刊杂志[1]等发布虚假信息，对不特定多数人实施诈骗的；

（二）诈骗救灾、抢险、防汛、优抚、扶贫、移民、救济、医疗款物的；

（三）以赈灾募捐名义实施诈骗的；

（四）诈骗残疾人、老年人或者丧失劳动能力人的财物的；

（五）造成被害人自杀、精神失常或者其他严重后果的。

诈骗数额接近本解释第一条规定的"数额巨大"、"数额特别巨大"的标准，并具有前款规定的情形之一或者属于诈骗集团首要分子的，应当分别认定为刑法第二百六十六条规定的"其他严重情节"、"其他特别严重情节"。

---

1 报刊杂志应为报纸杂志，原文不作修改，特此注释。——编辑注

《反不正当竞争法》

第八条第一款　经营者不得对其商品的性能、功能、质量、销售状况、用户评价、曾获荣誉等作虚假或者引人误解的商业宣传，欺骗、误导消费者。

284. 网恋对象多次跟我要钱，而后失去联系，这些钱还能追回吗？

2019 年 4 月至 2020 年 1 月，王某在某婚恋平台注册账户，利用虚假身份和照片与乔某谈恋爱，以各种理由骗得乔某人民币 79 万余元。后来，乔某因生活困难，向王某索要钱款，王某以各种借口拖延，最后失去联系。

乔某向公安机关报案，希望能够追回被骗财产。

法律解析

利用婚恋平台实施诈骗也是网络诈骗的一种常见方式。诈骗者往往使用虚假的身份、照片与受害人建立恋爱关系，取得受害人的信任后，便编造各种理由向受害人索要钱财。

本案中，王某以非法占有为目的，虚构事实、隐瞒真相，骗取乔某的钱财，且数额特别巨大，已经构成诈骗罪。对于违法所得，王某应当全额退还；若能主动退还，量刑时可以从轻处罚。

律师建议，我们在通过社交软件与他人交往时，要注意甄别对方隐藏在网络背后的真实面貌，别让渴望许久的爱情变成可怕的骗局；如果在恋爱期间涉及经济往来，更要提高警惕，注意核实对方的真实身份。

法条链接

《刑法》

第二百六十六条　【诈骗罪】诈骗公私财物，数额较大的，处三年以下有期徒刑、拘役或者管制，并处或者单处罚金；数额巨大或者有其他严重情节的，处三年以上十年以下有期徒刑，并处罚金；数额特别巨大或者有其他特别严重情节的，处十年以上有期徒刑或者无期徒刑，并处罚金或者没收财产。本法另有规定的，依照规定。

285. 职工私自挪用公款，犯了什么罪?

谭先生是某公司的会计员。任职期间，谭先生借职务之便，将工资表中 5 名工人的姓名和银行卡号换成其亲属、朋友的姓名和银行卡号，将总计 13 万元转入其亲属、朋友账户，再由这 5 人通过微信转还给谭先生。

工人向公司讨要工资后，公司与谭先生核实情况，发现了谭先生的行为，并向公安机关报案。

谭先生犯了什么罪?

▌法律解析

谭先生犯了职务侵占罪。职务侵占罪，是指行为人利用职务上的便利，侵占本单位财物，且数额较大的行为。这也是构成职务侵占罪的三个要件。根据《最高人民法院 最高人民检察院关于办理贪污贿赂刑事案件适用法律若干问题的解释》（法释〔2016〕9 号）的规定，一般六万元以上应当认定为数额较大。但在 2022 年 4 月发布的修订后的《最高人民检察院 公安部关于公安机关管辖的刑事案件立案追诉标准的规定（二）》中，职务侵占的数额在三万元以上就可以立案追诉了。

本案中，谭先生作为公司的会计员，利用自己负责管理单位财物的便利条件，骗取、侵吞公司 13 万元资金，且没有归还的意愿，具有主观上的故意占有意图，给公司造成了财物损失，且数额已经达到立案标准，构成了职务侵占罪。因此，谭先生需要依法承担相应的刑事责任。

律师建议，公司应当明确财务管理制度，做好定期核查工作；职工也应当严格遵守法律法规，不要存在侥幸心理。

法条链接

《刑法》

第二百七十一条第一款 【职务侵占罪】公司、企业或者其他单位的工作人员，利用职务上的便利，将本单位财物非法占为己有，数额较大的，处三年以下有期徒刑或者拘役，并处罚金；数额巨大的，处三年以上十年以下有期徒刑，并处罚金；数额特别巨大的，处十年以上有期徒刑或者无期徒刑，并处罚金。

《最高人民法院 最高人民检察院关于办理贪污贿赂刑事案件适用法律若干问题的解释》

第十一条第一款 刑法第一百六十三条规定的非国家工作人员受贿罪、第二百七十一条规定的职务侵占罪中的"数额较大""数额巨大"的数额起点，按照本解释关于受贿罪、贪污罪相对应的数额标准规定的二倍、五倍执行。

《最高人民检察院 公安部关于公安机关管辖的刑事案件立案追诉标准的规定（二）》

第七十六条 【职务侵占案（刑法第二百七十一条第一款）】公司、企业或者其他单位的人员，利用职务上的便利，将本单位财物非法占为己有，数额在三万元以上的，应予立案追诉。

286. 以举报对方违法为条件讨要合法欠款，属于违法行为吗？

许某与鲍某是多年的朋友。鲍某因生意上的资金周转需要而向许某借款50万元，但生意失败，无力偿还。后来，鲍某为赚钱还款而开设赌场，未料自己参与赌博之后，更是负债累累。许某见鲍某没有还款能力，遂以举报其开设赌场相要挟，要求鲍某尽快归还之前的欠款。两人因此发生纠纷。鲍某认为，许某是在敲诈勒索他。

许某违法了吗？

▎法律解析

敲诈勒索罪，是指以非法占有为目的，对他人使用恐吓、威胁或者要挟的方法，迫使被害人交出财物，以此达到非法占用他人财物的行为。敲诈勒索的具体手段包括以恶害相通告迫使被害人处分财产，如果不按照行为人的要求处分财产就会在将来的某个时间遭受恶害，或者抓住他人的某些把柄、制造某种迫使其交付财物的借口等相要挟。但是，债权人为讨要久欠不还的债务而使用带有一定威胁成分的语言，催促债务人尽快偿还欠款等，不构成敲诈勒索罪。

本案中，鲍某因生意上的资金周转需要而向许某借款 50 万元，许某享有对这 50 万元的合法债权。许某以举报鲍某开设赌场相要挟，目的不是非法占有，而是讨要合法欠款，所以不构成敲诈勒索罪。

律师建议，对于合法债务，债权人在讨债过程中，需要注意方式方法，可以通过司法途径追讨。

▎法条链接

《刑法》

第二百七十四条 【敲诈勒索罪】敲诈勒索公私财物，数额较大或者多次敲诈勒索的，处三年以下有期徒刑、拘役或者管制，并处或者单处罚金；数额巨大或者有其他严重情节的，处三年以上十年以下有期徒刑，并处罚金；数额特别巨大或者有其他特别严重情节的，处十年以上有期徒刑，并处罚金。

287. 妨害公务罪是如何认定的？

王先生与赵女士婚后感情不和，争吵不断，积怨越来越深。王先生提出离婚，并诉至法院。法院受理案件后，委派张法官依法主持庭前调解。调解过程中，赵女士恼羞成怒，在调解室大声辱骂并欲殴打王先生。张法官一边劝解一边喊安保人员过来维持秩序，谁知赵女士情绪失控，竟然上前抓扯、推搡张法官，造成张法官身体受伤。

赵女士的上述行为，是否触犯了妨害公务罪？

法律解析

妨害公务罪，是指以暴力、威胁方法阻碍国家机关工作人员依法执行职务，阻碍全国人民代表大会和地方各级人民代表大会代表依法执行代表职务，阻碍红十字会工作人员依法履行职责的行为。故意阻碍国家安全机关、公安机关依法执行国家安全工作任务，虽然未使用暴力、威胁方法，但是造成严重后果的，也构成本罪。

本案中，赵女士以暴力方法阻碍张法官依法履行工作职责的行为，应当以妨害公务罪惩处。

法条链接

《刑法》

第二百七十七条 【妨害公务罪】以暴力、威胁方法阻碍国家机关工作人员依法执行职务的，处三年以下有期徒刑、拘役、管制或者罚金。

以暴力、威胁方法阻碍全国人民代表大会和地方各级人民代表大会代表依法执行代表职务的，依照前款的规定处罚。

在自然灾害和突发事件中，以暴力、威胁方法阻碍红十字会工作人员依法履行职责的，依照第一款的规定处罚。

故意阻碍国家安全机关、公安机关依法执行国家安全工作任务，未使用暴力、威胁方法，造成严重后果的，依照第一款的规定处罚。

【袭警罪】暴力袭击正在依法执行职务的人民警察的，处三年以下有期徒刑、拘役或者管制；使用枪支、管制刀具，或者以驾驶机动车撞击等手段，严重危及其人身安全的，处三年以上七年以下有期徒刑。

288. 什么是寻衅滋事？

2013 年 8 月至 2019 年 11 月，孙某先后 5 次采用扇耳光、用皮带抽、用茶杯砸、拳打脚踢等方式随意殴打他人。检察机关认为孙某多次随意殴打他人，情节恶劣，以寻衅滋事罪对孙某提起公诉。最终，孙某被法院判处有期徒刑一年零六个月。

▎法律解析

寻衅滋事罪是从 1979 年《刑法》中的流氓罪分解出来的一个罪名，是指肆意挑衅，随意殴打、骚扰他人或任意损毁、占用公私财物，或者在公共场所起哄闹事，严重破坏社会秩序的行为，具有相当大的社会危害性。现行《刑法》第二百九十三条对寻衅滋事罪的犯罪情形进行了概括，只要满足该罪规定的四种情形之一，且情节恶劣或者后果严重，就符合寻衅滋事罪的客观要件。

本案中，孙某多次随意殴打他人，情节恶劣，且破坏了一定的社会秩序，构成寻衅滋事罪。

律师建议，对于一些普通的纠纷，当事各方应当理性对待，做到严于律己。面对他人的挑衅行为，当事人可以及时向公安机关等寻求帮助，防止事态恶化或者造成严重后果。

▎法条链接

《刑法》

第二百九十三条 【寻衅滋事罪】有下列寻衅滋事行为之一，破坏社会秩序的，处五年以下有期徒刑、拘役或者管制：

（一）随意殴打他人，情节恶劣的；

（二）追逐、拦截、辱骂、恐吓他人，情节恶劣的；

（三）强拿硬要或者任意损毁、占用公私财物，情节严重的；

（四）在公共场所起哄闹事，造成公共场所秩序严重混乱的。

纠集他人多次实施前款行为，严重破坏社会秩序的，处五年以上十年以下有期徒刑，可以并处罚金。

289. 什么是取保候审？

张某是一位从国外留学回来的大学生，因交友不慎，被几个有不良习气的朋友带偏，走上诈骗道路，被公安机关刑事拘留。张某被拘留后懊悔不已，在看守所等待受审的过程中，内心十分煎熬。

张某是否可以办理取保候审？办理取保候审的条件是什么？

法律解析

取保候审是我国《刑事诉讼法》的一个特有概念，是指在刑事诉讼中公安机关、人民检察院和人民法院对未被逮捕或者逮捕后需要变更强制措施的犯罪嫌疑人、被告人，为防止其逃避侦查、起诉和审判，责令其提出保证人或者交纳保证金，并出具保证书，保证遵守规定不阻碍侦查、毁灭证据、干扰证人作证并随传随到，对其不予羁押或者暂时解除其羁押的一种强制措施。

取保候审需要具备法定的条件。根据《刑事诉讼法》的规定，犯罪嫌疑人、被告人申请取保候审适用的条件包括：

（1）可能判处管制、拘役或者独立适用附加刑的；

（2）可能判处有期徒刑以上刑罚，采取取保候审不致发生社会危险性的；

（3）患有严重疾病、生活不能自理，怀孕或者正在哺乳自己婴儿的妇女，采取取保候审不致发生社会危险性的；

（4）羁押期限届满，案件尚未办结，需要采取取保候审的。

如果犯罪嫌疑人、被告人不符合取保候审的申请条件，则不能取保候审。

本案中，张某能否办理取保候审，还需结合实际综合判断。若张某犯罪情节轻微，没有再犯的可能，且本人认罪态度良好，那么很有可能成功办理取保候审。

律师建议，当事人被公安机关刑事拘留后，其家属应当及时聘请律师。律师在全面梳理案件的法律关系后，能够根据实际情况向办案机关出具书面意见，最大限度地保障当事人的合法权益。

法条链接

《刑事诉讼法》

第六十七条　人民法院、人民检察院和公安机关对有下列情形之一的犯罪嫌疑人、被告人，可以取保候审：

（一）可能判处管制、拘役或者独立适用附加刑的；

（二）可能判处有期徒刑以上刑罚，采取取保候审不致发生社会危险性的；

（三）患有严重疾病、生活不能自理，怀孕或者正在哺乳自己婴儿的妇女，采取取保候审不致发生社会危险性的；

（四）羁押期限届满，案件尚未办结，需要采取取保候审的。

取保候审由公安机关执行。

第六十八条　人民法院、人民检察院和公安机关决定对犯罪嫌疑人、被告人取保候审，应当责令犯罪嫌疑人、被告人提出保证人或者交纳保证金。

第七十九条　人民法院、人民检察院和公安机关对犯罪嫌疑人、被告人取保候审最长不得超过十二个月，监视居住最长不得超过六个月。

在取保候审、监视居住期间，不得中断对案件的侦查、起诉和审理。对于发现不应当追究刑事责任或者取保候审、监视居住期限届满的，应当及时解除取保候审、监视居住。解除取保候审、监视居住，应当及时通知被取保候审、监视居住人和有关单位。

290. 被污蔑盗窃，如何自证清白？

2023年6月13日，赵某与吴某通过共同的朋友在聚会上认识，后三人一同前往某KTV唱歌。当晚11点左右，朋友与吴某陆续离开，赵某最后一个离开。第二天，吴某发现自己钱包内的2万余元现金遗失，怀疑是赵某趁其不备盗取的，便向公安机关报案，要求赵某返还其遗失的现金。

赵某坚持自己从未拿过吴某的钱财。最后，赵某被公安机关以盗窃罪移送人民检察院审查起诉，人民检察院以证据不足作出不起诉的决定。

法律解析

疑罪从无原则是现代法治国家刑事司法通行的一项重要原则，即被告人不负有证明自己无罪的义务，在既不能证明被告人有罪，又不能证明被告人无罪的情况下，应当推定被告人无罪。

本案中，吴某对赵某只是怀疑，并没有证据证明自己遗失的 2 万余元现金是赵某所盗的。按照疑罪从无原则，人民检察院以证据不足作出不起诉的决定。

律师建议，当事人遇到被污蔑犯罪且公安机关已经立案的情况，应当积极配合公安机关进行调查，将自己所经历和了解的事实如实陈述，以便公安机关尽快查明事实。同时，当事人可以向专业律师咨询，及时对相关事实进行梳理，或者聘请律师为自己提供辩护等法律服务，对违法违规行为提出申诉、控告。

法条链接

《刑事诉讼法》

第二百条 在被告人最后陈述后，审判长宣布休庭，合议庭进行评议，根据已经查明的事实、证据和有关的法律规定，分别作出以下判决：

（一）案件事实清楚，证据确实、充分，依据法律认定被告人有罪的，应当作出有罪判决；

（二）依据法律认定被告人无罪的，应当作出无罪判决；

（三）证据不足，不能认定被告人有罪的，应当作出证据不足、指控的犯罪不能成立的无罪判决。

《人民检察院刑事诉讼规则》

第六十一条 人民检察院认定案件事实，应当以证据为根据。

公诉案件中被告人有罪的举证责任由人民检察院承担。人民检察院在提起公诉指控犯罪时，应当提出确实、充分的证据，并运用证据加以证明。

人民检察院提起公诉，应当秉持客观公正立场，对被告人有罪、罪重、罪轻的证据都应当向人民法院提出。

291. 派出所的权力有多大？

小李和老王是邻居，两人因宅基地问题发生肢体冲突，小李把老王打伤。老王报警后，两人一起前往当地派出所处理该纠纷。派出所民警在对小李和老王进行讯问后，对两人作出了行政拘留5天的处罚决定。

派出所有作出行政拘留处罚决定的权力吗？

法律解析

派出所作为公安机关的基层组织，可以作出警告、500元以下罚款的行政处罚决定，但没有作出行政拘留处罚决定的权限。如果要实施行政拘留，必须由县级以上公安机关决定，公安机关执行拘留必须出示县级以上公安机关负责人签发的拘留证。对于被公安机关决定给予行政拘留处罚的人，由作出决定的公安机关送达拘留所执行。

此外，公安机关作出处罚决定的，应当制作治安管理处罚决定书，向被处罚人宣告，并当场交付被处罚人；无法当场宣告的，应当在二日内送达被处罚人。公安机关决定行政拘留被处罚人的，应当及时通知被处罚人的家属。

本案中，派出所是无权对小李和老王作出行政拘留处罚决定的，只能提出行政拘留意见，经县级以上公安机关决定后，由作出决定的公安机关将二人送至拘留所执行。

法条链接

《治安管理处罚法》

第十条第一款 治安管理处罚的种类分为：

（一）警告；

（二）罚款；

（三）行政拘留；

（四）吊销公安机关发放的许可证。

第四十三条第一款 殴打他人的，或者故意伤害他人身体的，处五日以上十日以下拘留，并处二百元以上五百元以下罚款；情节较轻的，处五日以下拘留或者五百元以下罚款。

第九十一条 治安管理处罚由县级以上人民政府公安机关决定；其中警告、五百元以下的罚款可以由公安派出所决定。

第九十七条第一款 公安机关应当向被处罚人宣告治安管理处罚决定书，并当场交付被处罚人；无法当场向被处罚人宣告的，应当在二日内送达被处罚人。决定给予行政拘留处罚的，应当及时通知被处罚人的家属。

第一百零三条 对被决定给予行政拘留处罚的人，由作出决定的公安机关送达拘留所执行。

292. 高铁霸座可能会受到什么惩罚？

2018 年 8 月某日上午，在从济南开往北京的一辆列车上，一名男乘客霸占其他乘客的靠窗座位，并拒绝坐回自己的座位。被霸座的乘客是一名刚毕业的女学生，因协调无果，女学生只能叫来列车长劝导，该男乘客仍表示"站不起来"。列车长和乘警劝导无果，只能将该女学生安排到商务车厢的座位。

▎法律解析

虽然铁路部门并没有强制乘客按照车票上的座位号落座的权利，但是乘客购票后就与铁路部门达成运输合同关系，应当受到相应的约束；如果擅自变更座位，则会影响其他乘客的座次规划，侵犯其他乘客的权利，同时违反了最基本的公序良俗原则。如果因此发生影响铁路运输安全事件，霸座者应当承担相应的法律责任。

根据《治安管理处罚法》第二十三条的规定，扰乱公共汽车、电车、火车、船舶、航空器或者其他公共交通工具上的秩序的，处警告或者二百元以下罚款；情节较重的，处五日以上十日以下拘留，可以并处五百元以下罚款。

本案中，霸座的男乘客不仅侵害了被占座的女学生的权益，且拒不配合列车服务人员的正当调解和合理安排，严重扰乱公共秩序，应当依法惩处。

律师建议，乘客在遇到高铁霸座的情况时，应当积极友好协商。如果霸座者拒不配合，被霸座者可以及时联系列车服务人员或者乘警进行处理。确实有更换座位需要的乘客，应当友好地与他人沟通协商，争取他人的理解，不可强行霸占其他乘客的座位。

▍法条链接

《治安管理处罚法》

第二十三条　有下列行为之一的，处警告或者二百元以下罚款；情节较重的，处五日以上十日以下拘留，可以并处五百元以下罚款：

（一）扰乱机关、团体、企业、事业单位秩序，致使工作、生产、营业、医疗、教学、科研不能正常进行，尚未造成严重损失的；

（二）扰乱车站、港口、码头、机场、商场、公园、展览馆或者其他公共场所秩序的；

（三）扰乱公共汽车、电车、火车、船舶、航空器或者其他公共交通工具上的秩序的；

（四）非法拦截或者强登、扒乘机动车、船舶、航空器以及其他交通工具，影响交通工具正常行驶的；

（五）破坏依法进行的选举秩序的。

聚众实施前款行为的，对首要分子处十日以上十五日以下拘留，可以并处一千元以下罚款。

293. 网络暴力会构成犯罪吗?

宗某的妻子姜某生前在博客中以日记的形式记载了其自杀前两个月的心路历程,将宗某与案外女性李某的合影贴在博客中,认为两人有不正当关系,导致自己与宗某的感情破裂。许多网民认为,宗某的婚外情行为是促使姜某自杀的原因。于是,一些网民对宗某发起"人肉搜索",使宗某的姓名、工作单位、家庭住址等详细个人信息逐渐被披露,更有网民在宗某家门口刷写、张贴"逼死贤妻""血债血偿"等标语。

▎法律解析

网络暴力是一种网络侵权行为,是网络暴力的行为主体在网络空间、社区等平台实施的侵犯他人民事权利的侵权行为。网络暴力施加者为了满足自己对事件的表达欲望,往往会采取侮辱、诽谤等方式侵害他人的合法权益。

本案中,一些网民对宗某发起"人肉搜索",暴露宗某的详细个人信息,甚至作出在其家门口刷写、张贴侮辱性标语的极端行为,侵犯了宗某的合法权益。《民法典》规定,网络用户、网络服务提供者利用网络侵害他人民事权益的,应当承担侵权责任。对此,宗某可以向所在网络平台举报网络施暴者,或者向公安机关、互联网管理部门和有关机构进行投诉和举报,也可以委托专业律师进行维权。

毫无疑问,网络暴力是一种犯罪行为。根据相关法律法规的规定,利用信息网络侮辱、诽谤他人,诽谤信息实际被点击、浏览、转发次数累计计算构成犯罪的,应当依法定罪处罚;利用信息网络辱骂、恐吓他人,情节恶劣,破坏社会秩序的,以寻衅滋事罪定罪处罚;编造虚假信息,或者明知是编造的虚假信息,在信息网络上散布,或者组织、指使人员在信息网络上散布,起哄闹事,造成公共秩序严重混乱的,同样以寻衅滋事罪定罪处罚。

律师建议,网民应当自觉遵守和维护互联网环境,对未经证实的信息,不要擅自发表主观、片面的观点,并且尽可能避免发布不客观的引导性评论;对已经证实的信息,应当在合理合法的前提下理性评价,切不可逾越法律红线。

▍法律依据

《民法典》

第一千一百九十四条　网络用户、网络服务提供者利用网络侵害他人民事权益的，应当承担侵权责任。法律另有规定的，依照其规定。

《最高人民法院关于审理利用信息网络侵害人身权益民事纠纷案件适用法律若干问题的规定》（法释〔2020〕17号）

第一条　本规定所称的利用信息网络侵害人身权益民事纠纷案件，是指利用信息网络侵害他人姓名权、名称权、名誉权、荣誉权、肖像权、隐私权等人身权益引起的纠纷案件。

《最高人民法院 最高人民检察院关于办理利用信息网络实施诽谤等刑事案件适用法律若干问题的解释》（法释〔2013〕21号）

第四条　一年内多次实施利用信息网络诽谤他人行为未经处理，诽谤信息实际被点击、浏览、转发次数累计计算构成犯罪的，应当依法定罪处罚。

第五条　利用信息网络辱骂、恐吓他人，情节恶劣，破坏社会秩序的，依照刑法第二百九十三条第一款第（二）项的规定，以寻衅滋事罪定罪处罚。

编造虚假信息，或者明知是编造的虚假信息，在信息网络上散布，或者组织、指使人员在信息网络上散布，起哄闹事，造成公共秩序严重混乱的，依照刑法第二百九十三条第一款第（四）项的规定，以寻衅滋事罪定罪处罚。

第十五章

总则篇

294. 卖家隐瞒重要信息，导致买家买到凶宅怎么办？

小徐通过中介公司与车某签订了房屋买卖合同。小徐支付购房款后，车某把房屋钥匙给了小徐。然而，小徐经多方打听、查证，发现自己购买的房屋曾发生过一起命案，属于凶宅。

得知这个消息，小徐如雷击顶。他能否请求法院判决撤销该房屋买卖合同呢？

法律解析

我国《民法典》第七条规定了诚实信用原则，即民事主体在从事民事活动时，应当诚实守信，正当行使民事权利并履行民事义务，不实施欺诈和违背法律的行为，在不损害他人利益和社会利益的前提下追求自己的利益。

诚实信用原则是市场经济活动的一项基本准则。在买卖合同中，卖家应当将商品的真实情况告知买家，买卖双方应当基于自由意志签订买卖合同。如果卖家违反诚实信用原则，隐瞒重要信息，根据《民法典》的相关规定，买家有权要求索赔或者解除买卖合同。

本案中，在小徐与车某为买卖房屋进行磋商时，车某隐瞒房屋是凶宅的事实，其隐瞒行为足以动摇基于双方自由意志订立的合同基础，小徐有权向法院请求撤销房屋买卖合同。

法条链接

《民法典》

第七条 民事主体从事民事活动，应当遵循诚信原则，秉持诚实，恪守承诺。

第一百四十七条 基于重大误解实施的民事法律行为，行为人有权请求人民法院或者仲裁机构予以撤销。

第五百条　当事人在订立合同过程中有下列情形之一，造成对方损失的，应当承担赔偿责任：

（一）假借订立合同，恶意进行磋商；

（二）故意隐瞒与订立合同有关的重要事实或者提供虚假情况；

（三）有其他违背诚信原则的行为。

295.《民法典》中的绿色原则是什么？

赵先生的住宅与某购物中心相隔一条街，中间无其他遮挡物。正对住宅的购物中心外墙上有一块 LED 显示屏，用于播放广告和宣传资料。该 LED 显示屏建成并投入运营后，晚上产生的强光直射入赵先生的卧室，光线极强，还频繁闪动，严重影响了赵先生和家人的休息。

这是否违反了《民法典》中的绿色原则？

▌法律解析

绿色原则，是指民事主体从事民事活动，应当有利于节约资源，保护生态环境。绿色原则作为《民法典》确立的一项基本原则，贯穿于《民法典》各编之中。比如，物权编规定不动产权利人不得违反国家规定弃置固体废物，排放大气污染物、水污染物、土壤污染物、噪声、光辐射、电磁辐射等有害物质；合同编规定当事人在履行合同过程中，应当避免浪费资源、污染环境和破坏生态；侵权责任编则规定，因污染环境、破坏生态造成他人损害的，侵权人应当承担侵权责任。

本案中，购物中心理应认识到使用 LED 显示屏播放广告等发出的强光会构成光污染，对居住在对面以及周围住宅小区的居民造成影响，违反了《民法典》的绿色原则。购物中心有义务采取必要措施，以减少对居民的影响。

律师建议，我们在行使物权、债权、知识产权等财产权利时，应当充分发挥物的效用，避免浪费资源，在使资源的利用率达到最大化的同时，也要注意保护环境。

▎法条链接

《民法典》

第九条　民事主体从事民事活动，应当有利于节约资源、保护生态环境。

第二百九十四条　不动产权利人不得违反国家规定弃置固体废物，排放大气污染物、水污染物、土壤污染物、噪声、光辐射、电磁辐射等有害物质。

第五百零九条第三款　当事人在履行合同过程中，应当避免浪费资源、污染环境和破坏生态。

第一千二百二十九条　因污染环境、破坏生态造成他人损害的，侵权人应当承担侵权责任。

296. 无民事行为能力人、限制民事行为能力人的人身安全和合法权益，由谁来守护？

全先生在一次意外电击事故中受重伤休克。经过医护人员的全力抢救，全先生虽然脱离了生命危险，但是一直处于深度昏迷中，最终被司法鉴定为无民事行为能力人。

全先生的人身安全和合法权益，由谁来守护？

▎法律解析

无民事行为能力或者限制民事行为能力的成年人，其第一监护人是配偶，其次是父母、子女，再其次是其他近亲属，最后是其他愿意担任监护人的个人或者组织。如果没有依法具有监护资格的人，民政部门、有监护条件的被监护人住所地的居民委员会、村民委员会可以担任监护人。

本案中，全先生经司法鉴定为无民事行为能力人，其监护人应当由在法定监护顺序中的人担任。如果全先生身边没有依法具有监护资格的人，监护人由民政部门担任，也可以由具备履行监护职责条件的全先生住所地的居民委员会、村民委员会担任。此外，在认定监护人资格时，应当从保护全先生的权益的角度出发。

法条链接

《民法典》

第二十八条　无民事行为能力或者限制民事行为能力的成年人，由下列有监护能力的人按顺序担任监护人：

（一）配偶；

（二）父母、子女；

（三）其他近亲属；

（四）其他愿意担任监护人的个人或者组织，但是须经被监护人住所地的居民委员会、村民委员会或者民政部门同意。

第三十二条　没有依法具有监护资格的人的，监护人由民政部门担任，也可以由具备履行监护职责条件的被监护人住所地的居民委员会、村民委员会担任。

297. 什么情况下应当撤销监护人资格？

全先生经司法鉴定为无民事行为能力人之后，法院判决其哥全大、其姐全二为共同监护人。判决生效后，全二多次联系全大，欲与其共同承担其弟全先生的治疗及照顾等事宜；全大置之不理，并未履行其作为全先生监护人的监护责任。全二能否申请撤销全大的监护人资格？

法律解析

根据《民法典》的规定，监护人的职责是代理被监护人实施民事法律行为，保护被监护人的人身权利、财产权利以及其他合法权益等。监护人履行监护职责，应当遵循"最有利于被监护人的原则"。除为维护被监护人利益外，监护人不得处分被监护人的财产。换句话说，除非财产"非处分不可"，否则监护人处分被监护人的财产的行为是无效的。比如，为治疗被监护人的疾病而使用其财产支付医药费，就属于"非处分不可"的情况；变卖被监护人的房产，将钱款据为己有，不是为了维护被监护人利益，所以监护人的处分财产行为无效。

那么，什么情况下可以撤销监护人的监护资格呢？《民法典》第三十六条规定，监护人有以下情形之一的，法院可以根据有关个人或者组织的申请，撤销其监护人资格：

（1）实施严重损害被监护人身心健康的行为；

（2）怠于履行监护职责，或者无法履行监护职责且拒绝将监护职责部分或者全部委托给他人，导致被监护人处于危困状态；

（3）实施严重侵害被监护人合法权益的其他行为。

本案中，全大、全二为全先生的共同监护人，两人均应当履行对全先生的监护职责，但全大从未在全先生的日常照料中尽力。因为全大怠于履行监护职责，符合撤销监护人资格的法定情形，所以全二可以申请撤销全大的监护人资格。

法条链接

《民法典》

第三十四条　监护人的职责是代理被监护人实施民事法律行为，保护被监护人的人身权利、财产权利以及其他合法权益等。

监护人依法履行监护职责产生的权利，受法律保护。

监护人不履行监护职责或者侵害被监护人合法权益的，应当承担法律责任。

因发生突发事件等紧急情况，监护人暂时无法履行监护职责，被监护人的生活处于无人照料状态的，被监护人住所地的居民委员会、村民委员会或者民政部门应当为被监护人安排必要的临时生活照料措施。

第三十五条　监护人应当按照最有利于被监护人的原则履行监护职责。监护人除为维护被监护人利益外，不得处分被监护人的财产。

未成年人的监护人履行监护职责，在作出与被监护人利益有关的决定时，应当根据被监护人的年龄和智力状况，尊重被监护人的真实意愿。

成年人的监护人履行监护职责，应当最大程度地尊重被监护人的真实意愿，保障并协助被监护人实施与其智力、精神健康状况相适应的民事法律行为。对被监护人有能力独立处理的事务，监护人不得干涉。

第三十六条　监护人有下列情形之一的，人民法院根据有关个人或者组织的申请，撤销其监护人资格，安排必要的临时监护措施，并按照最有利于被监护人的原则依法指定监护人：

（一）实施严重损害被监护人身心健康的行为；

（二）怠于履行监护职责，或者无法履行监护职责且拒绝将监护职责部分或者全部委托给他人，导致被监护人处于危困状态；

（三）实施严重侵害被监护人合法权益的其他行为。

本条规定的有关个人、组织包括：其他依法具有监护资格的人，居民委员会、村民委员会、学校、医疗机构、妇女联合会、残疾人联合会、未成年人保护组织、依法设立的老年人组织、民政部门等。

前款规定的个人和民政部门以外的组织未及时向人民法院申请撤销监护人资格的，民政部门应当向人民法院申请。

298. 宣告自然人死亡，有什么法律后果？

谭先生失踪五年，一直没有音信。经向有关部门咨询，谭先生的妻子向法院申请宣告谭先生死亡。公告期满后，法院依法宣告谭先生死亡。不料一年后，谭先生回来了，并向法院申请撤销死亡宣告。

宣告自然人死亡，有什么法律后果？

法律解析

宣告死亡，是指经利害关系人[1]申请，自然人下落不明达到法定期限，法院经过法定程序在法律上推定失踪人死亡的一项民事制度。公民被宣告死亡所产

1　利害关系人包括失踪人的配偶、父母、子女、兄弟姐妹、祖父母、外祖父母、孙子女、外孙子女以及其他与失踪人有民事权利义务的人，比如失踪人的债权人或债务人。

生的法律后果与自然死亡大体相同，比如个人财产作为遗产发生继承、婚姻关系自动解除等。但是，被宣告死亡毕竟只是从法律上推定死亡，不一定是真的死亡。所以，被宣告死亡与自然死亡的法律后果还是有差别的——如果被宣告死亡的人重新出现，则该自然人仍然具有民事权利能力，其在被宣告死亡期间实施的民事法律行为的效力不受影响；如果该自然人的死亡宣告被撤销，应当按照《民法典》的相关规定，恢复其原有的人身权利和其他权利、义务。

本案中，谭先生被法院宣告死亡后重新出现，可以向法院申请撤销死亡宣告。死亡宣告撤销后，谭先生可以恢复原有的婚姻关系（其配偶再婚或者向婚姻登记机关书面声明不愿意恢复的除外）、财产关系等。

▎法条链接

《民法典》

第四十六条　自然人有下列情形之一的，利害关系人可以向人民法院申请宣告该自然人死亡：

（一）下落不明满四年；

（二）因意外事件，下落不明满二年。

因意外事件下落不明，经有关机关证明该自然人不可能生存的，申请宣告死亡不受二年时间的限制。

第四十八条　被宣告死亡的人，人民法院宣告死亡的判决作出之日视为其死亡的日期；因意外事件下落不明宣告死亡的，意外事件发生之日视为其死亡的日期。

第四十九条　自然人被宣告死亡但是并未死亡的，不影响该自然人在被宣告死亡期间实施的民事法律行为的效力。

第五十条　被宣告死亡的人重新出现，经本人或者利害关系人申请，人民法院应当撤销死亡宣告。

第五十一条　被宣告死亡的人的婚姻关系，自死亡宣告之日起消除。死亡宣告被撤销的，婚姻关系自撤销死亡宣告之日起自行恢复。但是，其配偶再婚或者向婚姻登记机关书面声明不愿意恢复的除外。

299. 拜佛求神属于宗教信仰吗？

张某花在其居住的某镇东环路西侧搭建供棚、设置神像，供人参拜。该镇居民张某多次到张某花搭建的供棚烧香拜佛，为其儿子治疗癫痫病。经查证，县公安局决定对张某花作出行政拘留七日的处罚。张某花认为，她进行的是正常的宗教信仰活动，不应该受到法律制裁。

张某花的认识对吗？

法律解析

宗教是一种社会意识形态和文化历史现象，是对客观世界的一种虚幻的反映，相信在现实世界之外存在着超自然、超人间的力量，要求人们信仰上帝、神道、精灵、因果报应等，把希望寄托于所谓天国或来世。[1] 我国《宪法》规定，公民有宗教信仰自由。

然而，我们在生活中应当注意区分宗教信仰与封建迷信。宗教有合法的组织，正式的教义教规，有固定的活动场所和仪式。国家保护在法律范围内正常开展的宗教活动。教徒参与宗教活动多是为了修身养性、积德行善。封建迷信活动一般没有教义教规，也没有正式的组织，通常由算命先生、风水先生等人利用神灵愚弄群众，骗取钱财。

人生在世，总会面临很多难题。当无力改变现实时，一些人可能会求诸神灵的慰藉。这些人若能参与合法的宗教活动还好；如果被他人利用，不慎参与封建迷信活动，则很有可能被骗取钱财。

本案中，没有教职身份的张某花私自在路边搭建供棚、设置神像，供人参拜，属于封建迷信活动。合法的宗教活动应当经过严格审批，由宗教教职人员或者符合本宗教规定的其他人员主持，在特定的宗教活动场所内进行。

律师建议，公民应当学习科学知识和马克思主义哲学，树立正确的人生观

1　摘自《现代汉语词典》。

和世界观；在参加宗教活动时，应当理性判断宗教事务是否合法合规，同时要区分清楚宗教活动和封建迷信活动，警惕邪教组织的危害性。

▌法条链接

《宪法》

第三十六条第一款　中华人民共和国公民有宗教信仰自由。

《民法典》

第九十二条　具备法人条件，为公益目的以捐助财产设立的基金会、社会服务机构等，经依法登记成立，取得捐助法人资格。

依法设立的宗教活动场所，具备法人条件的，可以申请法人登记，取得捐助法人资格。法律、行政法规对宗教活动场所有规定的，依照其规定。

《宗教事务条例》

第四十条　信教公民的集体宗教活动，一般应当在宗教活动场所内举行，由宗教活动场所、宗教团体或者宗教院校组织，由宗教教职人员或者符合本宗教规定的其他人员主持，按照教义教规进行。

第四十一条　非宗教团体、非宗教院校、非宗教活动场所、非指定的临时活动地点不得组织、举行宗教活动，不得接受宗教性的捐赠。

非宗教团体、非宗教院校、非宗教活动场所不得开展宗教教育培训，不得组织公民出境参加宗教方面的培训、会议、活动等。

300. 多次到非信访接待部门进行非正常上访，是在行使公民权利吗？

杨某因不服其作为原告的某交通事故判决结果，多次到县、市、省以及北京进行非正常上访。经杨某所在地的县信访局与其进行多次协调，杨某承诺不再就该事由到各级党委、政府及有关部门上访，并于当日领取救助资金。之后，杨某违反协议内容，仍旧多次到北京天安门、中南海、外国驻华机构驻地等非信访接待场所进行非正常上访，先后被北京市公安局天安门地区分局、西城分局训诫十余次，并受到了两次行政处罚。杨某认为，上访是公民的法定权利，其上访的行为符合法律规定。

杨某的认识对吗？

法律解析

公民的权利和义务是相辅相成的，不存在只享有权利而不履行义务的情形。信访制度允许公民依照法律法规向有关部门反映情况，提出意见、建议或者投诉，但公民在行使该权利的过程中，应当维护正常的信访秩序和社会秩序。

本案中，杨某在其信访事项已得到法律正当判决结果支持的情况下，为寻求无理诉求，以信访的名义多次到县、市、省以及北京进行非正常上访，扰乱国家机关工作秩序，经多次训诫、两次行政处罚仍拒不改正，继续进行非正常上访，其行为触犯了《刑法》的规定，构成扰乱国家机关工作秩序罪。

律师建议，公民在行使自己的权利的同时，也应当履行自己的义务，不得滥用权利，损害国家利益、社会公共利益或者他人合法权益。

法条链接

《民法典》

第一百三十条 民事主体按照自己的意愿依法行使民事权利，不受干涉。

第一百三十一条 民事主体行使权利时，应当履行法律规定的和当事人约定的义务。

第一百三十二条 民事主体不得滥用民事权利损害国家利益、社会公共利益或者他人合法权益。

《刑法》

第二百九十条第三款 【扰乱国家机关工作秩序罪】多次扰乱国家机关工作秩序，经行政处罚后仍不改正，造成严重后果的，处三年以下有期徒刑、拘役或者管制。

301. 网友帮我炒股，承诺损失归他，现在亏损了，他不认账怎么办？

董先生爱炒股，但由于工作繁忙，经常错过股市开盘、收盘时间。董先生对此十分苦恼。一个偶然的机会，董先生在网上结识了提供"代炒股"服务的小王。

小王向董先生承诺，赚了，算董先生的；赔了，他愿意承担所有的损失。董先生与小王签订了股票代操作协议书，约定：董先生出资 5 万元开设股票账户，委托小王代为炒股，期限为 4 年；受托方保证每年支付委托方不变的利息，年利率前 2 年为 5%，后 2 年为 4%，超出部分的盈余则归受托方所有；如果出现亏损，则由受托方自行承担，委托方对此不承担任何风险。

由于股市震荡，董先生的股票最终赔了大半。董先生要求小王赔偿自己的损失，小王却说，股市风险难料，损失应当由董先生自己承担。对此，董先生一纸诉状将小王告至法院，要求小王赔偿损失并解除合同。

▌法律解析

网络上所谓的"专业代理财"人员，会以各种噱头，比如宣称自己是理财大师，承诺稳赚不赔、高额回报等，忽悠人们委托其理财，从而获取高昂的"管理费"。一般来说，双方签订的民间委托理财合同[1]中大多具有保底条款，主要包括保证本息固定回报、保证本息最低回报、保证本金不受损失三种类型。

（1）保证本息固定回报，即委托人与受托人约定，无论盈亏，受托人均保证在委托资产本金不受损失之外，保证支付委托人约定的利息。

---

1 民间委托理财合同，是指委托人与受托人约定，由委托人将资金、证券等资产委托给非金融机构或自然人（受托人），由受托人将该资产投资于期货、证券、外汇等交易市场或通过其他金融形式进行管理，所得收益由双方按约定进行分配或由受托人收取代理费而订立的协议。

（2）保证本息最低回报，即委托人与受托人约定，无论盈亏，受托人除了保证委托资产本金不受损失，还保证支付委托人一定比例的固定收益；对于超出部分的收益，双方按照约定比例分成。

（3）保证本金不受损失，是指委托人与受托人约定，无论盈亏，受托人保证到期返还委托人的投资本金；对于投资收益，双方按照约定比例分成。

有保证本息固定回报条款的委托理财合同，一般会被认定为"名为理财，实为借贷"，即虽然双方签订的是委托理财合同，但是实际上这种无论盈亏均能按期收回本金及利息或者按期收回利润的约定，更符合民间借贷的法律特征。

本案中，董先生与小王签订的股票代操作协议书约定小王代为炒股的期限为4年，年利率前2年为5%，后2年为4%，且该利息的支付与炒股盈亏无关。这样的条款就属于保证本息固定回报条款。因此，董先生与小王之间的法律关系实为民间借贷关系。对董先生来说，正确的做法是以民间借贷合同纠纷起诉小王，要求小王归还本金并按照约定支付利息——董先生与小王在合同中约定年利率为5%和4%，不高于受法律保护的民间借贷的利率标准，对此法院应予支持。

而保证本息最低回报、保证本金不受损失这两类保底条款是否有效，实践中有一定争议；但主流观点认为，保底条款是一种投资风险规避机制，违背了委托合同中关于责任承担的规定，有悖于民法的公平原则，应属无效。例如，北京金融法院在（2022）京74民终475号案件中就认为"保底条款违反了合同法的等价有偿和公平原则，导致双方权利义务明显失衡"，最终认定保底条款无效。

律师建议，股市有风险，入市需谨慎。委托他人理财需要擦亮双眼，不要轻易相信所谓的"稳赚不赔"，以免上当受骗。

法条链接

《民法典》

第五条　民事主体从事民事活动，应当遵循自愿原则，按照自己的意思设立、变更、终止民事法律关系。

第一百四十三条　具备下列条件的民事法律行为有效：

（一）行为人具有相应的民事行为能力；

（二）意思表示真实；

（三）不违反法律、行政法规的强制性规定，不违背公序良俗。

《最高人民法院关于审理民间借贷案件适用法律若干问题的规定》

第一条第一款 本规定所称的民间借贷，是指自然人、法人和非法人组织之间进行资金融通的行为。

302. 委托朋友买彩票中奖了，朋友可以把奖金据为己有吗？

张某是一位老彩民。某日，张某因家中有事，通过微信把一组数字发给朋友邱某，请他代为购买彩票，同时向他转账 20 元，作为代购彩票的费用。张某在晚上开奖时发现，自己发给邱某的那组数字中了万元大奖。第二天，张某找邱某拿回自己托他购买的彩票。没想到，邱某不但不归还彩票，还说彩票是他买的，奖金应该归他所有。

委托朋友买彩票中奖了，朋友可以把奖金据为己有吗？

▍法律解析

现实生活中，委托朋友购买彩票后发生奖金纠纷的情况并不少见。如果双方不能通过协商解决，最终闹上法庭，胜诉的关键就在于能否证明"双方之间的委托合同成立并生效"。

根据《民法典》的规定，委托合同是委托人和受托人约定，由受托人处理委托人事务的合同。无论是书面形式，还是口头形式，只要双方当事人有民事行为能力且意思表示真实，内容不违反法律规定，就达成了合法有效的合同。委托合同成立并生效的，受托人应当按照委托人的意思处理委托事务，由此取得的财产，应当转交给委托人。

本案中，张某通过微信请邱某帮忙按照指定号码购买彩票，并支付了代购费用，邱某也同意帮忙购买，应当认定双方已经形成了委托合同关系。邱某作为受托人，在完成委托人张某的委托事务后，应当将彩票和奖金转交给张某。邱某不能不归还彩票，并且无权将奖金据为己有。如果张某提起诉讼，需要向法官提交他委托邱某购买彩票的证据。

律师建议，委托朋友购买彩票，最好通过短信、微信等可以留下书面记录的方式，详细告知对方委托事务并支付酬金。这样做可以避免很多麻烦，即使发生奖金纠纷，也便于向法庭举证，维护自己的利益。

法条链接

《民法典》

第一百六十二条 代理人在代理权限内，以被代理人名义实施的民事法律行为，对被代理人发生效力。

第九百一十九条 委托合同是委托人和受托人约定，由受托人处理委托人事务的合同。

第九百二十七条 受托人处理委托事务取得的财产，应当转交给委托人。

303. 怎么鉴定正当防卫和防卫过当？

某日晚间，一辆轿车与一辆电动车在路口发生轻微交通事故。两车发生碰撞后，轿车内一名男子刘某与电动车车主丁某发生争执。刘某经同行人劝说仍上前推搡、踢打丁某，后返回轿车内取出一把砍刀，连续用刀击打丁某颈部、腰部、腿部，击打中砍刀甩脱。丁某抢到砍刀后，用刀捅刺刘某腹部、臀部，砍击刘某右胸、左肩、左肘，刺砍过程持续7秒。同行人报警后，警察赶到。

丁某的行为是属于正当防卫，还是属于防卫过当？

法律解析

正当防卫是一种权利的自力救济方式。根据《刑法》的规定，正当防卫是指为了使国家、公共利益、本人或者他人的人身、财产和其他权利免受正在进行的不法侵害，而采取的制止不法侵害的行为。由此对不法侵害人造成损害的，属于正当防卫，防卫人不负刑事责任。正当防卫是有必要限度的，如果正当防卫明显超过必要限度造成重大损害的，则属于防卫过当，防卫人应当负刑事责任，但是应当减轻或者免除处罚。

值得注意的是，有一类防卫行为被称为"特殊防卫"，是指对正在进行行凶、杀人、抢劫、强奸、绑架以及其他严重危及人身安全的暴力犯罪而采取的防卫行为。由此造成不法侵害人伤亡的，不属于防卫过当，防卫人不负刑事责任。

《民法典》规定，因正当防卫造成损害的，不承担民事责任。正当防卫超过必要的限度，造成不应有的损害的，正当防卫人应当承担适当的民事责任。

本案中，丁某的防卫行为是在遭到对方行凶的紧急情况下作出的应激反应，属于特殊防卫，不承担民事、刑事责任。

法条链接

《民法典》

第一百八十一条　因正当防卫造成损害的，不承担民事责任。

正当防卫超过必要的限度，造成不应有的损害的，正当防卫人应当承担适当的民事责任。

《刑法》

第二十条　【正当防卫】为了使国家、公共利益、本人或者他人的人身、财产和其他权利免受正在进行的不法侵害，而采取的制止不法侵害的行为，对不法侵害人造成损害的，属于正当防卫，不负刑事责任。

正当防卫明显超过必要限度造成重大损害的，应当负刑事责任，但是应当减轻或者免除处罚。

对正在进行行凶、杀人、抢劫、强奸、绑架以及其他严重危及人身安全的暴力犯罪，采取防卫行为，造成不法侵害人伤亡的，不属于防卫过当，不负刑事责任。

304. 因见义勇为而受伤，由谁承担民事责任？

某日深夜，歹徒刘某闯进吴女士家中持刀抢劫。吴女士一边和刘某周旋，一边呼救。吴女士的邻居赵强是一名退伍军人，在听到"有人抢劫"的呼救声后，急忙冲进吴女士家中，欲将刘某制服，解救吴女士。在打斗过程中，刘某用匕首将赵强刺成重伤。后刘某被赶来的民警抓获，赵强也被紧急送往医院救治，总共花去医疗费用 10 余万元。

赵强住院治疗的费用，应该由谁来承担呢？

法律解析

见义勇为，一般是指为保护国家、集体利益或者他人的人身、财产安全，不顾个人安危而予以救助的行为。根据《民法典》的规定，因保护他人民事权益使自己受到损害的，由侵权人承担民事责任，受益人（被救助人）可以给予适当补偿。没有侵权人、侵权人逃逸或者无力承担民事责任，受害人（救助人）请求补偿的，受益人应当给予适当补偿。

本案中，在吴女士遭遇歹徒持刀抢劫时，赵强主动与违法犯罪行为做斗争，属于见义勇为；赵强因救助行为而负伤，也符合"因保护他人民事权益使自己受到损害"的情形。因此，原则上应当由侵权人，即刘某承担民事责任。如果刘某无力承担，赵强也可以要求吴女士给予适当补偿。至于具体的补偿金额，赵强和吴女士可以进行协商，法律并无强制性规定。

律师建议，对于见义勇为人员，市和区、县（市）人民政府应当依照有关规定予以表彰，有关部门应当对见义勇为人员予以关注和慰问，及时调查、核实其相关事迹，保障见义勇为人员的合法权益，莫让英雄"流血又流泪"。

法条链接

《民法典》

第一百八十三条 因保护他人民事权益使自己受到损害的，由侵权人承担民事责任，受益人可以给予适当补偿。没有侵权人、侵权人逃逸或者无力承担民事责任，受害人请求补偿的，受益人应当给予适当补偿。

《国务院办公厅转发民政部等部门关于加强见义勇为人员权益保护意见的通知》（国办发〔2012〕39号）

三、认真落实见义勇为伤亡人员抚恤补助政策

对见义勇为死亡人员，凡符合烈士评定条件的，依法评定为烈士，其家属按照《烈士褒扬条例》享受相关待遇。不符合烈士评定条件，属于因公牺牲情形的，按照《军人抚恤优待条例》有关规定予以抚恤；属于视同工伤情形的，享受一次性工亡补助金以及相当于本人40个月工资的遗属特别补助金，其中一次性工亡补助金由工伤保险基金按有关规定支付，遗属特别补助金由当地财政部门安排，民政部门发放。不属于上述情形的，按照上一年度全国城镇居民人均可支配收入的20倍加40个月的中国人民解放军排职少尉军官工资标准发放一次性补助金，有工作单位的由所在单位落实待遇；无工作单位的由民政部门会同见义勇为基金会负责发放，所需资金通过见义勇为专项基金统筹解决；尚未建立见义勇为专项基金的，由当地财政部门安排，民政部门发放。

对见义勇为致残人员，凡符合享受工伤保险待遇条件的，依据《工伤保险条例》落实相应待遇；不符合享受工伤保险待遇条件的，按照《伤残抚恤管理办法》及有关规定，由民政部门评定伤残等级并落实相应待遇。

各有关部门要积极配合做好见义勇为伤亡人员抚恤补助待遇的申报、认定和落实工作。加大精神奖励力度，对已落实伤亡抚恤补助政策的，原则上不再另行发放一次性物质奖励；对仍有特殊生活困难的，要采取积极措施给予帮扶。

305. 受助人死亡，救助人要承担赔偿责任吗？

童童在家附近的湖里游泳，发生溺水。在湖边散步的小张看到湖中有人挣扎，立马跳下湖去救人。小张把童童救上岸后，根据自己学过的急救知识给童童做人工呼吸，并拨打了120。120急救人员赶来对童童进行了必要的检查和心肺复苏后，认为童童已无救治可能。事后，童童的父母认为是小张的不当救助行为导致儿子死亡的，遂要求小张承担赔偿责任。

童童父母的要求合法吗？

法律解析

《民法典》第一百八十四条规定，因自愿实施紧急救助行为造成受助人损害的，救助人不承担民事责任。这是对救助人自愿实施紧急救助行为免责的规定。短短一句话，实则包含了三个要件：

（1）救助人为善意救助人，不存在主观恶意；

（2）救助人自愿实施救助行为，不是法定或者约定义务；

（3）救助人并未实施不当施救行为致使受助人受到损害。

也就是说，在突发紧急事件中，救助人自愿对受助人实施救助行为，已经尽到合理的救助义务的，不能认为受助人的受伤、死亡与救助人的行为存在因果关系，不能苛责救助人承担损害赔偿责任。

本案中，小张对童童溺水没有施救的法定或者约定义务，他在看到有人溺水后第一时间跳下湖救人的行为，应当属于见义勇为。将童童救上岸后，小张采取了人工呼吸、拨打120等救助措施，已经尽到一般人所能尽到的合理义务；而且，120急救人员赶到后并未指出小张的救助方式有不当之处。因此，童童的父母不能要求小张承担赔偿责任。

法条链接

《民法典》

第一百八十四条 因自愿实施紧急救助行为造成受助人损害的，救助人不承担民事责任。

306. 欠钱不还，找不到人，想要起诉对方需要满足什么条件？

陆先生借给王某 3 万元，双方签订了借款合同，约定一年后还款。眼看借款期限到了，王某却突然失联，陆先生去王某的住处也找不到人。

陆先生想要起诉王某，需要满足什么条件？

法律解析

根据《民法典》《民事诉讼法》的相关规定，向法院起诉他人，需要满足以下条件：

（1）当事人要在诉讼时效期间内提起诉讼。根据《民法典》的规定，向法院请求保护民事权利的诉讼时效期间为三年。法律另有规定的，依照其规定。

（2）当事人必须与案件有直接利害关系。

（3）有明确的被告，即明确指出要起诉谁。

（4）有具体的诉讼请求和事实、理由。

（5）当事人提起的诉讼应当属于法院行使审判权的范围和受诉法院的管辖范围，否则法院无权对案件进行审理。

本案中，陆先生是与王某借贷纠纷一案的直接利害关系人，被告明确是王某（需有证明其为借款人的证据），诉讼请求是要求王某归还借款。接下来，陆先生需要在诉讼时效期间内向有管辖权的法院提起诉讼，并提交双方当事人的身份信息以及证明双方存在借贷关系的证据。

法条链接

《民法典》

第一百八十八条 向人民法院请求保护民事权利的诉讼时效期间为三年。法律另有规定的，依照其规定。

诉讼时效期间自权利人知道或者应当知道权利受到损害以及义务人之日起计算。法律另有规定的，依照其规定。但是，自权利受到损害之日起超过二十年的，人民法院不予保护，有特殊情况的，人民法院可以根据权利人的申请决定延长。

《民事诉讼法》

第一百二十二条 起诉必须符合下列条件：

（一）原告是与本案有直接利害关系的公民、法人和其他组织；

（二）有明确的被告；

（三）有具体的诉讼请求和事实、理由；

（四）属于人民法院受理民事诉讼的范围和受诉人民法院管辖。

《最高人民法院关于审理民间借贷案件适用法律若干问题的规定》

第二条第一款 出借人向人民法院提起民间借贷诉讼时，应当提供借据、收据、欠条等债权凭证以及其他能够证明借贷法律关系存在的证据。

307. 民事诉讼有时效吗？

2018年春节前后，崔女士通过银行转账的方式借给朋友小梅10万元。小梅出具了一张借条，写明会在2019年元旦过后归还借款，并约定了利息。借款到期后，小梅并未依约归还，而崔女士碍于情面，也并未讨要。等崔女士再次想起这笔借款时，已经是2023年5月。崔女士很气愤：这么久了，小梅连个电话都不打、微信都不发，自己借出的钱可不能就这样打水漂了！于是，崔女士带着借条来到律师事务所咨询，希望能够通过诉讼的方式要回借款，却被律师告知，因为她没有在诉讼时效期间内进行有效的催款，导致诉讼时效已过，她要做好败诉的准备。

▌法律解析

上一节讲过，向法院请求保护民事权利的诉讼时效期间为三年。换句话说，法律只保护民事主体在诉讼时效期内的胜诉权，超过诉讼时效期，就要面临败诉的风险。

本案中，小梅是在 2018 年春节前后向崔女士借款并出具借条的，在这之后，崔女士并未以任何形式向小梅主张过债权（如打电话、发微信催款等），甚至连小梅的身份信息都没有留存，以至于催款无门。等到崔女士想起催债时，距离借款到期已经过去四年有余。根据一般诉讼时效的规定，即使崔女士向法院起诉，若小梅以已过诉讼时效抗辩，崔女士的诉讼请求也很可能得不到法院的支持。

律师建议，《民法典》规定诉讼时效制度的目的就在于督促权利人及时行使权利以稳定财产关系，维护自己的合法权益。我们一定要在法定期间内及时行使权利，否则即便是法律，也不会保护"躺在权利上睡觉的人"。

▌法条链接

《民法典》

第一百八十八条 向人民法院请求保护民事权利的诉讼时效期间为三年。法律另有规定的，依照其规定。

诉讼时效期间自权利人知道或者应当知道权利受到损害以及义务人之日起计算。法律另有规定的，依照其规定。但是，自权利受到损害之日起超过二十年的，人民法院不予保护，有特殊情况的，人民法院可以根据权利人的申请决定延长。

308. 哪些情形会使诉讼时效中断?

2018 年，曾先生与小刘合伙做二手车生意。曾先生借给小刘 10 万元用于生活开支。小刘向曾先生出具了借条，并写明了借款期限和利息。借款期限届满后，小刘陆续返还了 2 万元，还差 8 万元及相应的利息没有归还。三年过去了，虽然曾先生不断通过发微信、打电话等方式向小刘催要这笔债务，但小刘均以敷衍了事，并不实际还款，二手车生意也因为双方的债权债务纠纷而失败了。曾先生不死心，收集了相关证据后向法院起诉，要求小刘归还欠付自己的 8 万元借款及相应的利息。

曾先生有些担心：现在起诉，是否已经过了诉讼时效？

法律解析

我们先来回答案例中曾先生担心的问题：曾先生此时起诉，没有超过诉讼时效期间。虽然自借条载明的还款截止日期起算已经超过了三年，看似诉讼时效期间已过，但实际上曾先生在这三年内一直在向小刘主张债权。曾先生每一次主张债权，都使得诉讼时效重新计算。所以，在曾先生起诉时，该债务的诉讼时效仍在有效期内，他并不会失去胜诉权。

这就是诉讼时效的中断，即诉讼时效会因一定的法定事由而中断，致使已经经过的时效期间统归无效，待中断的事由消除后，诉讼时效期间重新计算。根据《民法典》第一百九十五条的规定，诉讼时效中断的法定事由包括：

（1）权利人向义务人提出履行请求；

（2）义务人同意履行义务；

（3）权利人提起诉讼或者申请仲裁；

（4）与提起诉讼或者申请仲裁具有同等效力的其他情形。

律师建议，诉讼时效的中断对于债权人向债务人主张债权具有极为重要的意义。债权人有必要通过向债务人主张权利等方式不断"刷新"诉讼时效，以便更好地维护自身权益，避免在诉讼中陷入被动。

▌法条链接

《民法典》

第一百九十五条 有下列情形之一的，诉讼时效中断，从中断、有关程序终结时起，诉讼时效期间重新计算：

（一）权利人向义务人提出履行请求；

（二）义务人同意履行义务；

（三）权利人提起诉讼或者申请仲裁；

（四）与提起诉讼或者申请仲裁具有同等效力的其他情形。

309. 什么样的请求不受诉讼时效的限制？

三年前，小吴通过实地走访调查，在网络上检举自己学校旁边的美食广场中有部分店铺使用地沟油和过期食材，引起了广泛关注。事情发生后，有些涉事店铺联合起来，雇用"网络推手"小 A 炮制了诽谤、抹黑小吴的原创文章，说小吴是因为收了其他店家的"黑心钱"无事生非，地沟油和过期食材都是不实指责。小 A 还按照涉事店铺的指令进行密集发帖，并多次评论、转发、炒作该文章，对小吴的名誉及精神造成了巨大伤害。

时至今日，小吴还能就当年的事情起诉，要求涉事店铺和小 A 承担侵害名誉权的相关责任吗？

▌法律解析

人格请求权不受诉讼时效的限制。根据《民法典》的规定，因人格权受到侵害的，受害人无论何时都可以追责。这也体现了法律对人身权益的高度尊重。

本案中，如果小吴要求涉事店铺和小 A 赔礼道歉，这便是基于人格权的相关请求，不受诉讼时效的限制，即使事发三年，小吴仍然可以追责。但如果小吴想让涉事店铺和小 A 赔偿其精神损失，则属于债权请求权，将受到诉讼时效的限制。由于三年的诉讼时效期间已过，若涉事店铺和小 A 在庭审中提出诉讼时效已过的抗辩，法院将不再支持小吴的债权请求权。

除了人格权请求权，还有一些请求权也不受诉讼时效的限制，比如返还原物请求权、排除妨碍请求权、消除危险请求权等物上请求权，基于抚养费、扶养费、赡养费、离婚和解除收养关系等身份关系而产生的请求权等。

法条链接

《民法典》

第一百九十六条　下列请求权不适用诉讼时效的规定：

（一）请求停止侵害、排除妨碍、消除危险；

（二）不动产物权和登记的动产物权的权利人请求返还财产；

（三）请求支付抚养费、赡养费或者扶养费；

（四）依法不适用诉讼时效的其他请求权。

第九百九十条第一款　人格权是民事主体享有的生命权、身体权、健康权、姓名权、名称权、肖像权、名誉权、荣誉权、隐私权等权利。

第九百九十五条　人格权受到侵害的，受害人有权依照本法和其他法律的规定请求行为人承担民事责任。受害人的停止侵害、排除妨碍、消除危险、消除影响、恢复名誉、赔礼道歉请求权，不适用诉讼时效的规定。

第一千零二十五条　行为人为公共利益实施新闻报道、舆论监督等行为，影响他人名誉的，不承担民事责任，但是有下列情形之一的除外：

（一）捏造、歪曲事实；

（二）对他人提供的严重失实内容未尽到合理核实义务；

（三）使用侮辱性言辞等贬损他人名誉。

310. 遭受过性侵的未成年人，年满 18 周岁后能否提起诉讼？

老周的女儿朵朵在 10 岁时曾被班主任雷某性侵。由于当时女儿年纪小，老周怕丢面子，没有报警，只让朵朵转了学。雷某并未受到法律制裁。这个童年阴影给朵朵造成了严重的心理创伤，朵朵多次接受心理治疗，前后花去 2 万元人民币。现在朵朵已经年满 18 周岁，她想要通过起诉的方式索要损害赔偿，老周这次也支持女儿的决定。但这么多年过去了，法院还会支持朵朵进行维权吗？

法律解析

囿于某些传统心理，一些遭受性侵的未成年人往往不敢，也不愿在第一时间寻求法律保护，由其监护人抱着息事宁人的态度代为"私了"，从而与施暴者达成不平等的"和解协议"，致使其逃脱法律制裁。

本案中，朵朵及其父亲老周没有在性侵事件发生后及时起诉，导致朵朵不仅遭受了心理创伤，其权利也受到了实质性的损害。针对这种情况，《民法典》规定，未成年人遭受性侵害的损害赔偿请求权的诉讼时效期间，自受害人年满十八周岁之日起计算。也就是说，朵朵在年满十八周岁后的三年内，都可以向法院提起诉讼，要求雷某承担损害赔偿责任。如果存在法定的诉讼时效中断事由，这个时间还可以延长。

保护未成年人的身心健康，是家庭、学校、社会的共同责任。律师建议，未成年人受到性侵害的，本人及其家长不应当有"怕丢脸"的心理，而应当及时维权，让施暴者受到应有的惩罚；社会舆论也应当对相关维权行为给予支持。

法条链接

《民法典》

第一百九十一条　未成年人遭受性侵害的损害赔偿请求权的诉讼时效期间，自受害人年满十八周岁之日起计算。

第十六章

与国家机关打交道

311. 什么情况下，可以拒绝警察配合调查的要求？

一个风雨交加的周末，李先生正在家里休息。下午2点左右，李先生突然听到敲门声。开门后，对方自称是警察，说有事需要李先生配合调查，并要求他去派出所一趟，但对方自始至终都没有出示工作证件。李先生心中存疑，不想出门。

面对如此情况，李先生可以拒绝警察配合调查的要求吗？

法律解析

根据相关法律的规定，警察在公安机关以外办案的，应当出示工作证件，必要时还应当出示传唤证或者公安机关的其他证明文件。

本案中，敲门的警察既未出示自己的工作证件，也未出示传唤证或者公安机关的其他证明文件，李先生可以依法拒绝配合调查。

律师建议，配合警察执法是公民的义务，但在对方未依法出示证件或者拒绝出示证件的情况下，不能排除对方是假冒警察的可能，此时公民有权利拒绝配合调查。

法条链接

《中华人民共和国人民警察法》(以下简称《人民警察法》)

第九条第一款 为维护社会治安秩序，公安机关的人民警察对有违法犯罪嫌疑的人员，经出示相应证件，可以当场盘问、检查；经盘问、检查，有下列情形之一的，可以将其带至公安机关，经该公安机关批准，对其继续盘问：

（一）被指控有犯罪行为的；

（二）有现场作案嫌疑的；

（三）有作案嫌疑身份不明的；

（四）携带的物品有可能是赃物的。

第三十四条第一款　人民警察依法执行职务，公民和组织应当给予支持和协助。公民和组织协助人民警察依法执行职务的行为受法律保护。对协助人民警察执行职务有显著成绩的，给予表彰和奖励。

《治安管理处罚法》

第八十二条第一款　需要传唤违反治安管理行为人接受调查的，经公安机关办案部门负责人批准，使用传唤证传唤。对现场发现的违反治安管理行为人，人民警察经出示工作证件，可以口头传唤，但应当在询问笔录中注明。

第八十五条　人民警察询问被侵害人或者其他证人，可以到其所在单位或者住处进行；必要时，也可以通知其到公安机关提供证言。

人民警察在公安机关以外询问被侵害人或者其他证人，应当出示工作证件。

询问被侵害人或者其他证人，同时适用本法第八十四条的规定。

312. 遇到警察查证件，没带身份证怎么办？

某日，小夏一人出门逛街。路上，一位自称是警察的人拦住小夏，要求她出示身份证件。小夏将全身上下翻了个遍，发现自己根本没带身份证，十分着急。

面对如此窘境，小夏该怎么办？

▎法律解析

身份证是证明公民合法身份最直接、有效的证件。公安机关查验居民身份证，目的是打击违法犯罪、维护公共安全以及保障公民合法权益，配合警察依法查验身份证是每个公民的法定义务。

本案中，小夏没带身份证也不必着急，她可以采取其他方式证明自己的身份，比如提供工作证、居住证、机动车驾驶证或者护照等有效证件；如果警察携带了查询设备，小夏也可以报出自己的身份证号码、姓名等信息，只要查明人证合一即可。

律师建议，警察查验公民的身份证通常是在依法执行公务，所以公民在面对警察的查验要求时，无须感到"没面子""被怀疑"，应当积极配合、理解并支持警察的工作。

▍法条链接

《居民身份证法》

第十五条　人民警察依法执行职务，遇有下列情形之一的，经出示执法证件，可以查验居民身份证：

（一）对有违法犯罪嫌疑的人员，需要查明身份的；

（二）依法实施现场管制时，需要查明有关人员身份的；

（三）发生严重危害社会治安突发事件时，需要查明现场有关人员身份的；

（四）在火车站、长途汽车站、港口、码头、机场或者在重大活动期间设区的市级人民政府规定的场所，需要查明有关人员身份的；

（五）法律规定需要查明身份的其他情形。

有前款所列情形之一，拒绝人民警察查验居民身份证的，依照有关法律规定，分别不同情形，采取措施予以处理。

任何组织或者个人不得扣押居民身份证。但是，公安机关依照《中华人民共和国刑事诉讼法》执行监视居住强制措施的情形除外。

313. 行政处罚的一般程序是怎样的？

A 住房公积金管理中心（以下简称 A 中心）曾以"陆某涉嫌使用虚假证明资料骗提住房公积金"为由进行行政违法案件立案，作出责令期限退回住房公积金通知书和行政违法案件处罚审批表；经审批，拟对陆某处以 1000 元罚款。A 中心向陆某分别作出行政处罚事先告知及听证报告书、行政处罚决定书，并通过快递邮寄给陆某，而陆某签收后便随手丢弃，并未查看。后因陆某未履行缴纳罚款的义务，A 中心向所在地法院申请强制执行，并将上述文件作为证据提交。

A 中心的强制执行事项，会得到法院的支持吗？

▌法律解析

根据《中华人民共和国行政处罚法》（以下简称《行政处罚法》）的规定，行政处罚是指行政机关依法对违反行政管理秩序的公民、法人或者其他组织，以减损权益或者增加义务的方式予以惩戒的行为。行政处罚的种类包括警告、通报批评，罚款、没收违法所得、没收非法财物等。

那么，什么是行政处罚的一般程序呢？

一般程序，又称为普通程序，是指除法定应当适用简易程序和听证程序的以外，行政处罚通常应适用的程序，主要包括立案、调查、作出处理决定、告知当事人（作出该行政处罚决定的事实、理由和证据，以及当事人依法享有的权利）、当事人陈述和申辩、制作处罚决定书、送达并执行七个环节。

简易程序是指行政机关或者法律、法规授权的组织对于违法事实清楚、确凿，情节简单、轻微的违法行为，当场给予较轻处罚所适用的比较简单的程序。

听证程序则是指在行政机关作出行政处罚决定之前，公开举行专门会议，由行政处罚机关调查人员提出指控、证据和处理建议，当事人进行申辩和质证的程序。

本案中，A 中心按照行政处罚一般程序进行立案、调查、作出处理决定，因陆某未履行缴纳罚款义务而向法院申请强制执行。法院经审查认为，A 中心提供的证据可以证实其认定陆某使用虚假证明资料提取住房公积金账户存储余额的违法事实，且 A 中心提供的邮寄行政处罚决定书的单据上，显示陆某已经实际签收。虽然陆某称其并没有查看材料，对相关处罚决定的内容不知悉，但根据 A 中心提供的快递签收凭证可知，A 中心已经依法履行了送达程序，陆某对快递的处置行为不影响送达的事实认定，故对 A 中心的申请强制执行事项，法院应予支持。

律师建议，行政主体在具体执法过程中，应当注意留存相应的履职凭据。在将行政处罚决定书送达当事人时，直接送达的，应当让当事人签字确认；邮寄送达的，应当留存相应的快递存根。

法条链接

《行政处罚法》

第二条 行政处罚是指行政机关依法对违反行政管理秩序的公民、法人或者其他组织，以减损权益或者增加义务的方式予以惩戒的行为。

第九条 行政处罚的种类：

（一）警告、通报批评；

（二）罚款、没收违法所得、没收非法财物；

（三）暂扣许可证件、降低资质等级、吊销许可证件；

（四）限制开展生产经营活动、责令停产停业、责令关闭、限制从业；

（五）行政拘留；

（六）法律、行政法规规定的其他行政处罚。

第六十一条 行政处罚决定书应当在宣告后当场交付当事人；当事人不在场的，行政机关应当在七日内依照《中华人民共和国民事诉讼法》的有关规定，将行政处罚决定书送达当事人。

当事人同意并签订确认书的，行政机关可以采用传真、电子邮件等方式，将行政处罚决定书等送达当事人。

314. 妨碍交警执法，可能会受到什么处罚？

史先生与王女士是一对夫妻。某日，史先生酒后驾车载着王女士行驶至某高速桥下，遇上交警查酒驾，史先生被查获。交警要将史先生带回交通警察局处理，王女士要求搭乘警车一同前往，并擅自坐上警车。交警多次要求王女士下车无效后，将其强行拉下警车。王女士对交警辱骂推搡，试图阻止交警将丈夫带走。

王女士的上述行为，可能会受到什么处罚？

法律解析

根据《人民警察法》的规定，拒绝或者阻碍人民警察依法执行职务的，给予治安管理处罚；构成犯罪的，依法追究刑事责任。

本案中，王女士护夫心切，可以理解，但其无理取闹、肆意撒泼的行为显然已经违反法律规定。结合王女士的涉案情节，公安机关轻则会对其进行治安管理处罚，重则会以袭警罪追究其刑事责任。

法条链接

《人民警察法》

第三十五条 拒绝或者阻碍人民警察依法执行职务，有下列行为之一的，给予治安管理处罚：

（一）公然侮辱正在执行职务的人民警察的；

（二）阻碍人民警察调查取证的；

（三）拒绝或者阻碍人民警察执行追捕、搜查、救险等任务进入有关住所、场所的；

（四）对执行救人、救险、追捕、警卫等紧急任务的警车故意设置障碍的；

（五）有拒绝或者阻碍人民警察执行职务的其他行为的。

以暴力、威胁方法实施前款规定的行为，构成犯罪的，依法追究刑事责任。

《刑法》

第二百七十七条第五款 【袭警罪】暴力袭击正在依法执行职务的人民警察的，处三年以下有期徒刑、拘役或者管制；使用枪支、管制刀具，或者以驾驶机动车撞击等手段，严重危及其人身安全的，处三年以上七年以下有期徒刑。

315. 不服法院判决，可以拒收判决书吗？

2021年3月，法院就原告姚某与被告王某、周某的民间借贷纠纷一案作出判决，判决被告王某、周某在判决生效后十日内支付原告姚某借款本金 40 万元、利息 4.8 万元。同年 7 月 24 日，法院向被告王某、周某送达民事判决书，因被告王某、周某拒收民事判决书，法院工作人员依法留置送达。

法律解析

判决书，是指法院对案件依法定程序审理后，对案件的实体问题依法作出的具有法律效力的结论性判定的法律文书。法院在依法判决后，会将判决书送达案件当事人，如果受送达人在法定期限内没有上诉，判决就会发生法律效力。

根据《民事诉讼法》的规定，送达诉讼文书，应当直接送交受送达人。受送达人不在的，交他的同住成年家属签收。受送达人或者他的同住成年家属拒绝接收诉讼文书的，送达人可以邀请有关基层组织或者所在单位的代表到场，说明情况，在送达回证上记明拒收事由和日期，由送达人、见证人签名或者盖章，把诉讼文书留在受送达人的住所；也可以把诉讼文书留在受送达人的住所，并采用拍照、录像等方式记录送达过程，即视为送达（留置送达）。受送达人下落不明，或者用规定的其他方式无法送达的，法院可以采取公告送达的方式。也就是说，无论受送达人签收还是不签收判决书，都不能阻止判决的生效。

本案中，王某、周某拒收判决书并不会影响判决结果，判决发生法律效力后，如果姚某向法院申请强制执行，法院将依法启动执行程序。

律师建议，面对对自己不利的法院判决，当事人可以在上诉期内提出上诉或者依法申请再审；拒收判决书不仅毫无意义，还可能会使自己失去上诉或者申请再审的机会。

法条链接

《民事诉讼法》

第八十八条 送达诉讼文书，应当直接送交受送达人。受送达人是公民的，本人不在交他的同住成年家属签收；受送达人是法人或者其他组织的，应当由法人的法定代表人、其他组织的主要负责人或者该法人、组织负责收件的人签收；受送达人有诉讼代理人的，可以送交其代理人签收；受送达人已向人民法院指定代收人的，送交代收人签收。

受送达人的同住成年家属，法人或者其他组织的负责收件的人，诉讼代理人或者代收人在送达回证上签收的日期为送达日期。

第八十九条 受送达人或者他的同住成年家属拒绝接收诉讼文书的，送达人可以邀请有关基层组织或者所在单位的代表到场，说明情况，在送达回证上记明拒收事由和日期，由送达人、见证人签名或者盖章，把诉讼文书留在受送达人的住所；也可以把诉讼文书留在受送达人的住所，并采用拍照、录像等方式记录送达过程，即视为送达。

第九十五条 受送达人下落不明，或者用本节规定的其他方式无法送达的，公告送达。自发出公告之日起，经过三十日，即视为送达。

公告送达，应当在案卷中记明原因和经过。

《最高人民法院关于适用〈中华人民共和国民事诉讼法〉的解释》

第一百四十一条 人民法院在定期宣判时，当事人拒不签收判决书、裁定书的，应视为送达，并在宣判笔录中记明。

316. 如何申请法律援助？申请法律援助需要满足哪些条件？

80 岁孤寡老人刘某身患多种疾病，经济困难。他的儿女成家后，长年在外工作，对老父亲不闻不问。刘某曾多次与儿女就自己的赡养费问题进行沟通，均未得到满意的回复。

刘某能否申请法律援助？

▌法律解析

法律援助是国家建立的为经济困难公民和符合法定条件的其他当事人无偿提供法律咨询、代理、刑事辩护等法律服务的制度，是公共法律服务体系的组成部分。

根据上述定义可知，法律援助的对象有两类：一是经济困难的公民；二是符合法定条件的其他当事人，比如刑事案件中因经济困难或者其他原因没有委托辩护人的犯罪嫌疑人、被告人，强制医疗案件中没有委托辩护人的被申请人或者被告人等。

有法律援助需求的公民，除了要满足经济困难这项条件，还要符合《中华人民共和国法律援助法》（以下简称《法律援助法》）第三十一条规定的申请事项。如果是符合特定情形的当事人（如遭受家庭暴力的受害人等），则申请法律援助不受经济困难条件的限制。

目前，各个省市都制定了地方性的法律援助条例，想要申请法律援助的公民可以直接查看自己所在省市的法律援助申请规定，或者在国家政务服务平台的"统一搜索服务"中输入"法律援助"，查询所在省市的法律援助机构信息（明确写有电话、邮编、办公时间及办公地址）并致电咨询申请所需材料。

本案中，刘某身患多种疾病，经济困难，没有委托代理人，且申请事项为请求给付赡养费，符合法律援助的申请条件。根据《最高人民法院关于适用〈中华人民共和国民事诉讼法〉的解释》的规定，追索赡养费、抚育费、扶养费案件的几个被告住所地不在同一辖区的，可以由原告住所地人民法院管辖。如果刘某的儿女不在同一个住所地，刘某可以向其本人住所地、儿女住所地的法律援助机构提交申请。

法条链接

《法律援助法》

第二条　本法所称法律援助，是国家建立的为经济困难公民和符合法定条件的其他当事人无偿提供法律咨询、代理、刑事辩护等法律服务的制度，是公共法律服务体系的组成部分。

第二十二条　法律援助机构可以组织法律援助人员依法提供下列形式的法律援助服务：

（一）法律咨询；

（二）代拟法律文书；

（三）刑事辩护与代理；

（四）民事案件、行政案件、国家赔偿案件的诉讼代理及非诉讼代理；

（五）值班律师法律帮助；

（六）劳动争议调解与仲裁代理；

（七）法律、法规、规章规定的其他形式。

第三十一条　下列事项的当事人，因经济困难没有委托代理人的，可以向法律援助机构申请法律援助：

（一）依法请求国家赔偿；

（二）请求给予社会保险待遇或者社会救助；

（三）请求发给抚恤金；

（四）请求给付赡养费、抚养费、扶养费；

（五）请求确认劳动关系或者支付劳动报酬；

（六）请求认定公民无民事行为能力或者限制民事行为能力；

（七）请求工伤事故、交通事故、食品药品安全事故、医疗事故人身损害赔偿；

（八）请求环境污染、生态破坏损害赔偿；

（九）法律、法规、规章规定的其他情形。

第三十二条　有下列情形之一，当事人申请法律援助的，不受经济困难条件的限制：

（一）英雄烈士近亲属为维护英雄烈士的人格权益；

（二）因见义勇为行为主张相关民事权益；

（三）再审改判无罪请求国家赔偿；

（四）遭受虐待、遗弃或者家庭暴力的受害人主张相关权益；

（五）法律、法规、规章规定的其他情形。

第四十一条　因经济困难申请法律援助的，申请人应当如实说明经济困难状况。

法律援助机构核查申请人的经济困难状况，可以通过信息共享查询，或者由申请人进行个人诚信承诺。

法律援助机构开展核查工作，有关部门、单位、村民委员会、居民委员会和个人应当予以配合。

第四十二条　法律援助申请人有材料证明属于下列人员之一的，免予核查经济困难状况：

（一）无固定生活来源的未成年人、老年人、残疾人等特定群体；

（二）社会救助、司法救助或者优抚对象；

（三）申请支付劳动报酬或者请求工伤事故人身损害赔偿的进城务工人员；

（四）法律、法规、规章规定的其他人员。

《民事诉讼法》

第二十二条 对公民提起的民事诉讼，由被告住所地人民法院管辖；被告住所地与经常居住地不一致的，由经常居住地人民法院管辖。

对法人或者其他组织提起的民事诉讼，由被告住所地人民法院管辖。

同一诉讼的几个被告住所地、经常居住地在两个以上人民法院辖区的，各该人民法院都有管辖权。

《最高人民法院关于适用〈中华人民共和国民事诉讼法〉的解释》

第九条 追索赡养费、扶养费、抚养费案件的几个被告住所地不在同一辖区的，可以由原告住所地人民法院管辖。